大阪のことば地図

真田信治 監修
岸江信介・中井精一・鳥谷善史 編著

和泉書院

監修のことば

本書に収録したデータの多くは、岸江信介・中井精一・鳥谷善史『地域語資料 5 大阪府言語地図』（近畿方言研究会：真田信治主宰、2001）に基づくものである。この『大阪府言語地図』は、大阪府全域とその周辺地点を対象にしたフィールドワークによって得られた成果をまとめたアトラスである。この調査での情報提供者は、原則として、各地生え抜きの、1990年当時で70歳以上の人たち（男女を問わず）であった。

大阪語は全国の他の地域語とは異なった社会的価値を有している。大阪語は、伝統を支えとした規範意識によって、東京語と対等の地位を確保してきた。しかし、近年では、本来のことばを守り伝えようとする意識が急速に薄れてきており、伝統にこだわらない独自の新しい表現形式も盛んに生まれている。そして、そのような新しい表現形式は、周辺部に、さらには全国の若い世代の人々に、ある種のプレステージをもって普及、浸透しつつあることが認められる。

首都圏に対抗してきた、一方の文化的センター、関西圏は、言語の変異理論にとっても貴重なデータを提供する恰好の社会言語学的フィールドである。

本書は、その大阪語の実態を、新たな方法で作成し直した言語地図によって、より詳細に示すことをめざして編まれたものである。項目ごとに分布図を掲げ、それぞれに簡略な解説が施されている。

本書を一つの水準として、フィールド言語学は今後さらなる発展をとげることは疑いのないところであろう。その先導者として、学の進展に寄与したいというのが編者たちの熱い思いである。

2009年 7 月25日　天満天神祭の日に

真 田 信 治

目　　次

1．大阪のことば地図

―概要―

岸江　信介

1．はじめに

大阪のことばに関する書籍は辞典等を含めて多く出版されているが、いずれも大阪市及びその近郊で話されることばを扱ったものが多く、大阪府全体の方言を対象に記されたものはこれまで数えるほどしかない。大阪府の方言の中には、例えば、能勢地方の方言や河内の方言、あるいは岸和田や泉佐野などの泉南地方の方言のように一般的に知られている大阪弁とはかなりかけ離れた方言も存在している。

本書では、このような大阪府における方言の地域差を明らかにするため、各地で行った方言調査に基づいて集めた資料をもとに調査項目毎に作成した言語地図を掲げることにした。

ここで扱った言語地図は、2001年刊行の岸江信介・中井精一・鳥谷善史『地域語資料５　大阪府言語地図』（近畿方言研究会　主宰：真田信治）で取り上げた243図の『大阪府言語地図』の中から大阪府下で、特に地域差がみられると思われる129図を選定した。なお、本書では、前掲の報告書ではなかった各図の解説を新たに加えた。

2．調査概要

当調査は、1990年７月－1992年９月にかけて約３年間、梅花女子大学で開講された岸江信介担当「国語学演習」の授業の一環として受講生が中心となり、行ったものである。調査全般の計画、調査票の作成は岸江が中心となって行った。

2－1．調査地点

調査時の段階で大阪府44市町村（33市10町１村）のうち、三島郡島本町、柏原市、南河内郡美原町、大阪狭山市、泉北郡忠岡町及び泉南郡田尻町を除く38市町村、161地点（但し、京都府亀岡市の２地点を含む）で調査を実施した。

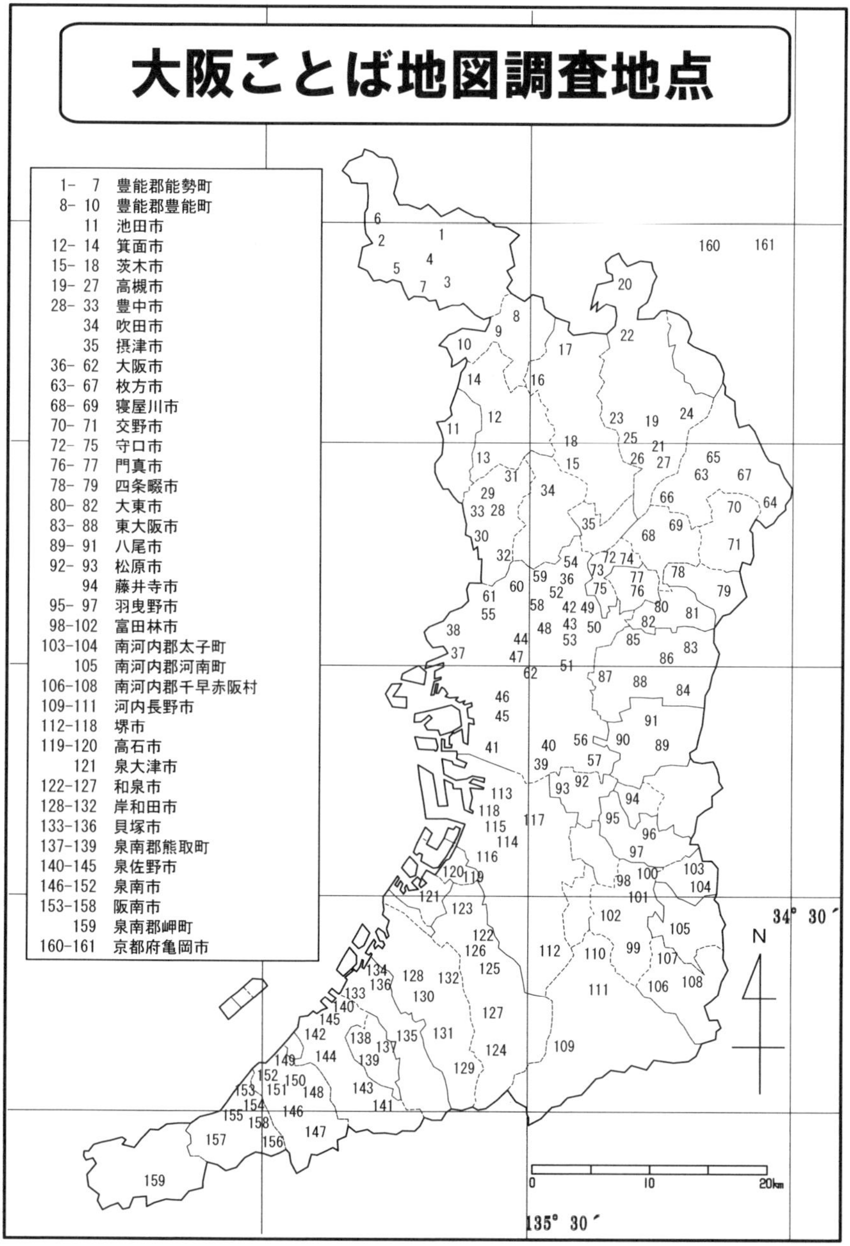
大阪ことば地図調査地点
1- 7　豊能郡能勢町
8- 10　豊能郡豊能町
11　池田市
12- 14　箕面市
15- 18　茨木市
19- 27　高槻市
28- 33　豊中市
34　吹田市
35　摂津市
36- 62　大阪市
63- 67　枚方市
68- 69　寝屋川市
70- 71　交野市
72- 75　守口市
76- 77　門真市
78- 79　四条畷市
80- 82　大東市
83- 88　東大阪市
89- 91　八尾市
92- 93　松原市
94　藤井寺市
95- 97　羽曳野市
98-102　富田林市
103-104　南河内郡太子町
105　南河内郡河南町
106-108　南河内郡千早赤阪村
109-111　河内長野市
112-118　堺市
119-120　高石市
121　泉大津市
122-127　和泉市
128-132　岸和田市
133-136　貝塚市
137-139　泉南郡熊取町
140-145　泉佐野市
146-152　泉南市
153-158　阪南市
159　泉南郡岬町
160-161　京都府亀岡市
N
34° 30′
0
10
20km
135° 30′

※市町村区画は調査当時のものである。

調査地点名一覧

※数字は調査地点番号。市町村及び町名は調査時当時のものを示した。

豊能郡能勢町	1宿野　2山田　3田尻　4大里　5垂水　6山辺　7稲地
豊能郡豊能町	8切畑　9余野　10吉川
池田市	11伏尾
箕面市	12如意　13半町　14下止々呂
茨木市	15奈良町　16上泉原　17銭原　18東太田
高槻市	19高槻町　20田能　21野見町　22原町　23塚原　24道鵜　25東五百住町　26西町　27下田部
豊中市	28豊中本町　29東豊町　30岡町　31上新田　32小曾根　33本町
吹田市	34山田
摂津市	35正雀
大阪市	36旭区　37港区　38此花区　39住吉区　40住吉区　41住之江区　42城東区　43城東区　44西区　45西成区　46西成区　47大正区　48中央区　49鶴見区　50鶴見区　51天王寺区　52都島区　53東成区　54東淀川区　55福島区　56平野区　57平野区　58北区　59淀川区　60淀川区　61淀川区　62浪速区
枚方市	63中宮山戸町　64穂谷　65片鉾本町　66南中振　67長尾谷町
寝屋川市	68早子町　69成田町
交野市	70倉治　71森南
守口市	72佐太中町　73大庭町　74金田町　75寺方
門真市	76下馬伏　77野里
四条畷市	78岡山　79田原
大東市	80三箇　81野崎　82大野
東大阪市	83石切町　84横小路　85西鴻池　86花園　87俊徳町　88中

	小阪町
八尾市	89東山本町　90久宝寺町　91萱振
松原市	92三宅　93河内天美
藤井寺市	94藤井寺
羽曳野市	95高鷲　96駒が谷　97古市
富田林市	98新堂　99竜仙　100喜志　101若松町　102錦織
南河内郡太子町	103春日　104山田
南河内郡河南町	105白木
南河内郡千早赤阪村	106小吹　107森屋　108千早
河内長野市	109滝畑　110木戸町　111本町
堺市	112畑(現、南区)　113錦綾町(現、堺区)　114土師町(現、中区)　115石津北町(現、堺区)　116鳳北町八丁(現、西区)　117長曾根(現、北区)　118大町東(現、堺区)
高石市	119富木　120千代田
泉大津市	121旭町
和泉市	122池田下町　123池上町　124父鬼　125鍛冶屋町　126唐国町　127久井町
岸和田市	128土生町　129牛滝　130土生滝町　131河合町　132包近町
貝塚市	133沢　134中北町　135水間　136中町
泉南郡熊取町	137久保　138大久保　139成合
泉佐野市	140上瓦屋　141上大木　142羽倉崎　143土丸　144長滝　145高松町
泉南市	146金熊寺　147信達童子畑　148新家　149岡田　150市場　151樽井　152男里
阪南市	153尾崎　154鳥取中　155箱作　156山中渓　157箱の浦　158石田
泉南郡岬町	159孝子
京都府亀岡市	160稗田野町太田　161梅町井手

2－2．調査方法

調査はすべて話者との面接を行い、実施した。調査員が数名ずつグループとなって各調査地点に赴き、調査票にもとづいて調査員が話者に質問を行い、回答を得るという方法で行った。

2－3．話者について

各市町村の調査地点の話者は、原則として、その土地で生まれて育った、いわゆる「土地生え抜き」の方を選定した。ただし、性別は問わなかった。

話者の年齢は、調査時（1990－1992)、原則として70歳以上の方とした。全体的には話者の生年は1910年代前後の生まれの方々が多い。

2－4．調査項目について

大阪府方言の地理的分布を明らかにするため、特に地域差がみられると思われる項目を中心に選び、語彙、文法・表現法、音声の各分野から全体で243項目からなる調査票を準備した。大阪市で話される大阪語の使用範囲がどの程度の広がりを見せるかといった点も考慮し、調査項目の選定にあたった。

2－5．言語地図の作成

2001年『地域語資料５　大阪府言語地図』で示した言語地図を刷新し、本書では Adobe の Illustrator を用いて言語地図を最初から作製しなおすことにした。

なお、今回作製時において国立国語研究所ホームページ「方言の部屋」（大西拓一郎氏管理）で公開されている Illustrator アドインソフト lms を利用した。

新たな言語地図の原図および「大阪ことば地図調査地点」図の作成に関しては津田智史、言語地図全般の作成は韓冬梅が岸江の指導のもと行った。地図の補正及び確認は、岸江と中井の指導のもと、清水勇吉、坂東正康、笹原佑宜、伊東奈穂、永森理一郎の５名が担当した。

3．「泉州・紀北境界付近方言地図」について（解説）

解説中では、大阪府全体の言語地図と比較するため、随時、「泉州・紀北境界付近方言地図」を挿入した。この方言地図は、1981年から1983年までの3年間、大阪府南部の泉州地域と和歌山県北部の紀北地域の県境付近を対象に約210集落の言語地理学的調査を実施した時の調査結果である。岸江が企画した調査で調査員は岸江のほか、堺井春人（現、大阪市中学校教員）が何度か岸江に随行した。

調査結果については、これまで論文等で引用・掲載したものや、インターネット上で公開したものもあるが、残念ながら全体をまとめて刊行するには至らなかった。

『大阪府言語地図』の調査の時期とは約10年の開きがあり、ご協力頂いた話者の方々は大半が明治30年前後のお生まれの土地生え抜きの方々である。

今回、『大阪のことば地図』の刊行にあたり、是非とも『大阪府言語地図』との調査結果を比較したいと思い、調査項目が一致するものについては各項目の解説のところで取り上げることにした。

なお、これらの調査データの整理と、イラストレーターによる言語地図の作製に関して、岡田祐子（吉野川市役所職員）の協力を得た。

2．大阪語とは何か

―大阪語の歴史的背景と方言区画―

岸江　信介

1．はじめに―大阪語の位置づけ―

大阪のことばは広く大阪弁として親しまれており、現在、マスコミ等でもブームの渦中にある。京都・大阪はかつて上方と呼ばれ、両都市のことばも上方語と呼ばれてきた。京阪の方言を京阪語と呼ぶことがあり、京都方言を京都語と呼ぶことも定着してきている。そこで以下では、大阪のことばを大阪語と呼ぶことにしたい。京都語という場合には京都市内のことばに限られるようであるが、大阪語は船場のことばや船場に隣接した島之内（現在、大阪ミナミの繁華街の一角）のことばに限らず、大阪市方言を中心とした大阪府全域の方言をさすことにする。船場はかつて商業の中核地であり、ことばの上からも、その特異性が指摘されてきたが、現在の大阪語の中にはその片鱗すら窺えず、とりわけ大阪市内ではほぼことばが均一化しつつあるといえるであろう。

太閤以後、大阪語がどのように成立したかという問題は極めて難問である。現在の大阪語の母胎となった近世後期上方語への国語史からの盛んなアプローチがあり、その輪郭が描き出されつつあるが、ここでは主に大阪語のフィールド調査で得た資料をもとに大阪語とは何かについて大阪府方言の区画も交え、考えてみることにしたい。

2．大阪語の歴史的背景

大阪府はかつて摂津・河内・和泉の三つの国よりなっていたが、大阪府方言の区画もだいたいこれら三つの方言に分割されるというのが定説となっている。三つの旧国のうち、摂津の領域は現在の大阪府の境界と一致せず、兵庫県の伊丹市から西宮市を含む兵庫県東部の広い地域を含んでいた（五畿内概略図参照）。大阪市方言を含む摂津方言では山本（1962）でも述べられているように、大阪市内から兵庫県の西宮市や伊丹市に至る地域の方言とさほど大きな違いはない。

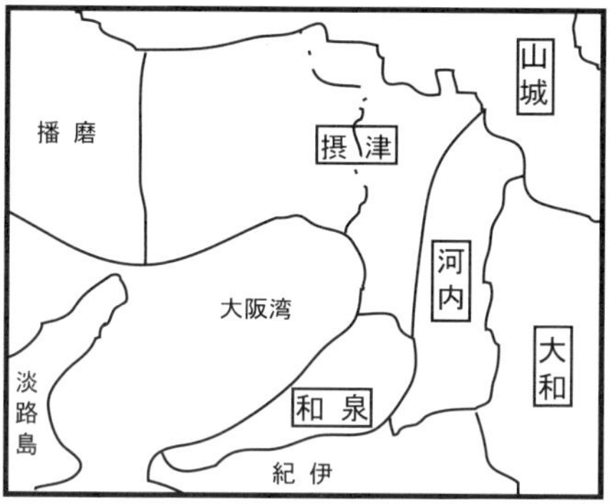

五畿内概略図

2－1．摂津方言・河内方言

大阪市の東部に隣接する河内はそれぞれ北、中、南に分けられる。河内方言は摂津方言と共通する点も多いが、例えば、摂津方言と異なる主な特徴をあげると、

①イッコル（「行く」の軽卑的な形式。摂津方言でイキヨル）・ノンモル（「飲む」の軽卑的な形式。摂津方言でノミヨル）

②ザ行・ダ行・ラ行の混同

③ラ行音のふるえ（巻き舌化）

④疑問の終助詞ケ（摂津方言にも北摂には認められるが、市内ではカを主に用いる）

この他にも、「行かない」をイカヒン・イカイン（摂津方言ではイケヘンないしイカヘン）、間投助詞ミー（摂津方言ではナー、但し、ミーは南河内方言に多い）、語彙的なものとして、ヤオヤヒロゲル（「嘔吐する」）などが上げられる（佐藤 1983b）。河内方言で最も特徴的なのは談話速度が速いことである。

摂津方言と比べても談話テンポが早く、例えば、船場言葉のゆったりしたテンポとは対照的である。河内方言の特色の大半は奈良北・中部の方言に共通しており、過去の河内方言では更に多くの点で奈良方言とのつながりが深かったものと思われる。また、現在、大阪市内となっている鶴見区、平野区などは一昔前まで河内に属しており、これらの地域では摂津方言というよりもむしろ河内方言が話されていたとみられる。かつて船場があった一角は現在の中央区に属しているが、これに隣接する天王寺区あたりでは大正〜昭和初期まで、先の①イッコル・ノンモルという形式が用いられたという。現在、大阪市ではイッキョル、ノミヨルとなるのが普通である。但し、摂津方言に属する摂津市鳥飼や同市三島でもイッコルが今でも用いられているという点は注目される（山本 1962・植田 1998)。②ザ行・ダ行・ラ行の混同などの現象も、和歌山ほどではないにしても、河内や奈良では混同する傾向にあり、明治〜昭和初期には大阪市内でもこの傾向があった。大阪市内では現在このような傾向はなくなったが、「淀川の水」をヨロガワノミル、「角のうどん屋」をカロノウロンヤというのは、大阪市内で最初に言われ出したものであろう。明治35年の大阪市保育会編『をさな言葉』はまさにこの混同を扱ったものであった。③ラ行音の巻き舌化について、前田（1977）では、谷崎潤一郎が昭和７年に『中央公論』に書いた「私の見た大阪及び大阪人」の中の大阪人の巻き舌についての一節を引いて、谷崎の印象と同様、東京のべらんめえ口調などと比べて、「大阪の巻き舌は江戸っ子のそれよりも少し下品な印象を受ける」としている。河内方言の場合は現在でも老年層の男性なら、ほぼ規則的にラ行音が巻き舌となるが、筆者はこのような印象を持たない。現在の大阪市方言の場合には喧嘩で凄む時とか悪びれて物を言う場合に限られているようであり、昭和初期頃もこのような意図があって意識的に巻き舌発音がされていたかも知れないが、巻き舌の存在が河内方言と共通する点は注目される。④疑問の文末詞ケは河内方言の代名詞のようにいわれるが、先にも触れたように、北・中河内では用いられず、主として、南河内で用いられる。大阪市内でも、ケが用いられることがあり、現在ではこの場合も巻き舌と同様、男性に使用が限られ、カよりもぞんざいな形式で、やはり悪びれた物言いとされているが、河内の場合はむしろ逆で親しみのある形式である。前田（1964）は、元治前後の作品「人情穴さがし意のうちそと」から「返事はなかったケ」（幇間女房→夫）、「毎月飲むのケ」（若後家→下女）などの例をあげ、ケは天保以後、上方で用いられた形式であり、大阪市内でも一時代前まで目上・目下を問わず、親しい間柄で用いたとしている。また、前田（1965）は大阪道修町（どしょうまち）の丁稚が客に用いた例として「○○さん、居てんケー」をあげている。

①～④までは従来、河内方言の特色とされたものであったが、近世後期あたりから昭和初期にかけて、いずれも摂津方言で用いられたものであり、大阪語のうち、摂津方言と河内方言とのつながりが深かったことを思わせる。

過去において、摂津方言と河内方言は同じベースの上に立つ方言だったと考えられる。摂津方言が大きく変貌を遂げた背景には、第一に船場や島之内のことばが大きく影響したことがあげられよう。船場は江戸時代に京都伏見や江州からの商人が多く移住し、ながく商都大阪を象徴づける大阪の中核であった。そこで話される船場言葉が持つ周辺の地域方言に対する威信は、絶大であったと考えられるからである。第二に山本（1995）が述べているように、大阪には地方からの移住によって、各地から持ち込まれた方言が少なからず影響を及ぼし、摂津方言はそれらとの混合語の性格を帯びるものとなった。第三に明治・大正・昭和にかけて、大阪市が文字どおり、西日本第一の大都市となっていく過程で、言語の改新地としての役割を担ってきたという点である。摂津方言は、この意味において、大阪語の中心的存在であり、少なくとも西日本諸方言に対して、威光を放つ存在にまで成長したといえるであろう。

2-2．和泉方言

和泉地方は大阪府南部に位置する。和泉方言は堺市以南の泉大津、和泉市などの泉北方言と岸和田市以南の泉南方言からなっている。泉北方言のうち、堺市の方言は一部、山間部の方言を除けば摂津・河内方言と共通する点が多い。一方、泉南各地の方言は和歌山県紀北方言とも共通する部分が多く、例えば、摂津・河内方言で多用される待遇形式の「ハル」、「ヨル」、「トル」などがほとんど使用されないほか、アスペクト形式で摂津・河内の（雨が）フッタールに対してフッチャールを用いる。「～してやる」が摂津・河内ではシタルになるのに対し、泉南ではシチャールとなる。また、文末部における融合が顕著で、文末助詞ワ、ワイ、ワシなどが前接する動詞・助動詞と融合し、「本、ヨマ（読むわ）」、「アカナイ（あかんわい）」、「フッテラシ（降ってるわし）」といった特色がある。

これら泉南方言の特徴は、摂津・河内の諸方言にはみられないものであるが、一方で和歌山県紀北地方の諸方言と共通する現象を含んでいる。歴史的には、和歌山県北部方言からの影響が大きかったことがその要因としてあげられる。泉南方言はもともと紀北方言と共通基盤の方言であり、摂津・河内などの方言の影響を受けたために今日に至ったものか、あるいは摂津方言や河内方言と共通する方言の上に紀北方言からの影響がその上にかぶさったものか、にわかに判断することは困難である。ただ、地域言語を取り巻く環境を考慮すると、泉南地方は摂津・河内と、紀伊に挟まれ、言語的にも両方からの影響を長年にわたって受けてきたことは確かである。

3. 「大阪府言語地図」にもとづく大阪語の方言区画

これまで大阪府方言の区画について触れた主なものに山本（1960）、山本（1962）、山本（1982）、郡（1997）などがある。

山本（1982）は、山本（1962）の修正案として、大阪府方言を第一次区分として摂津方言（広義）・河内方言・和泉方言の三つに分け、さらに各々の下位区分を以下のように示した。

摂津方言　摂津方言（狭義）・三島方言・能勢方言

河内方言　南河内方言・中北河内方言（さらに北河内方言・中河内方言に下位区分）

和泉方言　泉北方言・泉南方言（さらに中和泉方言と南和泉方言に下位区分）

大阪府の各方言事象にみられる分布等を十分考慮し、旧三国と現在の市町村区画に照らして便宜的に行われた方言区画であると思われる。すでに山本

(1982) で述べられているが、旧国を基準とした分類は大まかな分類であり、摂津方言と河内方言、河内方言と和泉方言にはそれぞれ共通性がみられ、区画しにくいところも多々あったとものとみられる。

郡 (1997) はこれに対し、摂津方言と河内方言の類似を根拠に摂津方言と河内方言をひとまとめにして「摂津河内方言」とし、大阪府の方言を、「摂津河内方言」と「和泉方言」に二大別した。

さて、これらの区画を検証するため、次章以下で紹介する『大阪府言語地図』のうち、ハル、ヨル、トル等の待遇形式をはじめ、アスペクト形式、文末などの融合現象の使用の有無のほか、語彙形式の使用の有無を含め、大阪

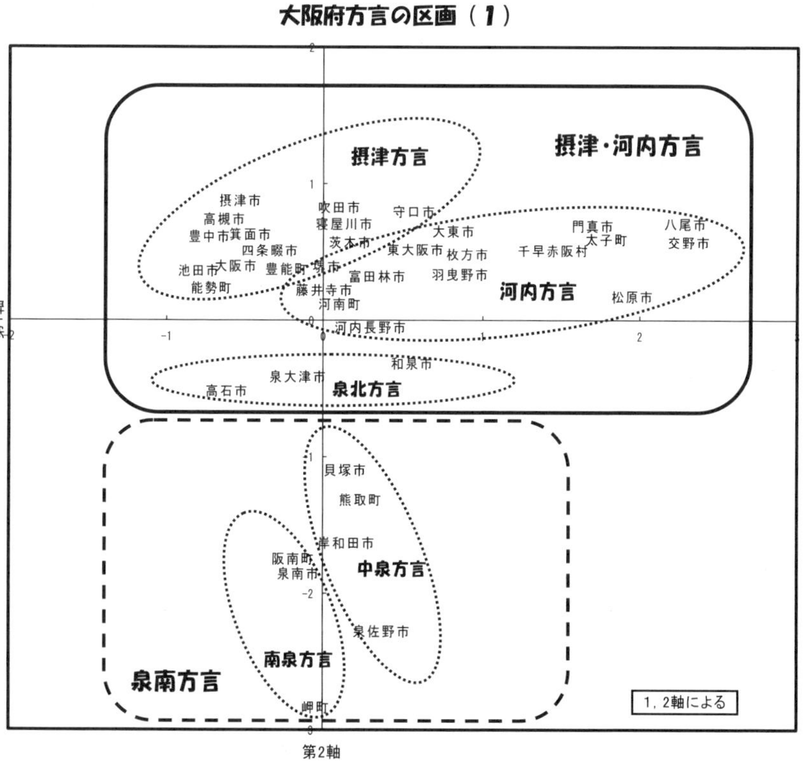

図1　数量化Ⅲ類による方言区画

府の方言区画において重要だと思われる要素、計60項目を選び、数量化Ⅲ類によって方言の区画を試みた結果が図１である。その手続きとして、60項目で現れた方言形式の使用の有無を０、１のダミー変数として数量化Ⅲ類にかけ、得られたサンプルスコア（１軸・２軸）を散布図上に示した。

図１によると、第１軸では、摂津方言的か（図左）と河内方言的か（図右）の結果が反映されているとみられる。また、第２軸では、摂津・河内方言的か（図上）と和泉方言的か（図下）の結果が示されているといえそうである。

この結果から、例えば、摂津方言と河内方言では、それぞれのまとまりが認められるものの、山本（1982）で北中河内方言に属するはずの寝屋川市や四条畷市などの方言が摂津方言に分類されたり、本来、泉北方言の堺市方言が摂津・河内の両方言に位置づけられたりする結果となった。

基本的には、山本（1982）による分類と大差はないものと思われるが、第２軸下の泉南方言は、明らかに摂津・河内の両方言から遊離独立してまとまってポジショニングされている点が注目される。

この結果から大阪府方言は、図１上において線で囲ったように、摂津・河内地方の諸方言のグループと、泉南方言の２つのグループに分けることができそうである。なお、この結果は郡（1997）で提案された区画案に近い。

図２は、数量化Ⅲ類で得られた１軸・２軸のサンプルスコアをクラスター分析にかけて得られたデンドログラム（樹形図）である。

図２の結果によると、最下位グループは、上から順に摂津方言・河内方言・和泉方言の各ブロックに分類できそうであるが、摂津・河内に属する市町村の諸方言が混ざる傾向にあること、また、和泉方言のうち、堺市や和泉市などの泉北諸方言が摂津・河内方言に近いと位置づけられる点が特徴的である。

このような結果となった背景には、大阪市を中心とする摂津方言の拡散が大阪府全域に及ぼうとするという原因が考えられる。過去数十年間において大阪語にも地理的な動きが生じ、以前見られた地域差に大きな変化が現れるということが指摘できよう。例えば、その端的な例が和泉方言の場合である。和泉地方の諸方言は、堺市・和泉市・泉大津市・高石市などの泉北諸方言と、岸和田市・貝塚市・泉佐野市・泉南市などの泉南諸方言に従来分類されてき

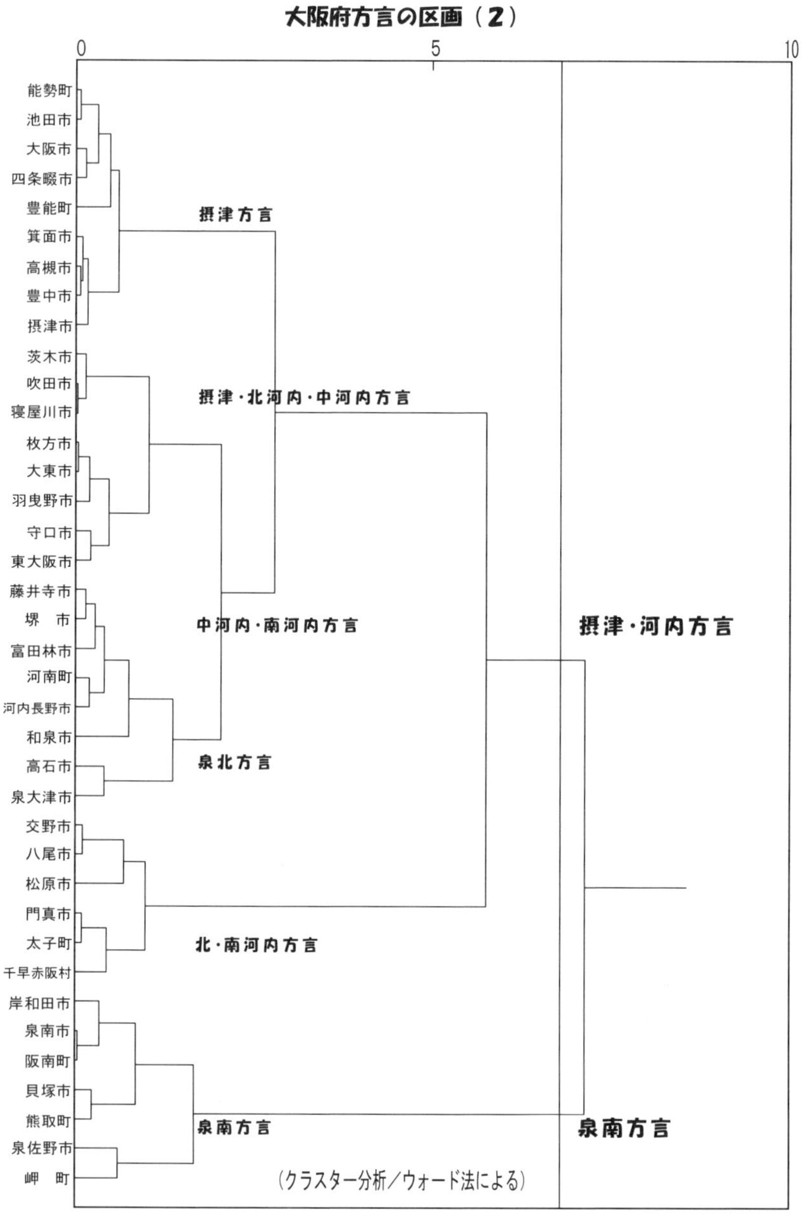
大阪府方言の区画（2）
0
5
10
能勢町
池田市
大阪市
四条畷市
豊能町
箕面市
高槻市
豊中市
摂津市
茨木市
吹田市
寝屋川市
枚方市
大東市
羽曳野市
守口市
東大阪市
藤井寺市
堺　市
富田林市
河南町
河内長野市
和泉市
高石市
泉大津市
交野市
八尾市
松原市
門真市
太子町
千早赤阪村
岸和田市
泉南市
阪南町
貝塚市
熊取町
泉佐野市
岬　町
摂津方言
摂津・北河内・中河内方言
中河内・南河内方言
泉北方言
北・南河内方言
泉南方言
摂津・河内方言
泉南方言
(クラスター分析／ウォード法による)

図２　クラスター分析による方言区画

たが、図１・図２の結果から前者の泉北諸方言は泉南諸方言に近いというよりもむしろ摂津・河内の諸方言に近くなっている。この結果、泉北方言と泉南方言を一括して和泉方言と呼ぶことが困難となる。

これらを勘案すると、摂津・河内・泉北をグループとする「摂津・河内方言」と「泉南方言」に大別することが可能である。郡（1997）案に近いが、これまで和泉方言として分類されてきた泉南方言と泉北方言とを切り離し、摂津・河内の方言に対立する方言として、泉南方言を立てることを提案したい。また、それぞれの下位分類として、図１と図２の結果には差がみられるが、図１を優先すると、「摂津・河内方言」では摂津・河内・泉北の三方言、「泉南方言」では、中泉方言と南泉方言の二方言に分類できそうである。

４．大阪語の再確認―地理的変異と失われつつある地域差―

大阪語は、現在、西日本の代表方言と呼べる位置づけができ、近畿・四国・中国・九州など、西日本の諸方言に大きな影響を与えている。また、昨今、大阪語の進出は東日本にも及び、認知度の最も高い方言の一つとなっている。

大阪語の改新地である大阪市内では、次々に言語変化が生じ、大阪府下のみならず、全国に影響を及ぼす時代となった。

このような状況のもと、改めて、大阪語の実態を大阪のことば地図を通じて再確認しておく必要があろう。

次章以下では、大阪語の音声、語彙、挨拶、文法・表現を取り上げ、解説を行うことにしたい。

【付記】

本章は、岸江信介（2000a）「大阪語とは何か」『月刊 言語』29-1　大修館書店に補筆し、改稿したものである。

3．大阪府言語地図

大阪府言語地図

項目 001　火事（かじ）
（音声）

家が燃え、中から火が出ています。
何だと言いますか。

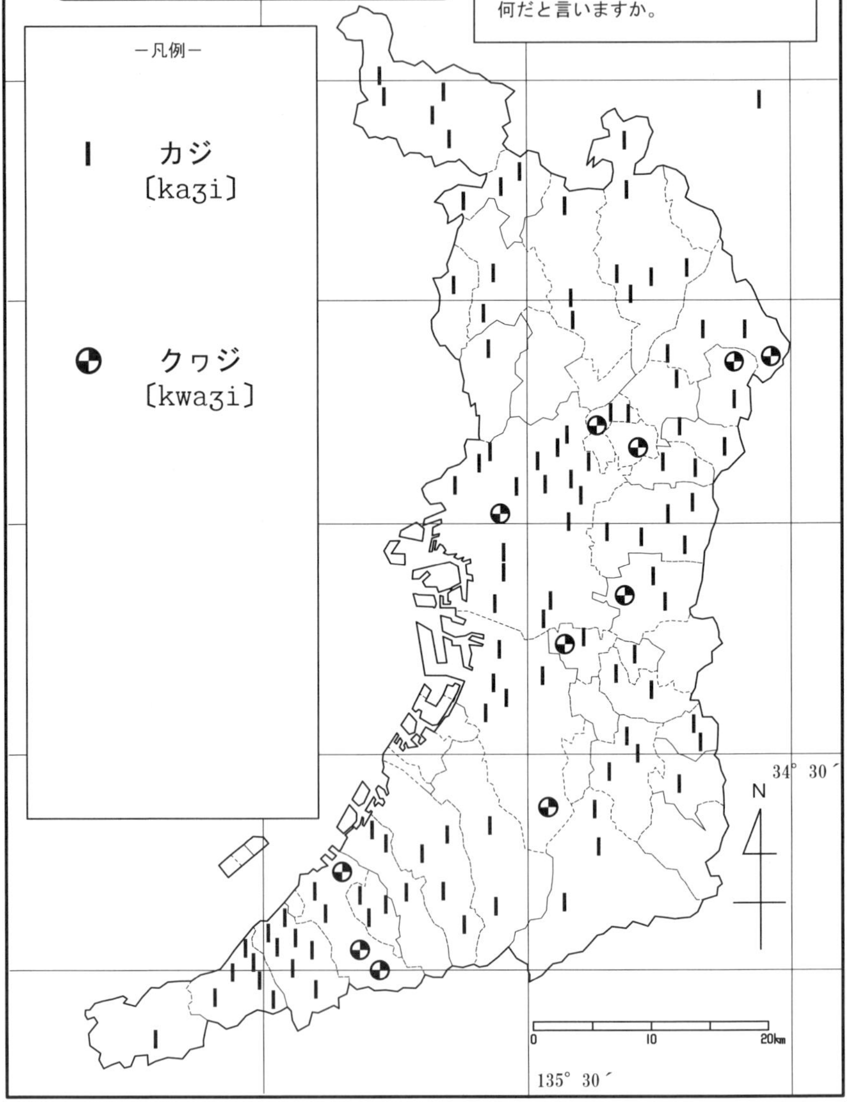

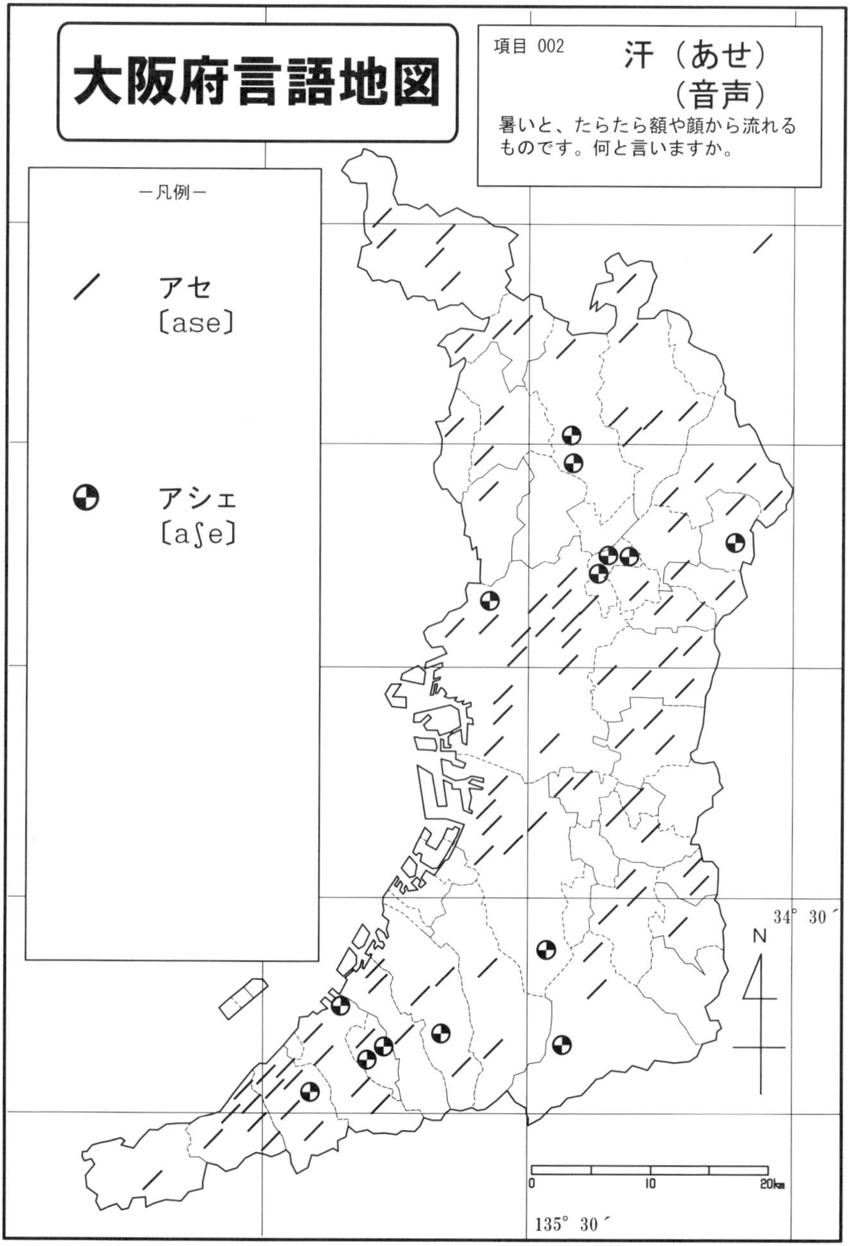
大阪府言語地図
項目 002
汗（あせ）
（音声）
暑いと、たらたら額や顔から流れるものです。何と言いますか。
—凡例—
アセ
〔ase〕
アシェ
〔aʃe〕
34° 30´
N
0
10
20km
135° 30´

大阪府言語地図

項目 003 税金（ぜいきん）（音声）

国に毎月、納めるお金です。これを何と言いますか。

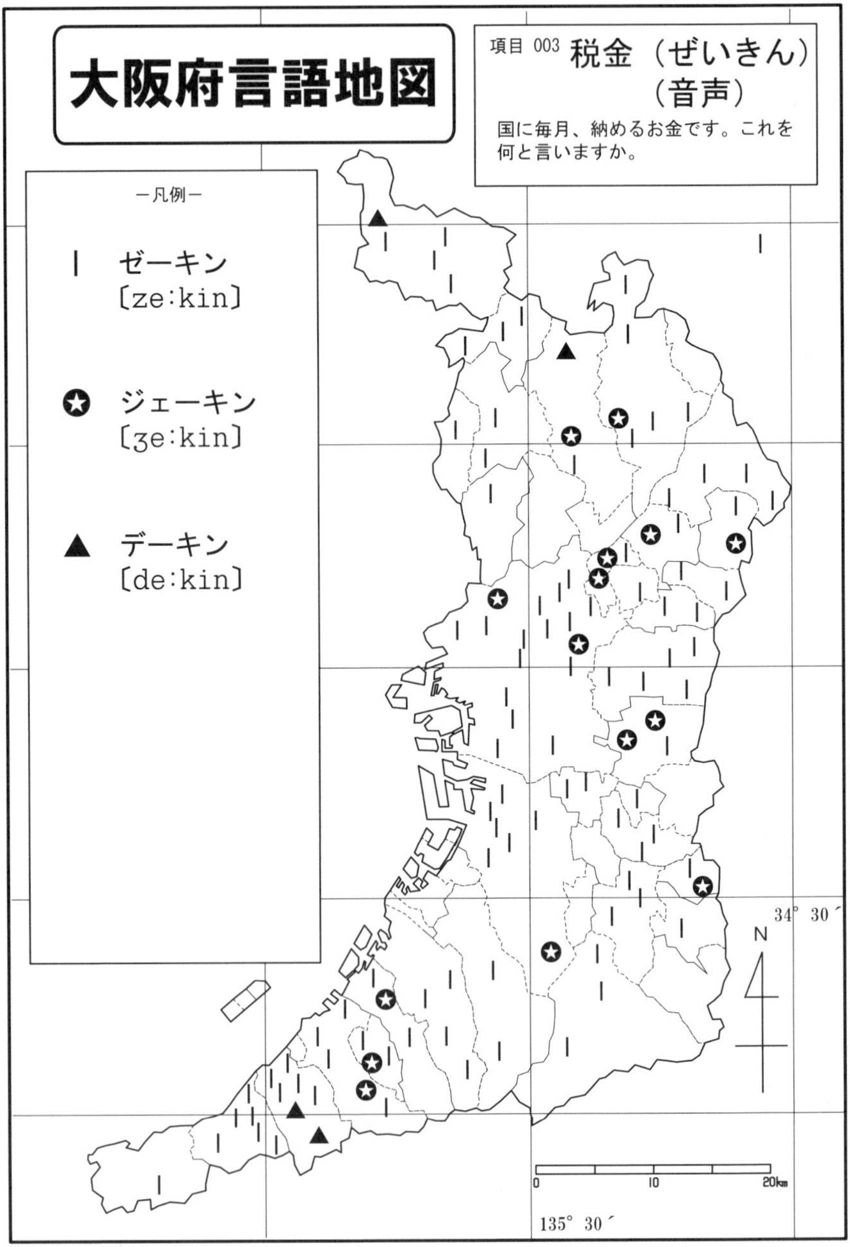

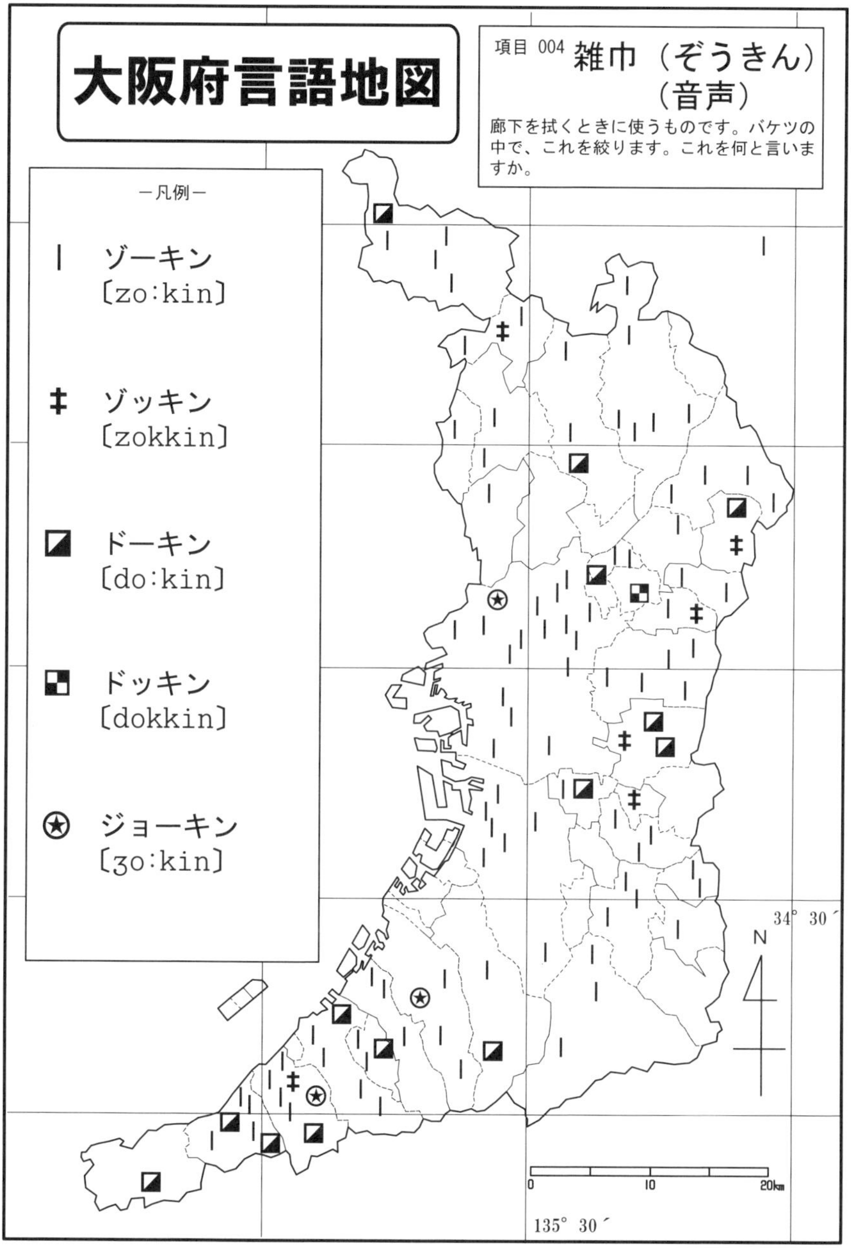
大阪府言語地図
項目 004 雑巾（ぞうきん）
（音声）
廊下を拭くときに使うものです。バケツの中で、これを絞ります。これを何と言いますか。
－凡例－
ゾーキン
〔zo:kin〕
ゾッキン
〔zokkin〕
ドーキン
〔do:kin〕
ドッキン
〔dokkin〕
ジョーキン
〔ʒo:kin〕
34° 30′
N
0
10
20km
135° 30′

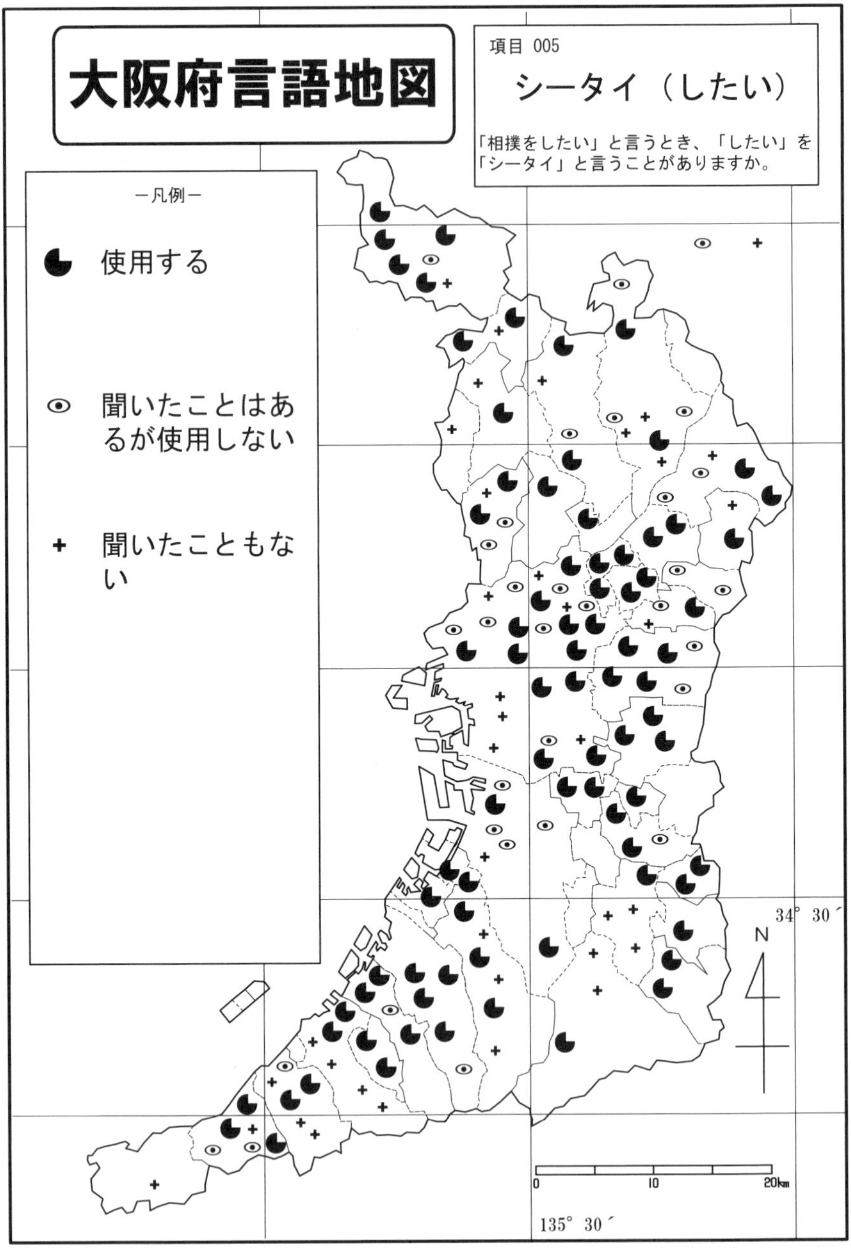
大阪府言語地図
項目 005
シータイ（したい）
「相撲をしたい」と言うとき、「したい」を
「シータイ」と言うことがありますか。
ー凡例ー
使用する
聞いたことはあるが使用しない
聞いたこともない
34° 30′
N
0
10
20km
135° 30′

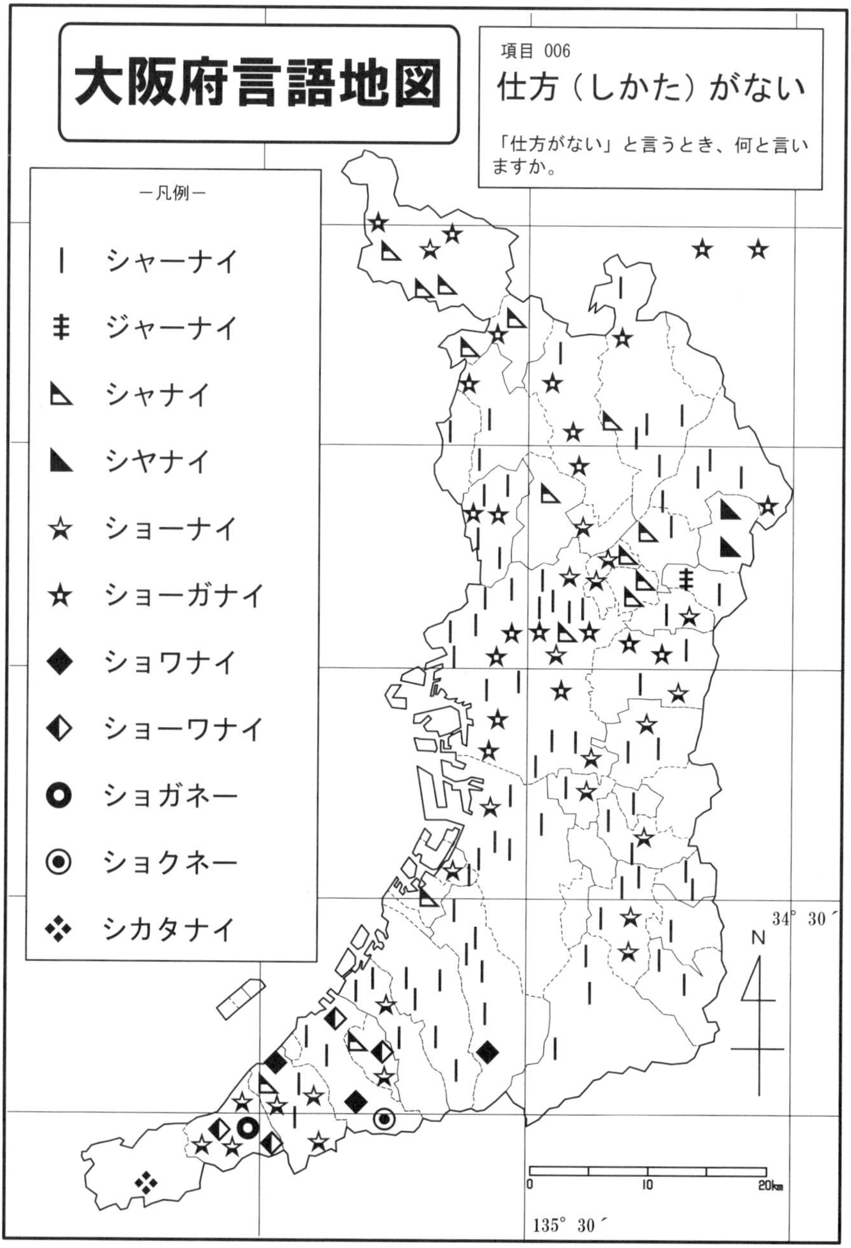
大阪府言語地図
項目 006
仕方（しかた）がない
「仕方がない」と言うとき、何と言いますか。
－凡例－
シャーナイ
ジャーナイ
シャナイ
シヤナイ
ショーナイ
ショーガナイ
ショワナイ
ショーワナイ
ショガネー
ショクネー
シカタナイ
34° 30´
N
0
10
20km
135° 30´

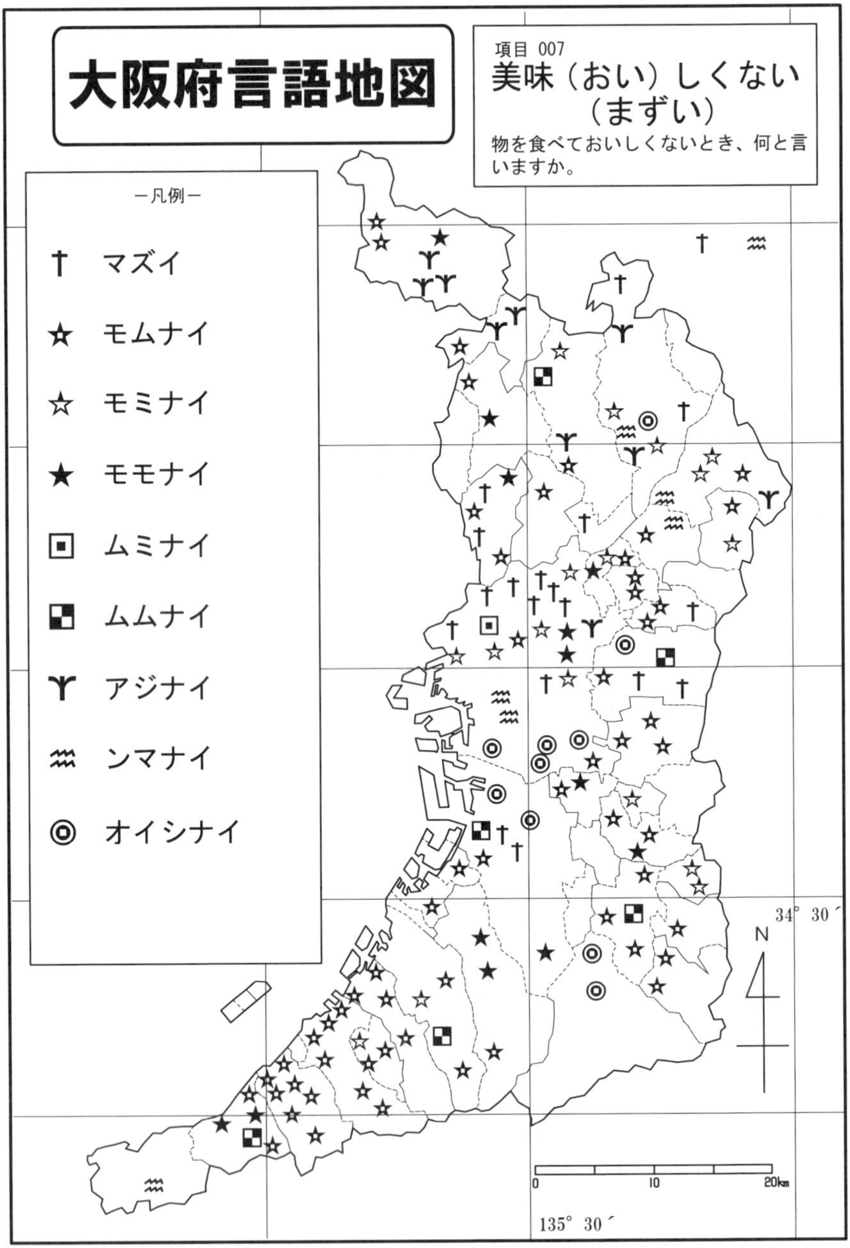
大阪府言語地図
項目 007
美味（おい）しくない
（まずい）
物を食べておいしくないとき、何と言いますか。
—凡例—
マズイ
モムナイ
モミナイ
モモナイ
ムミナイ
ムムナイ
アジナイ
ンマナイ
オイシナイ
N
34° 30′
0
10
20km
135° 30′

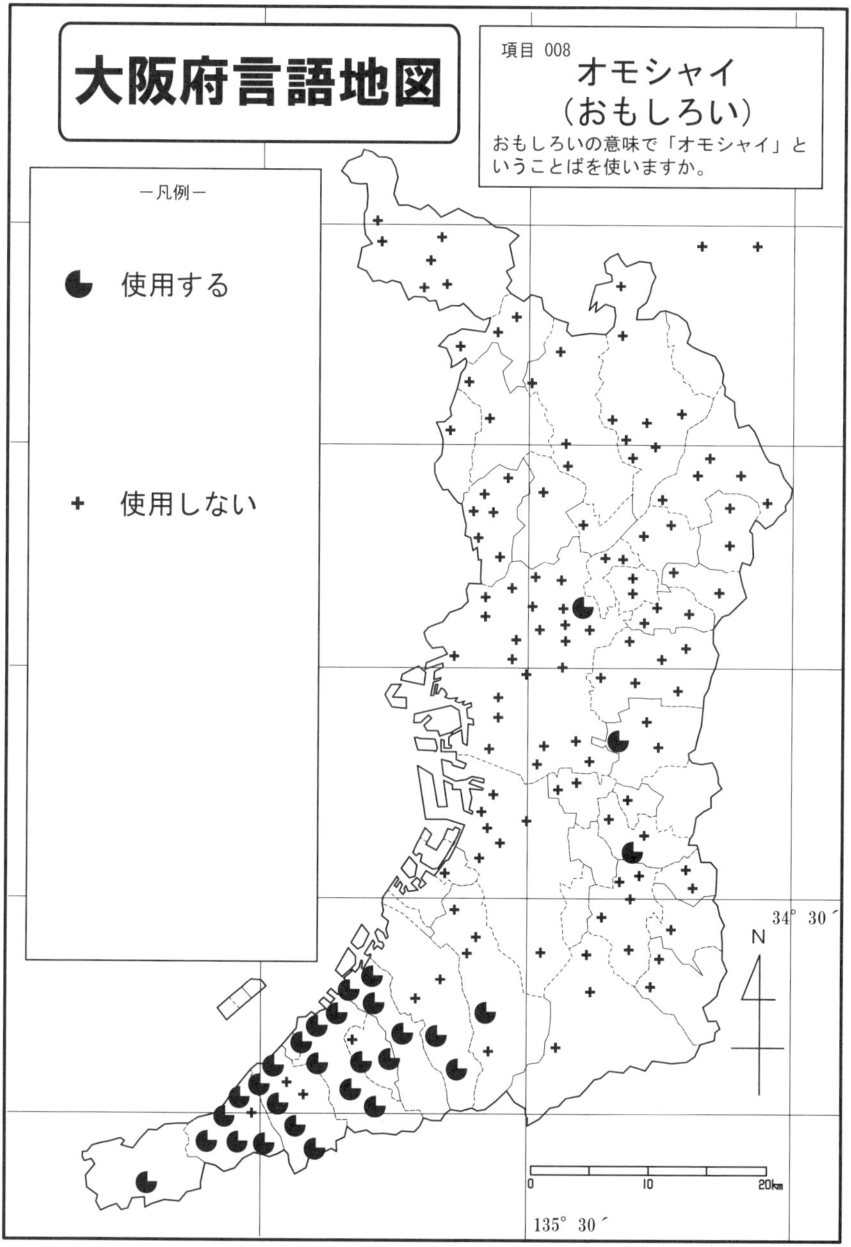
大阪府言語地図
項目 008
オモシャイ
（おもしろい）
おもしろいの意味で「オモシャイ」と
いうことばを使いますか。
－凡例－
使用する
使用しない
34° 30´
N
0
10
20km
135° 30´

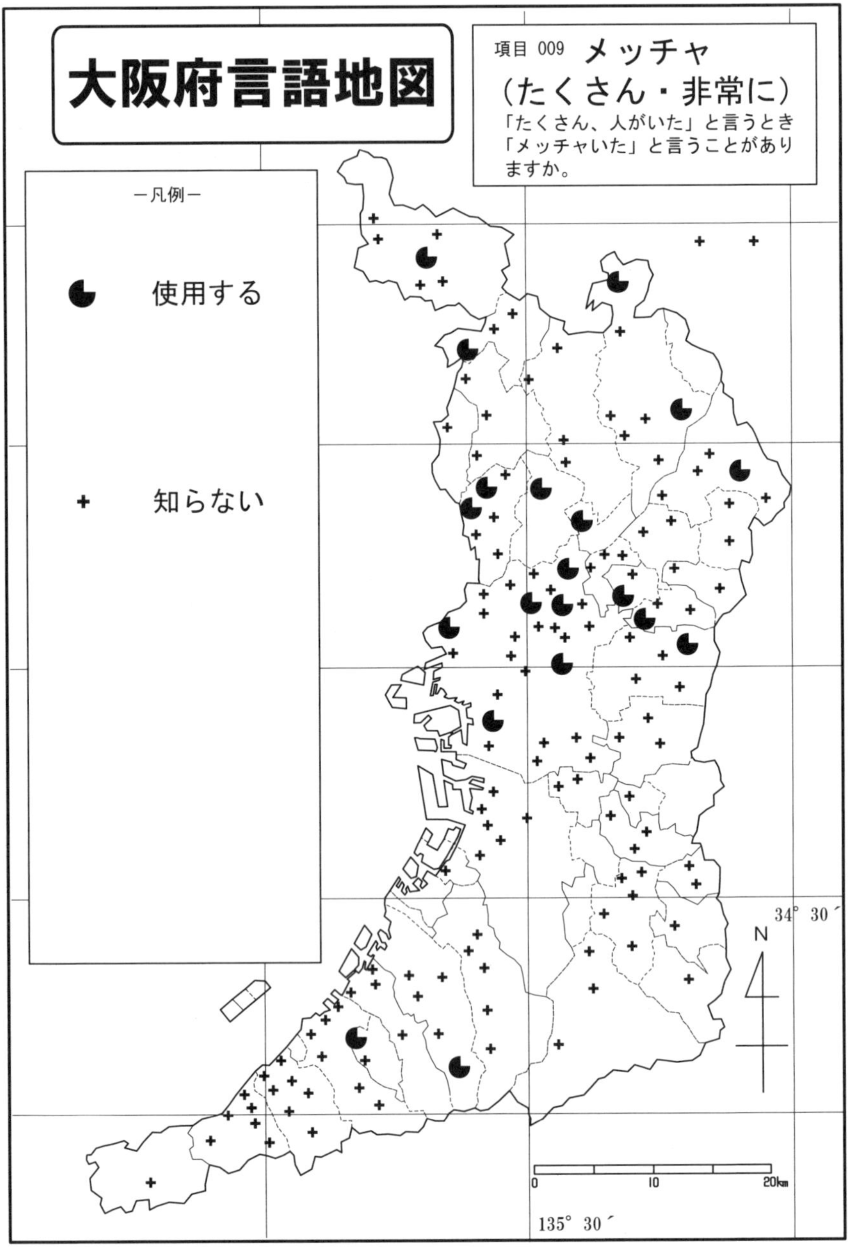
大阪府言語地図
項目 009 メッチャ
(たくさん・非常に)
「たくさん、人がいた」と言うとき「メッチャいた」と言うことがありますか。
—凡例—
使用する
知らない
N
34° 30′
0
10
20km
135° 30′

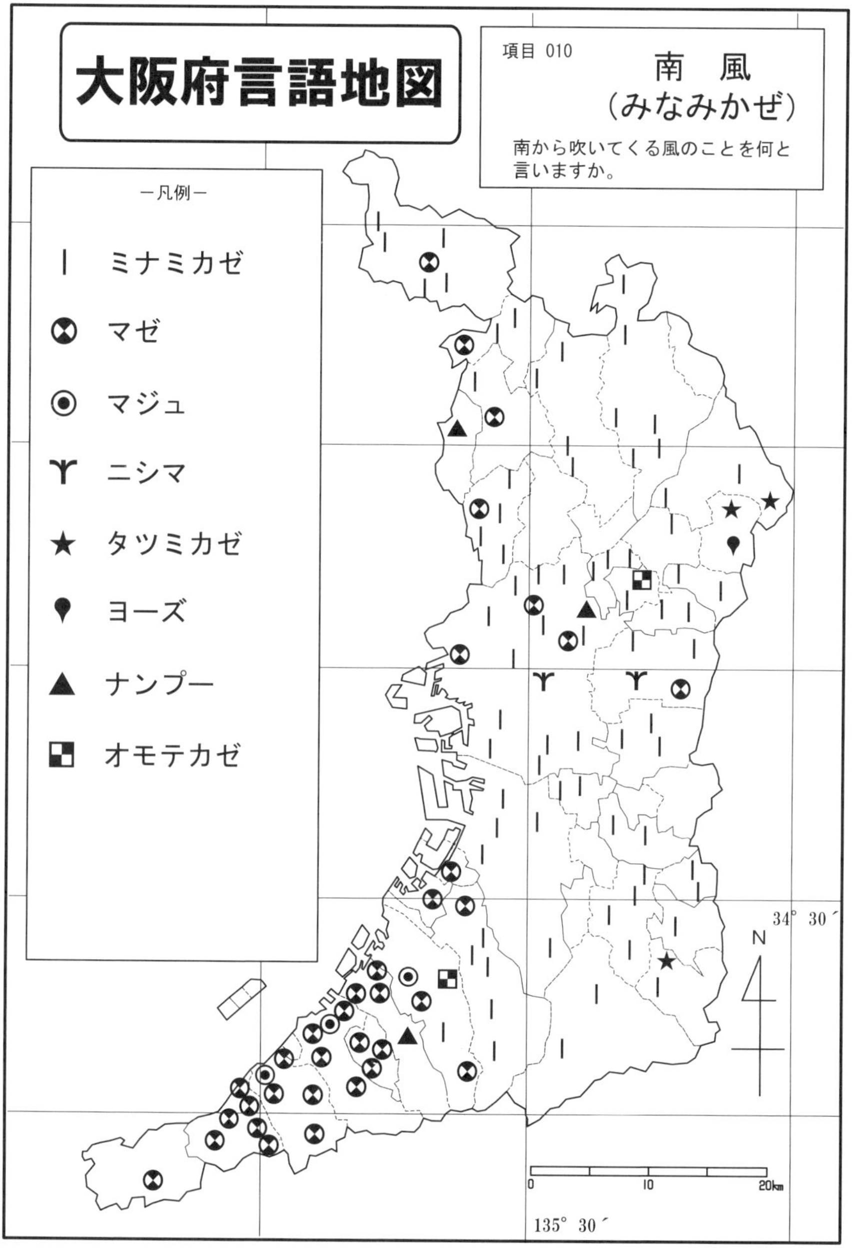
大阪府言語地図
項目 010
南　風
（みなみかぜ）
南から吹いてくる風のことを何と言いますか。
－凡例－
ミナミカゼ
マゼ
マジュ
ニシマ
タツミカゼ
ヨーズ
ナンプー
オモテカゼ
34° 30´
N
0
10
20km
135° 30´

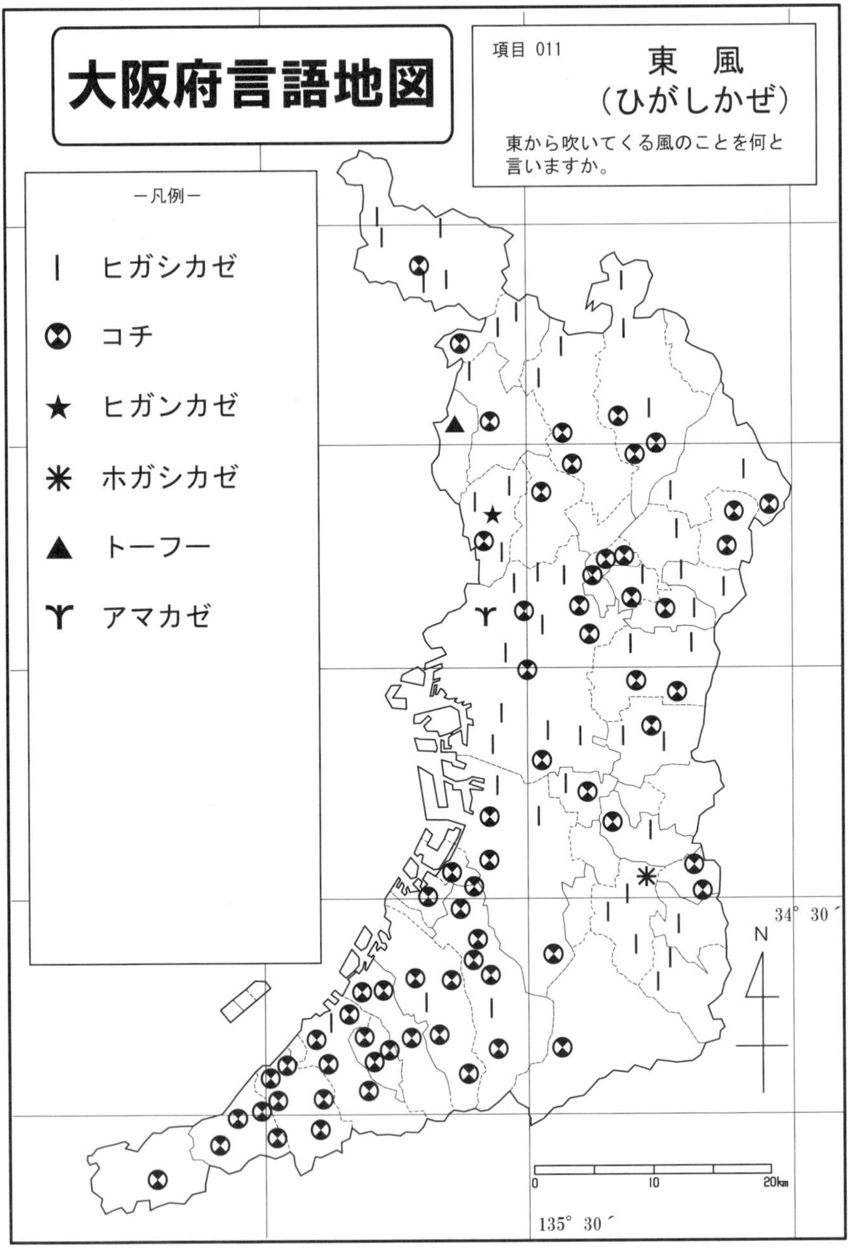
大阪府言語地図
項目 011
東 風
（ひがしかぜ）
東から吹いてくる風のことを何と言いますか。
─凡例─
ヒガシカゼ
コチ
ヒガンカゼ
ホガシカゼ
トーフー
アマカゼ
34° 30′
N
0
10
20km
135° 30′

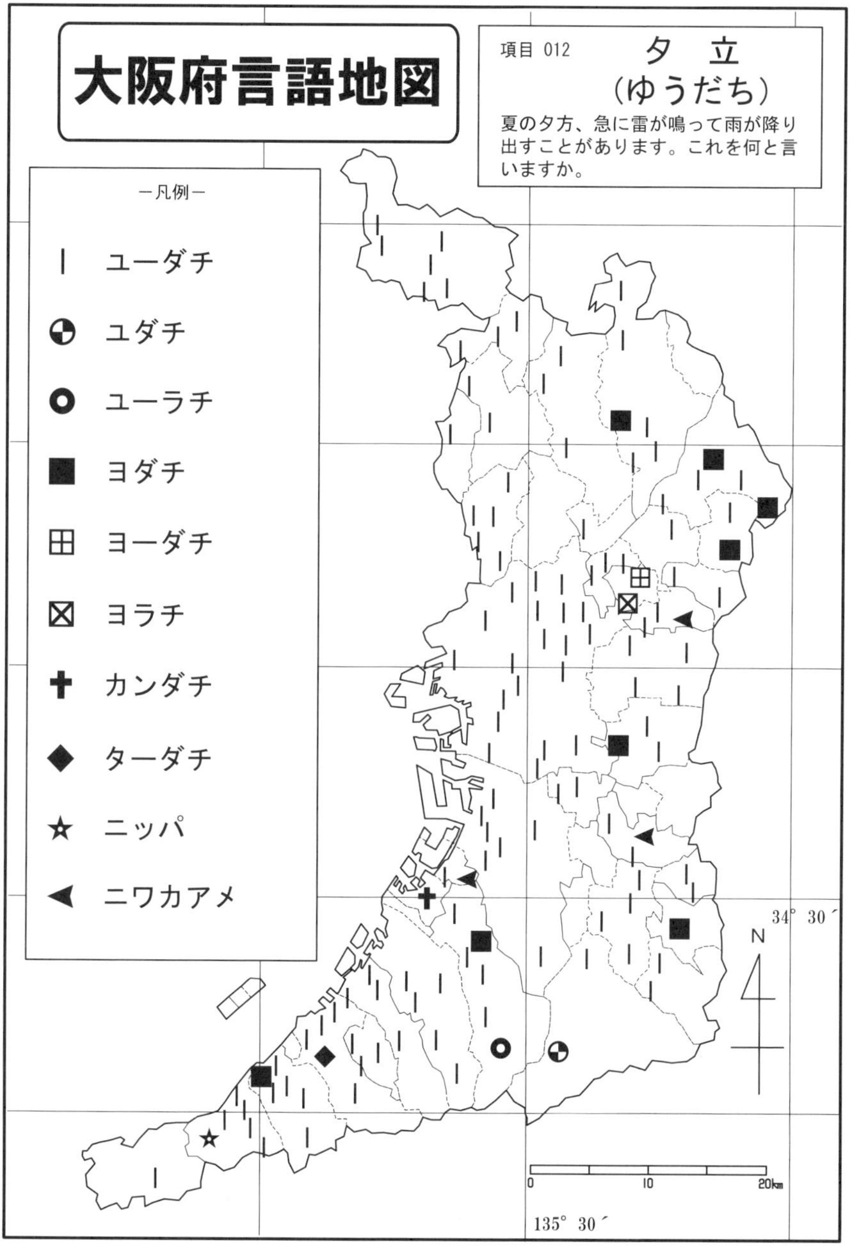
大阪府言語地図
項目 012
夕　立
（ゆうだち）
夏の夕方、急に雷が鳴って雨が降り出すことがあります。これを何と言いますか。
―凡例―
ユーダチ
ユダチ
ユーラチ
ヨダチ
ヨーダチ
ヨラチ
カンダチ
ターダチ
ニッパ
ニワカアメ
34° 30′
N
0
10
20km
135° 30′

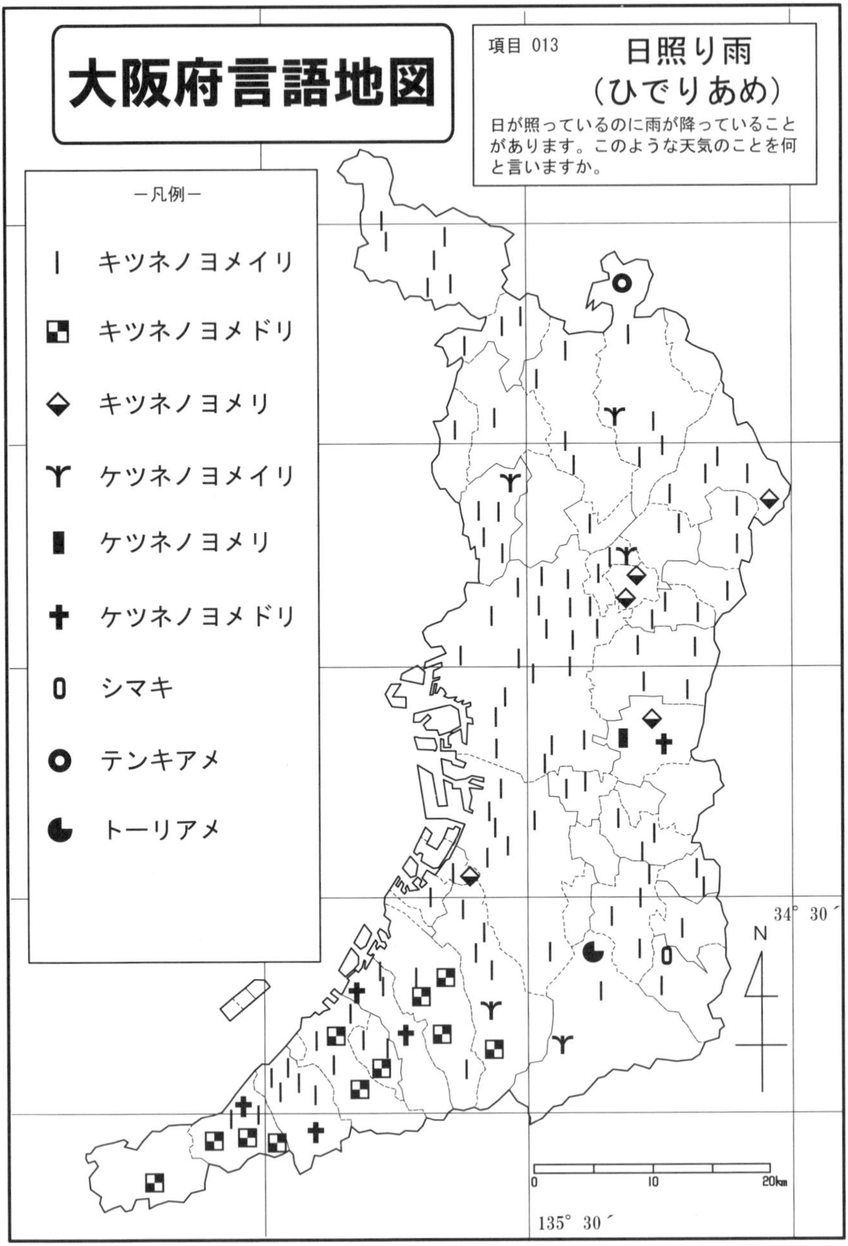

大阪府言語地図
項目 013
日照り雨
(ひでりあめ)
日が照っているのに雨が降っていることがあります。このような天気のことを何と言いますか。
―凡例―
キツネノヨメイリ
キツネノヨメドリ
キツネノヨメリ
ケツネノヨメイリ
ケツネノヨメリ
ケツネノヨメドリ
シマキ
テンキアメ
トーリアメ
34° 30′
N
0
10
20km
135° 30′

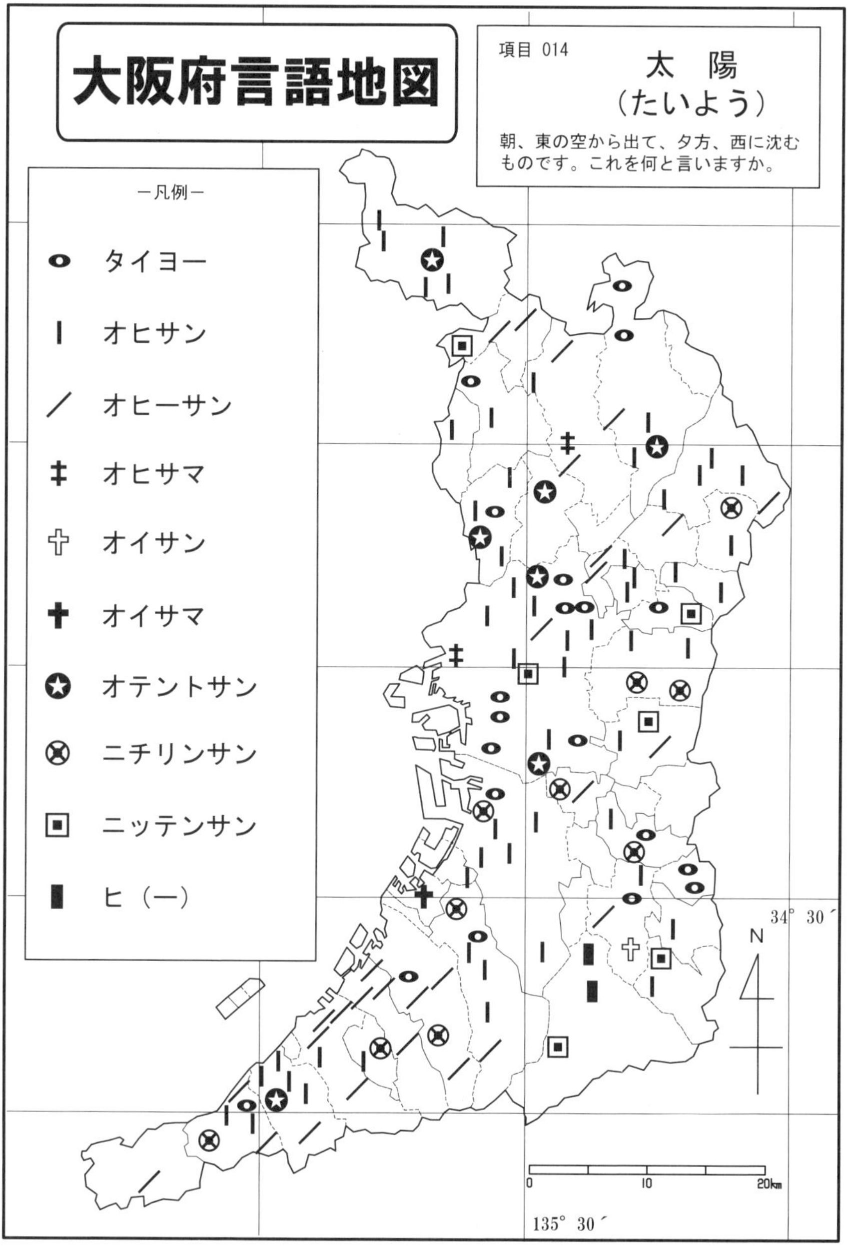
大阪府言語地図
項目 014
太　陽
（たいよう）
朝、東の空から出て、夕方、西に沈むものです。これを何と言いますか。
－凡例－
タイヨー
オヒサン
オヒーサン
オヒサマ
オイサン
オイサマ
オテントサン
ニチリンサン
ニッテンサン
ヒ（ー）
34° 30′
N
0
10
20km
135° 30′

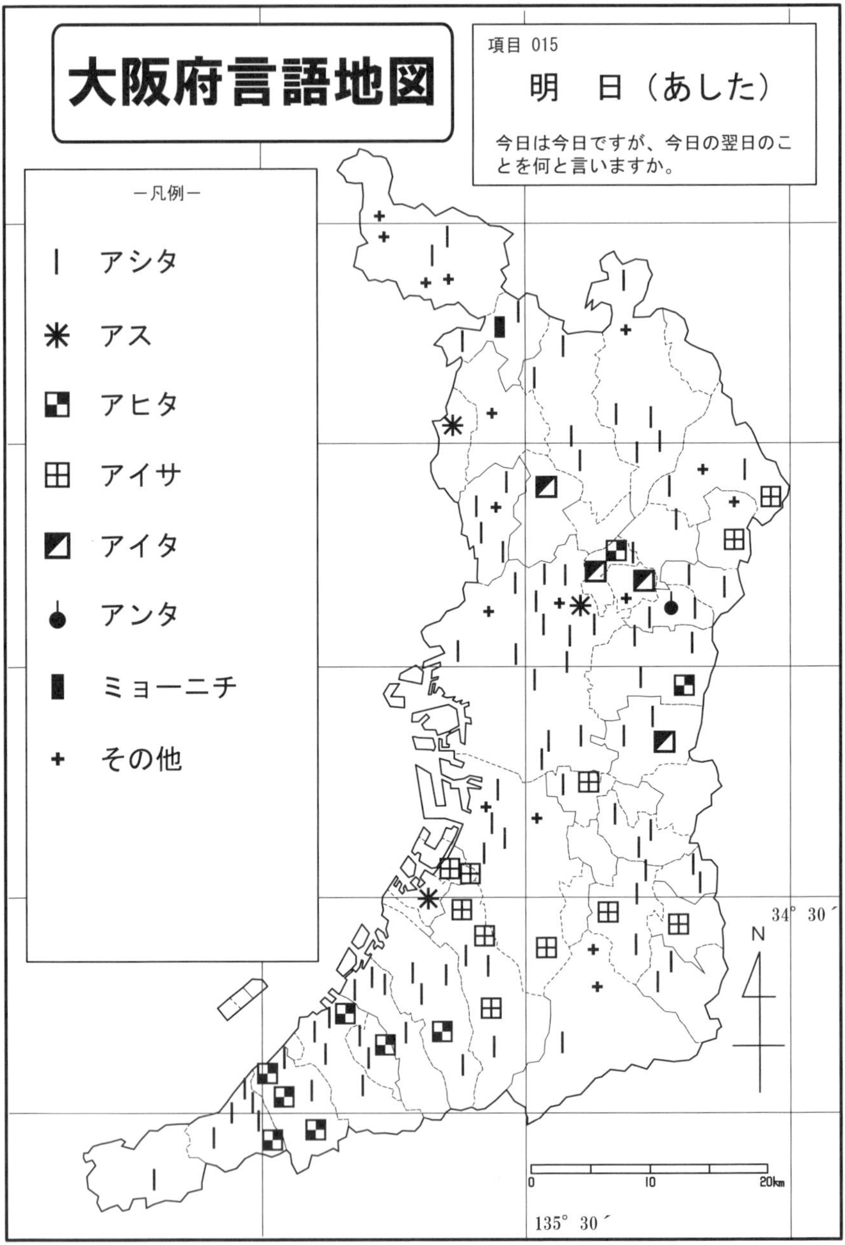

大阪府言語地図
項目 015
明　日（あした）
今日は今日ですが、今日の翌日のことを何と言いますか。
一凡例一
アシタ
アス
アヒタ
アイサ
アイタ
アンタ
ミョーニチ
その他
34° 30´
N
0
10
20km
135° 30´

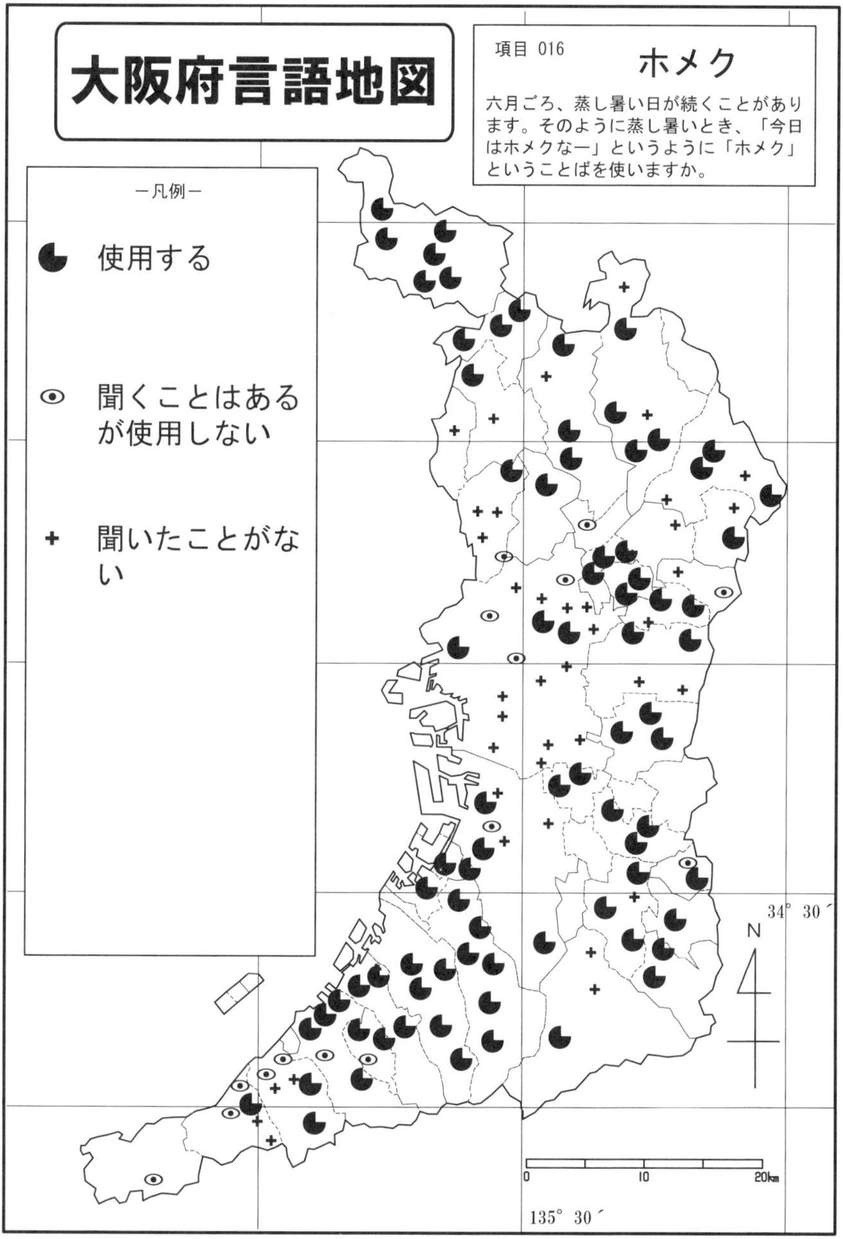
大阪府言語地図
項目 016
ホメク
六月ごろ、蒸し暑い日が続くことがあります。そのように蒸し暑いとき、「今日はホメクなー」というように「ホメク」ということばを使いますか。
－凡例－
使用する
聞くことはあるが使用しない
聞いたことがない
34° 30´
N
0
10
20km
135° 30´

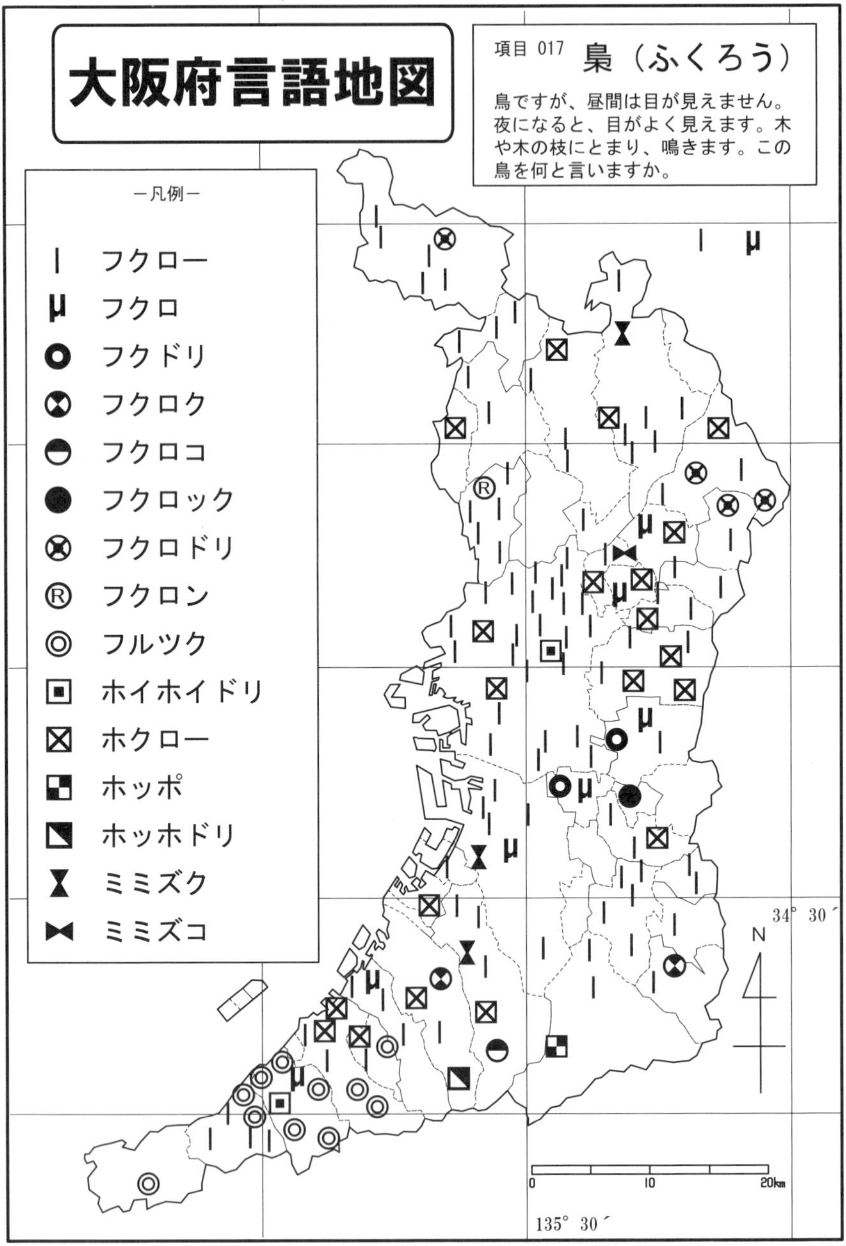
大阪府言語地図
項目 017　梟（ふくろう）
鳥ですが、昼間は目が見えません。夜になると、目がよく見えます。木や木の枝にとまり、鳴きます。この鳥を何と言いますか。
－凡例－
フクロー
フクロ
フクドリ
フクロク
フクロコ
フクロック
フクロドリ
フクロン
フルツク
ホイホイドリ
ホクロー
ホッポ
ホッホドリ
ミミズク
ミミズコ
34° 30′
N
0
10
20km
135° 30′

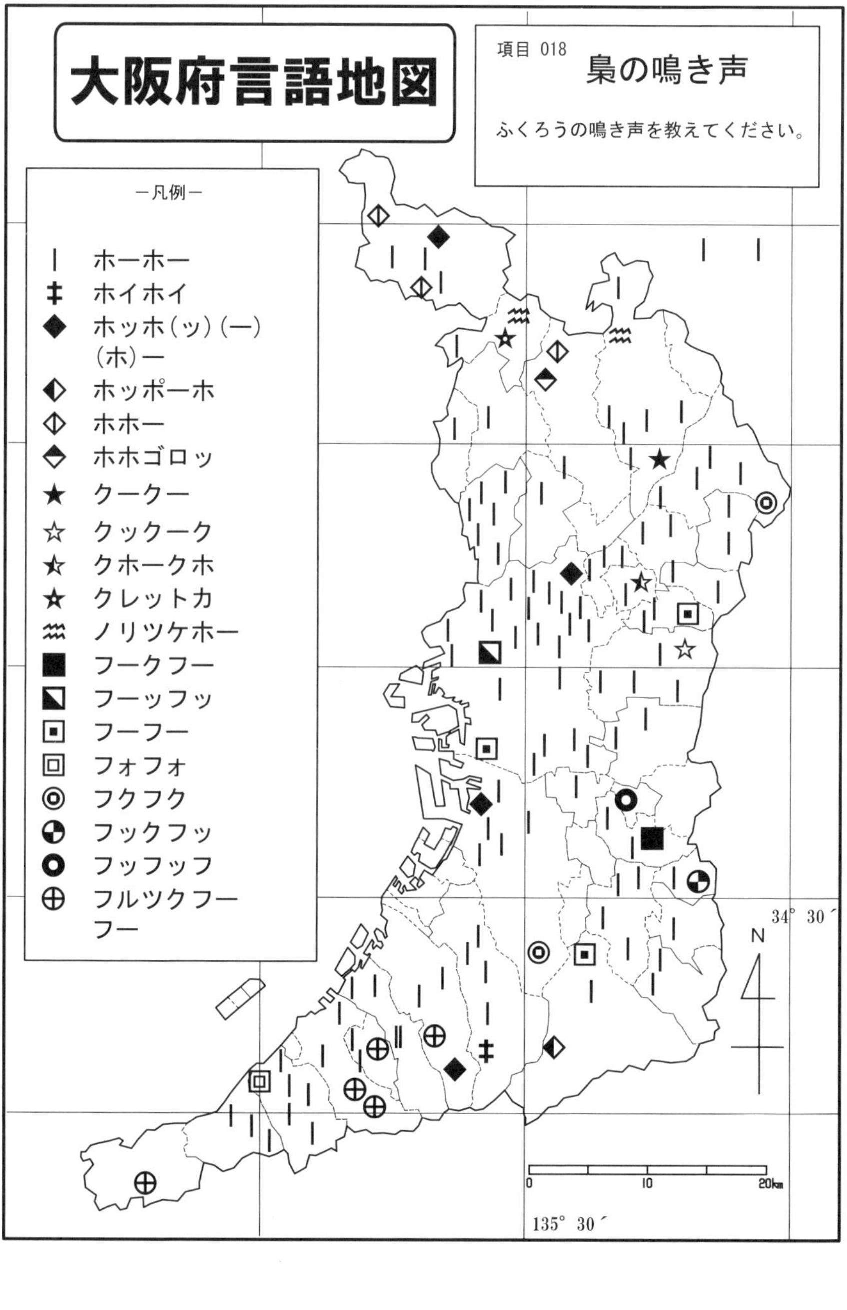
大阪府言語地図
項目 018
梟の鳴き声
ふくろうの鳴き声を教えてください。
－凡例－
ホーホー
ホイホイ
ホッホ(ッ)(ー)(ホ)ー
ホッポーホ
ホホー
ホホゴロッ
クークー
クッククーク
クホークホ
クレットカ
ノリツケホー
フークフー
フーッフッ
フーフー
フォフォ
フクフク
フックフッ
フッフッフ
フルツクフーフー
34° 30´
N
0
10
20km
135° 30´

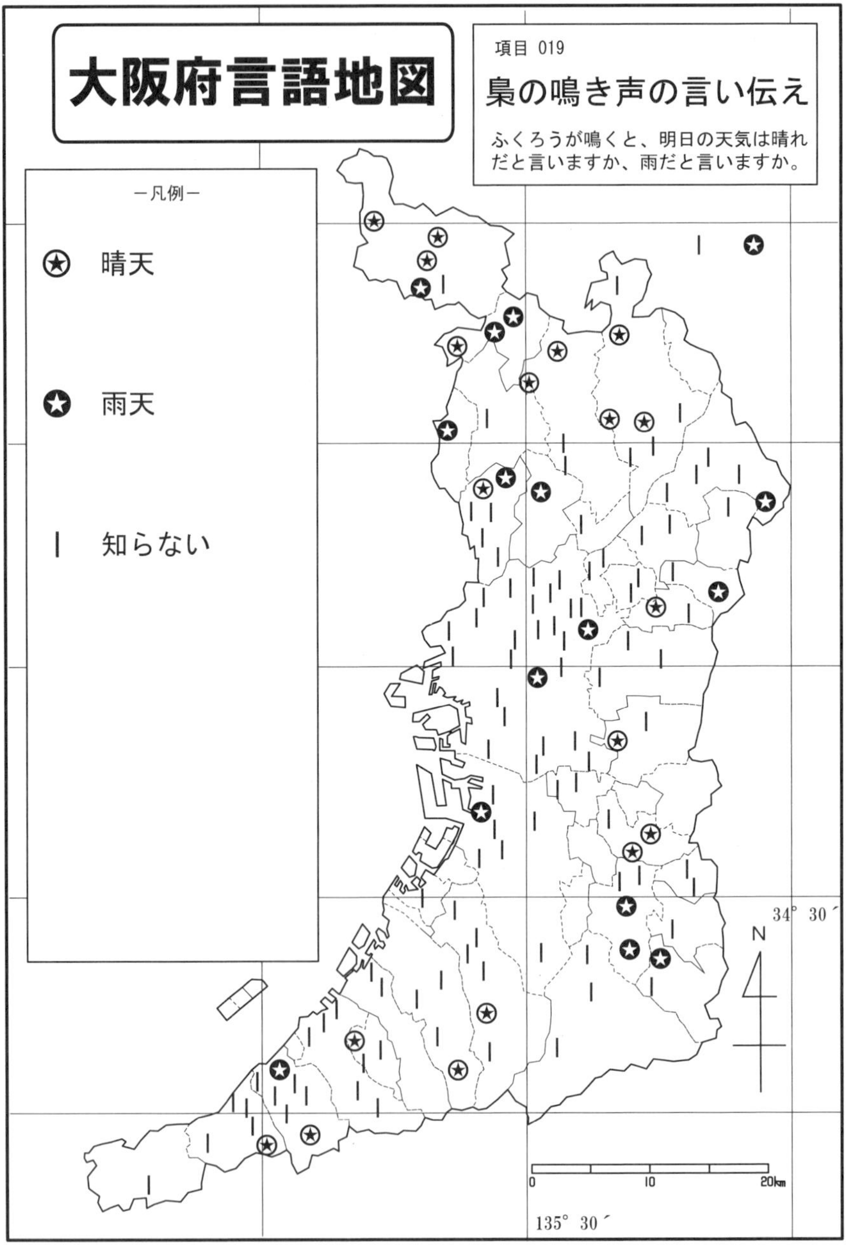
大阪府言語地図
項目 019
梟の鳴き声の言い伝え
ふくろうが鳴くと、明日の天気は晴れだと言いますか、雨だと言いますか。
－凡例－
晴天
雨天
知らない
N
34° 30′
0
10
20km
135° 30′

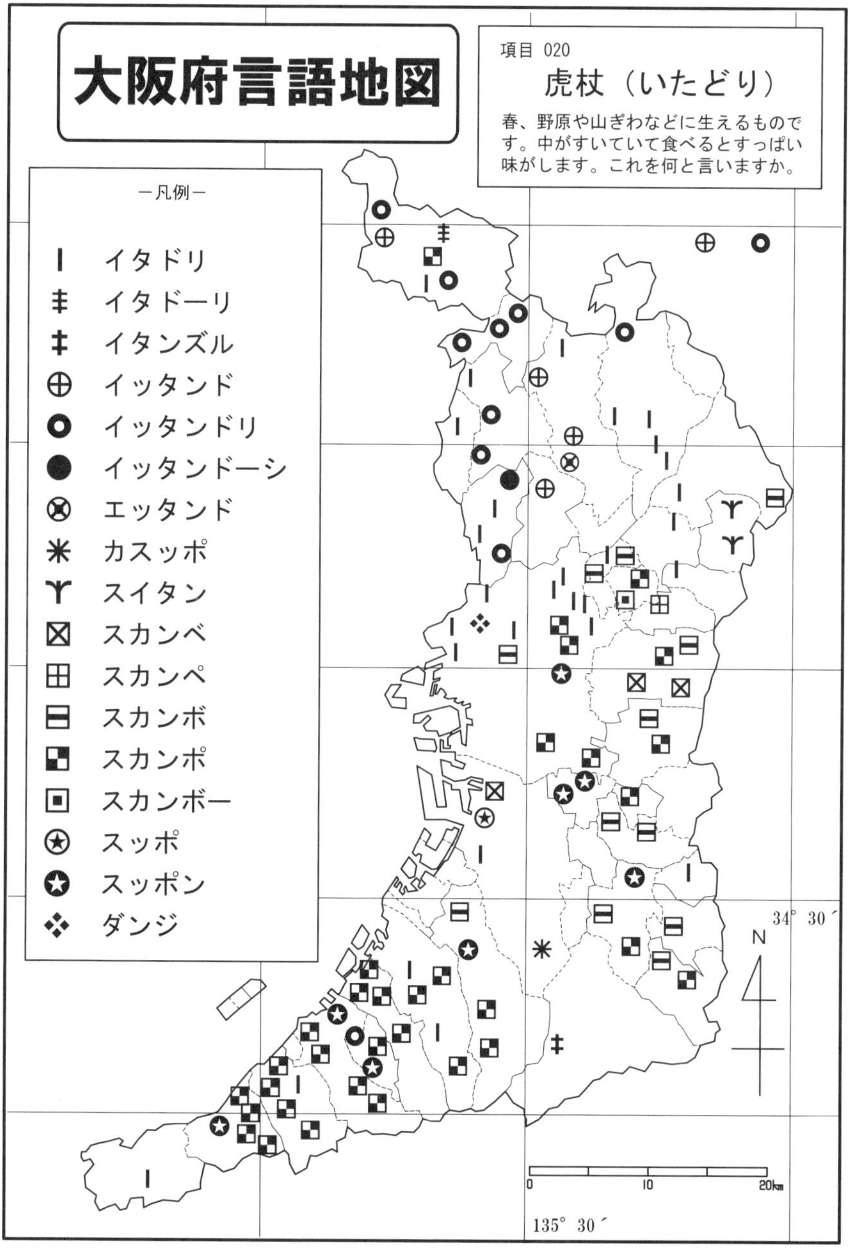
大阪府言語地図
項目 020
虎杖（いたどり）
春、野原や山ぎわなどに生えるものです。中がすいていて食べるとすっぱい味がします。これを何と言いますか。
－凡例－
イタドリ
イタドーリ
イタンズル
イッタンド
イッタンドリ
イッタンドーシ
エッタンド
カスッポ
スイタン
スカンベ
スカンペ
スカンボ
スカンポ
スカンボー
スッポ
スッポン
ダンジ
34° 30´
N
0
10
20km
135° 30´

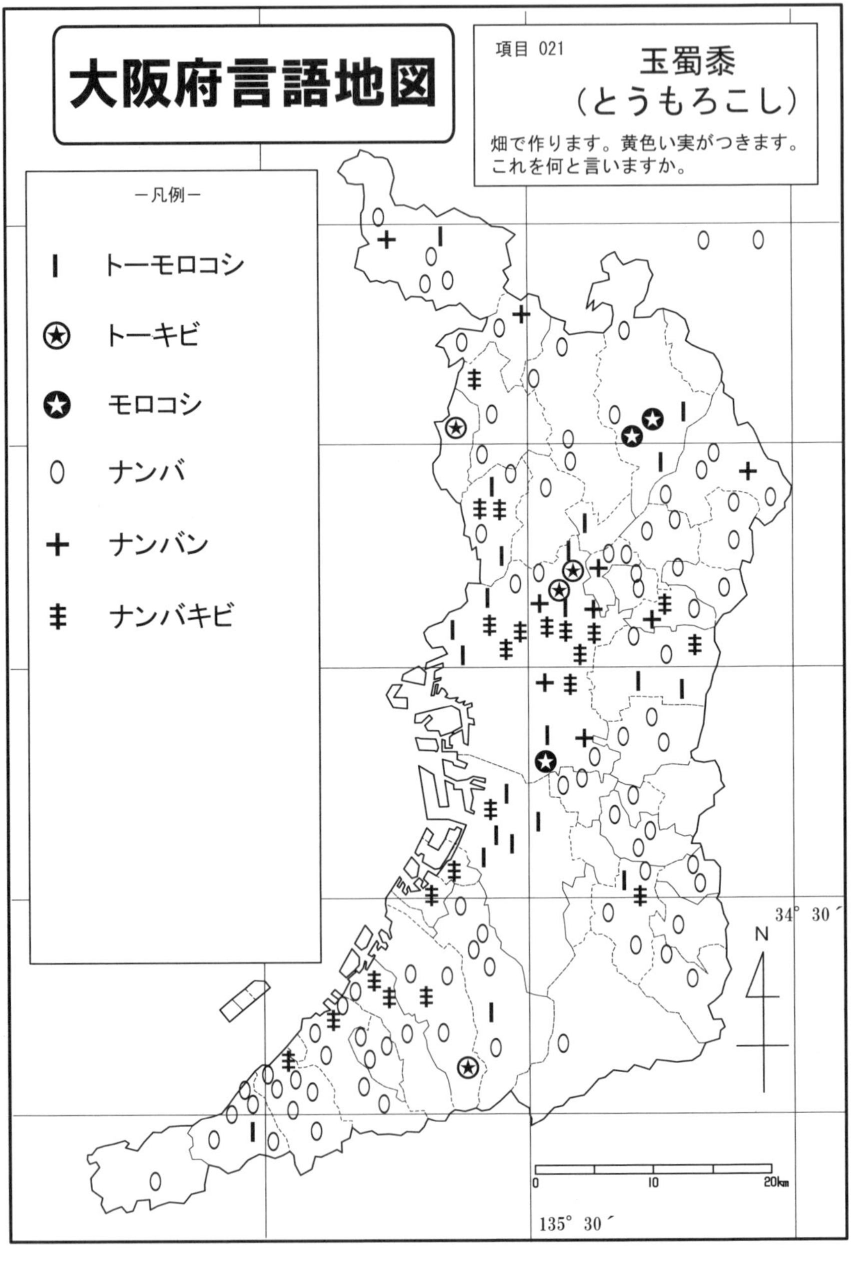
大阪府言語地図
項目 021
玉蜀黍
（とうもろこし）
畑で作ります。黄色い実がつきます。
これを何と言いますか。
ー凡例ー
トーモロコシ
トーキビ
モロコシ
ナンバ
ナンバン
ナンバキビ
34° 30′
N
0
10
20km
135° 30′

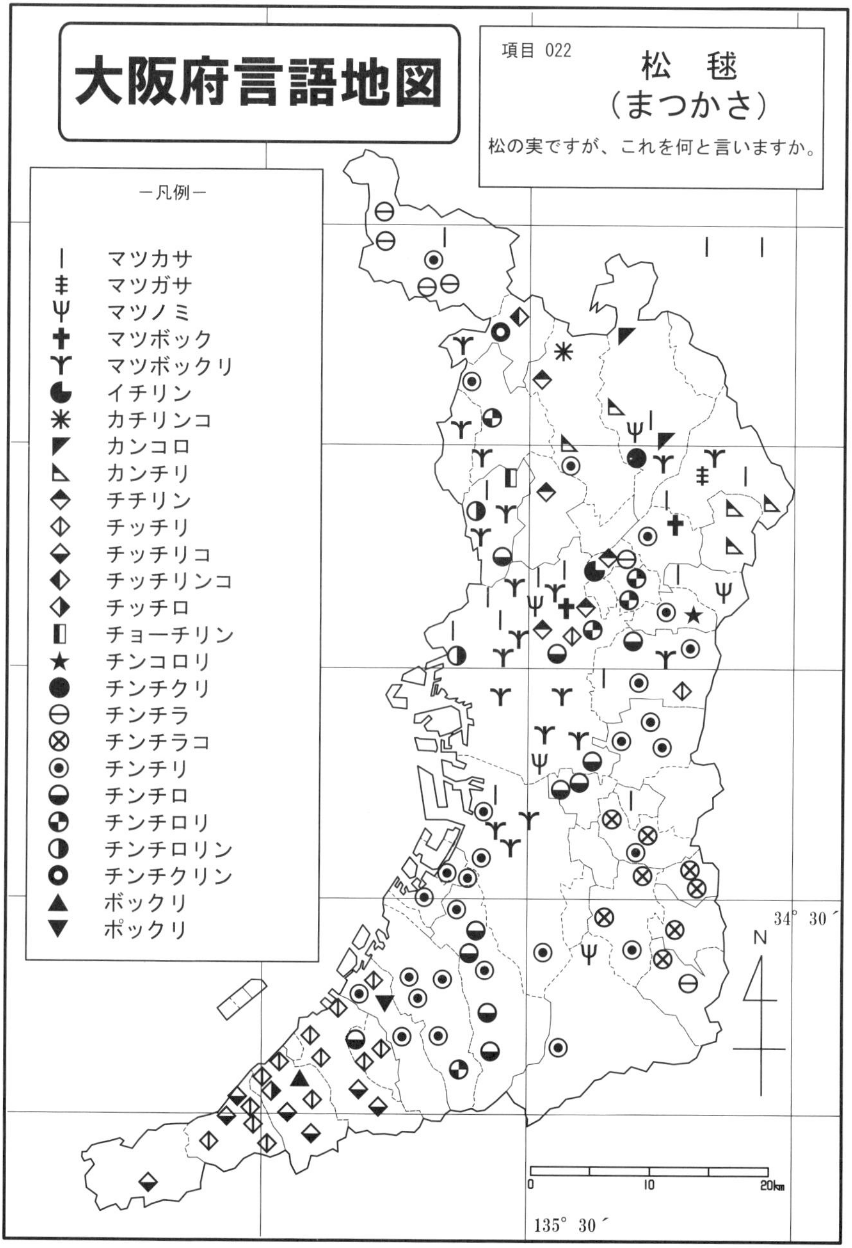

大阪府言語地図
項目 022
松　毬
（まつかさ）
松の実ですが、これを何と言いますか。
―凡例―
マツカサ
マツガサ
マツノミ
マツボック
マツボックリ
イチリン
カチリンコ
カンコロ
カンチリ
チチリン
チッチリ
チッチリコ
チッチリンコ
チッチロ
チョーチリン
チンコロリ
チンチクリ
チンチラ
チンチラコ
チンチリ
チンチロ
チンチロリ
チンチロリン
チンチクリン
ボックリ
ポックリ
34° 30´
N
0
10
20km
135° 30´

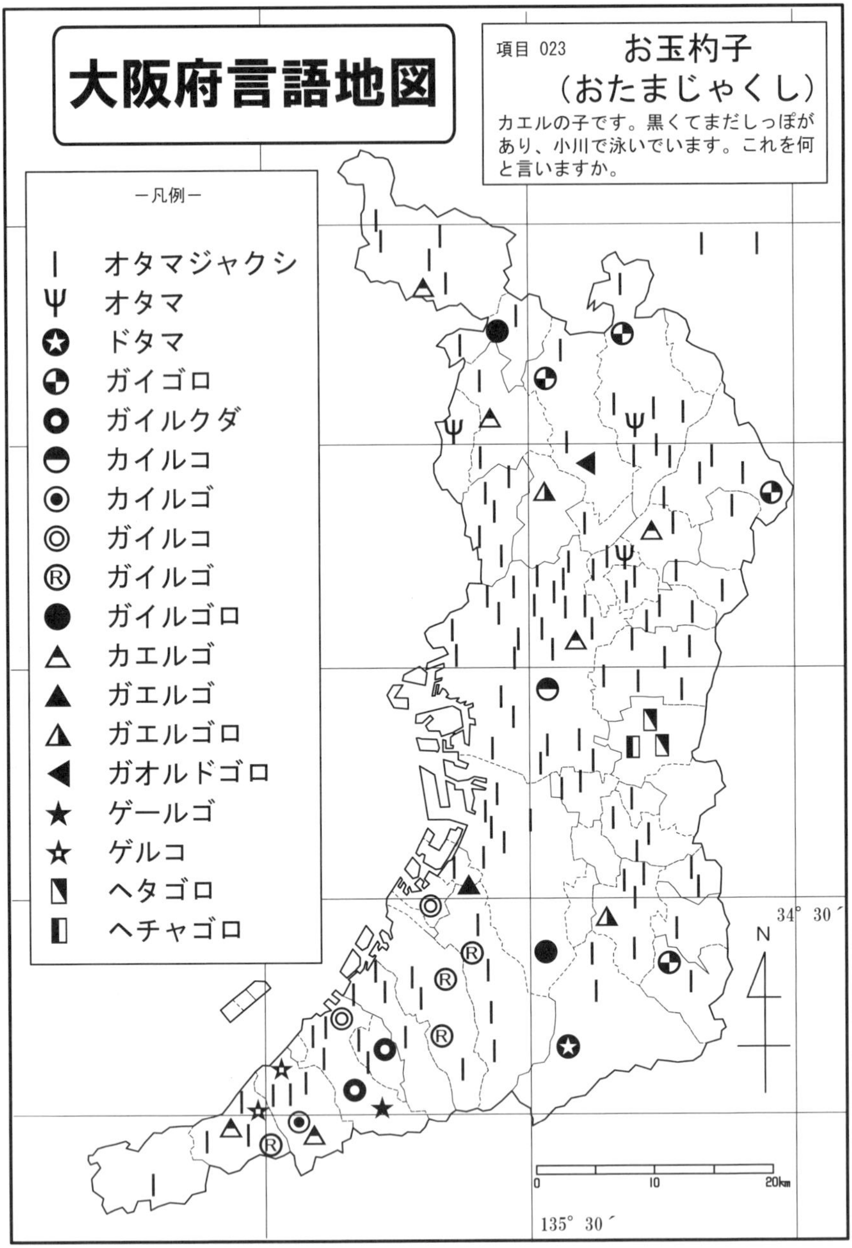
大阪府言語地図
項目 023 お玉杓子
（おたまじゃくし）
カエルの子です。黒くてまだしっぽがあり、小川で泳いでいます。これを何と言いますか。
—凡例—
オタマジャクシ
オタマ
ドタマ
ガイゴロ
ガイルクダ
カイルコ
カイルゴ
ガイルコ
ガイルゴ
ガイルゴロ
カエルゴ
ガエルゴ
ガエルゴロ
ガオルドゴロ
ゲールゴ
ゲルコ
ヘタゴロ
ヘチャゴロ
34° 30′
N
0
10
20km
135° 30′

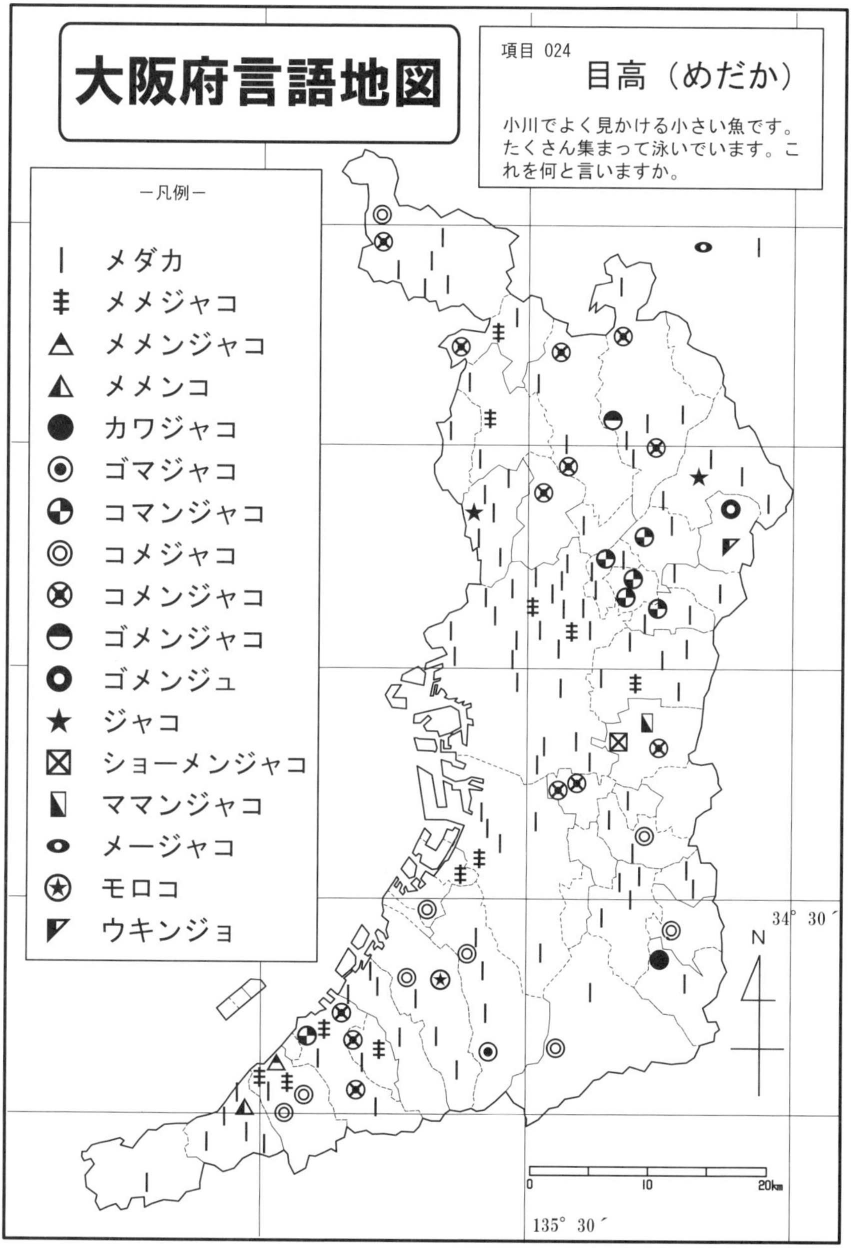
大阪府言語地図
項目 024
目高（めだか）
小川でよく見かける小さい魚です。たくさん集まって泳いでいます。これを何と言いますか。
－凡例－
メダカ
メメジャコ
メメンジャコ
メメンコ
カワジャコ
ゴマジャコ
コマンジャコ
コメジャコ
コメンジャコ
ゴメンジャコ
ゴメンジュ
ジャコ
ショーメンジャコ
ママンジャコ
メージャコ
モロコ
ウキンジョ
34° 30´
N
0
10
20km
135° 30´

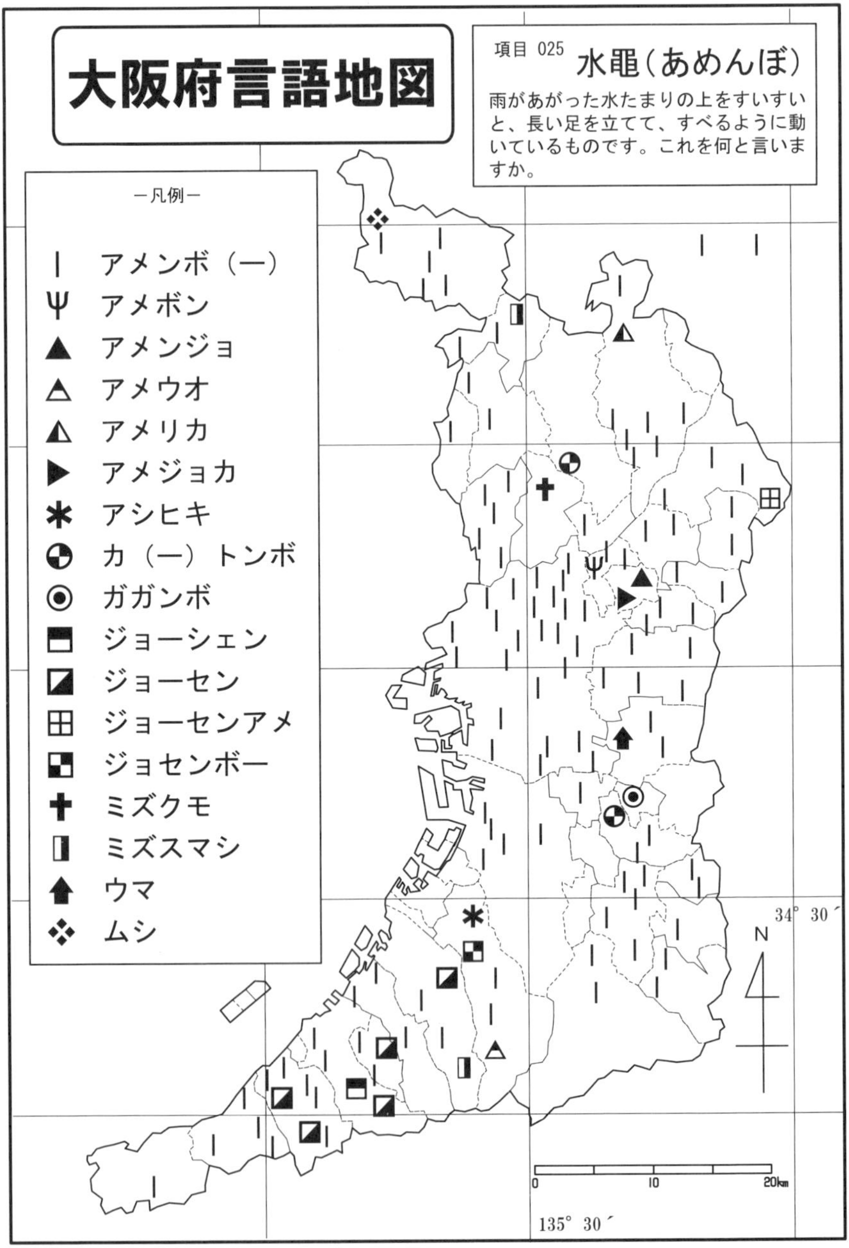
大阪府言語地図
項目 025 水黽(あめんぼ)
雨があがった水たまりの上をすいすいと、長い足を立てて、すべるように動いているものです。これを何と言いますか。
—凡例—
アメンボ(—)
アメボン
アメンジョ
アメウオ
アメリカ
アメジョカ
アシヒキ
カ(—)トンボ
ガガンボ
ジョーシェン
ジョーセン
ジョーセンアメ
ジョセンボー
ミズクモ
ミズスマシ
ウマ
ムシ
34° 30′
N
0
10
20km
135° 30′

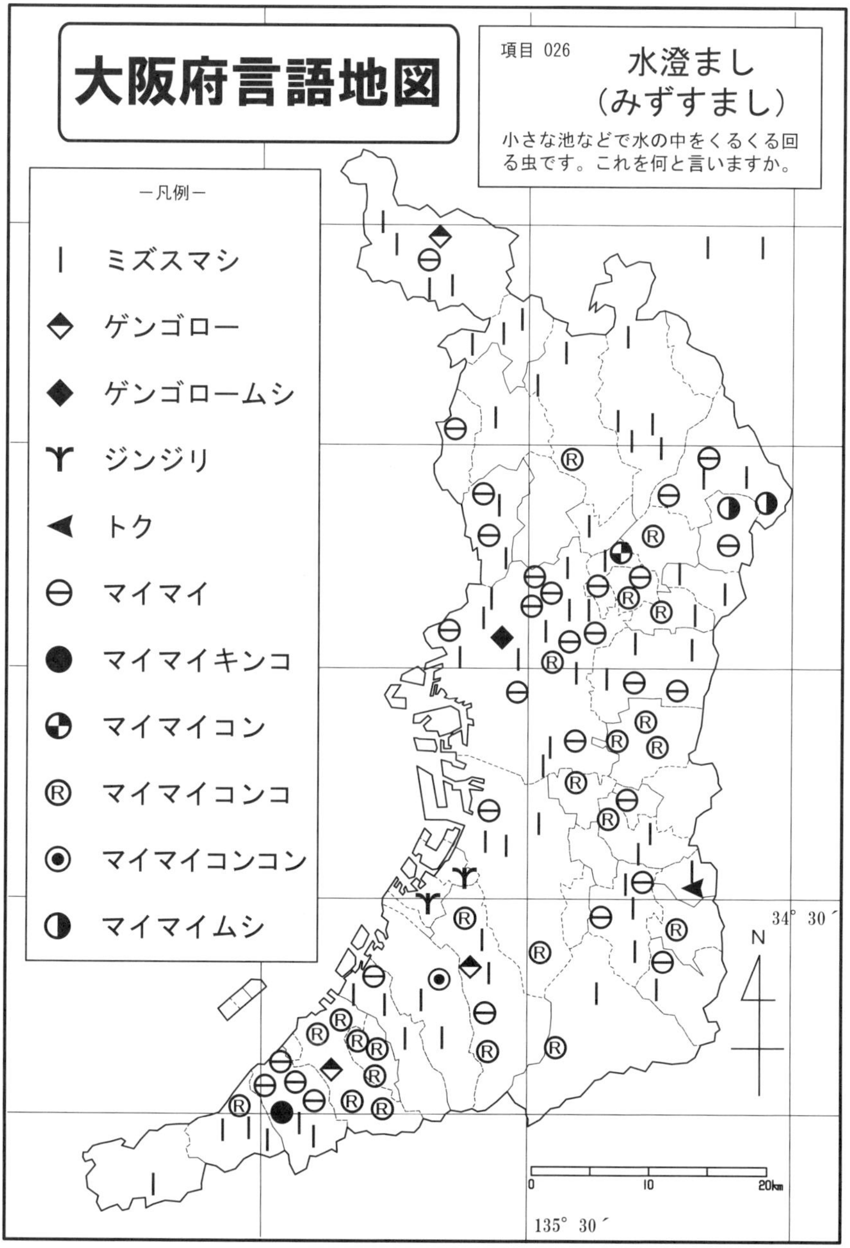
大阪府言語地図
項目 026
水澄まし
（みずすまし）
小さな池などで水の中をくるくる回る虫です。これを何と言いますか。
－凡例－
ミズスマシ
ゲンゴロー
ゲンゴロームシ
ジンジリ
トク
マイマイ
マイマイキンコ
マイマイコン
マイマイコンコ
マイマイコンコン
マイマイムシ
34° 30′
N
0
10
20km
135° 30′

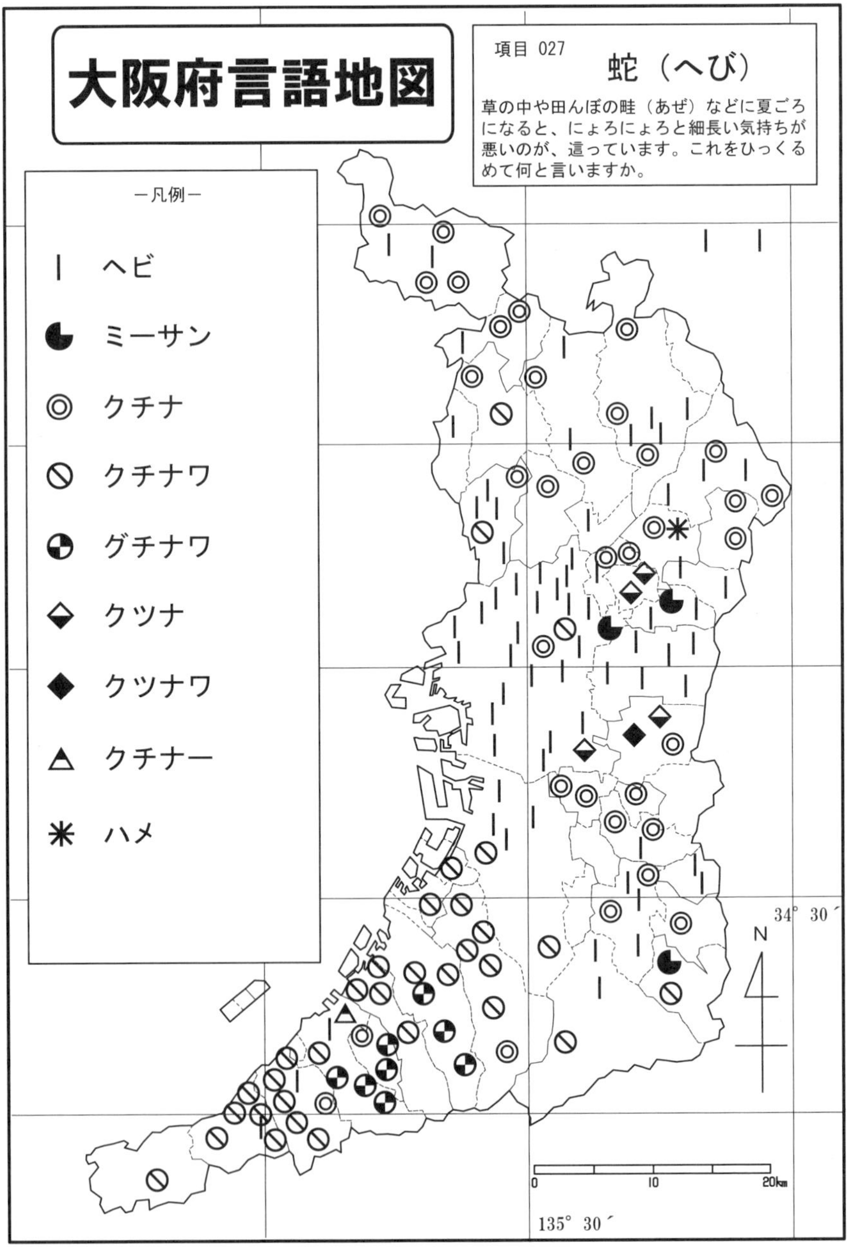
大阪府言語地図
項目 027
蛇（へび）
草の中や田んぼの畦（あぜ）などに夏ごろになると、にょろにょろと細長い気持ちが悪いのが、這っています。これをひっくるめて何と言いますか。
―凡例―
ヘビ
ミーサン
クチナ
クチナワ
グチナワ
クツナ
クツナワ
クチナー
ハメ
N
34° 30′
0
10
20km
135° 30′

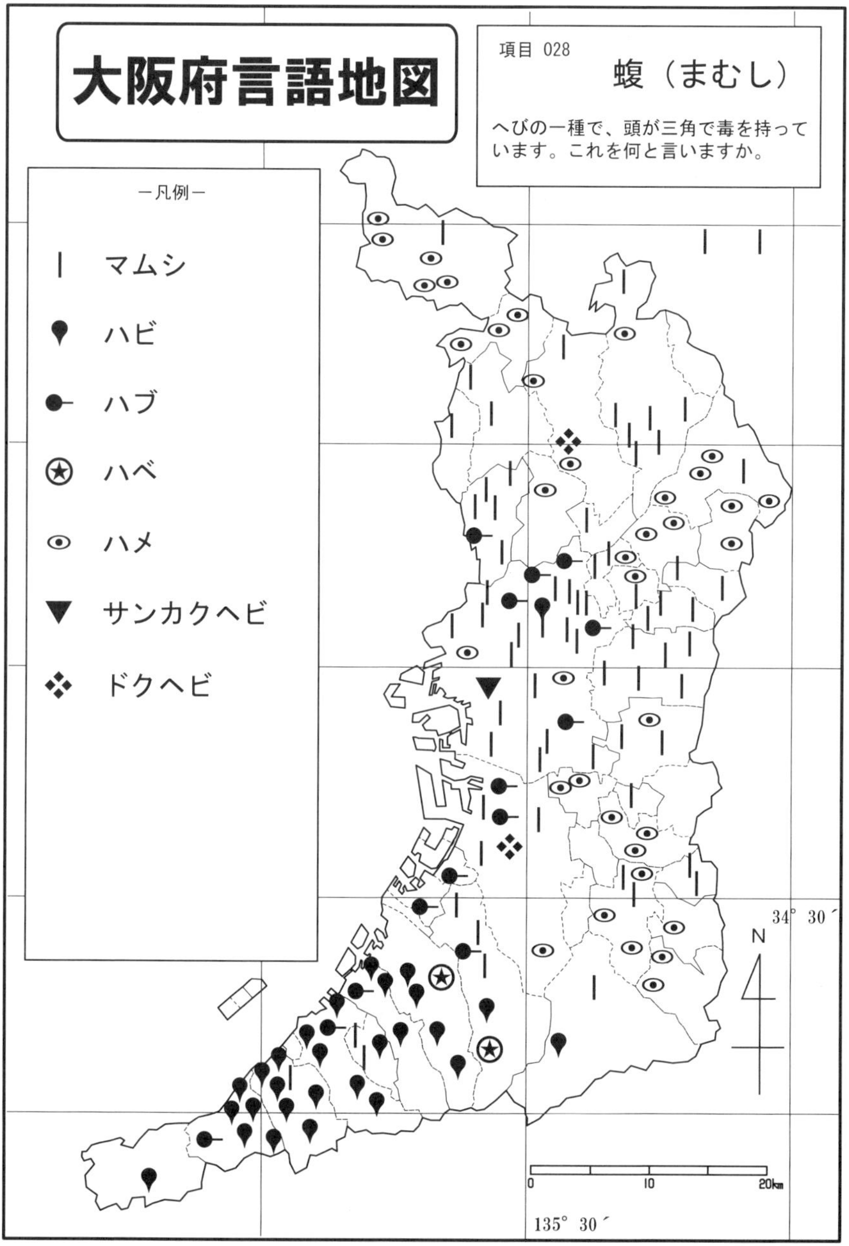
大阪府言語地図
項目 028
蝮（まむし）
へびの一種で、頭が三角で毒を持っています。これを何と言いますか。
ー凡例ー
マムシ
ハビ
ハブ
ハベ
ハメ
サンカクヘビ
ドクヘビ
34° 30´
N
0
10
20km
135° 30´

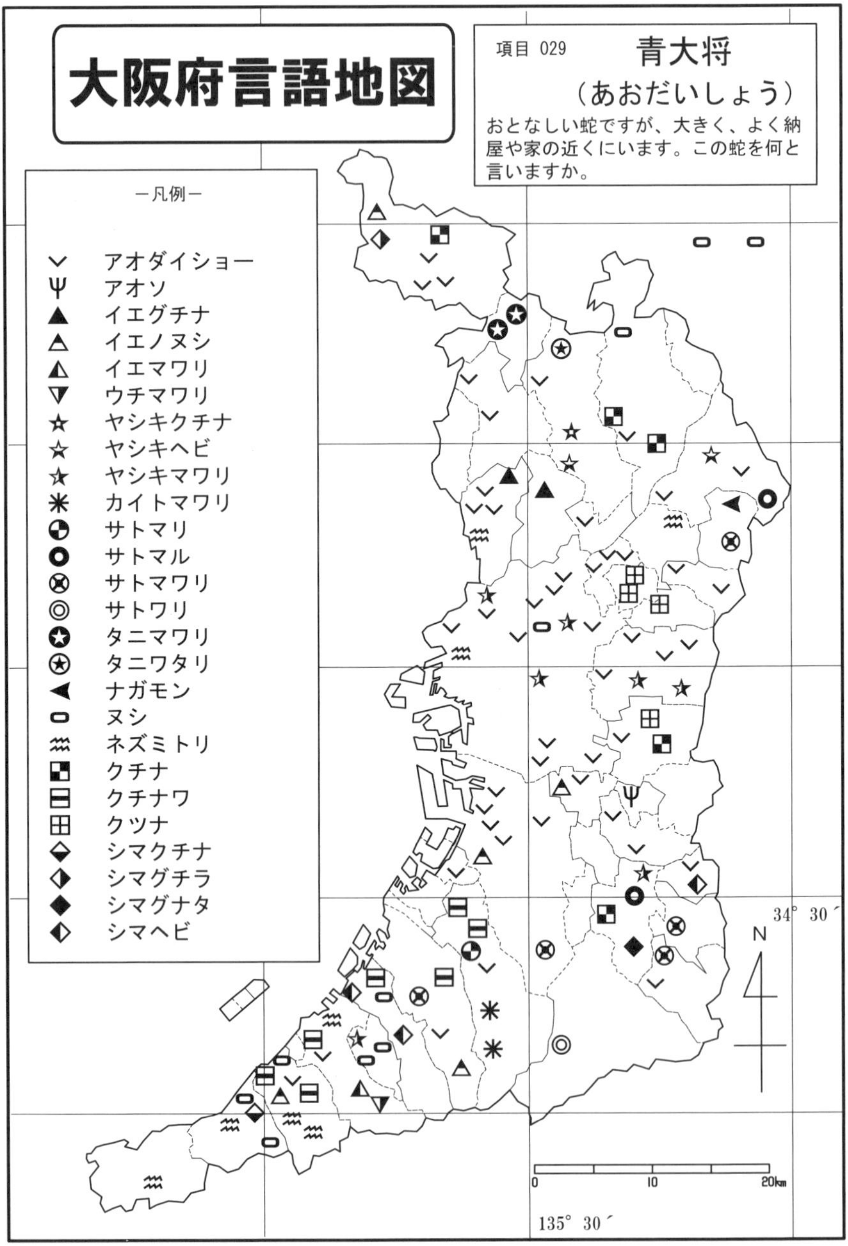

大阪府言語地図
項目 029
青大将
（あおだいしょう）
おとなしい蛇ですが、大きく、よく納屋や家の近くにいます。この蛇を何と言いますか。
ー凡例ー
アオダイショー
アオソ
イエグチナ
イエノヌシ
イエマワリ
ウチマワリ
ヤシキクチナ
ヤシキヘビ
ヤシキマワリ
カイトマワリ
サトマリ
サトマル
サトマワリ
サトワリ
タニマワリ
タニワタリ
ナガモン
ヌシ
ネズミトリ
クチナ
クチナワ
クツナ
シマクチナ
シマグチラ
シマグナタ
シマヘビ
N
34° 30′
0
10
20㎞
135° 30′

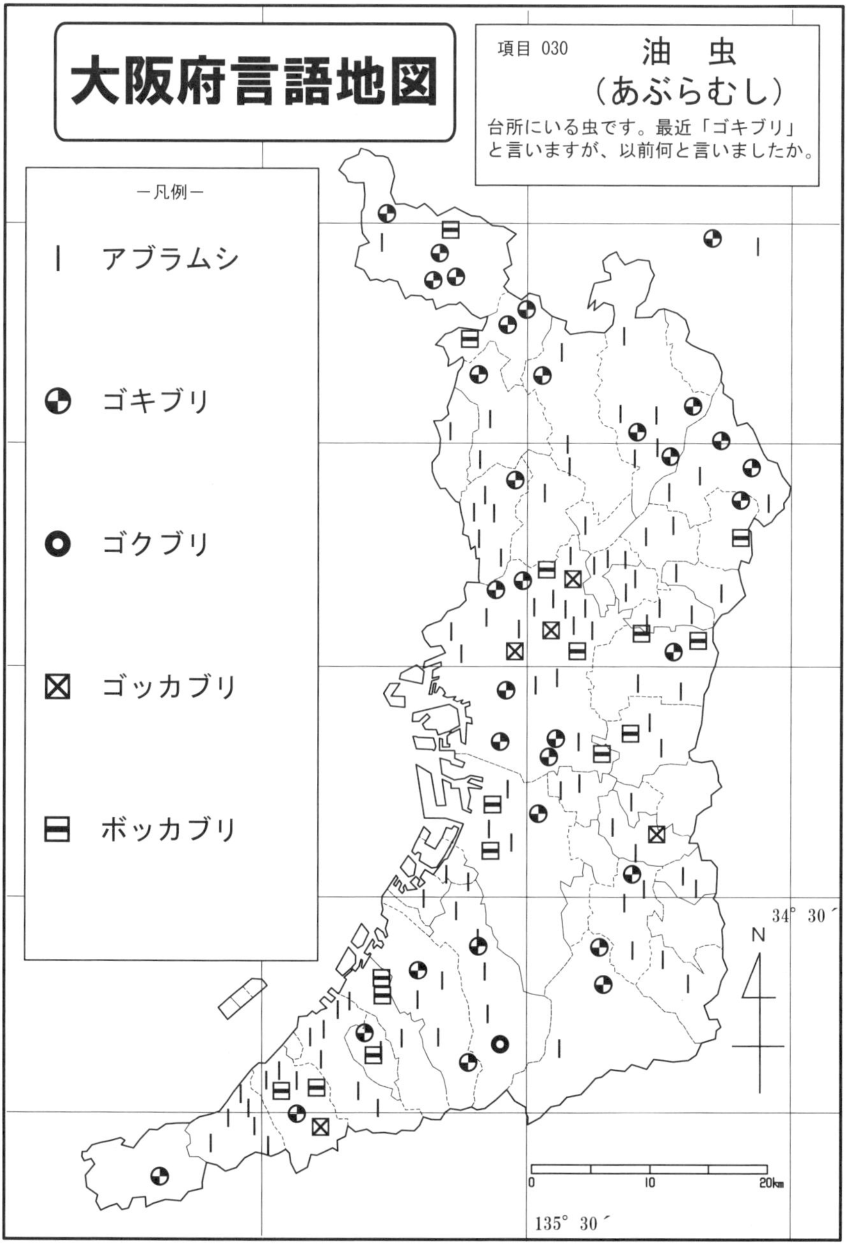
大阪府言語地図
項目 030
油　虫
（あぶらむし）
台所にいる虫です。最近「ゴキブリ」
と言いますが、以前何と言いましたか。
－凡例－
アブラムシ
ゴキブリ
ゴクブリ
ゴッカブリ
ボッカブリ
34°30´
N
0
10
20km
135°30´

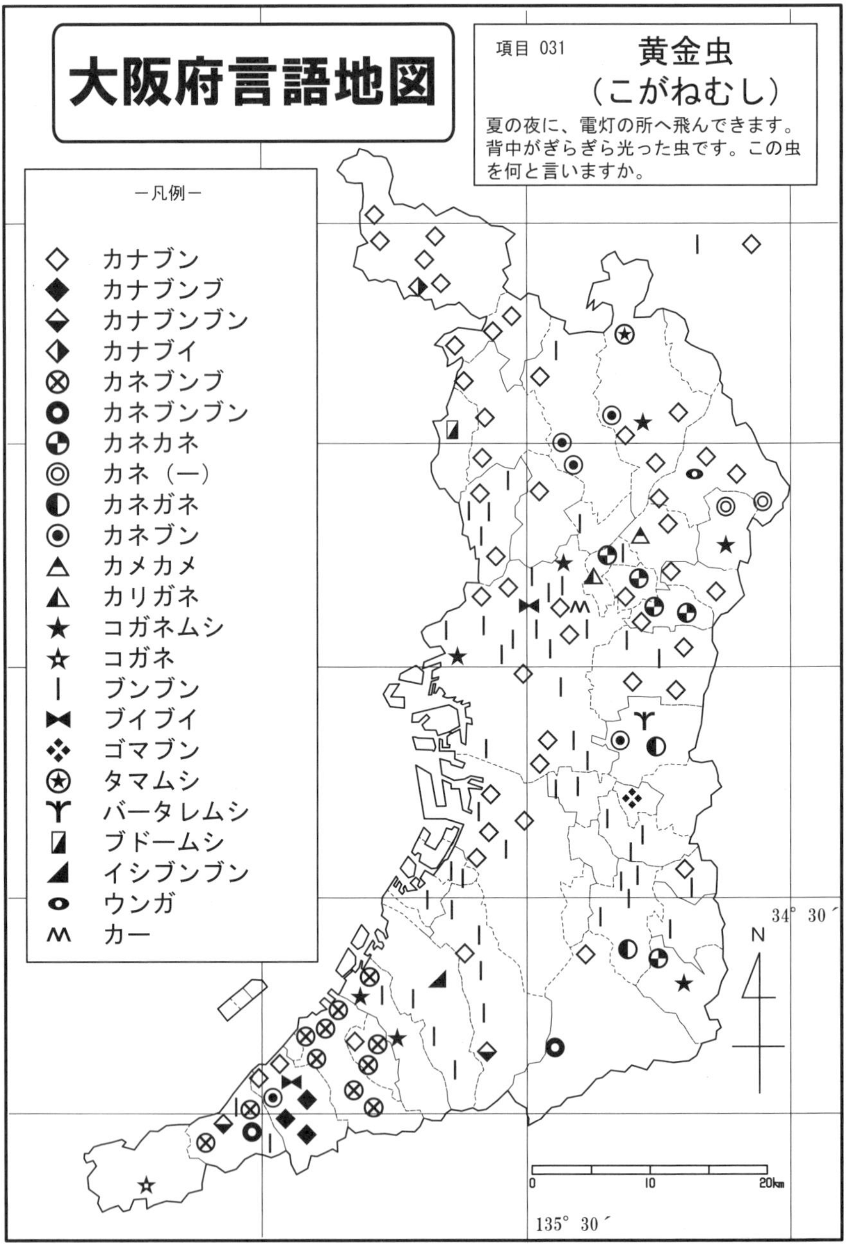

大阪府言語地図
項目 031
黄金虫
（こがねむし）
夏の夜に、電灯の所へ飛んできます。背中がぎらぎら光った虫です。この虫を何と言いますか。
—凡例—
カナブン
カナブンブ
カナブンブン
カナブイ
カネブンブ
カネブンブン
カネカネ
カネ（ー）
カネガネ
カネブン
カメカメ
カリガネ
コガネムシ
コガネ
ブンブン
ブイブイ
ゴマブン
タマムシ
バータレムシ
ブドームシ
イシブンブン
ウンガ
カー
34° 30′
N
0
10
20km
135° 30′

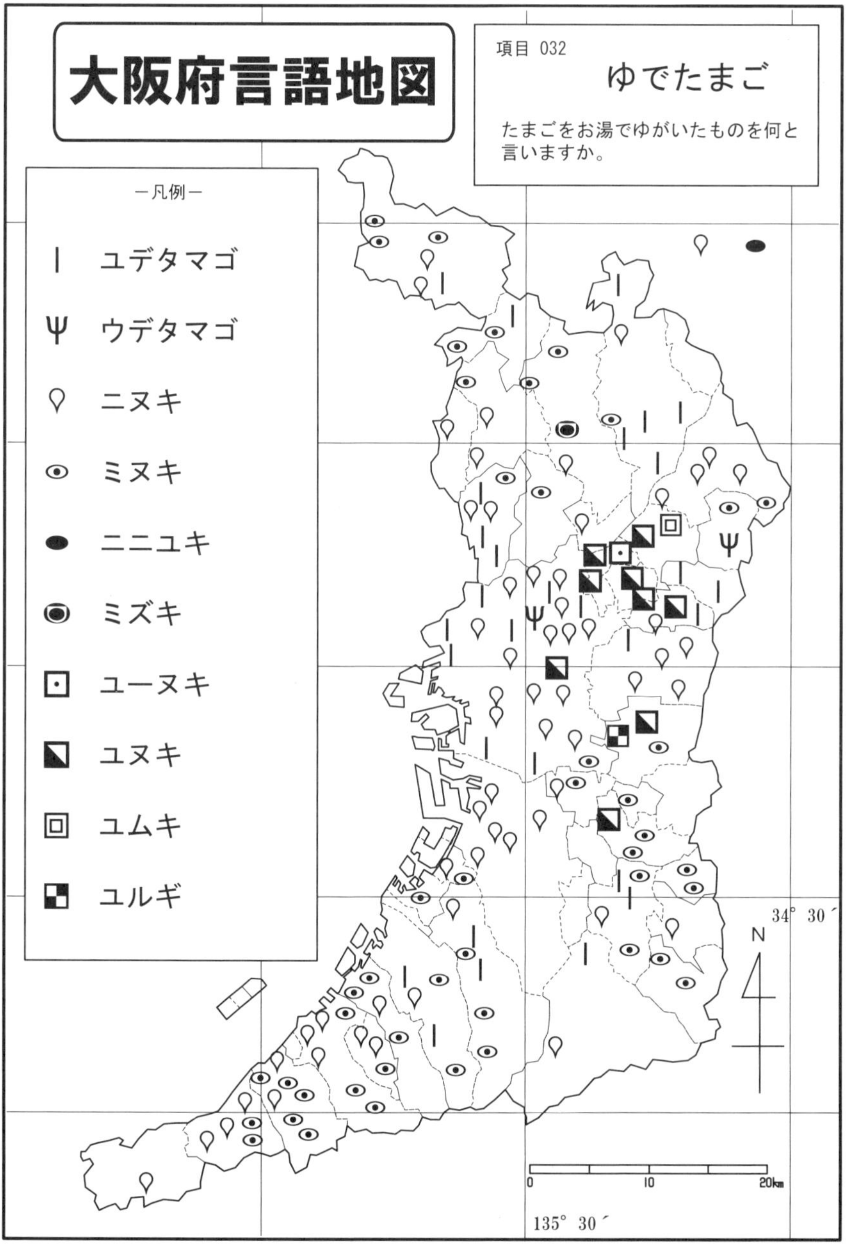
大阪府言語地図
項目 032
ゆでたまご
たまごをお湯でゆがいたものを何と言いますか。
一凡例一
ユデタマゴ
ウデタマゴ
ニヌキ
ミヌキ
ニニユキ
ミズキ
ユーヌキ
ユヌキ
ユムキ
ユルギ
34° 30´
N
0
10
20km
135° 30´

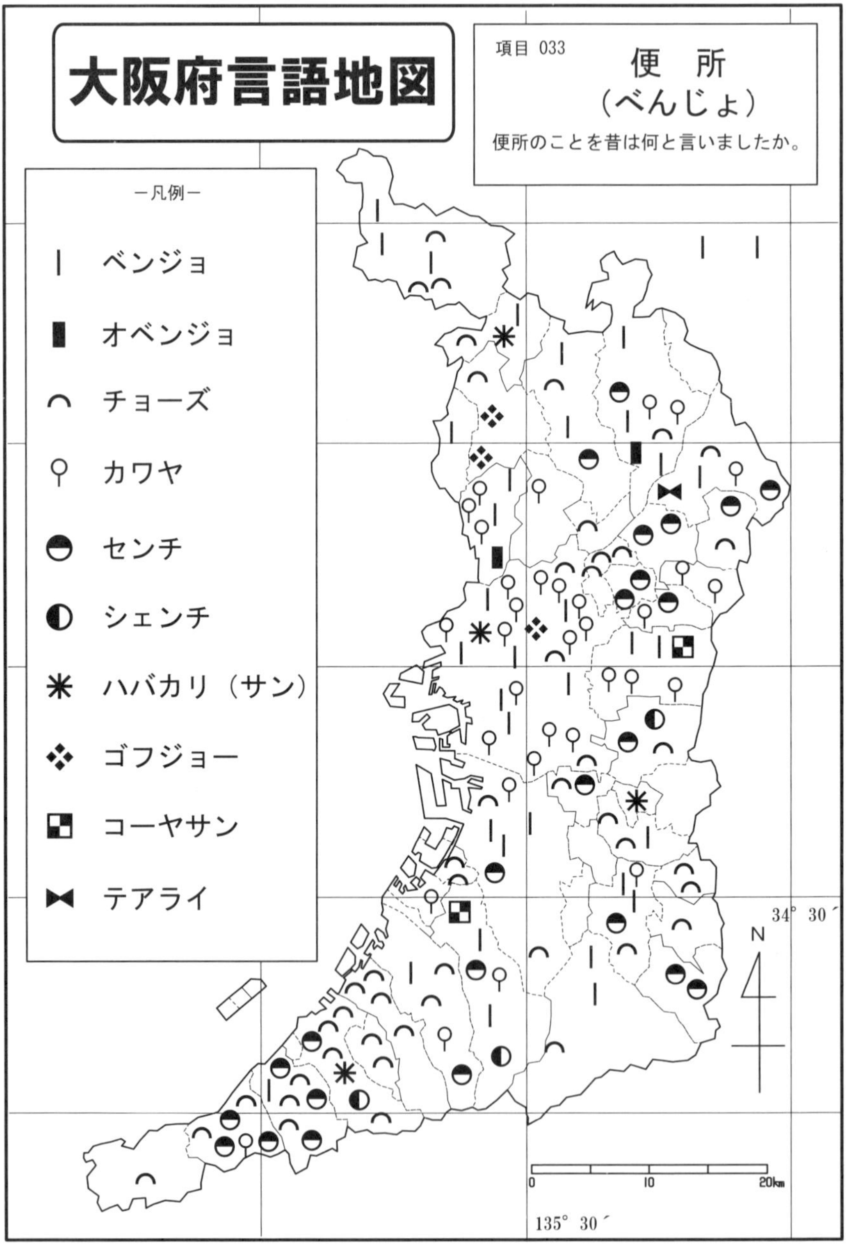
大阪府言語地図
項目 033
便　所
（べんじょ）
便所のことを昔は何と言いましたか。
－凡例－
ベンジョ
オベンジョ
チョーズ
カワヤ
センチ
シェンチ
ハバカリ（サン）
ゴフジョー
コーヤサン
テアライ
34° 30´
N
0
10
20km
135° 30´

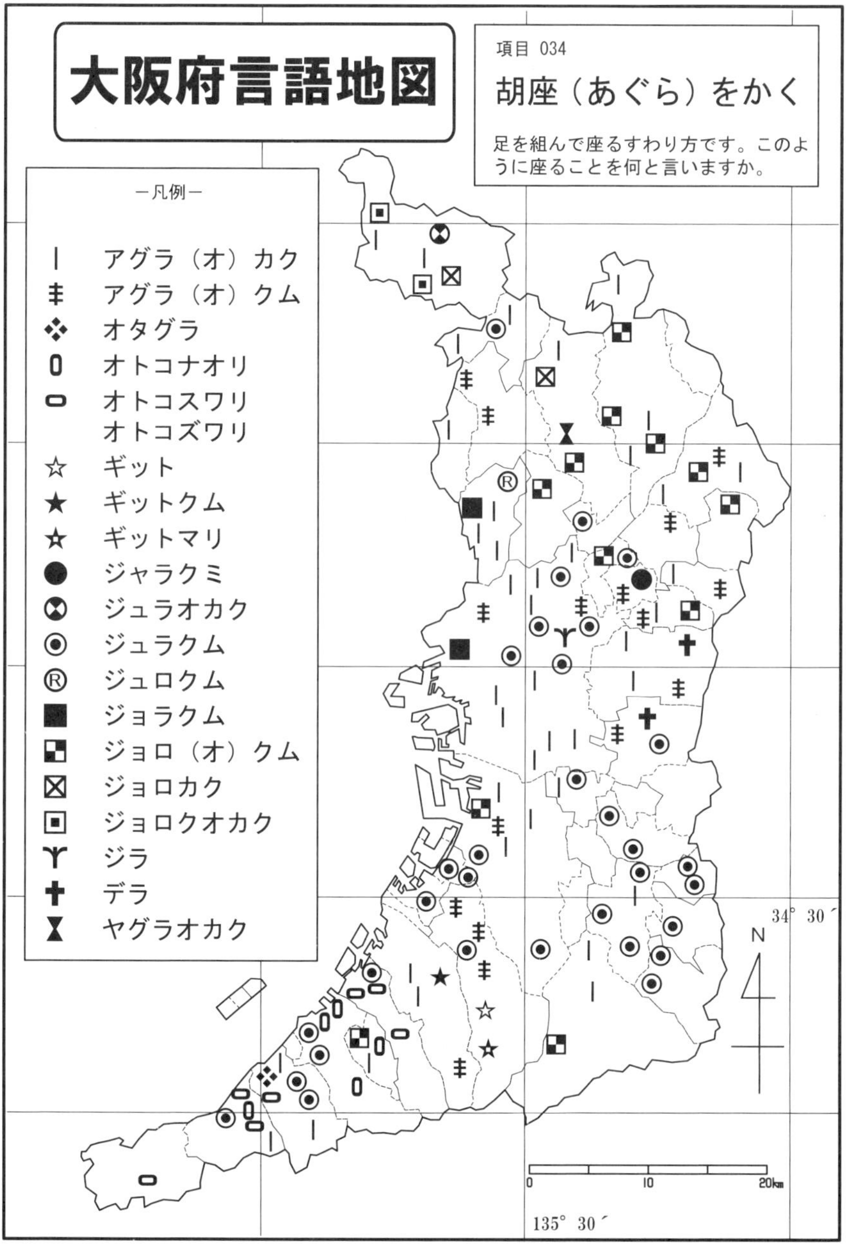

大阪府言語地図
項目 034
胡座（あぐら）をかく
足を組んで座るすわり方です。このように座ることを何と言いますか。
一凡例一
アグラ（オ）カク
アグラ（オ）クム
オタグラ
オトコナオリ
オトコスワリ
オトコズワリ
ギット
ギットクム
ギットマリ
ジャラクミ
ジュラオカク
ジュラクム
ジュロクム
ジョラクム
ジョロ（オ）クム
ジョロカク
ジョロクオカク
ジラ
デラ
ヤグラオカク
34° 30′
N
0
10
20km
135° 30′

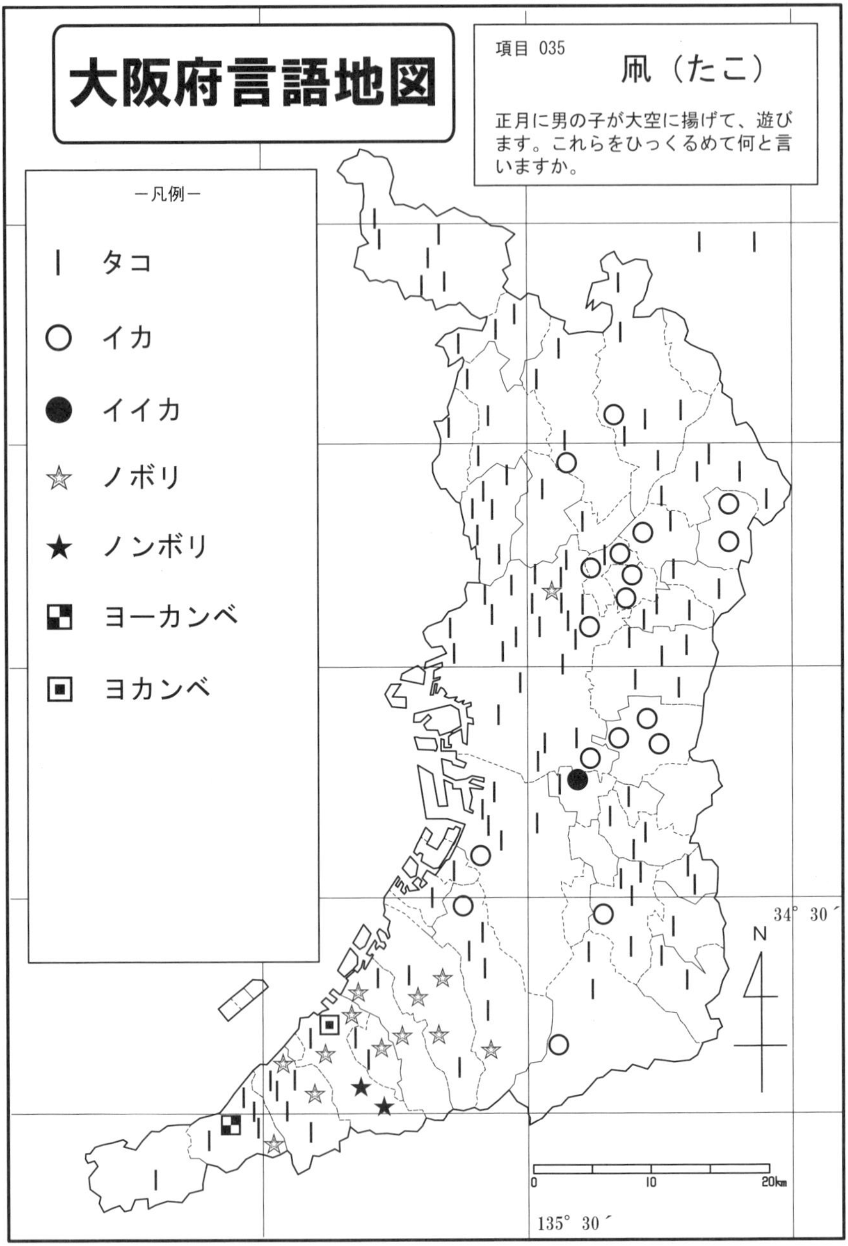
大阪府言語地図
項目 035
凧（たこ）
正月に男の子が大空に揚げて、遊びます。これらをひっくるめて何と言いますか。
—凡例—
タコ
イカ
イイカ
ノボリ
ノンボリ
ヨーカンベ
ヨカンベ
34° 30′
N
0
10
20km
135° 30′

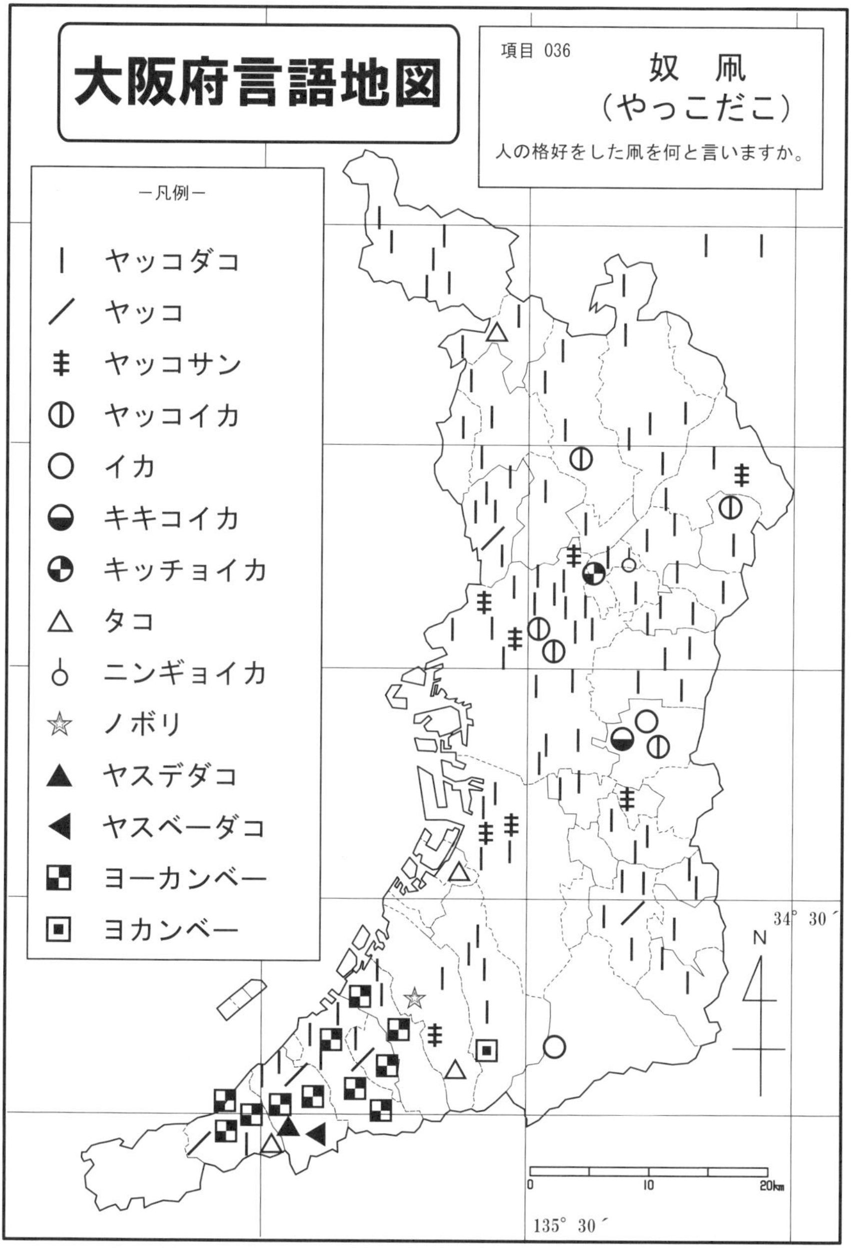
大阪府言語地図
項目 036
奴 凧
（やっこだこ）
人の格好をした凧を何と言いますか。
—凡例—
ヤッコダコ
ヤッコ
ヤッコサン
ヤッコイカ
イカ
キキコイカ
キッチョイカ
タコ
ニンギョイカ
ノボリ
ヤスデダコ
ヤスベーダコ
ヨーカンベー
ヨカンベー
34° 30′
N
0
10
20km
135° 30′

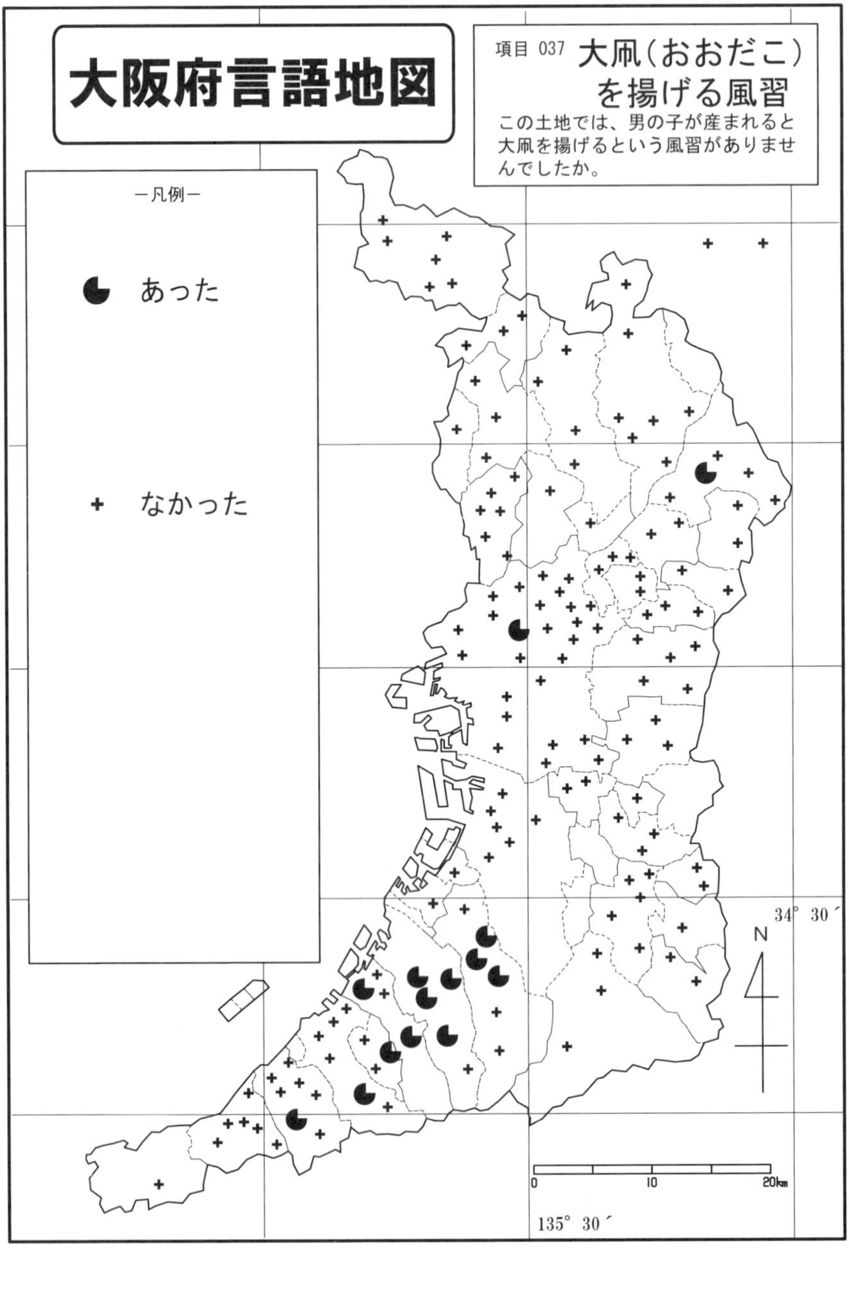

大阪府言語地図
項目 037 大凧(おおだこ)を揚げる風習
この土地では、男の子が産まれると大凧を揚げるという風習がありませんでしたか。
一凡例一
あった
なかった
34° 30′
N
0
10
20km
135° 30′

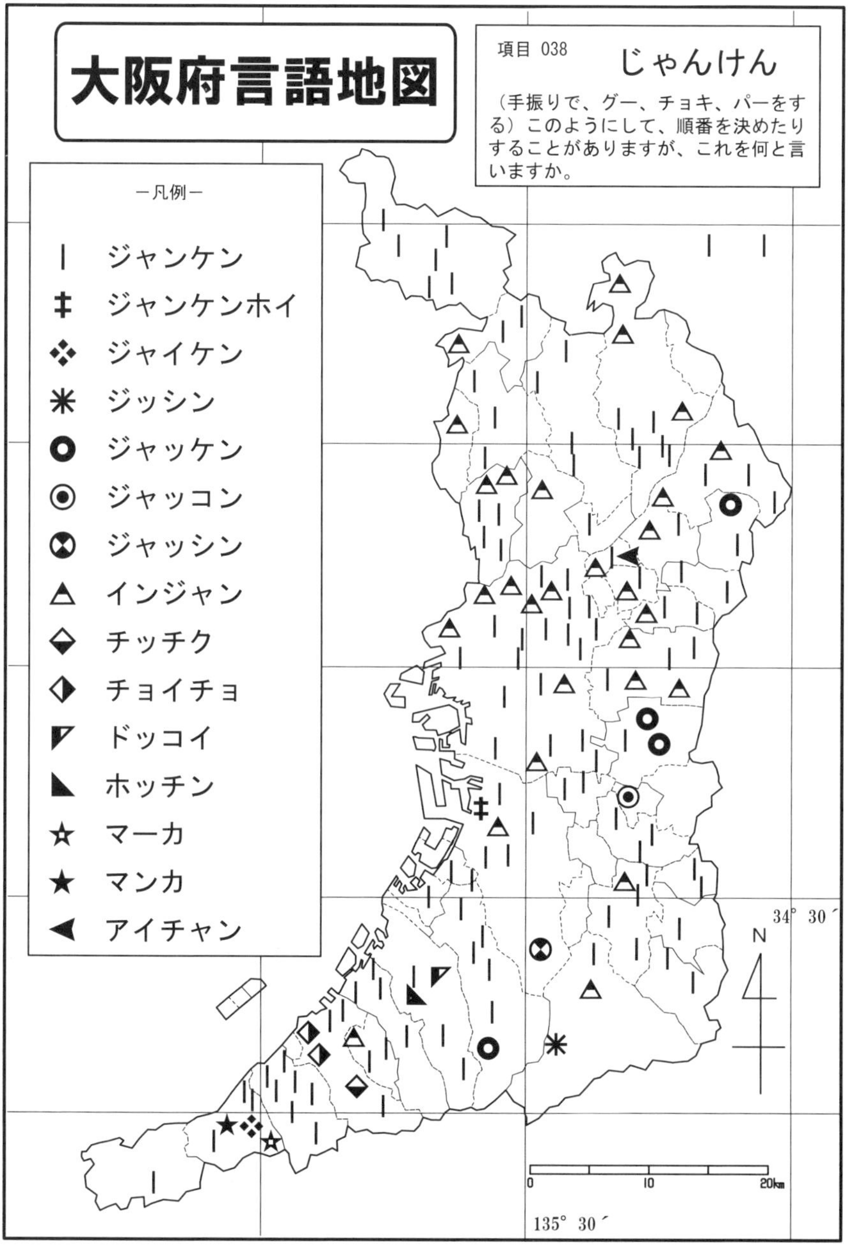
大阪府言語地図
項目 038　じゃんけん
（手振りで、グー、チョキ、パーをする）このようにして、順番を決めたりすることがありますが、これを何と言いますか。
—凡例—
ジャンケン
ジャンケンホイ
ジャイケン
ジッシン
ジャッケン
ジャッコン
ジャッシン
インジャン
チッチク
チョイチョ
ドッコイ
ホッチン
マーカ
マンカ
アイチャン
34° 30´
N
0
10
20km
135° 30´

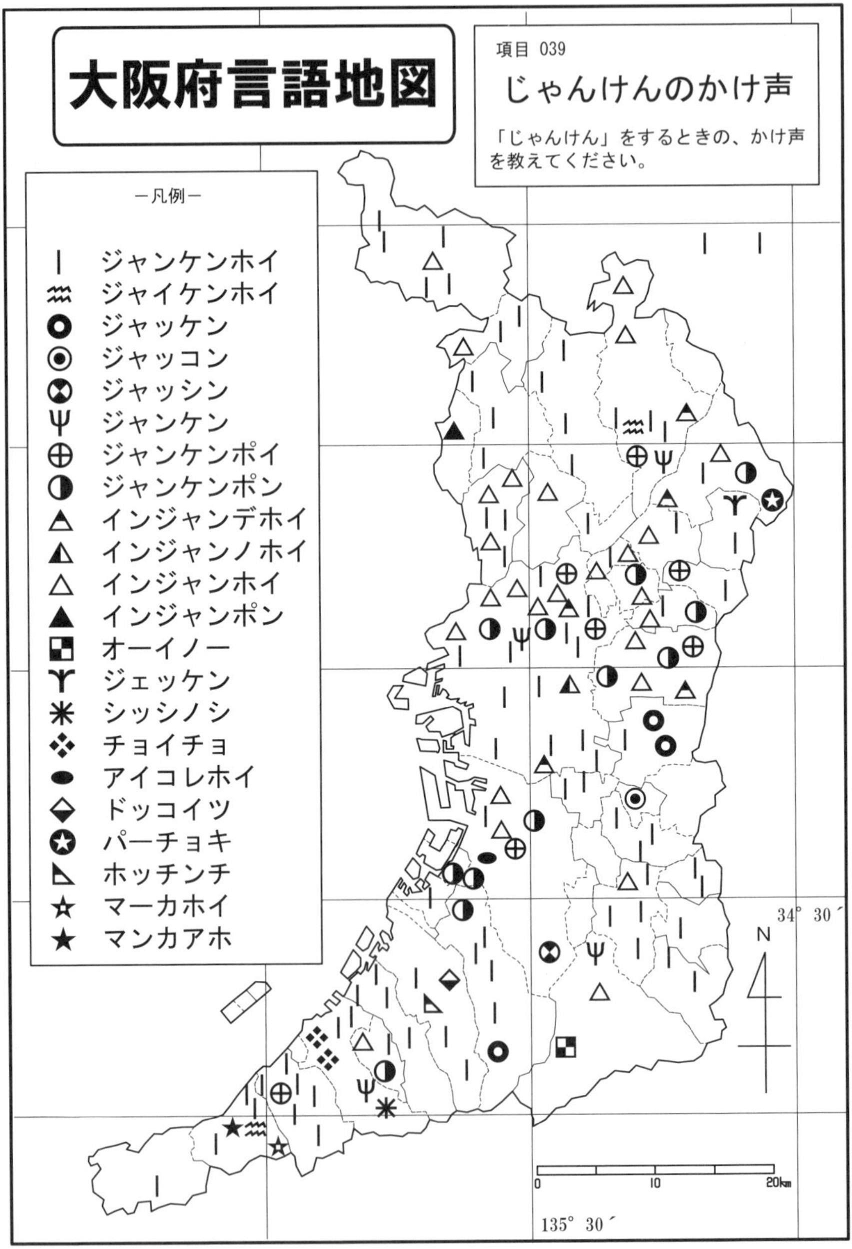
大阪府言語地図
項目 039
じゃんけんのかけ声
「じゃんけん」をするときの、かけ声を教えてください。
—凡例—
ジャンケンホイ
ジャイケンホイ
ジャッケン
ジャッコン
ジャッシン
ジャンケン
ジャンケンポイ
ジャンケンポン
インジャンデホイ
インジャンノホイ
インジャンホイ
インジャンポン
オーイノー
ジェッケン
シッシノシ
チョイチョ
アイコレホイ
ドッコイツ
パーチョキ
ホッチンチ
マーカホイ
マンカアホ
34° 30′
N
0
10
20km
135° 30′

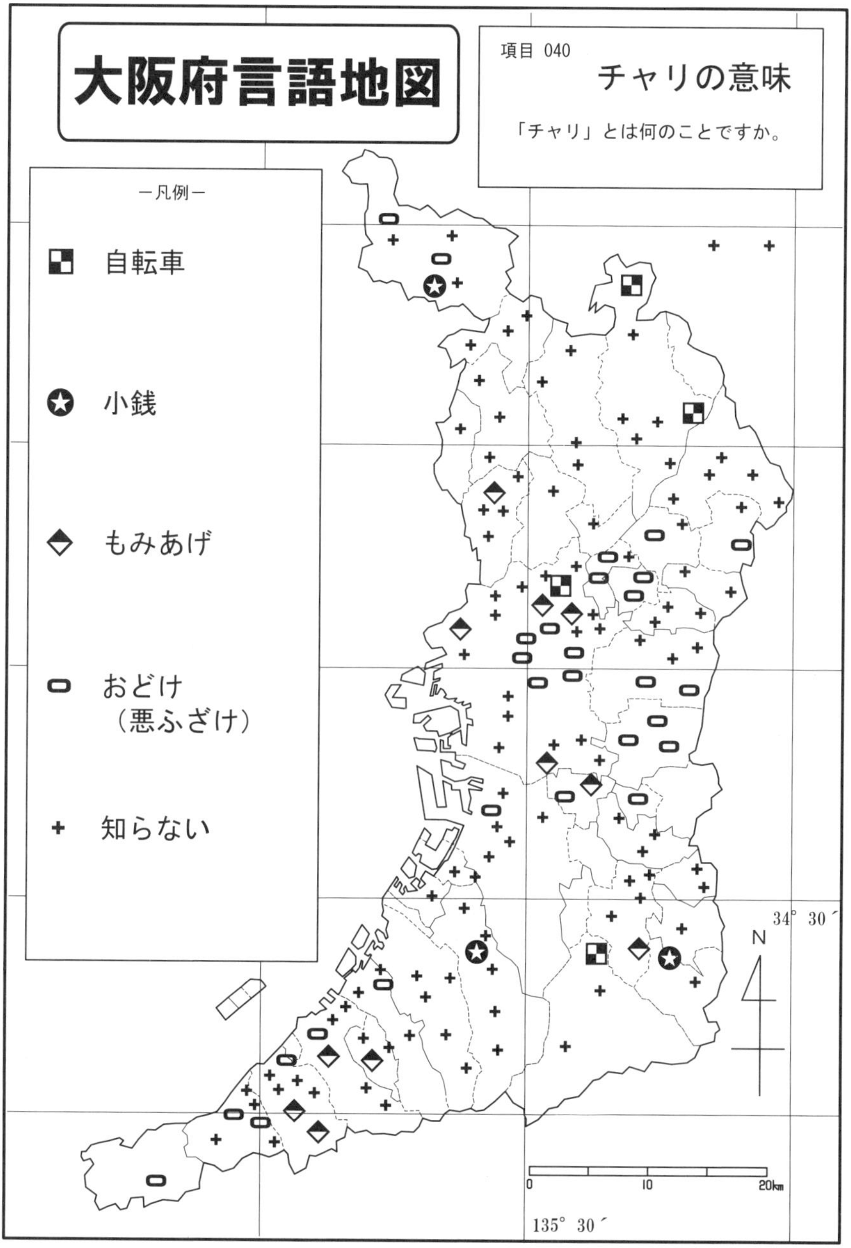
大阪府言語地図
項目 040
チャリの意味
「チャリ」とは何のことですか。
－凡例－
自転車
小銭
もみあげ
おどけ
（悪ふざけ）
知らない
34° 30´
N
0
10
20km
135° 30´

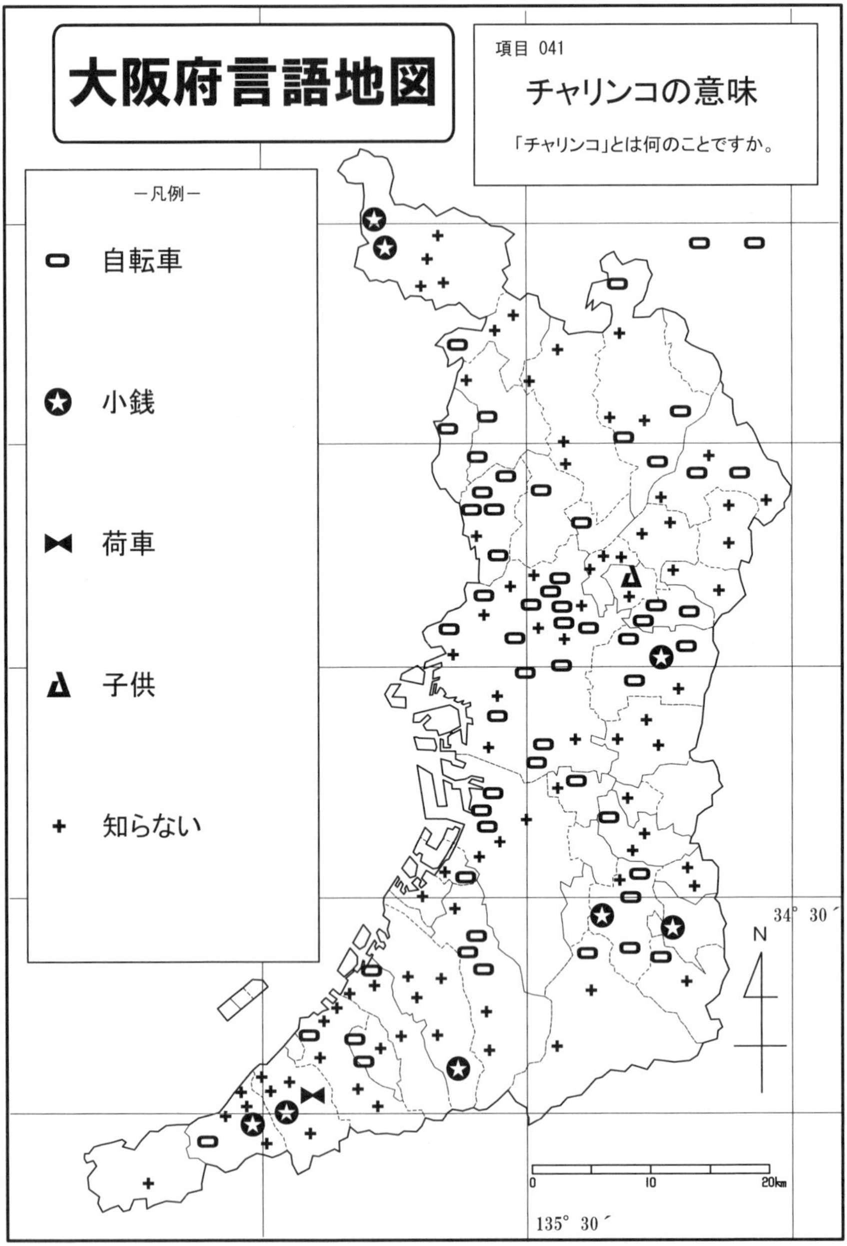
大阪府言語地図
項目 041
チャリンコの意味
「チャリンコ」とは何のことですか。
―凡例―
自転車
小銭
荷車
子供
知らない
34° 30′
N
0
10
20km
135° 30′

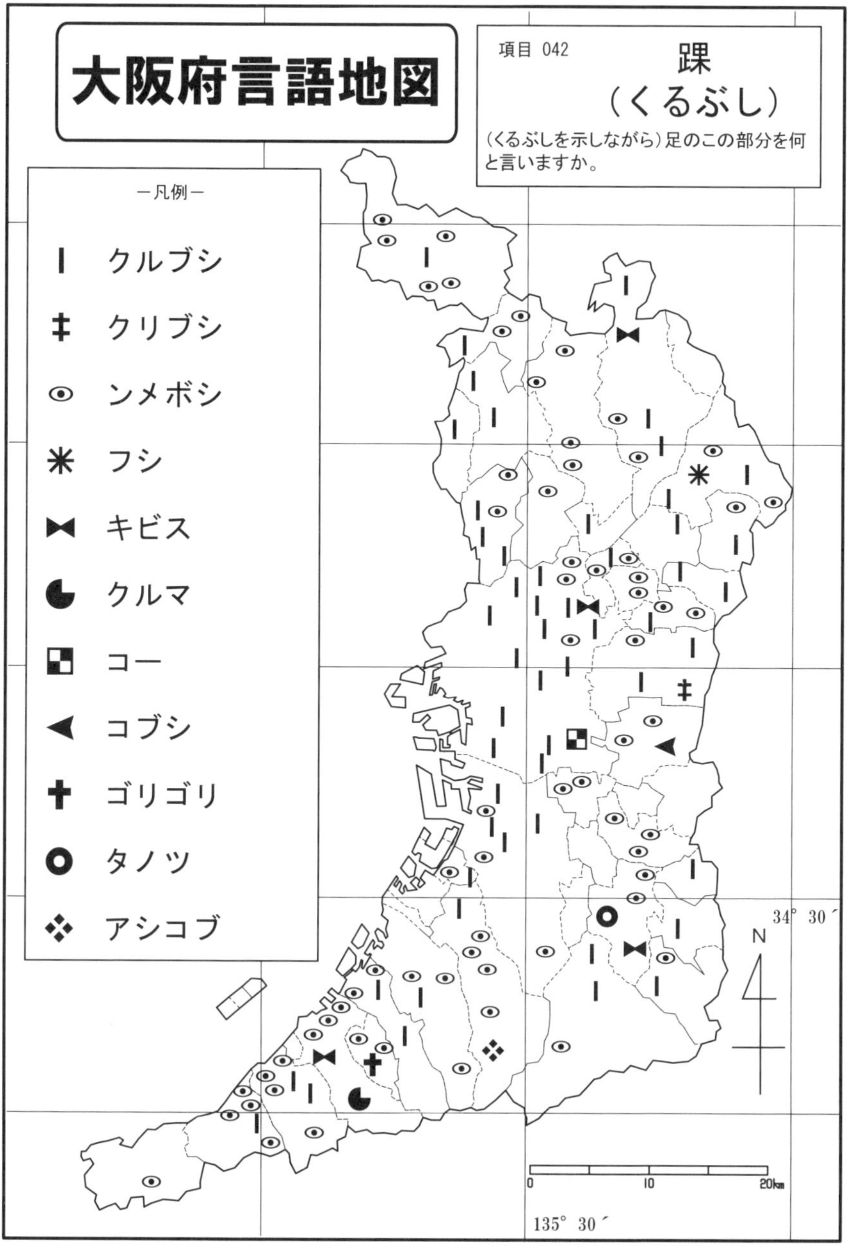

大阪府言語地図
項目 042
踝
（くるぶし）
（くるぶしを示しながら）足のこの部分を何と言いますか。
―凡例―
クルブシ
クリブシ
ンメボシ
フシ
キビス
クルマ
コー
コブシ
ゴリゴリ
タノツ
アシコブ
34° 30′
N
0
10
20km
135° 30′

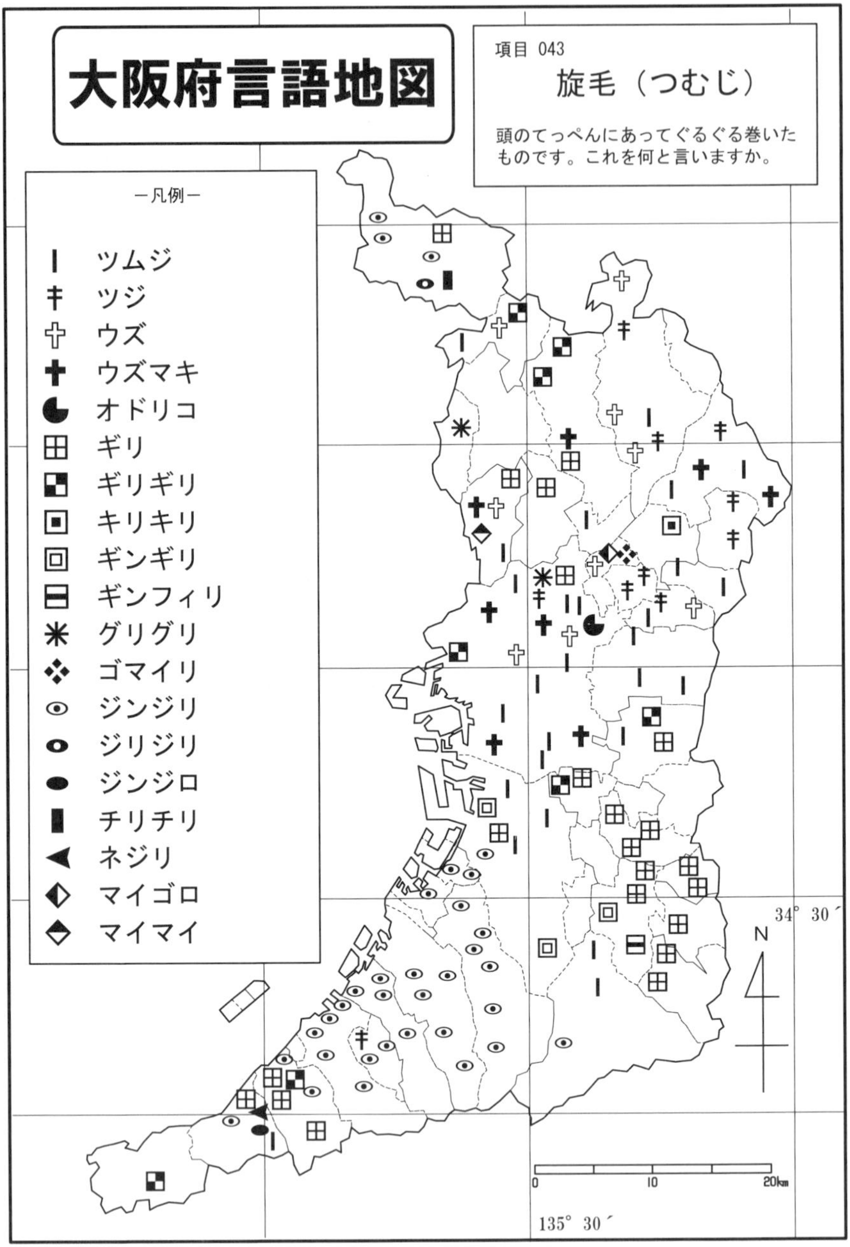
大阪府言語地図
項目 043
旋毛（つむじ）
頭のてっぺんにあってぐるぐる巻いたものです。これを何と言いますか。
—凡例—
ツムジ
ツジ
ウズ
ウズマキ
オドリコ
ギリ
ギリギリ
キリキリ
ギンギリ
ギンフィリ
グリグリ
ゴマイリ
ジンジリ
ジリジリ
ジンジロ
チリチリ
ネジリ
マイゴロ
マイマイ
34° 30′
N
0
10
20km
135° 30′

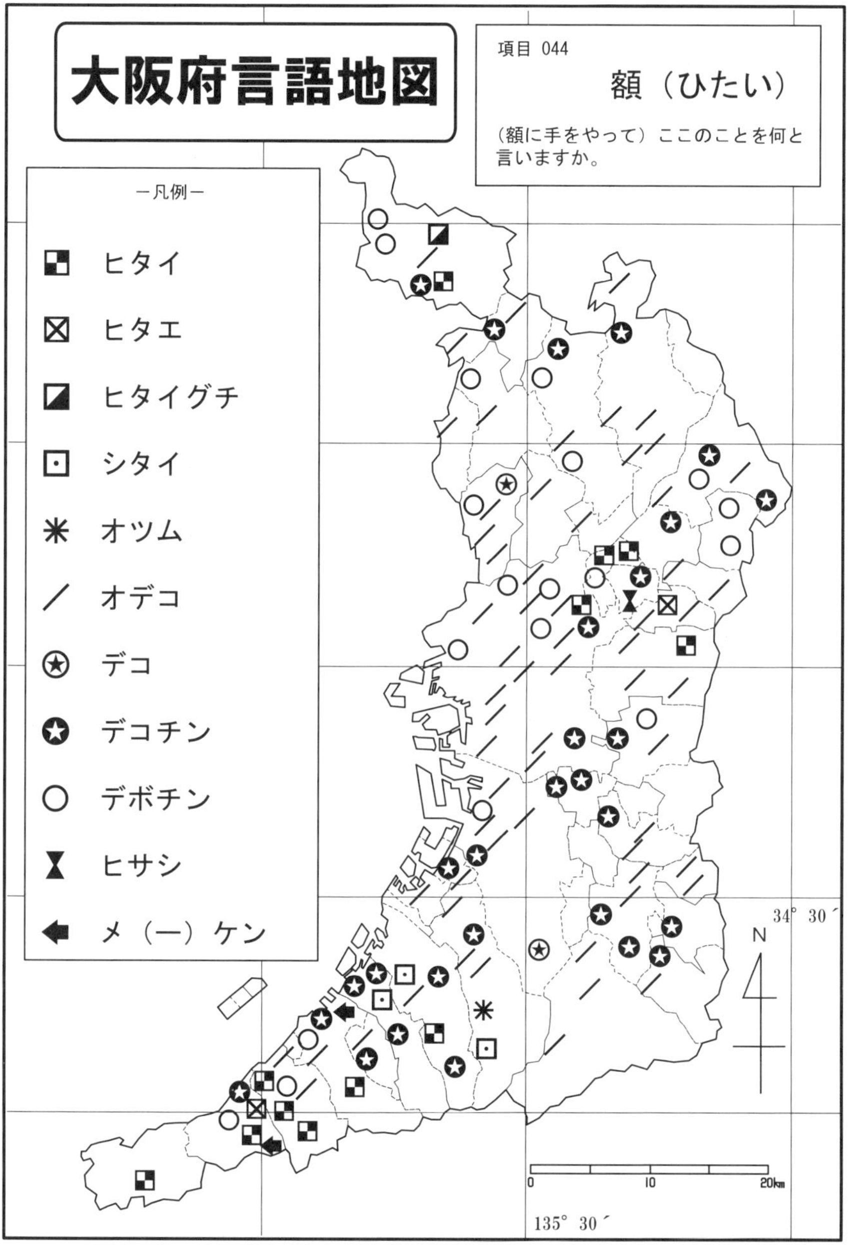
大阪府言語地図
項目 044
額（ひたい）
（額に手をやって）ここのことを何と言いますか。
―凡例―
ヒタイ
ヒタエ
ヒタイグチ
シタイ
オツム
オデコ
デコ
デコチン
デボチン
ヒサシ
メ（ー）ケン
34° 30´
N
0
10
20㎞
135° 30´

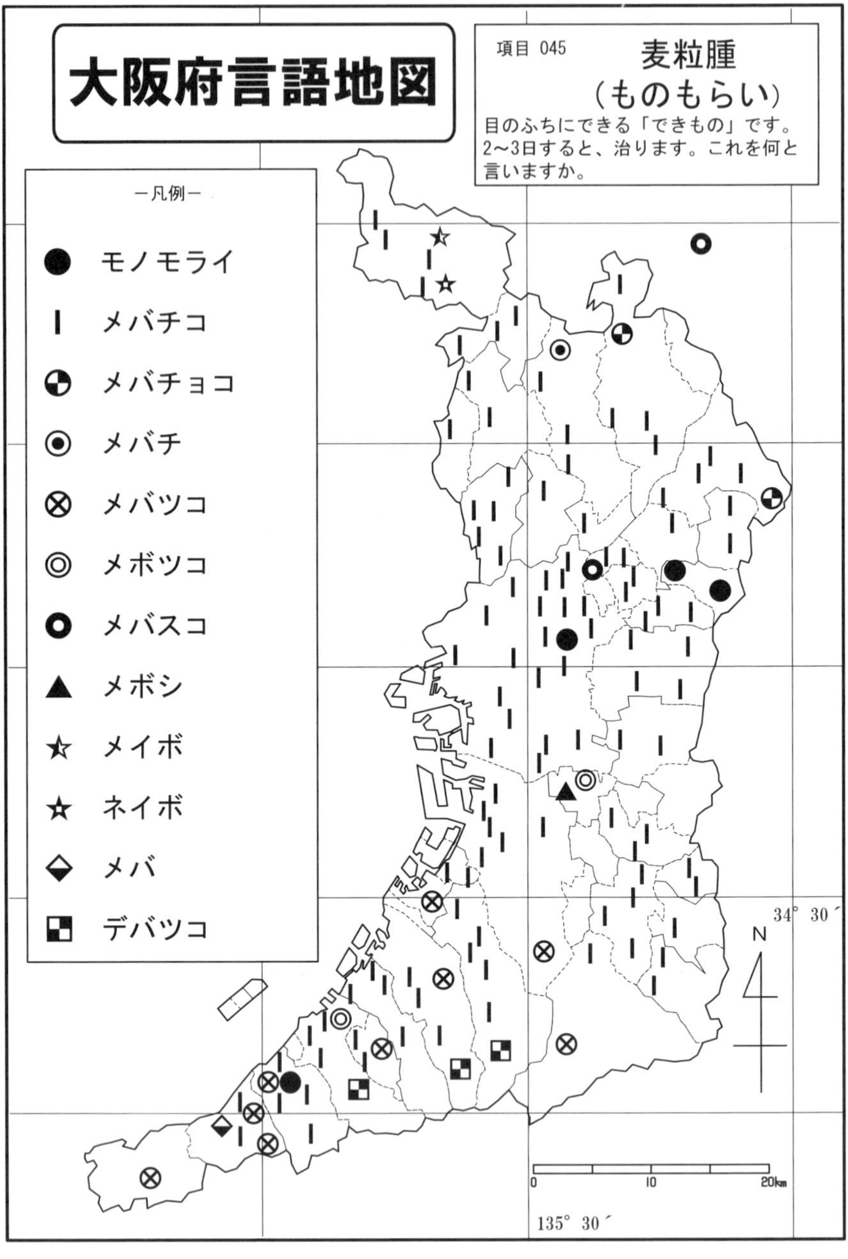
大阪府言語地図
項目 045
麦粒腫
（ものもらい）
目のふちにできる「できもの」です。
2～3日すると、治ります。これを何と
言いますか。
－凡例－
モノモライ
メバチコ
メバチョコ
メバチ
メバツコ
メボツコ
メバスコ
メボシ
メイボ
ネイボ
メバ
デバツコ
34° 30′
N
0
10
20km
135° 30′

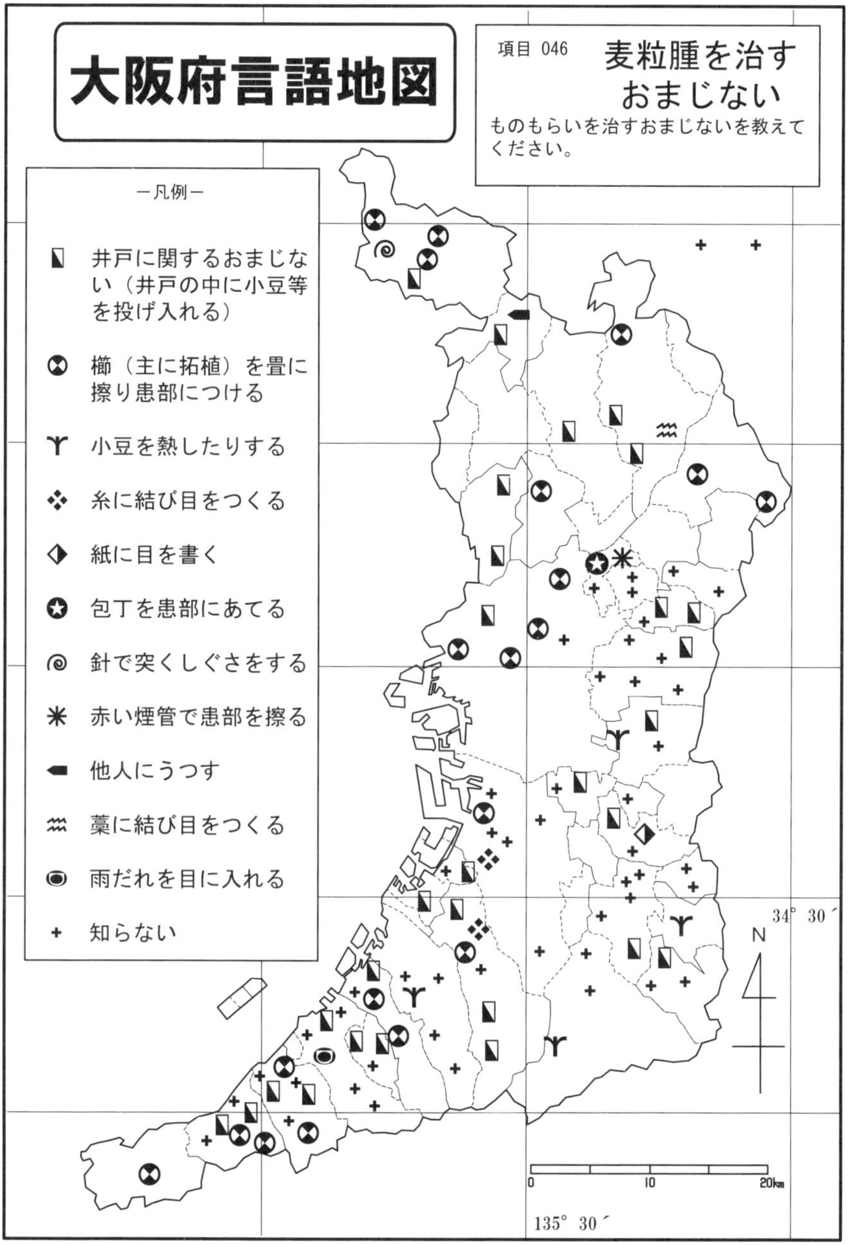
大阪府言語地図
項目 046
麦粒腫を治すおまじない
ものもらいを治すおまじないを教えてください。
－凡例－
井戸に関するおまじない（井戸の中に小豆等を投げ入れる）
櫛（主に拓植）を畳に擦り患部につける
小豆を熱したりする
糸に結び目をつくる
紙に目を書く
包丁を患部にあてる
針で突くしぐさをする
赤い煙管で患部を擦る
他人にうつす
藁に結び目をつくる
雨だれを目に入れる
知らない
34° 30′
N
0
10
20km
135° 30′

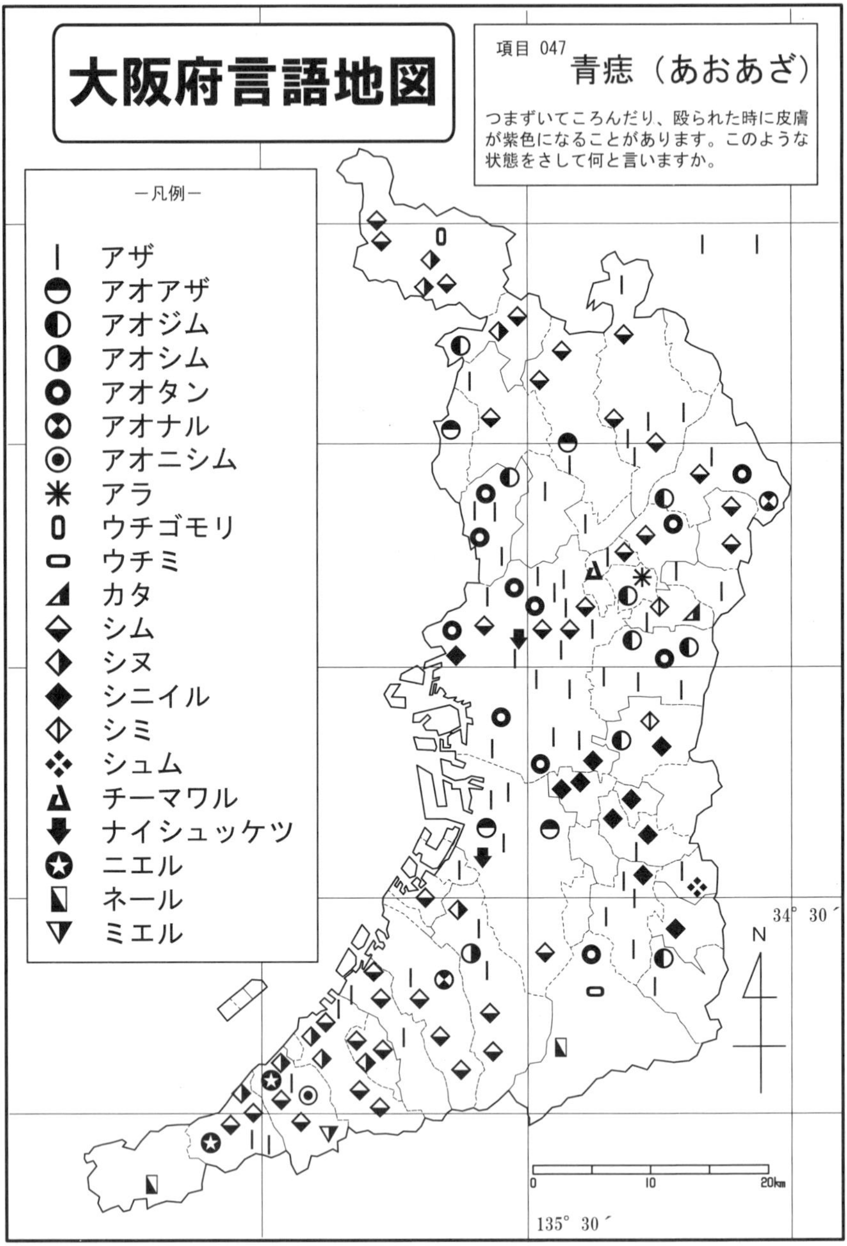
大阪府言語地図
項目 047 青痣（あおあざ）
つまずいてころんだり、殴られた時に皮膚が紫色になることがあります。このような状態をさして何と言いますか。
一凡例一
アザ
アオアザ
アオジム
アオシム
アオタン
アオナル
アオニシム
アラ
ウチゴモリ
ウチミ
カタ
シム
シヌ
シニイル
シミ
シュム
チーマワル
ナイシュッケツ
ニエル
ネール
ミエル
34° 30′
N
0 10 20km
135° 30′

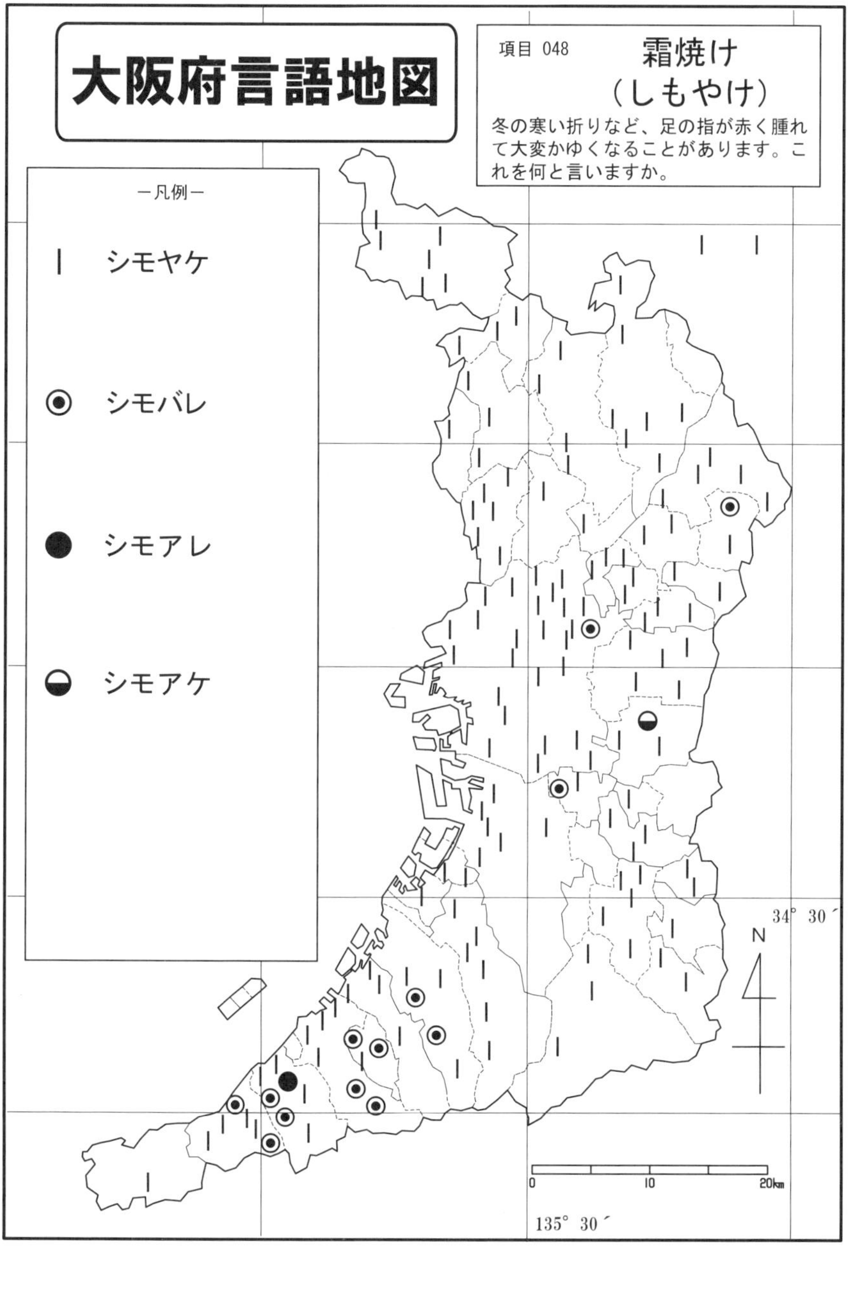
大阪府言語地図
項目 048
霜焼け
（しもやけ）
冬の寒い折りなど、足の指が赤く腫れて大変かゆくなることがあります。これを何と言いますか。
－凡例－
シモヤケ
シモバレ
シモアレ
シモアケ
34° 30′
N
0
10
20km
135° 30′

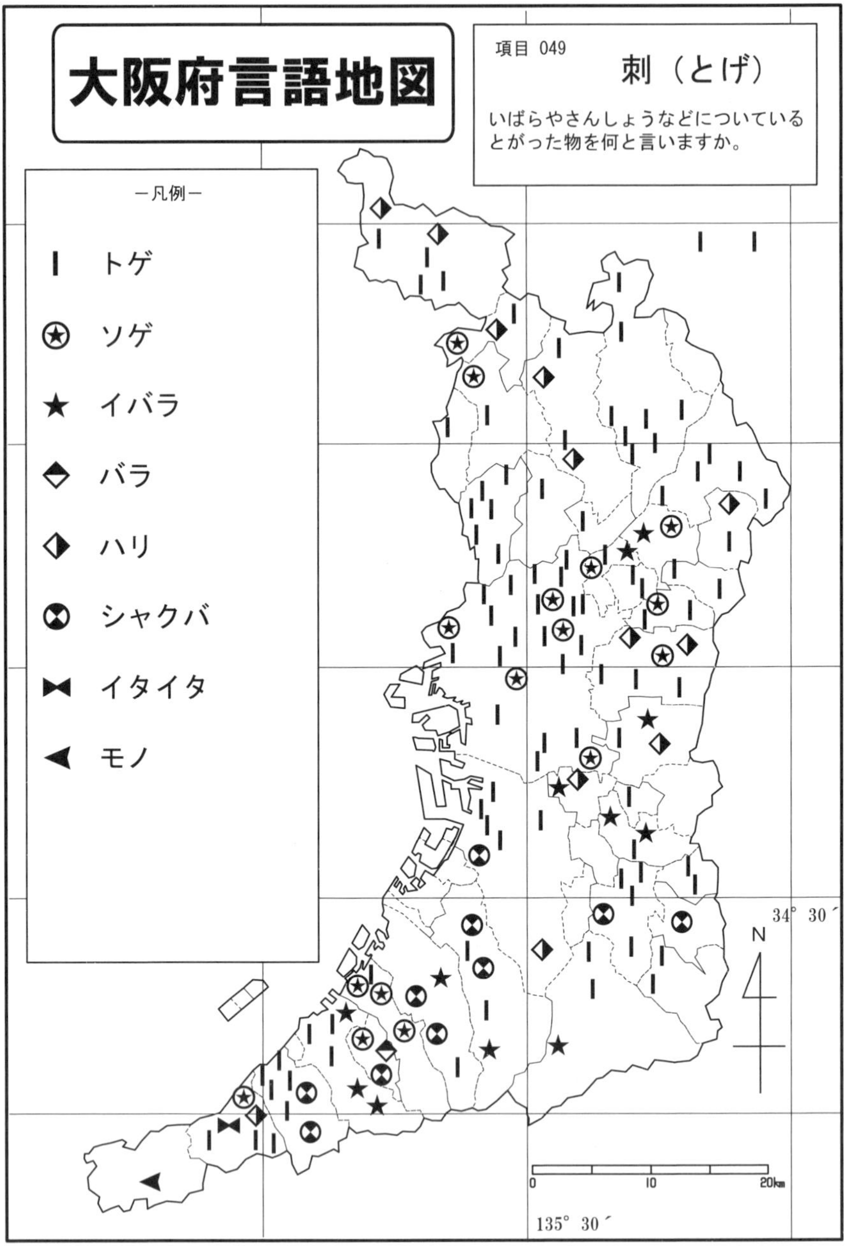
大阪府言語地図
項目 049
刺（とげ）
いばらやさんしょうなどについている
とがった物を何と言いますか。
一凡例一
トゲ
ソゲ
イバラ
バラ
ハリ
シャクバ
イタイタ
モノ
34° 30′
N
0
10
20km
135° 30′

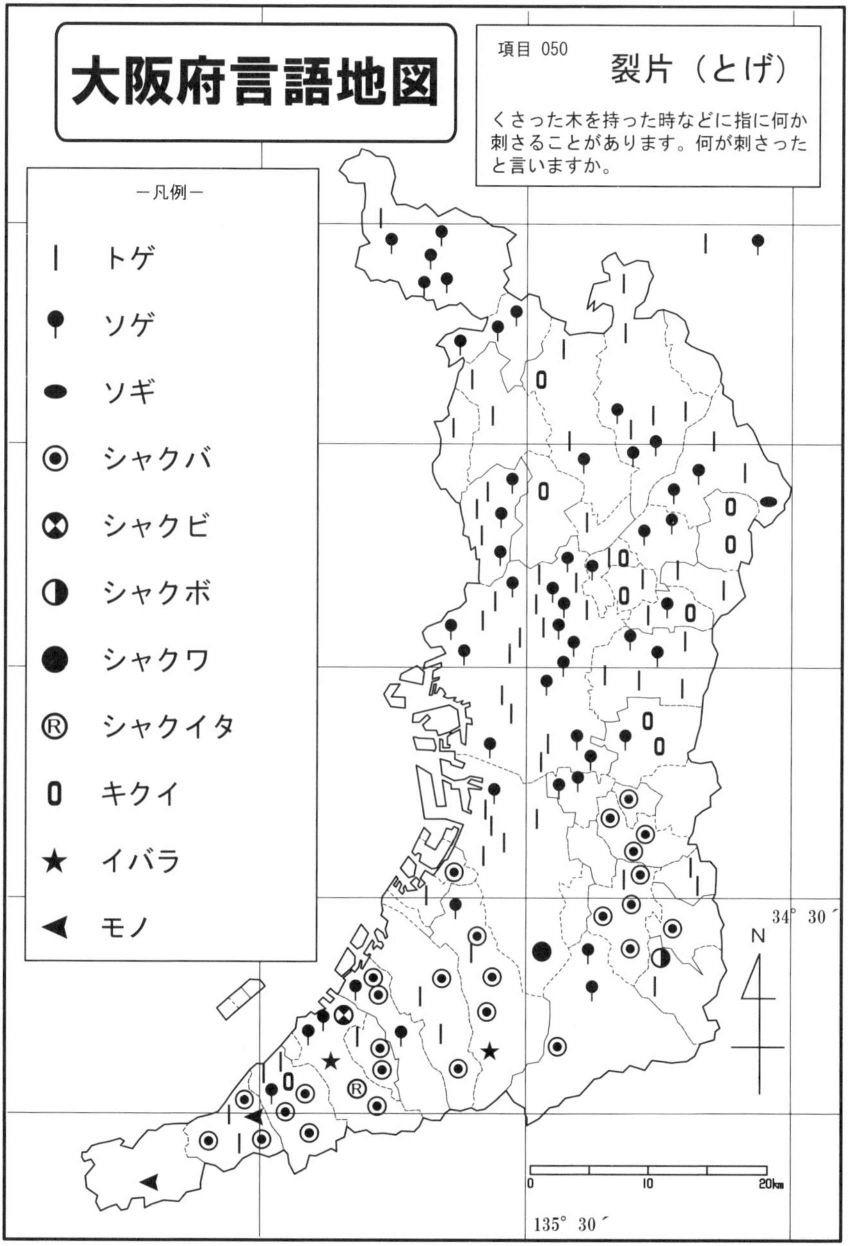

大阪府言語地図
項目 050
裂片（とげ）
くさった木を持った時などに指に何か刺さることがあります。何が刺さったと言いますか。
—凡例—
トゲ
ソゲ
ソギ
シャクバ
シャクビ
シャクボ
シャクワ
シャクイタ
キクイ
イバラ
モノ
34° 30′
N
0
10
20km
135° 30′

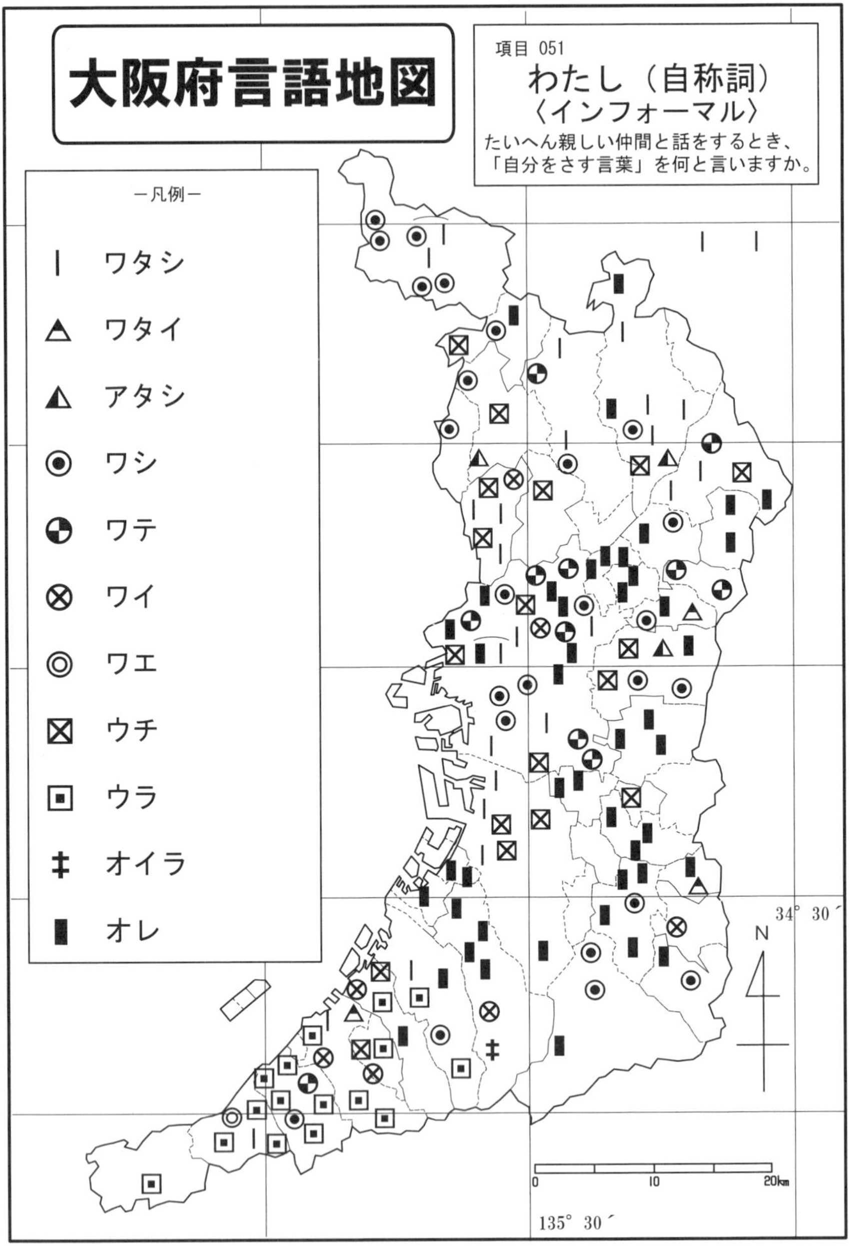
大阪府言語地図
項目 051
わたし（自称詞）
〈インフォーマル〉
たいへん親しい仲間と話をするとき、
「自分をさす言葉」を何と言いますか。
─凡例─
ワタシ
ワタイ
アタシ
ワシ
ワテ
ワイ
ワエ
ウチ
ウラ
オイラ
オレ
N
34° 30′
0
10
20km
135° 30′

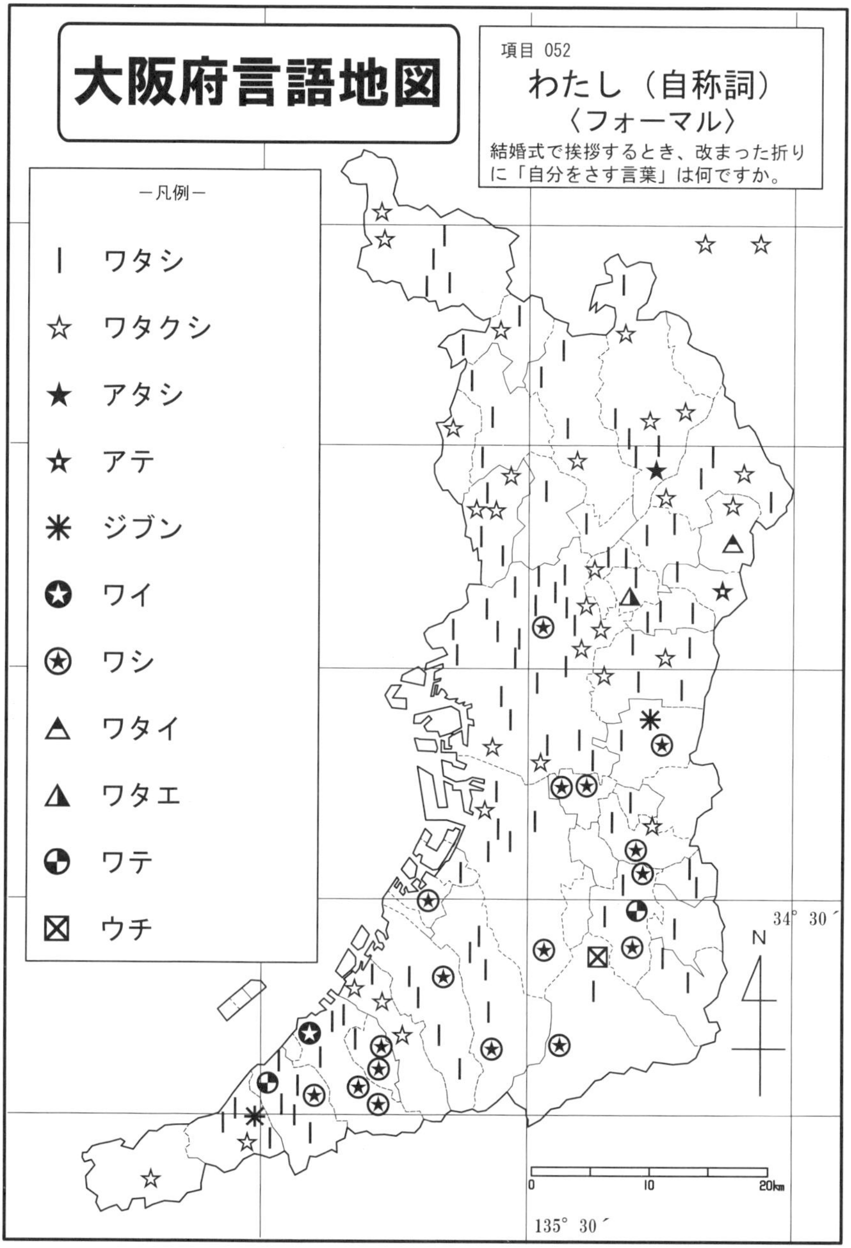
大阪府言語地図
項目 052
わたし（自称詞）
〈フォーマル〉
結婚式で挨拶するとき、改まった折りに「自分をさす言葉」は何ですか。
－凡例－
ワタシ
ワタクシ
アタシ
アテ
ジブン
ワイ
ワシ
ワタイ
ワタエ
ワテ
ウチ
34° 30′
N
0
10
20km
135° 30′

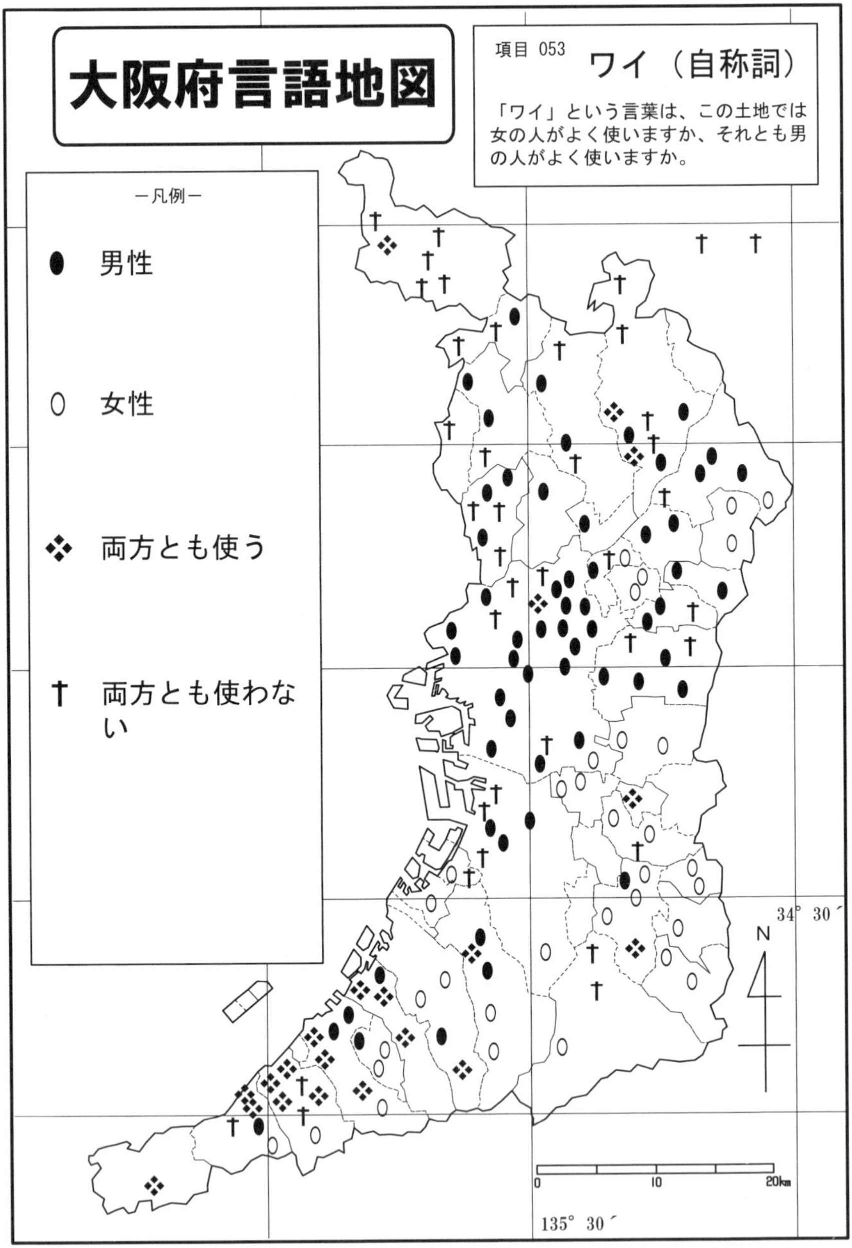
大阪府言語地図
項目 053　ワイ（自称詞）
「ワイ」という言葉は、この土地では女の人がよく使いますか、それとも男の人がよく使いますか。
ー凡例ー
男性
女性
両方とも使う
両方とも使わない
34° 30′
N
0
10
20km
135° 30′

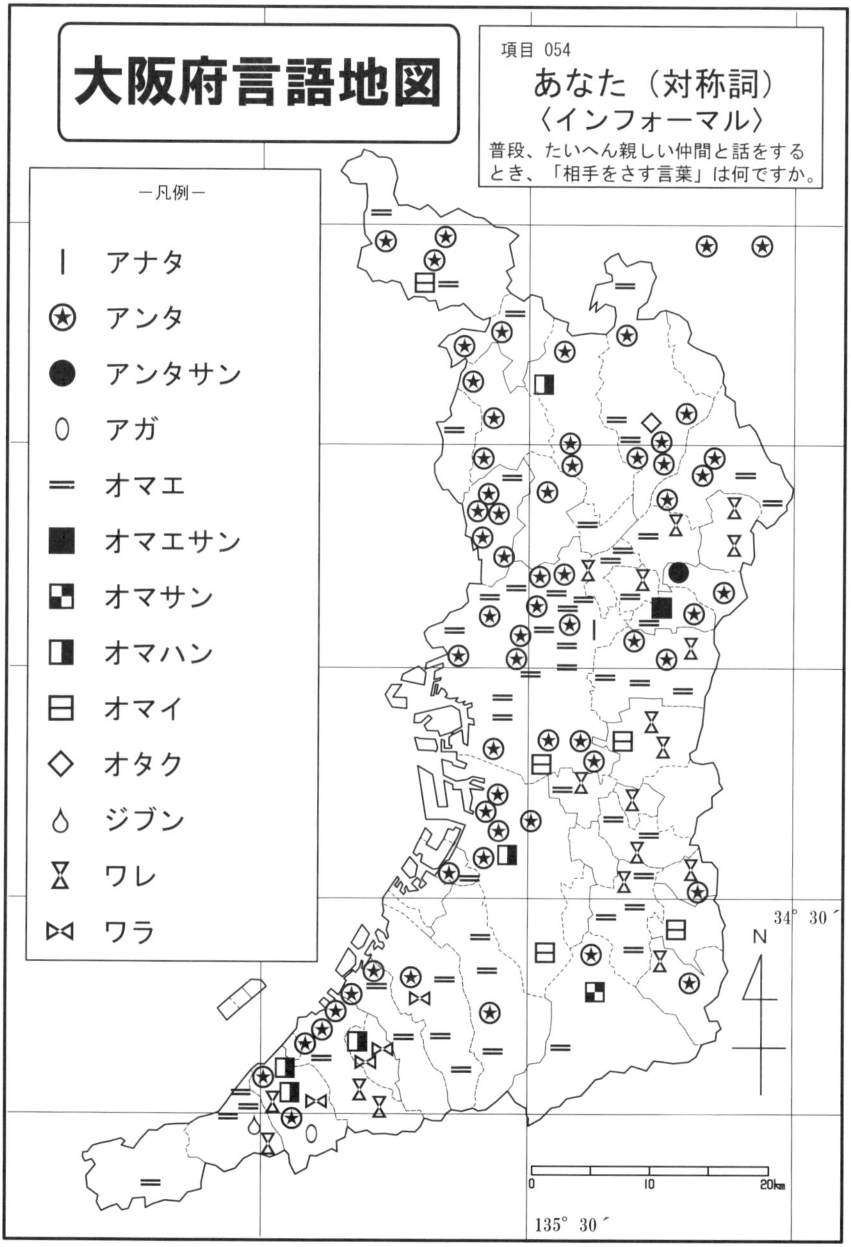
大阪府言語地図
項目 054
あなた（対称詞）
〈インフォーマル〉
普段、たいへん親しい仲間と話をするとき、「相手をさす言葉」は何ですか。
一凡例一
アナタ
アンタ
アンタサン
アガ
オマエ
オマエサン
オマサン
オマハン
オマイ
オタク
ジブン
ワレ
ワラ
34° 30´
N
0
10
20km
135° 30´

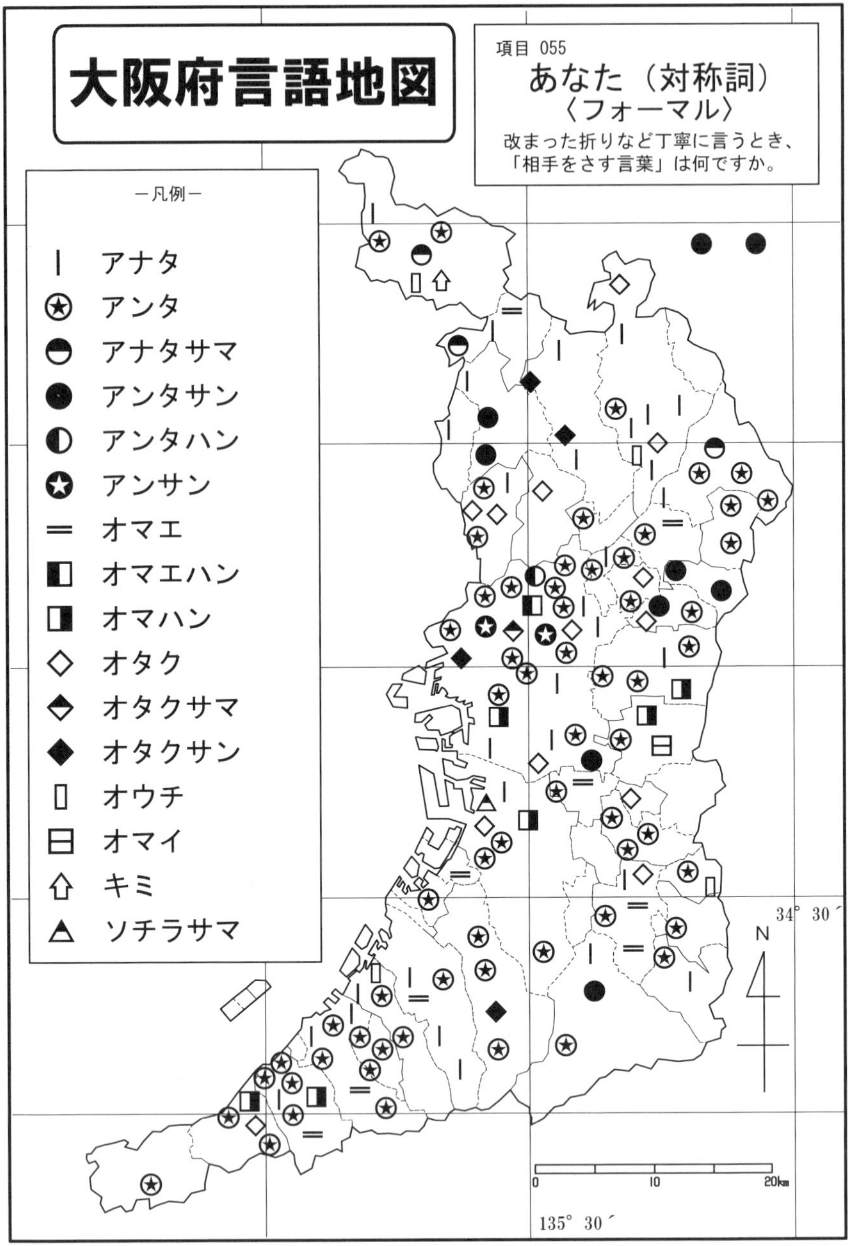
大阪府言語地図
項目 055
あなた（対称詞）
〈フォーマル〉
改まった折りなど丁寧に言うとき、
「相手をさす言葉」は何ですか。
—凡例—
アナタ
アンタ
アナタサマ
アンタサン
アンタハン
アンサン
オマエ
オマエハン
オマハン
オタク
オタクサマ
オタクサン
オウチ
オマイ
キミ
ソチラサマ
34° 30′
N
0
10
20km
135° 30′

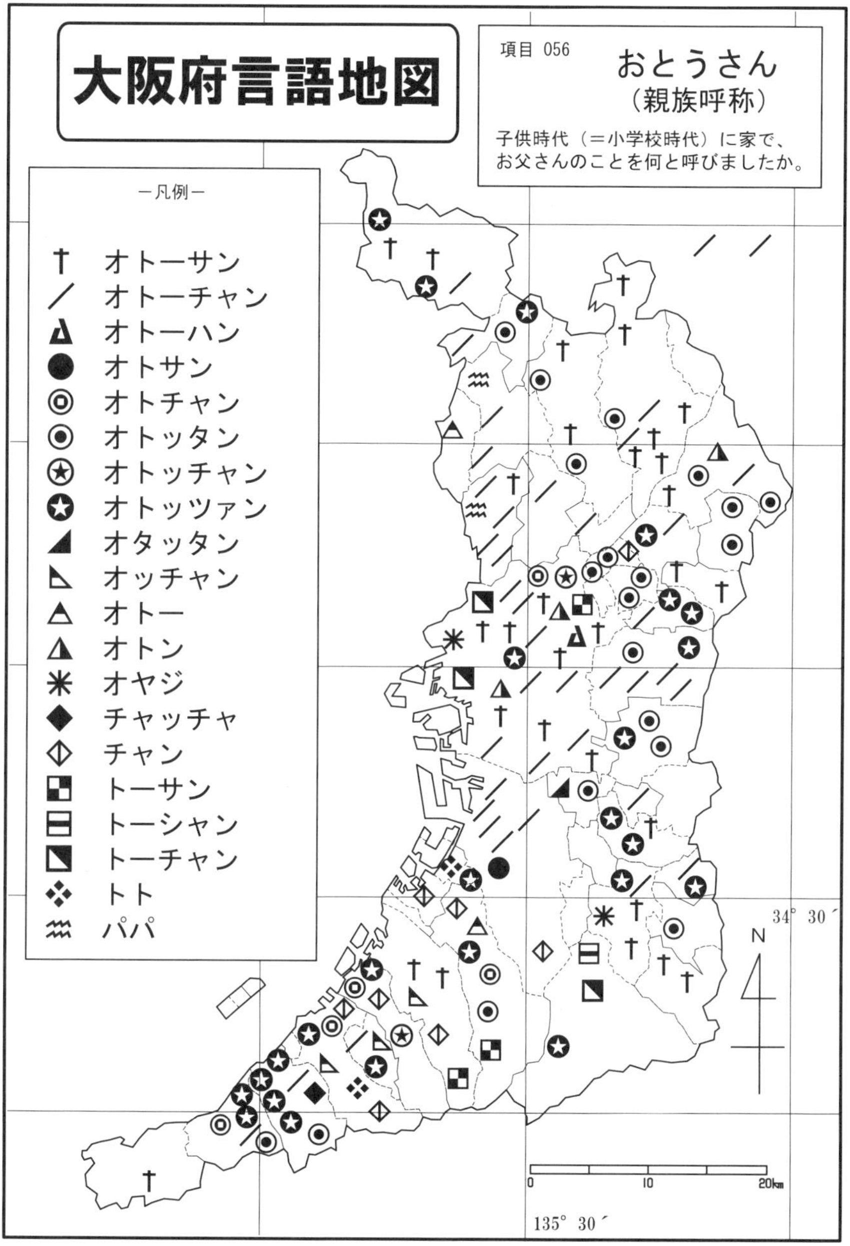
大阪府言語地図
項目 056
おとうさん
（親族呼称）
子供時代（＝小学校時代）に家で、
お父さんのことを何と呼びましたか。
－凡例－
オトーサン
オトーチャン
オトーハン
オトサン
オトチャン
オトッタン
オトッチャン
オトッツァン
オタッタン
オッチャン
オトー
オトン
オヤジ
チャッチャ
チャン
トーサン
トーシャン
トーチャン
トト
パパ
34° 30´
N
0
10
20km
135° 30´

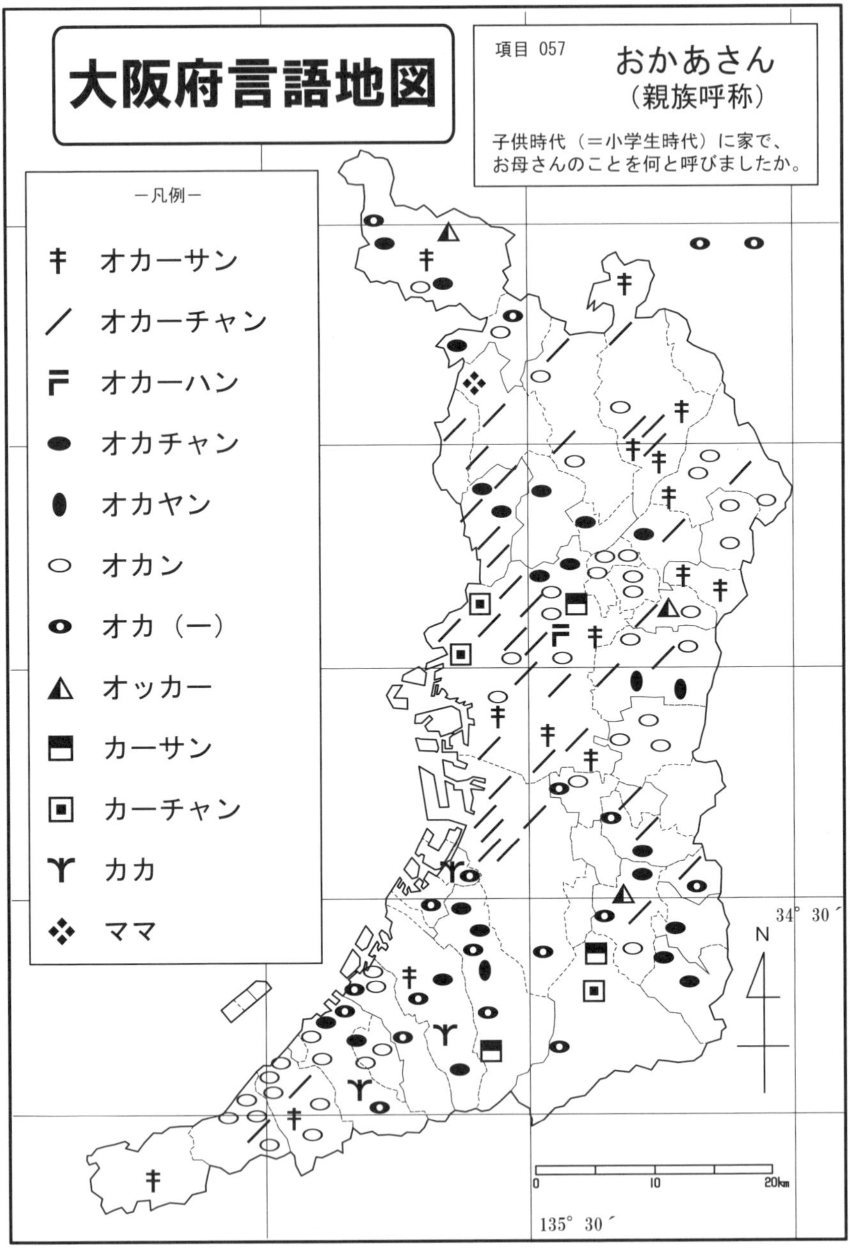
大阪府言語地図
項目 057
おかあさん
（親族呼称）
子供時代（＝小学生時代）に家で、
お母さんのことを何と呼びましたか。
一凡例一
オカーサン
オカーチャン
オカーハン
オカチャン
オカヤン
オカン
オカ（ー）
オッカー
カーサン
カーチャン
カカ
ママ
N
34° 30′
0
10
20km
135° 30′

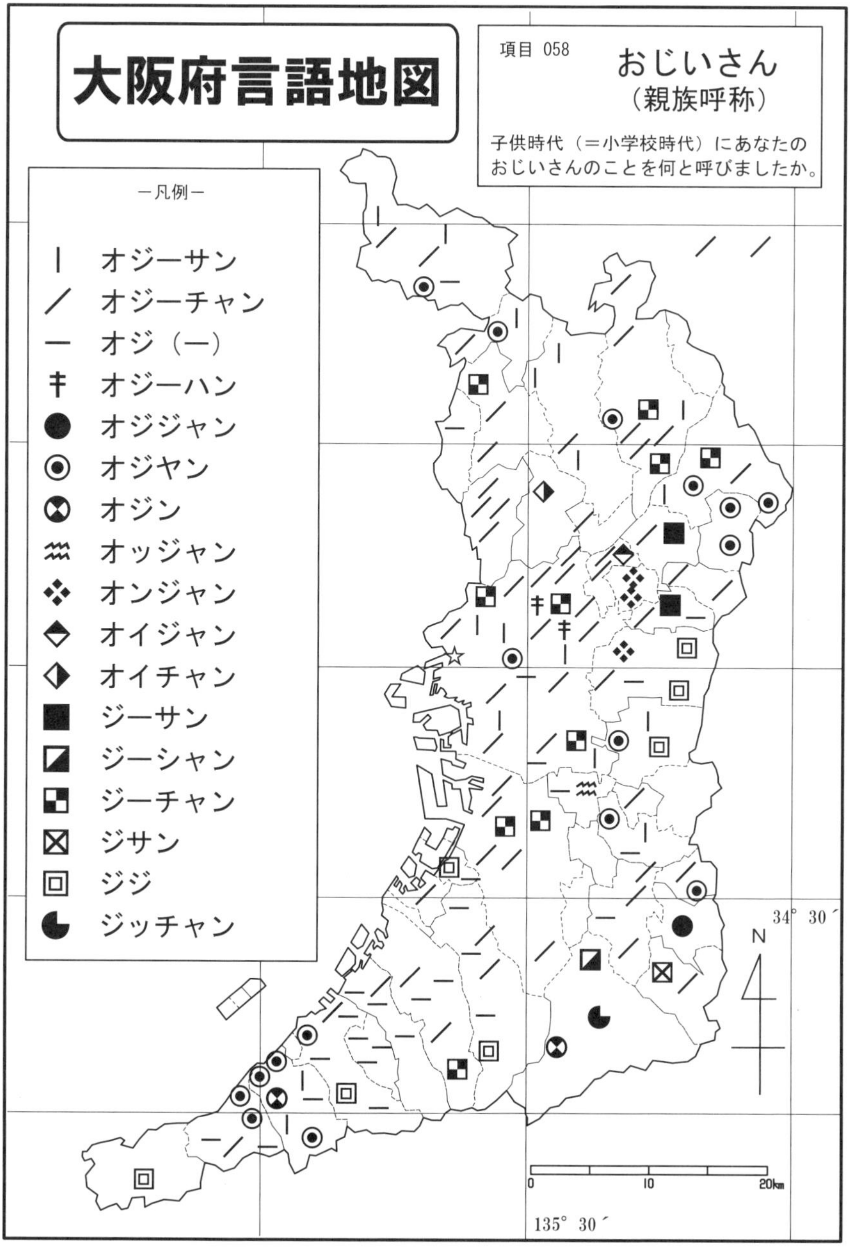

大阪府言語地図
項目 058
おじいさん
（親族呼称）
子供時代（＝小学校時代）にあなたのおじいさんのことを何と呼びましたか。
－凡例－
オジーサン
オジーチャン
オジ（ー）
オジーハン
オジジャン
オジヤン
オジン
オッジャン
オンジャン
オイジャン
オイチャン
ジーサン
ジーシャン
ジーチャン
ジサン
ジジ
ジッチャン
34° 30´
N
0
10
20km
135° 30´

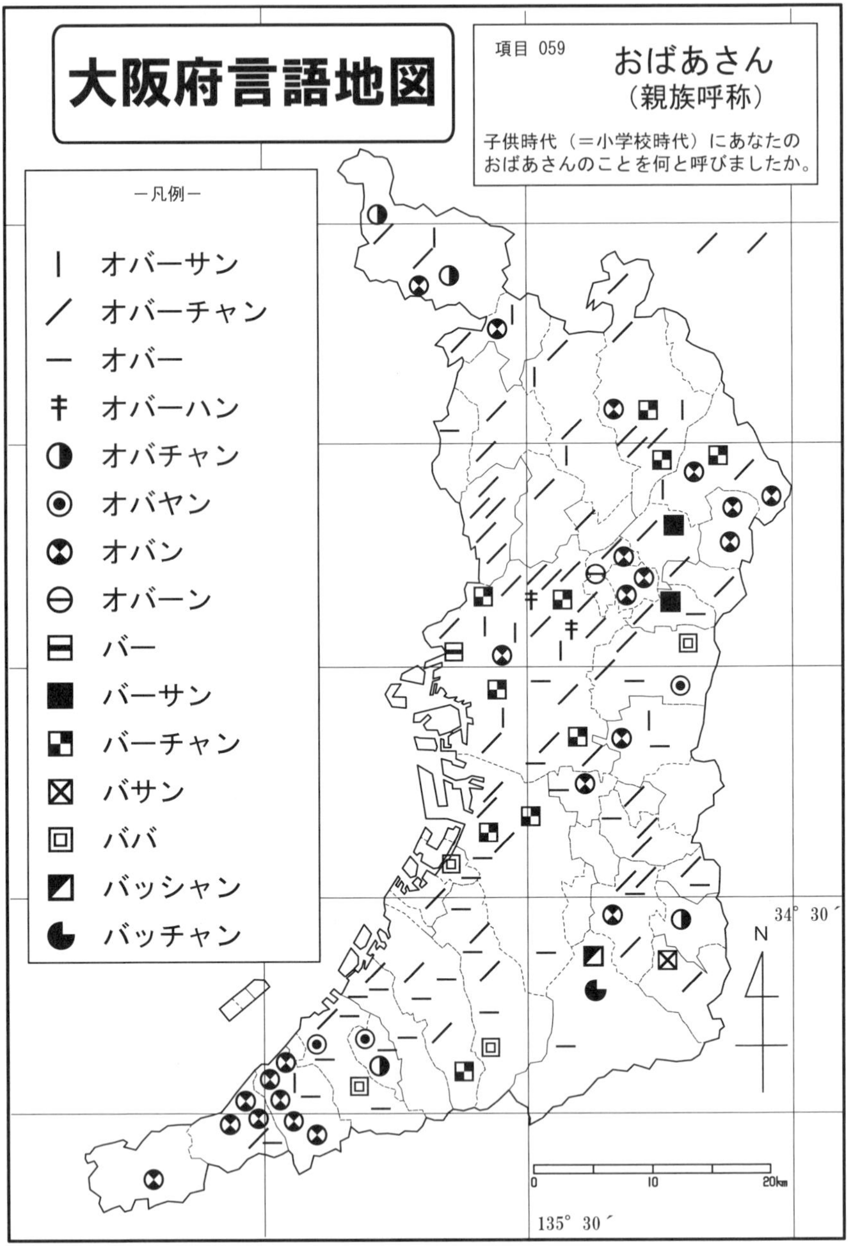
大阪府言語地図
項目 059
おばあさん
（親族呼称）
子供時代（＝小学校時代）にあなたのおばあさんのことを何と呼びましたか。
—凡例—
オバーサン
オバーチャン
オバー
オバーハン
オバチャン
オバヤン
オバン
オバーン
バー
バーサン
バーチャン
バサン
ババ
バッシャン
バッチャン
34° 30′
N
0
10
20km
135° 30′

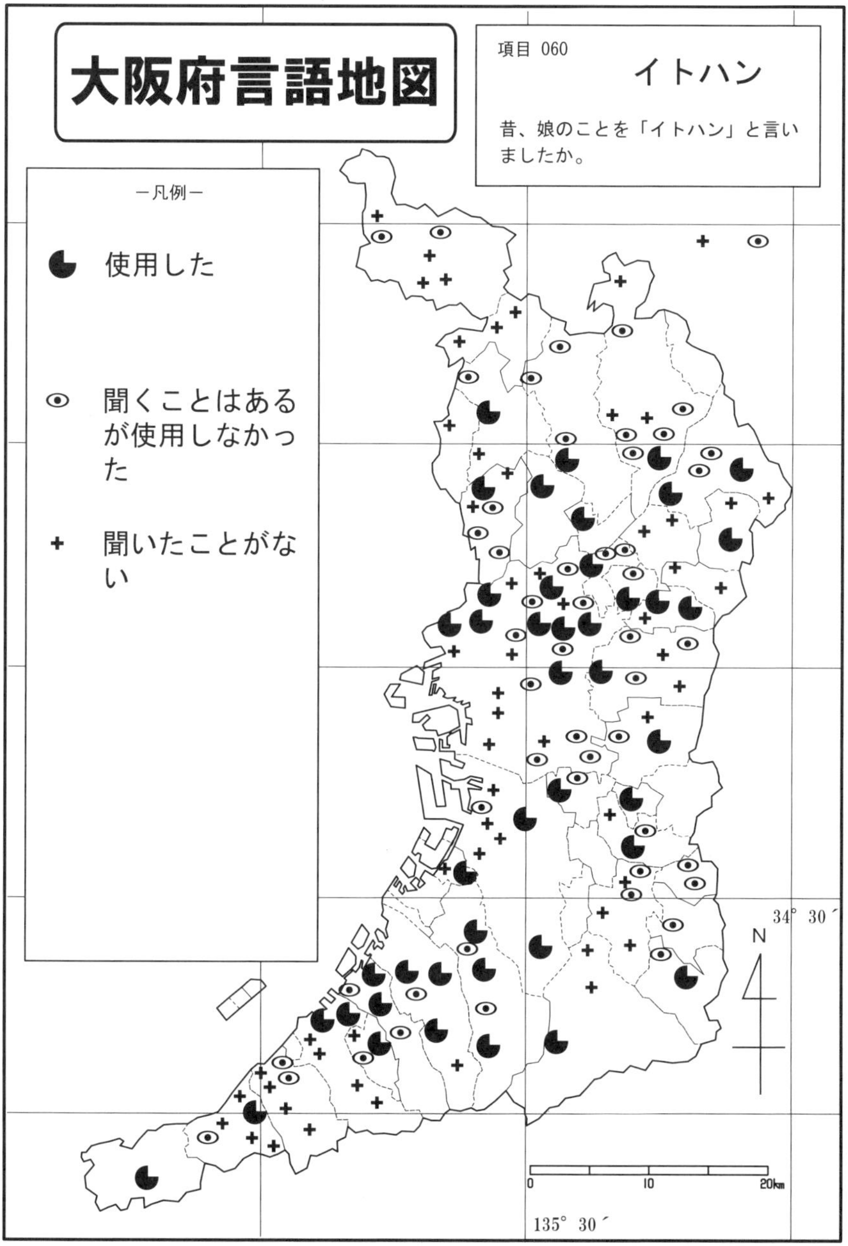
大阪府言語地図
項目 060
イトハン
昔、娘のことを「イトハン」と言いましたか。
－凡例－
使用した
聞くことはあるが使用しなかった
聞いたことがない
34° 30′
N
0
10
20km
135° 30′

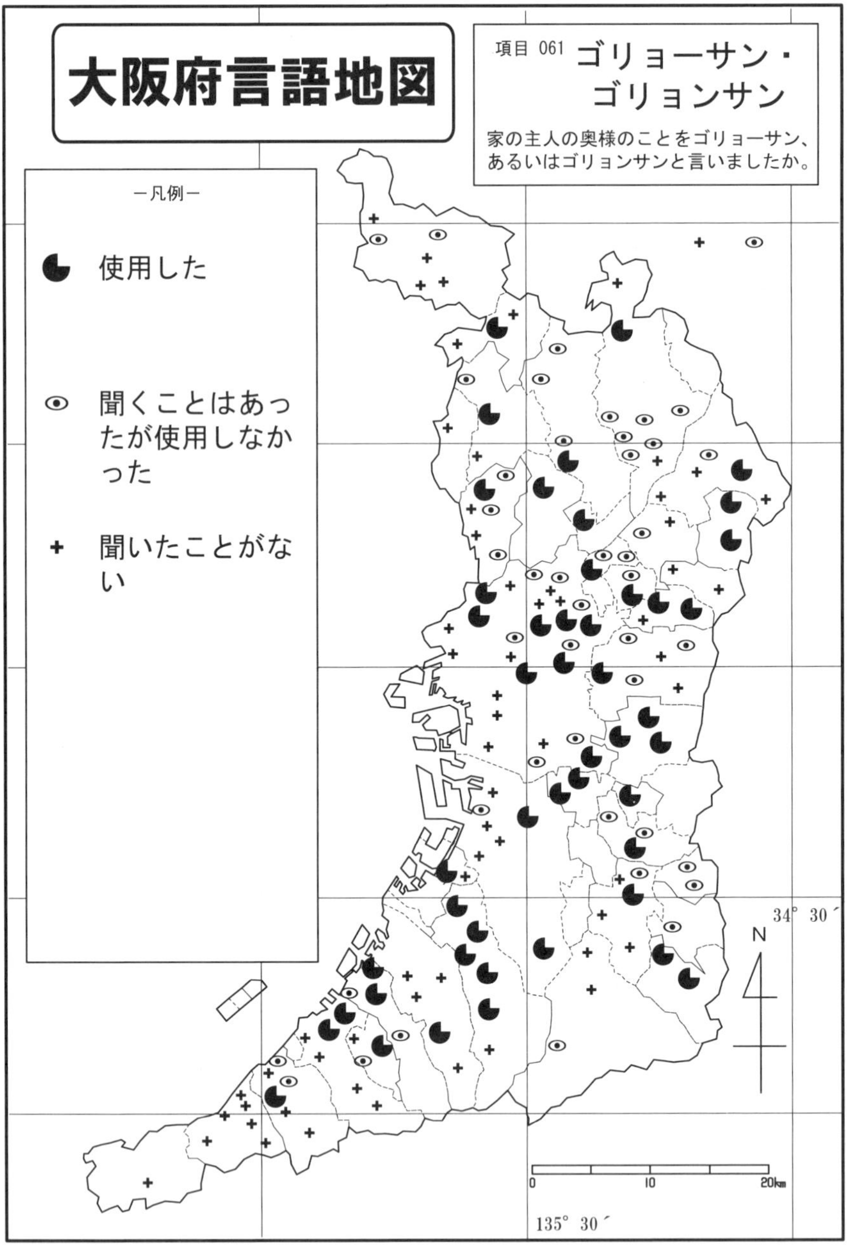
大阪府言語地図
項目 061 ゴリョーサン・ゴリョンサン
家の主人の奥様のことをゴリョーサン、あるいはゴリョンサンと言いましたか。
―凡例―
使用した
聞くことはあったが使用しなかった
聞いたことがない
34° 30′
N
0
10
20km
135° 30′

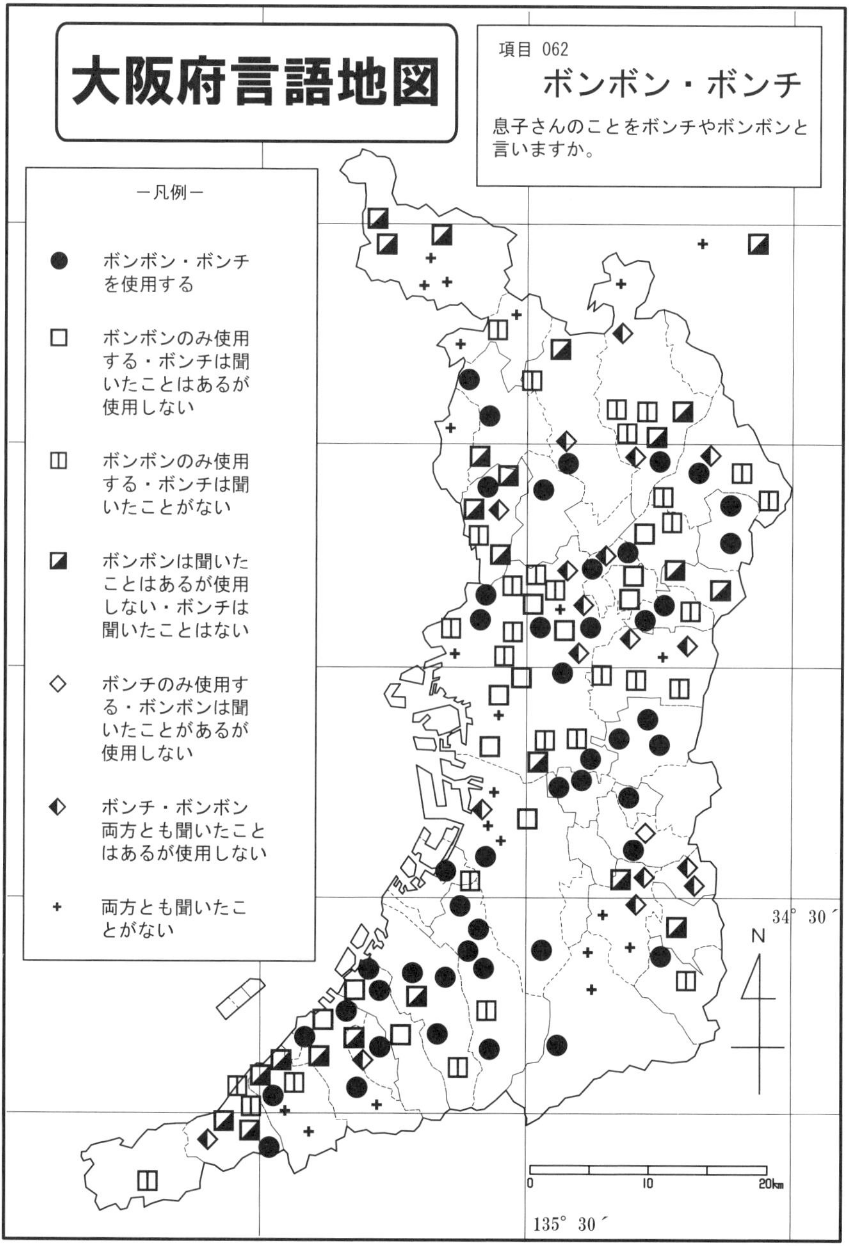
大阪府言語地図
項目 062
ボンボン・ボンチ
息子さんのことをボンチやボンボンと言いますか。
—凡例—
ボンボン・ボンチを使用する
ボンボンのみ使用する・ボンチは聞いたことはあるが使用しない
ボンボンのみ使用する・ボンチは聞いたことがない
ボンボンは聞いたことはあるが使用しない・ボンチは聞いたことはない
ボンチのみ使用する・ボンボンは聞いたことがあるが使用しない
ボンチ・ボンボン両方とも聞いたことはあるが使用しない
両方とも聞いたことがない
34°30´
N
0
10
20km
135°30´

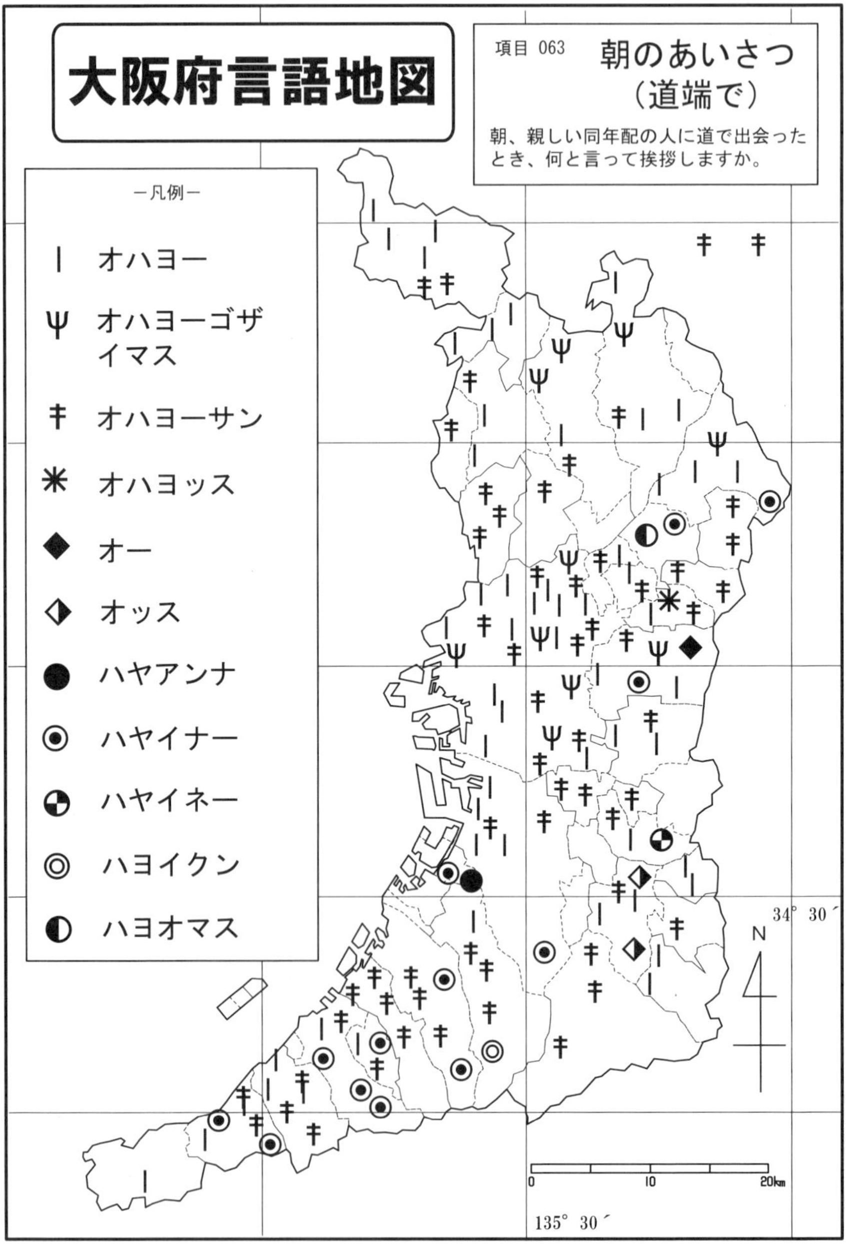
大阪府言語地図
項目 063
朝のあいさつ
（道端で）
朝、親しい同年配の人に道で出会ったとき、何と言って挨拶しますか。
一凡例一
オハヨー
オハヨーゴザイマス
オハヨーサン
オハヨッス
オー
オッス
ハヤアンナ
ハヤイナー
ハヤイネー
ハヨイクン
ハヨオマス
34° 30′
N
0
10
20km
135° 30′

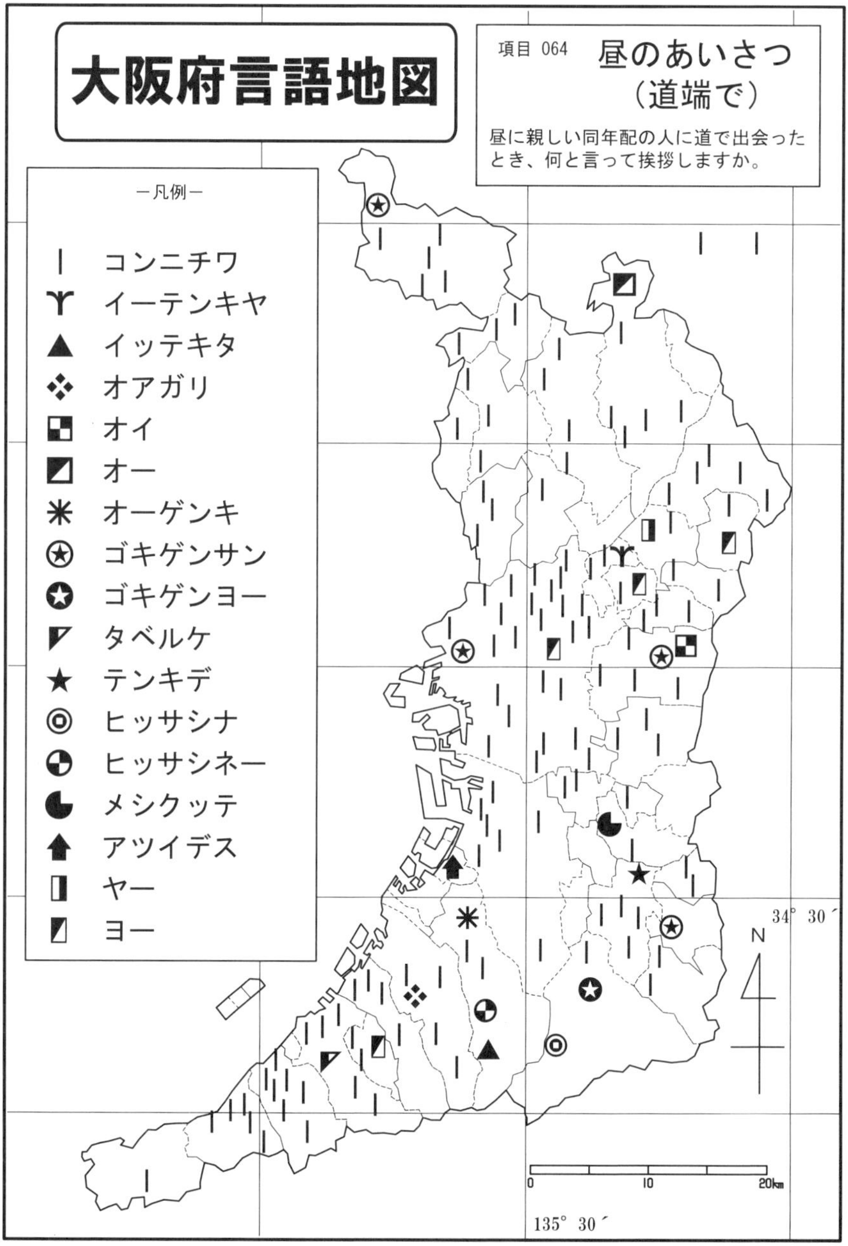

大阪府言語地図
項目 064
昼のあいさつ
（道端で）
昼に親しい同年配の人に道で出会ったとき、何と言って挨拶しますか。
－凡例－
コンニチワ
イーテンキヤ
イッテキタ
オアガリ
オイ
オー
オーゲンキ
ゴキゲンサン
ゴキゲンヨー
タベルケ
テンキデ
ヒッササシナ
ヒッササシネー
メシクッテ
アツイデス
ヤー
ヨー
34° 30´
N
0
10
20km
135° 30´

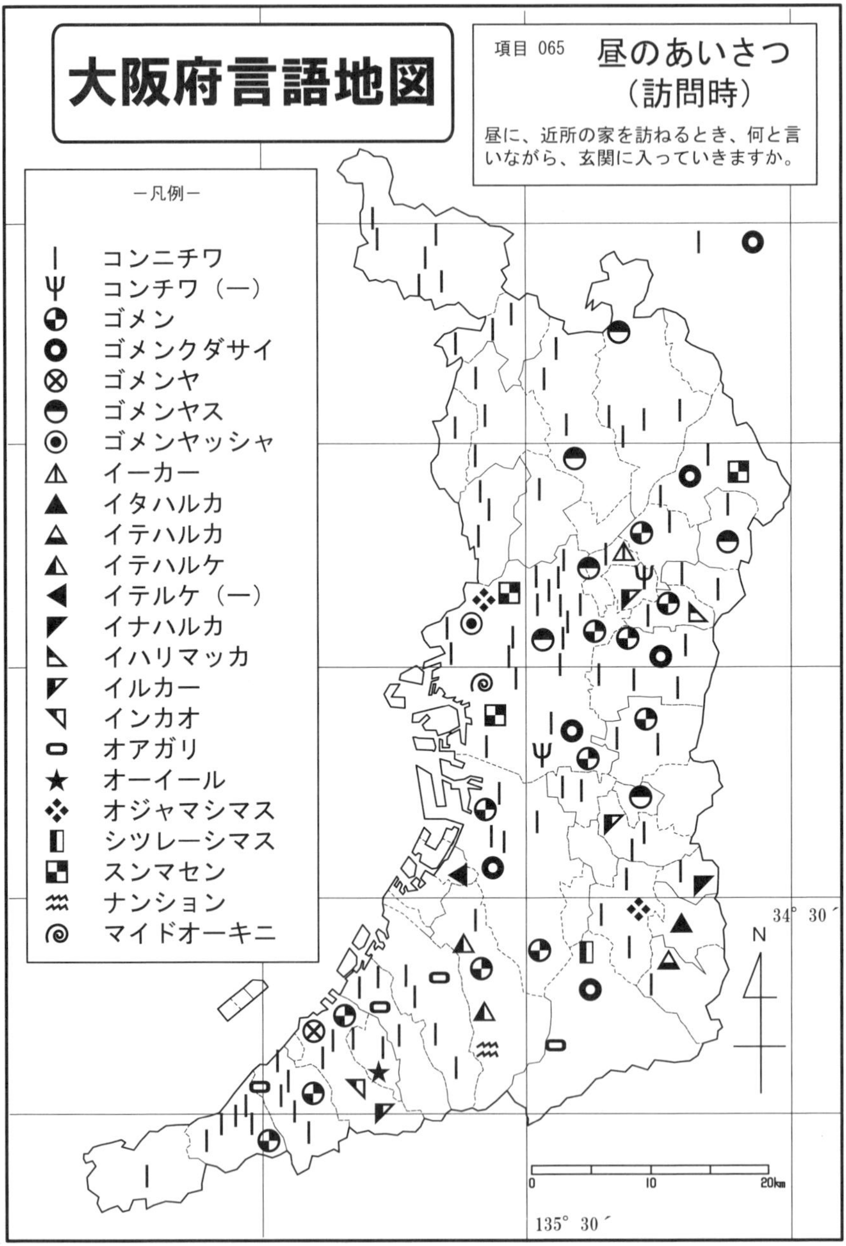
大阪府言語地図
項目 065
昼のあいさつ
（訪問時）
昼に、近所の家を訪ねるとき、何と言いながら、玄関に入っていきますか。
―凡例―
コンニチワ
コンチワ（―）
ゴメン
ゴメンクダサイ
ゴメンヤ
ゴメンヤス
ゴメンヤッシャ
イーカー
イタハルカ
イテハルカ
イテハルケ
イテルケ（―）
イナハルカ
イハリマッカ
イルカー
インカオ
オアガリ
オーイール
オジャマシマス
シツレーシマス
スンマセン
ナンション
マイドオーキニ
34°30′
N
0
10
20km
135°30′

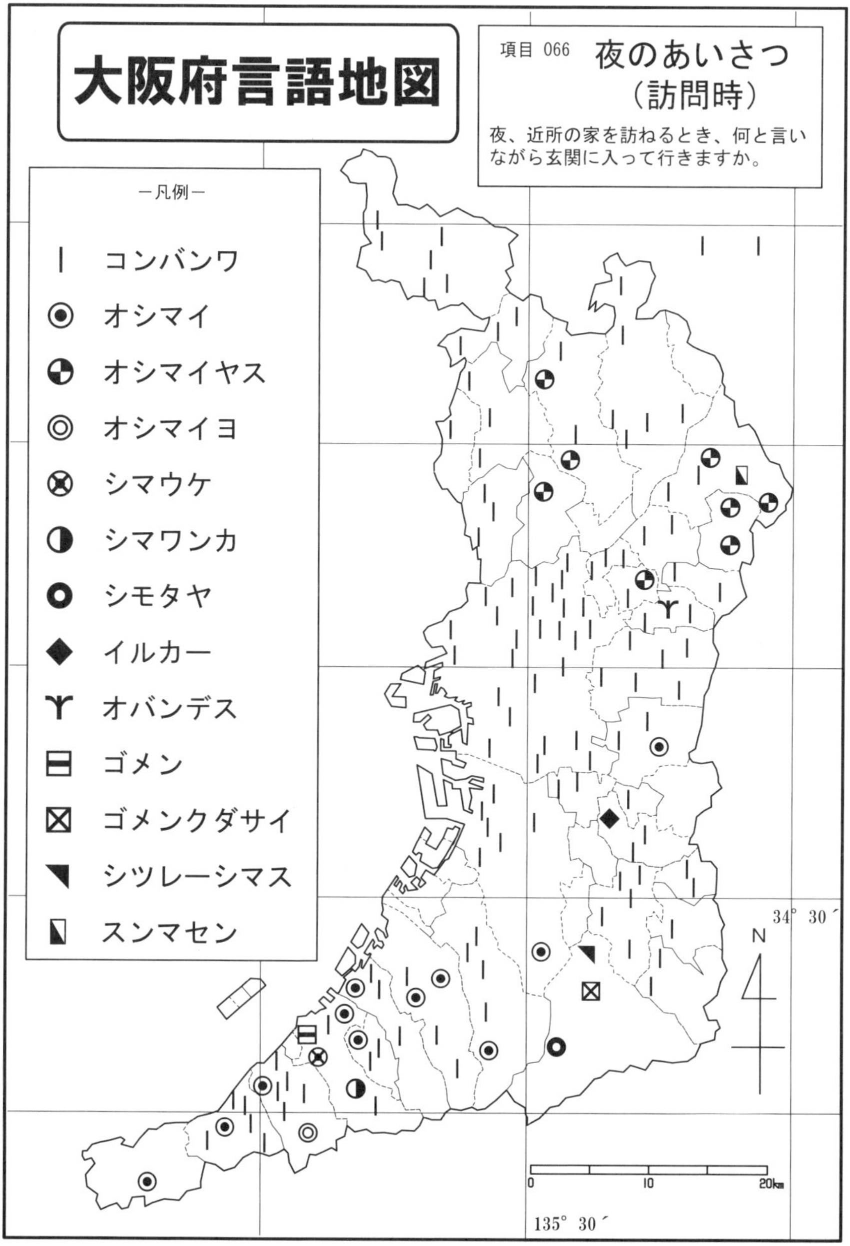

大阪府言語地図
項目 066
夜のあいさつ
（訪問時）
夜、近所の家を訪ねるとき、何と言いながら玄関に入って行きますか。
―凡例―
コンバンワ
オシマイ
オシマイヤス
オシマイヨ
シマウケ
シマワンカ
シモタヤ
イルカー
オバンデス
ゴメン
ゴメンクダサイ
シツレーシマス
スンマセン
34° 30´
N
0
10
20km
135° 30´

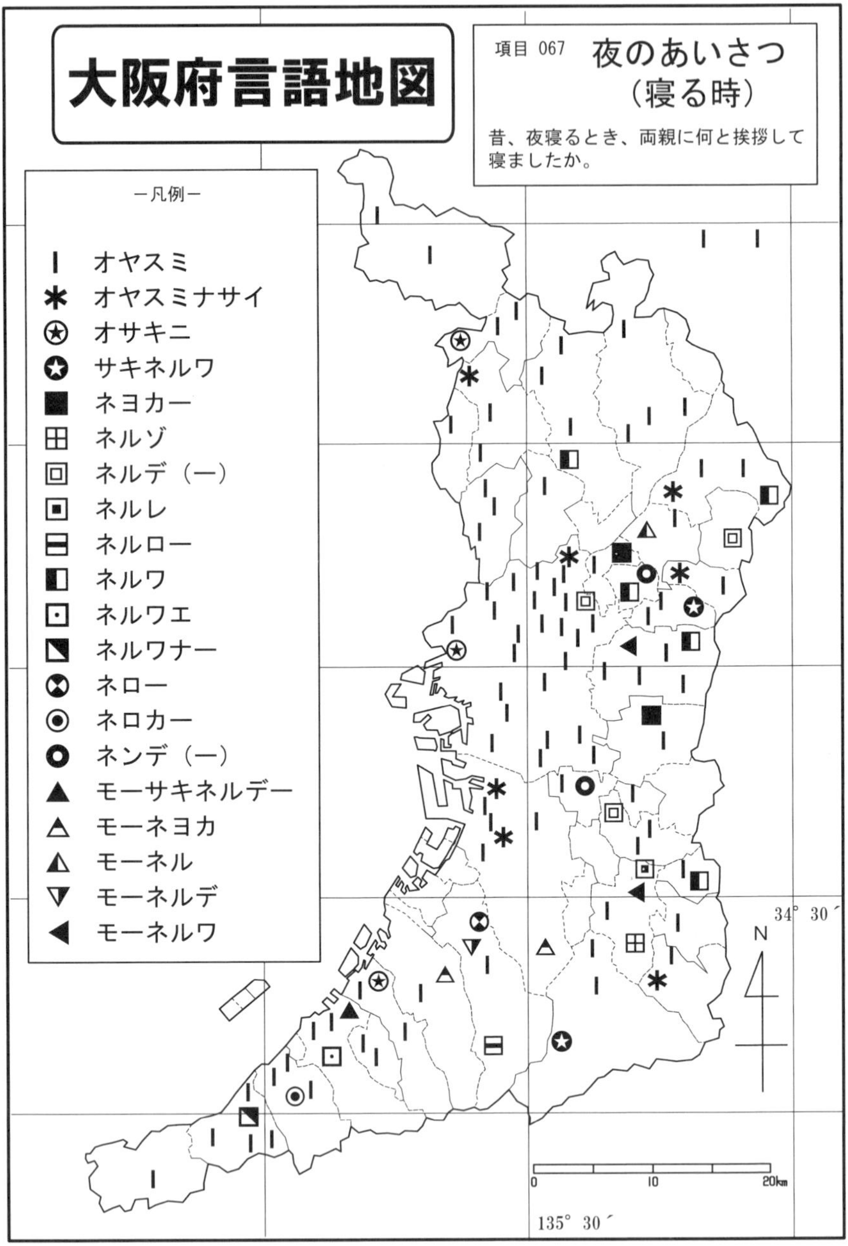
大阪府言語地図
項目 067
夜のあいさつ
（寝る時）
昔、夜寝るとき、両親に何と挨拶して
寝ましたか。
－凡例－
オヤスミ
オヤスミナサイ
オサキニ
サキネルワ
ネヨカー
ネルゾ
ネルデ（ー）
ネルレ
ネルロー
ネルワ
ネルワエ
ネルワナー
ネロー
ネロカー
ネンデ（ー）
モーサキネルデー
モーネヨカ
モーネル
モーネルデ
モーネルワ
34° 30′
N
0
10
20km
135° 30′

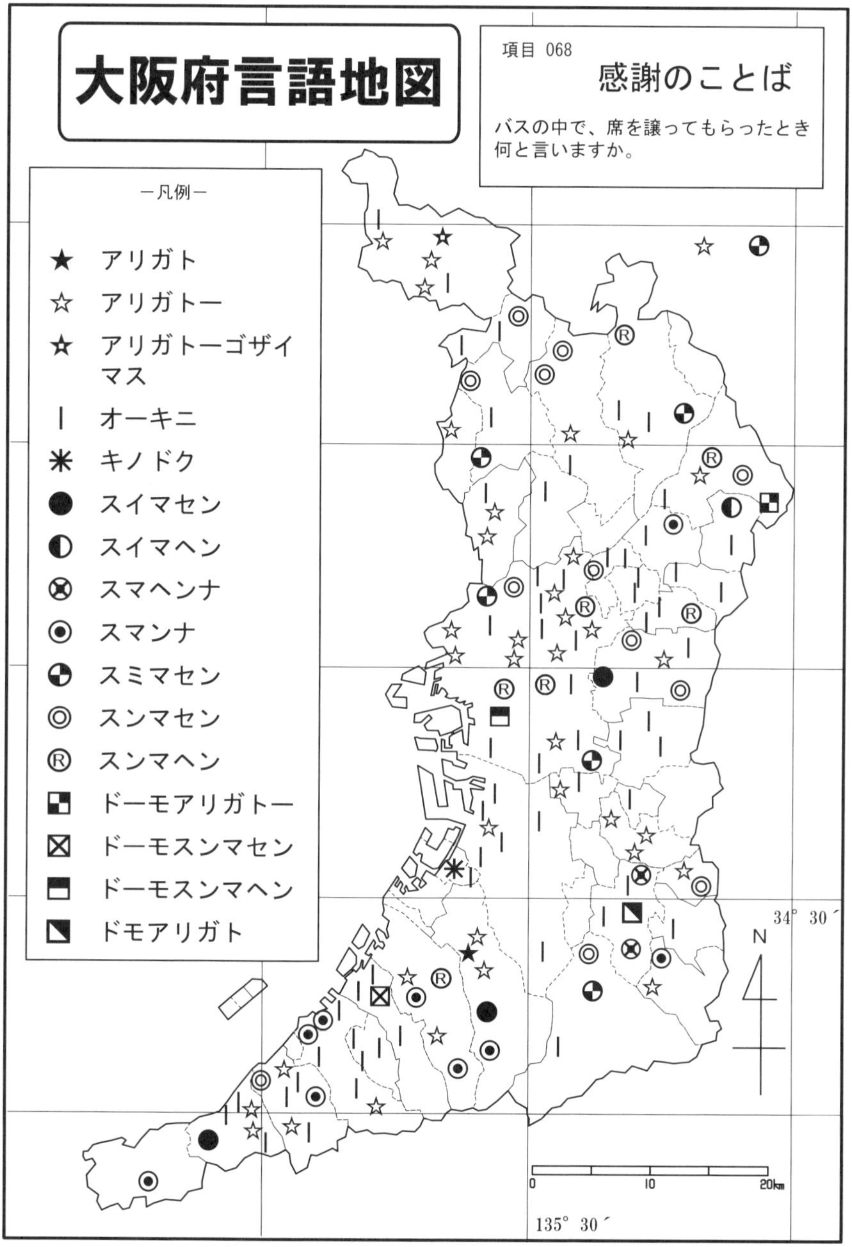

大阪府言語地図
項目 068
感謝のことば
バスの中で、席を譲ってもらったとき何と言いますか。
－凡例－
アリガト
アリガトー
アリガトーゴザイマス
オーキニ
キノドク
スイマセン
スイマヘン
スマヘンナ
スマンナ
スミマセン
スンマセン
スンマヘン
ドーモアリガトー
ドーモスンマセン
ドーモスンマヘン
ドモアリガト
N
34° 30′
0
10
20km
135° 30′

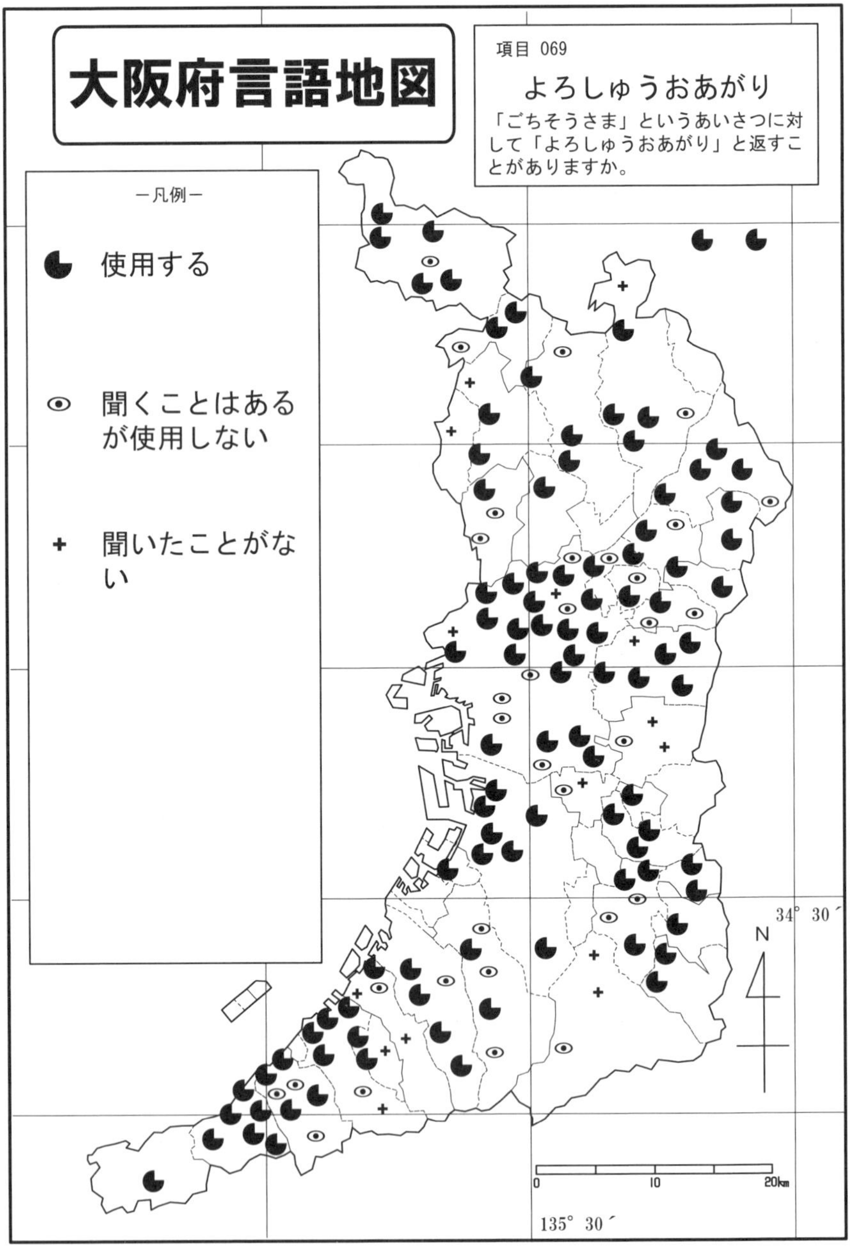
大阪府言語地図
項目 069
よろしゅうおあがり
「ごちそうさま」というあいさつに対して「よろしゅうおあがり」と返すことがありますか。
一凡例一
使用する
聞くことはあるが使用しない
聞いたことがない
34° 30′
N
0
10
20km
135° 30′

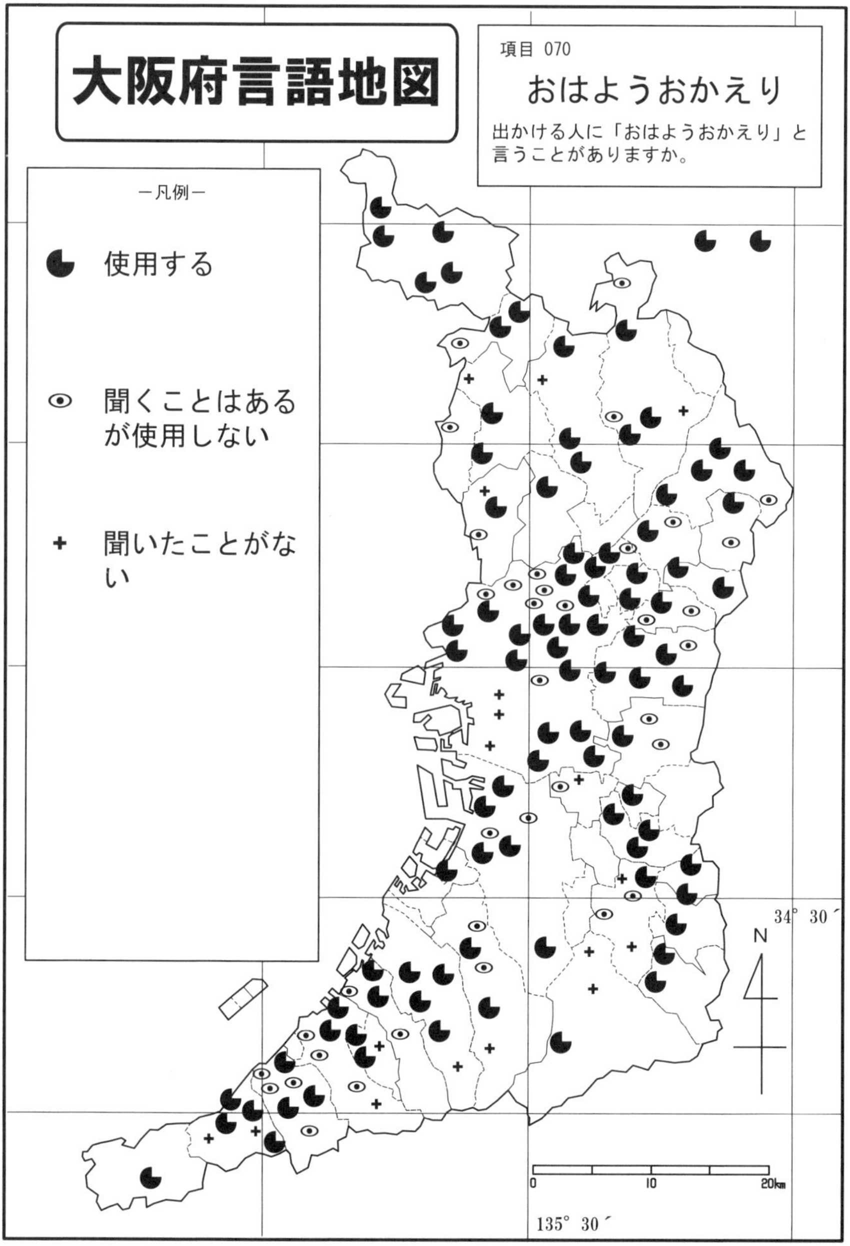

大阪府言語地図
項目 070
おはようおかえり
出かける人に「おはようおかえり」と言うことがありますか。
－凡例－
使用する
聞くことはあるが使用しない
聞いたことがない
34° 30′
N
0
10
20km
135° 30′

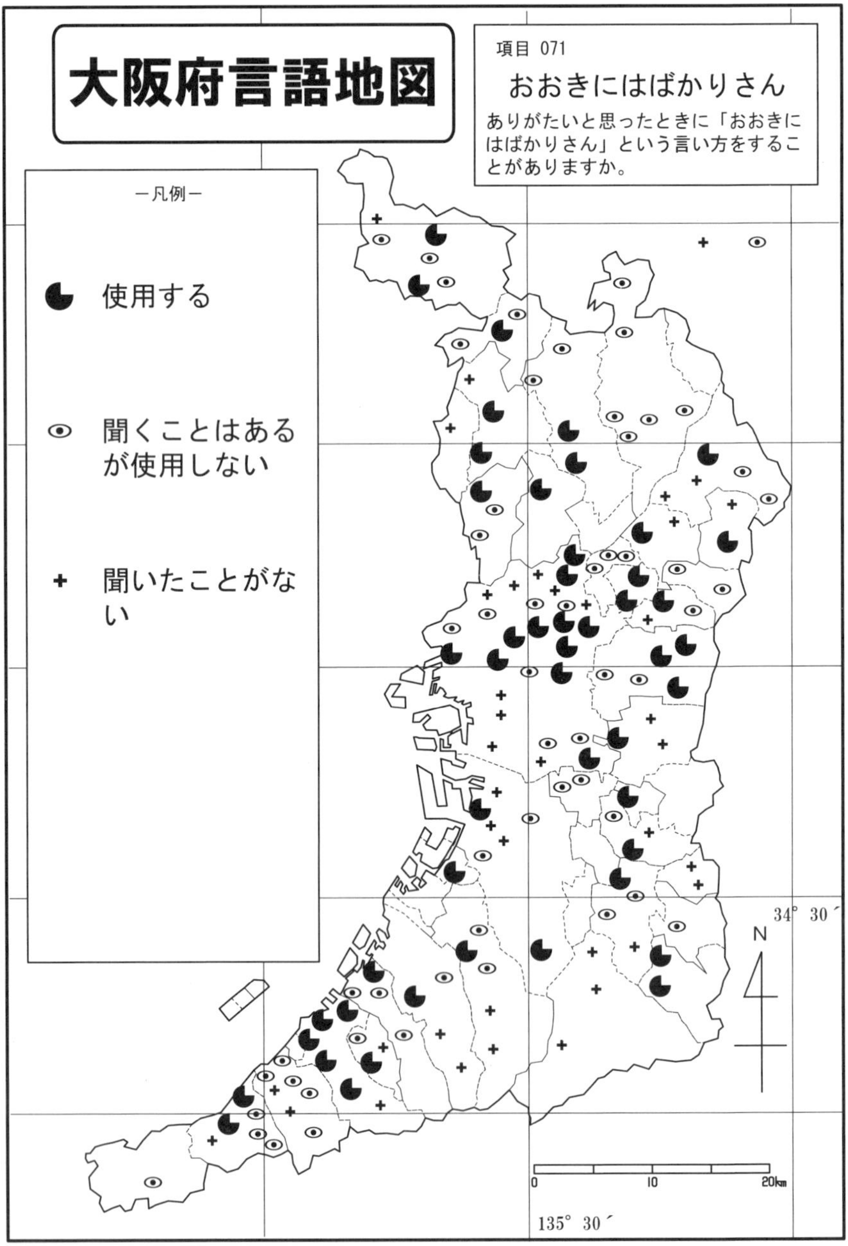
大阪府言語地図
項目 071
おおきにはばかりさん
ありがたいと思ったときに「おおきにはばかりさん」という言い方をすることがありますか。
―凡例―
使用する
聞くことはあるが使用しない
聞いたことがない
34° 30′
N
135° 30′
0
10
20km

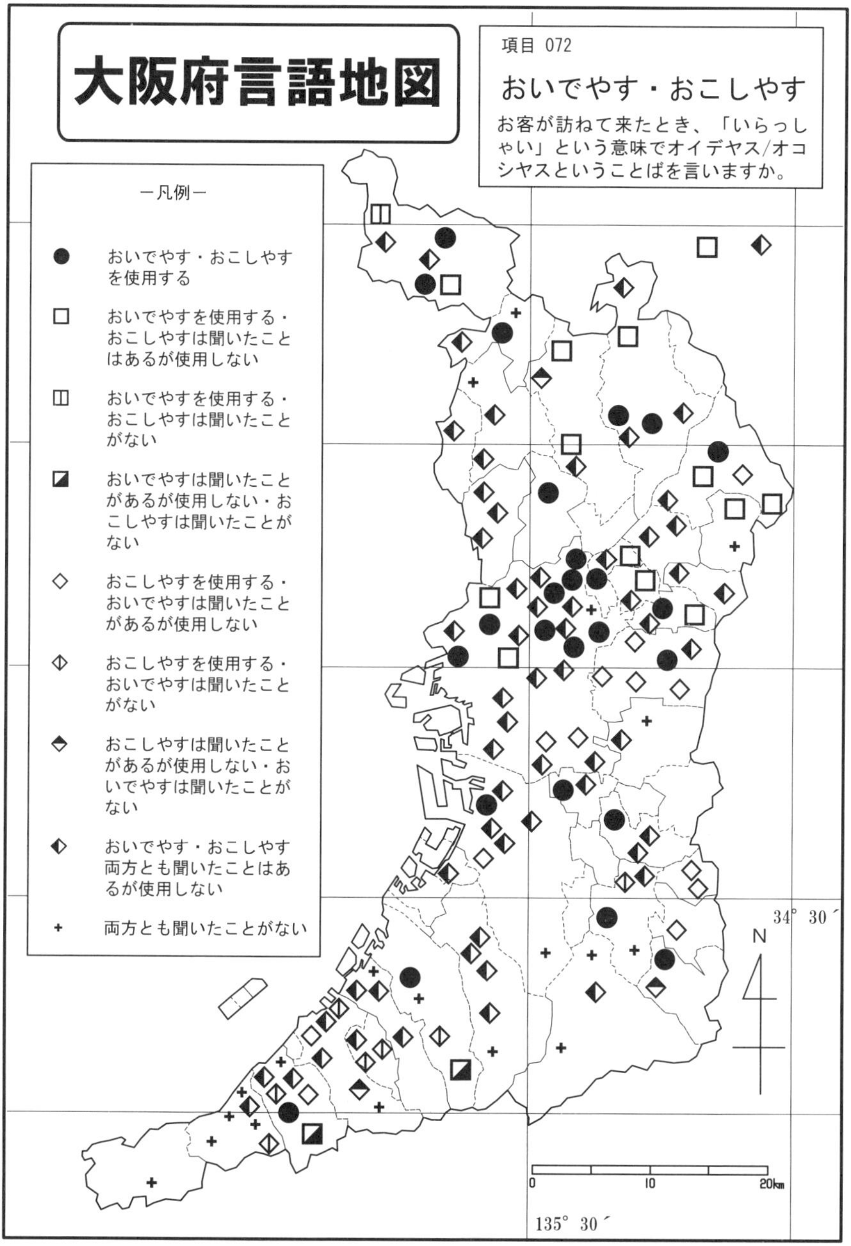
大阪府言語地図
項目 072
おいでやす・おこしやす
お客が訪ねて来たとき、「いらっしゃい」という意味でオイデヤス/オコシヤスということばを言いますか。
—凡例—
おいでやす・おこしやすを使用する
おいでやすを使用する・おこしやすは聞いたことはあるが使用しない
おいでやすを使用する・おこしやすは聞いたことがない
おいでやすは聞いたことがあるが使用しない・おこしやすは聞いたことがない
おこしやすを使用する・おいでやすは聞いたことがあるが使用しない
おこしやすを使用する・おいでやすは聞いたことがない
おこしやすは聞いたことがあるが使用しない・おいでやすは聞いたことがない
おいでやす・おこしやす両方とも聞いたことはあるが使用しない
両方とも聞いたことがない
34° 30´
N
0
10
20km
135° 30´

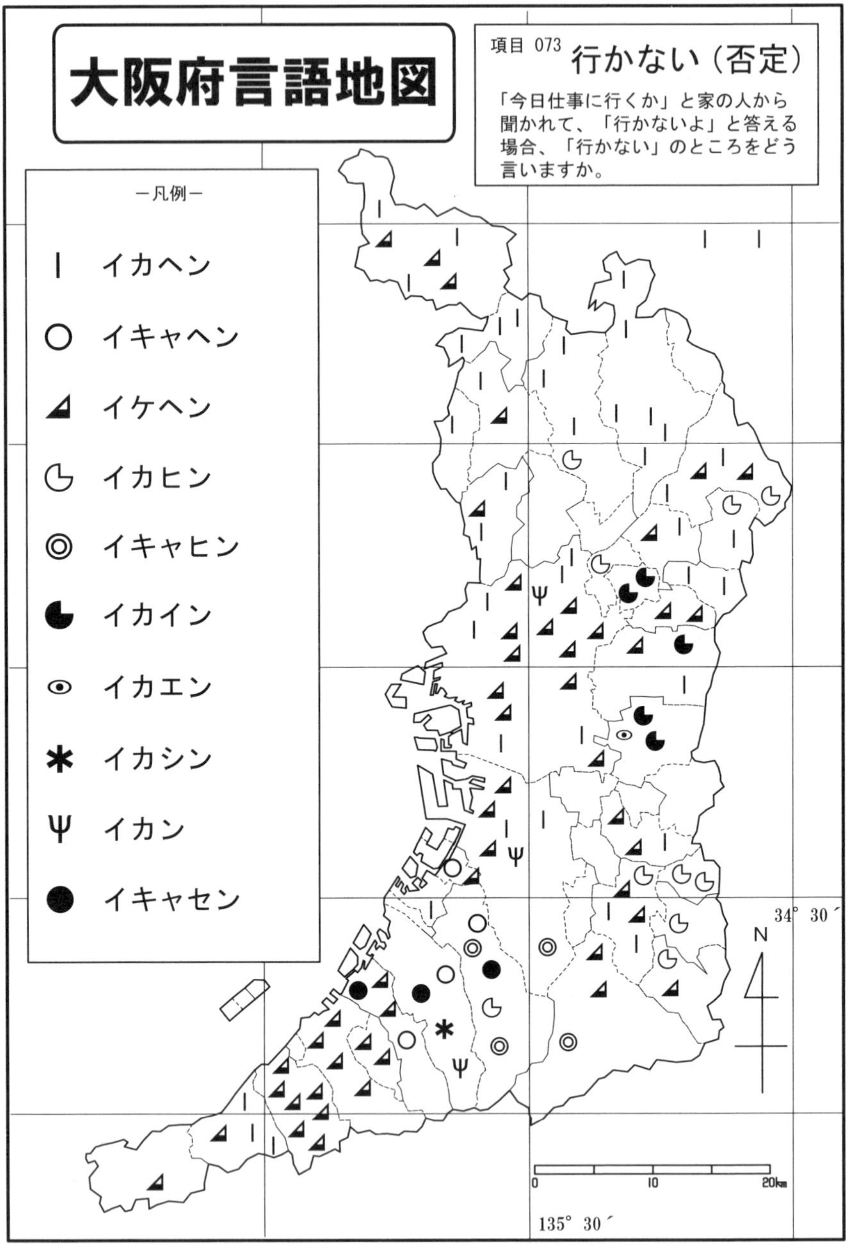
大阪府言語地図
項目 073 行かない（否定）
「今日仕事に行くか」と家の人から聞かれて、「行かないよ」と答える場合、「行かない」のところをどう言いますか。
—凡例—
イカヘン
イキャヘン
イケヘン
イカヒン
イキャヒン
イカイン
イカエン
イカシン
イカン
イキャセン
34° 30′
N
0
10
20km
135° 30′

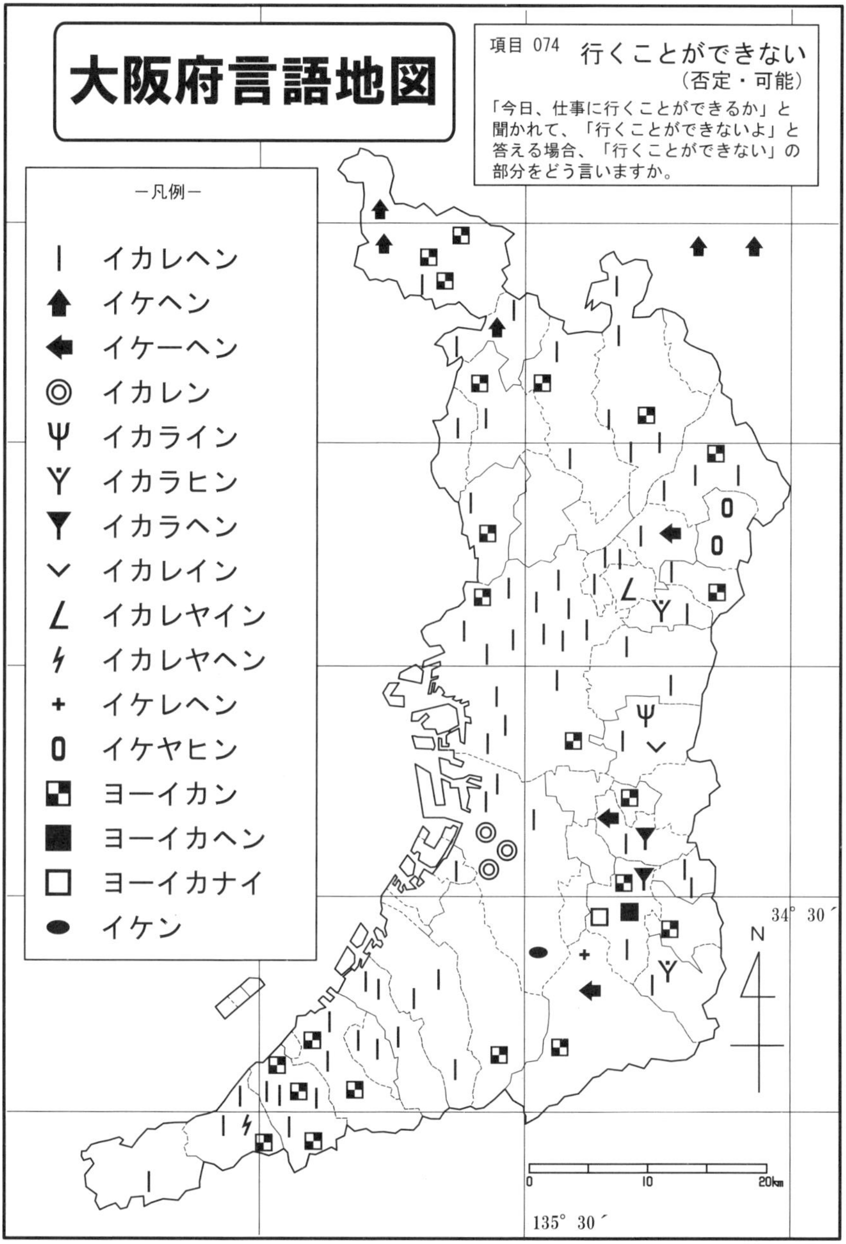
大阪府言語地図
項目 074　行くことができない
（否定・可能）
「今日、仕事に行くことができるか」と聞かれて、「行くことができないよ」と答える場合、「行くことができない」の部分をどう言いますか。
－凡例－
イカレヘン
イケヘン
イケーヘン
イカレン
イカライン
イカラヒン
イカラヘン
イカレイン
イカレヤイン
イカレヤヘン
イケレヘン
イケヤヒン
ヨーイカン
ヨーイカヘン
ヨーイカナイ
イケン
N
34°30′
135°30′
0
10
20km

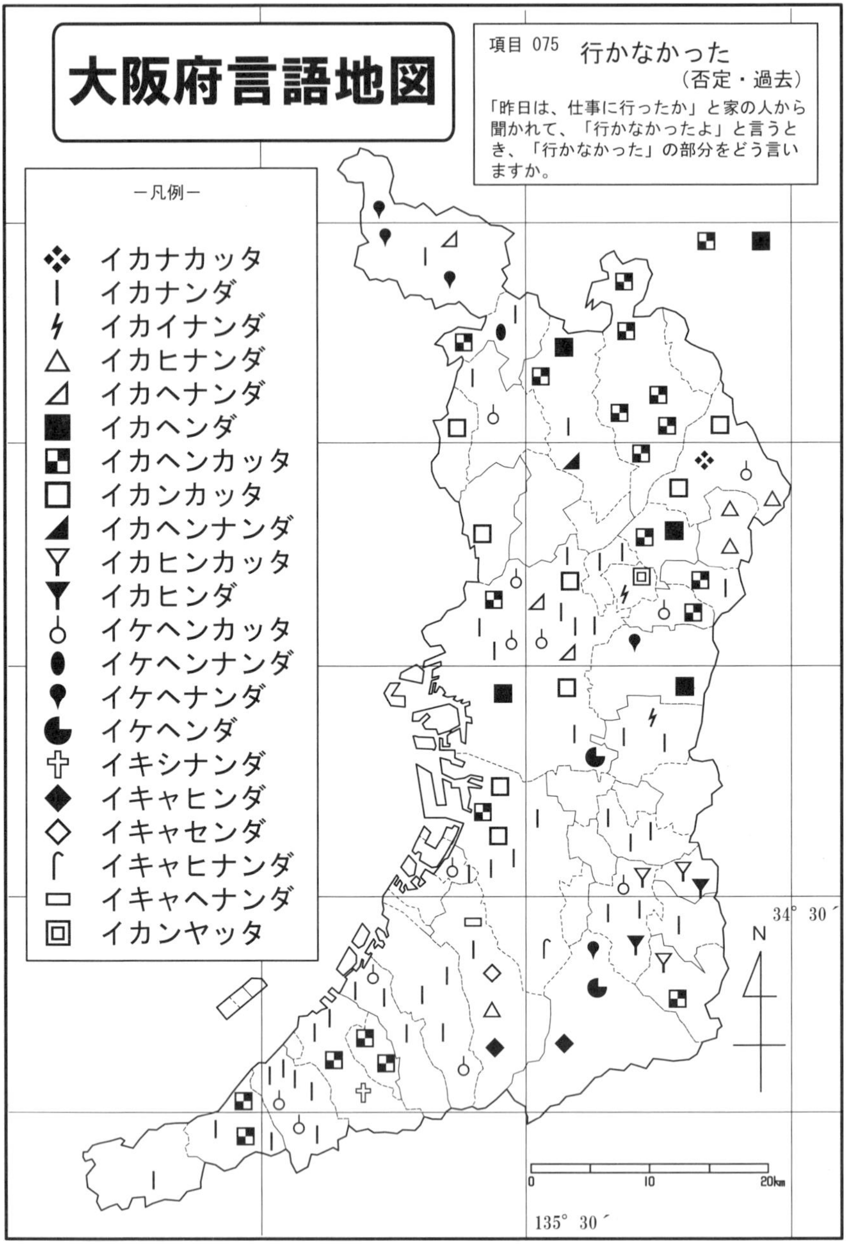
大阪府言語地図
項目 075 行かなかった
（否定・過去）
「昨日は、仕事に行ったか」と家の人から聞かれて、「行かなかったよ」と言うとき、「行かなかった」の部分をどう言いますか。
―凡例―
イカナカッタ
イカナンダ
イカイナンダ
イカヒナンダ
イカヘナンダ
イカヘンダ
イカヘンカッタ
イカンカッタ
イカヘンナンダ
イカヒンカッタ
イカヒンダ
イケヘンカッタ
イケヘンナンダ
イケヘナンダ
イケヘンダ
イキシナンダ
イキャヒンダ
イキャセンダ
イキャヒナンダ
イキャヘナンダ
イカンヤッタ
34° 30′
N
0
10
20km
135° 30′

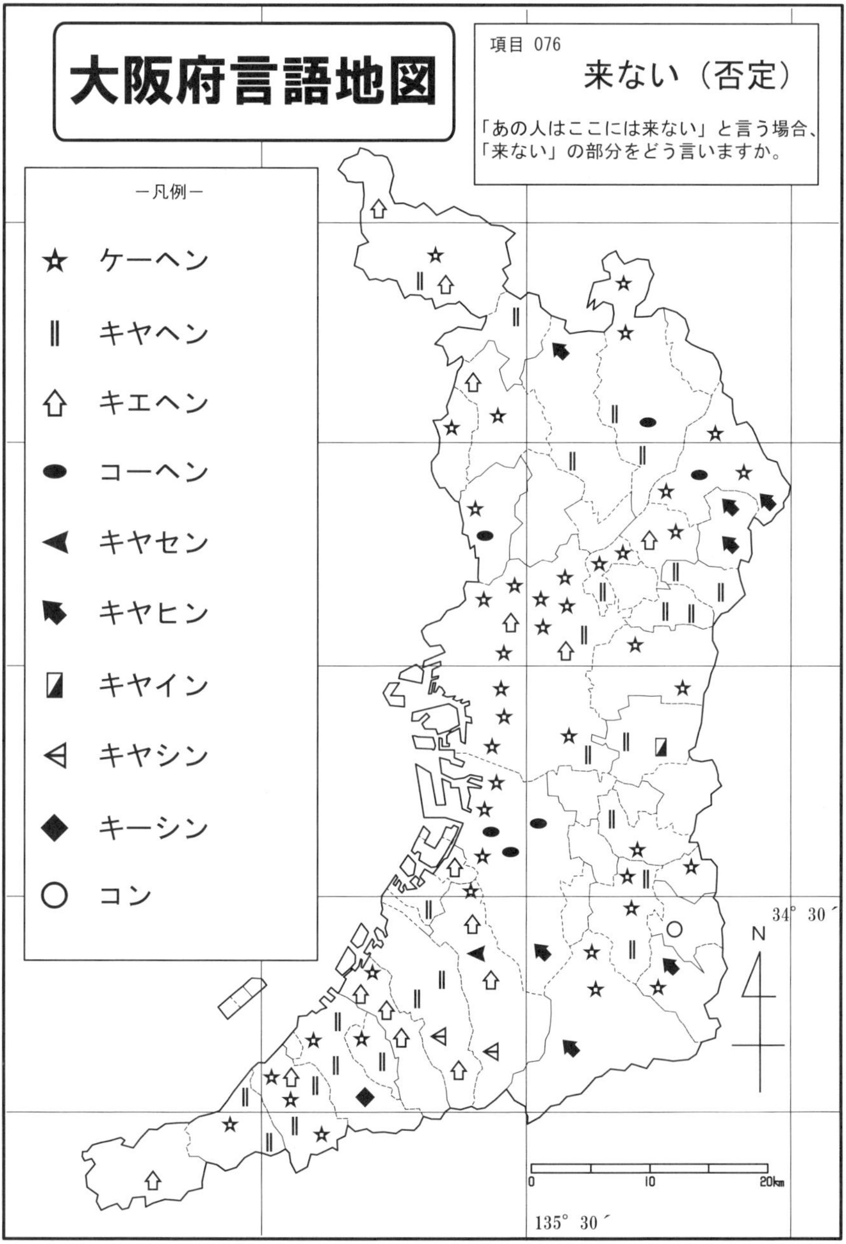
大阪府言語地図
項目 076
来ない（否定）
「あの人はここには来ない」と言う場合、
「来ない」の部分をどう言いますか。
—凡例—
ケーヘン
キヤヘン
キエヘン
コーヘン
キヤセン
キヤヒン
キヤイン
キヤシン
キーシン
コン
34° 30´
N
0
10
20km
135° 30´

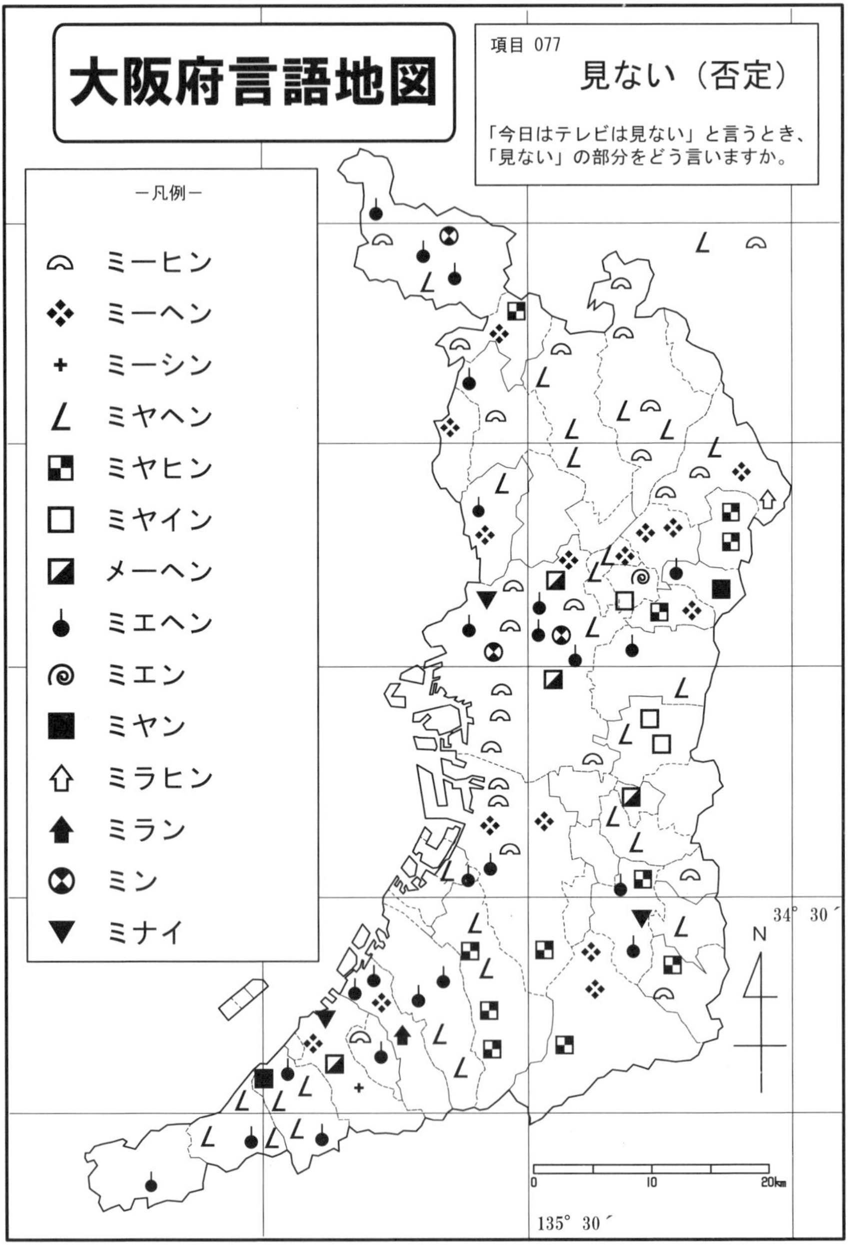
大阪府言語地図
項目 077
見ない（否定）
「今日はテレビは見ない」と言うとき、
「見ない」の部分をどう言いますか。
－凡例－
ミーヒン
ミーヘン
ミーシン
ミヤヘン
ミヤヒン
ミヤイン
メーヘン
ミエヘン
ミエン
ミヤン
ミラヒン
ミラン
ミン
ミナイ
34° 30′
N
0
10
20km
135° 30′

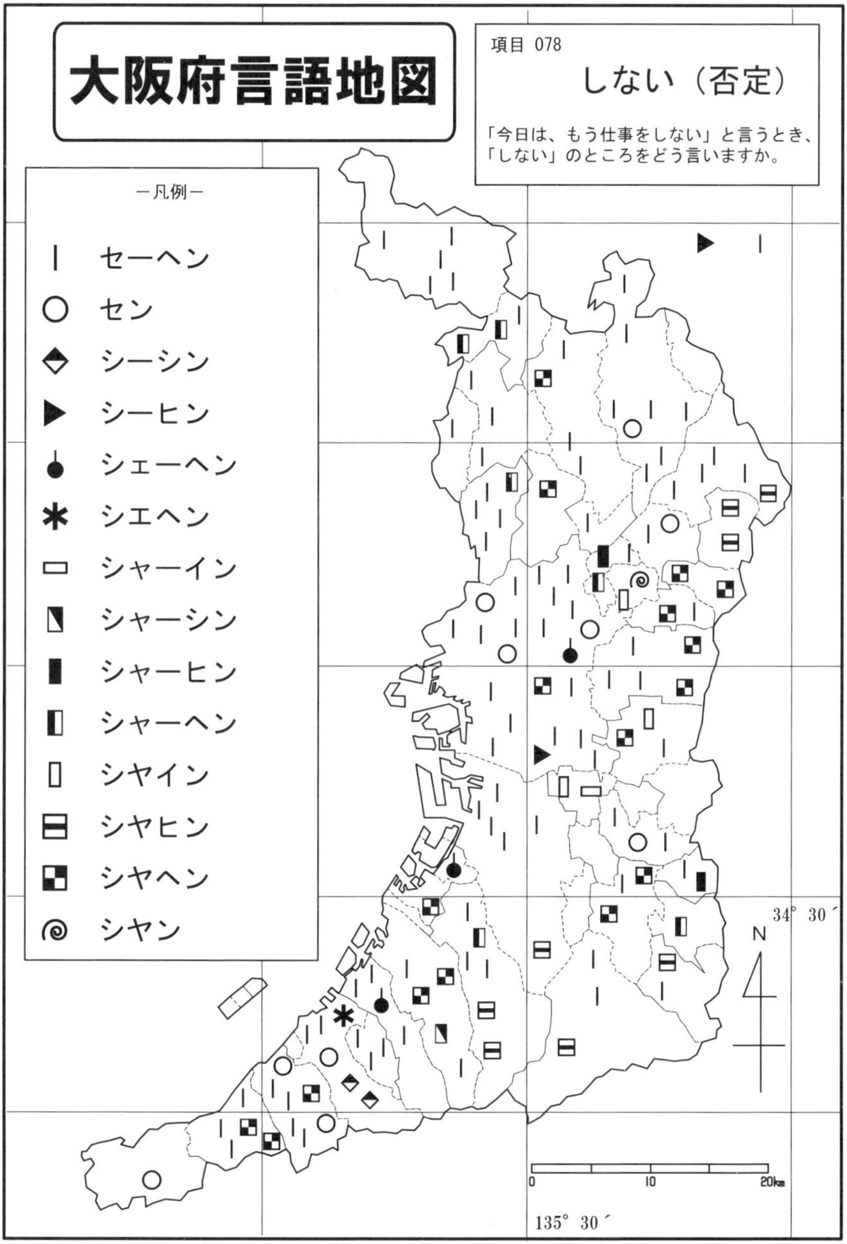
大阪府言語地図
項目 078
しない（否定）
「今日は、もう仕事をしない」と言うとき、
「しない」のところをどう言いますか。
—凡例—
セーヘン
セン
シーシン
シーヒン
シェーヘン
シエヘン
シャーイン
シャーシン
シャーヒン
シャーヘン
シヤイン
シヤヒン
シヤヘン
シヤン
34° 30′
N
0
10
20km
135° 30′

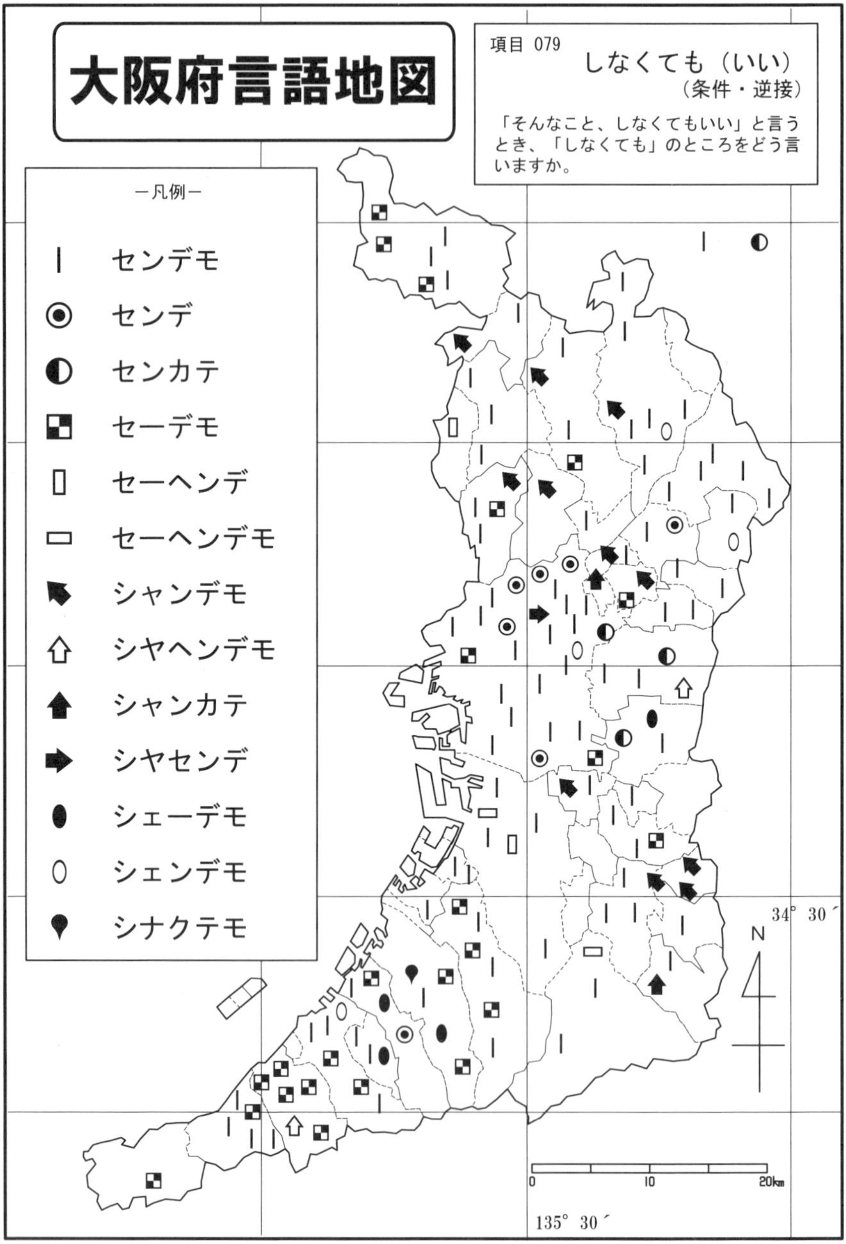
大阪府言語地図
項目 079
しなくても（いい）
（条件・逆接）
「そんなこと、しなくてもいい」と言うとき、「しなくても」のところをどう言いますか。
ー凡例ー
センデモ
センデ
センカテ
セーデモ
セーヘンデ
セーヘンデモ
シャンデモ
シヤヘンデモ
シャンカテ
シヤセンデ
シェーデモ
シェンデモ
シナクテモ
34° 30′
N
0
10
20km
135° 30′

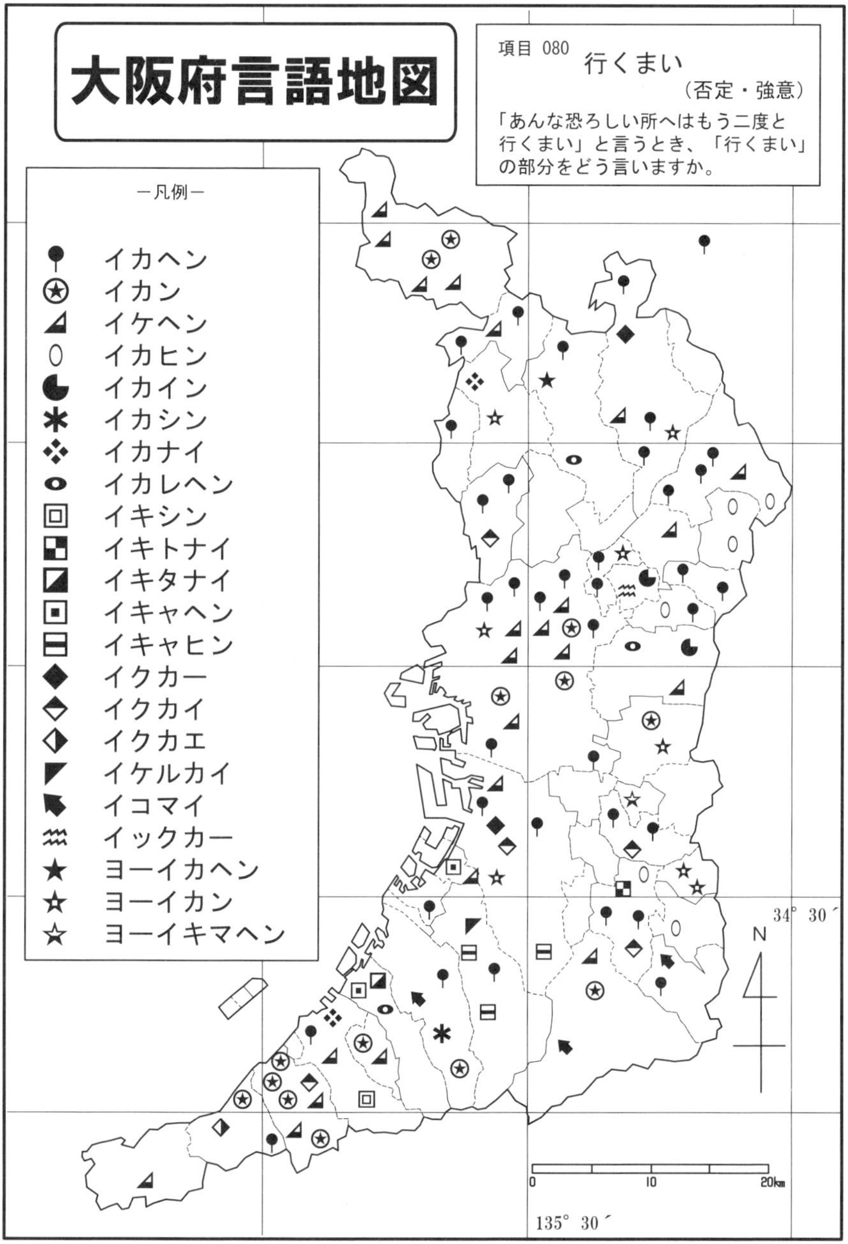
大阪府言語地図
項目 080
行くまい
（否定・強意）
「あんな恐ろしい所へはもう二度と
行くまい」と言うとき、「行くまい」
の部分をどう言いますか。
─凡例─
イカヘン
イカン
イケヘン
イカヒン
イカイン
イカシン
イカナイ
イカレヘン
イキシン
イキトナイ
イキタナイ
イキャヘン
イキャヒン
イクカー
イクカイ
イクカエ
イケルカイ
イコマイ
イックカー
ヨーイカヘン
ヨーイカン
ヨーイキマヘン
34° 30´
N
0
10
20km
135° 30´

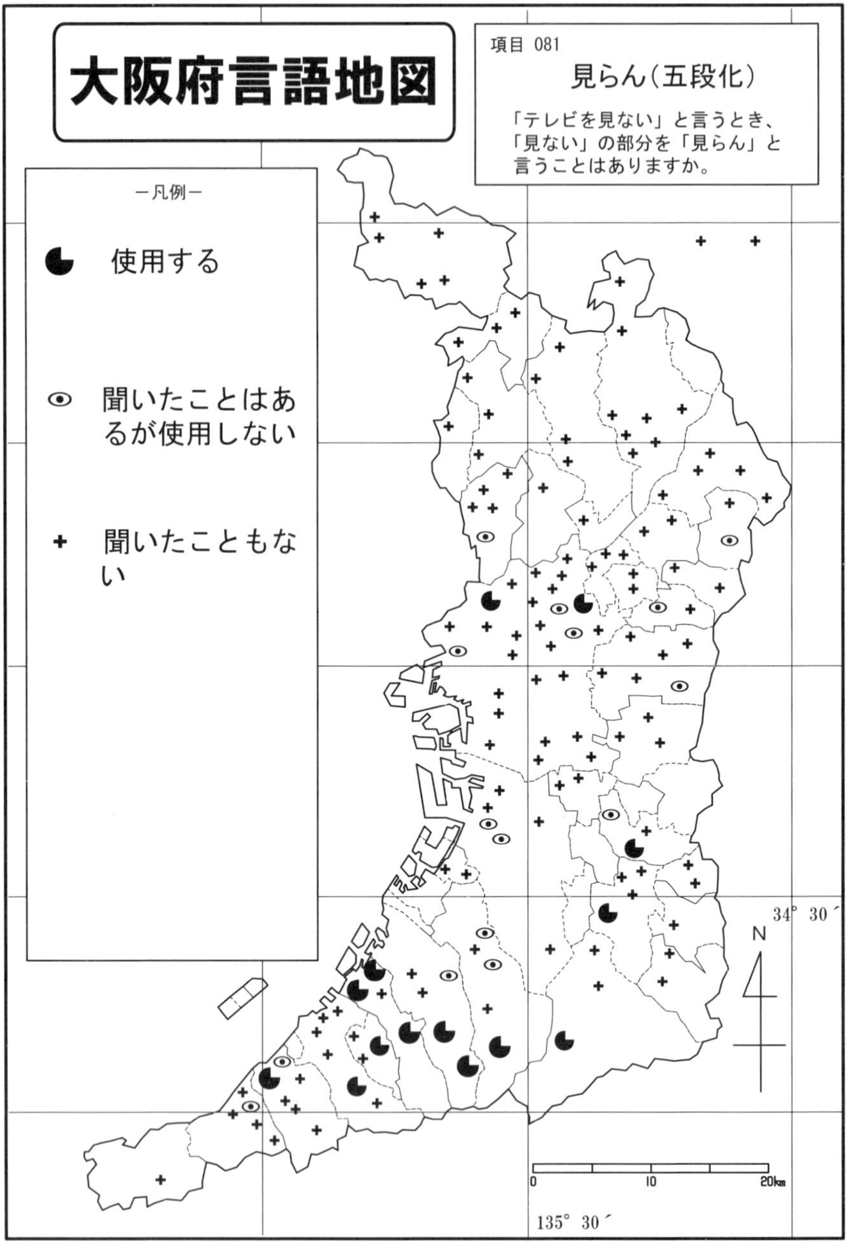
大阪府言語地図
項目 081
見らん（五段化）
「テレビを見ない」と言うとき、
「見ない」の部分を「見らん」と
言うことはありますか。
－凡例－
使用する
聞いたことはあるが使用しない
聞いたこともない
34° 30′
N
0
10
20km
135° 30′

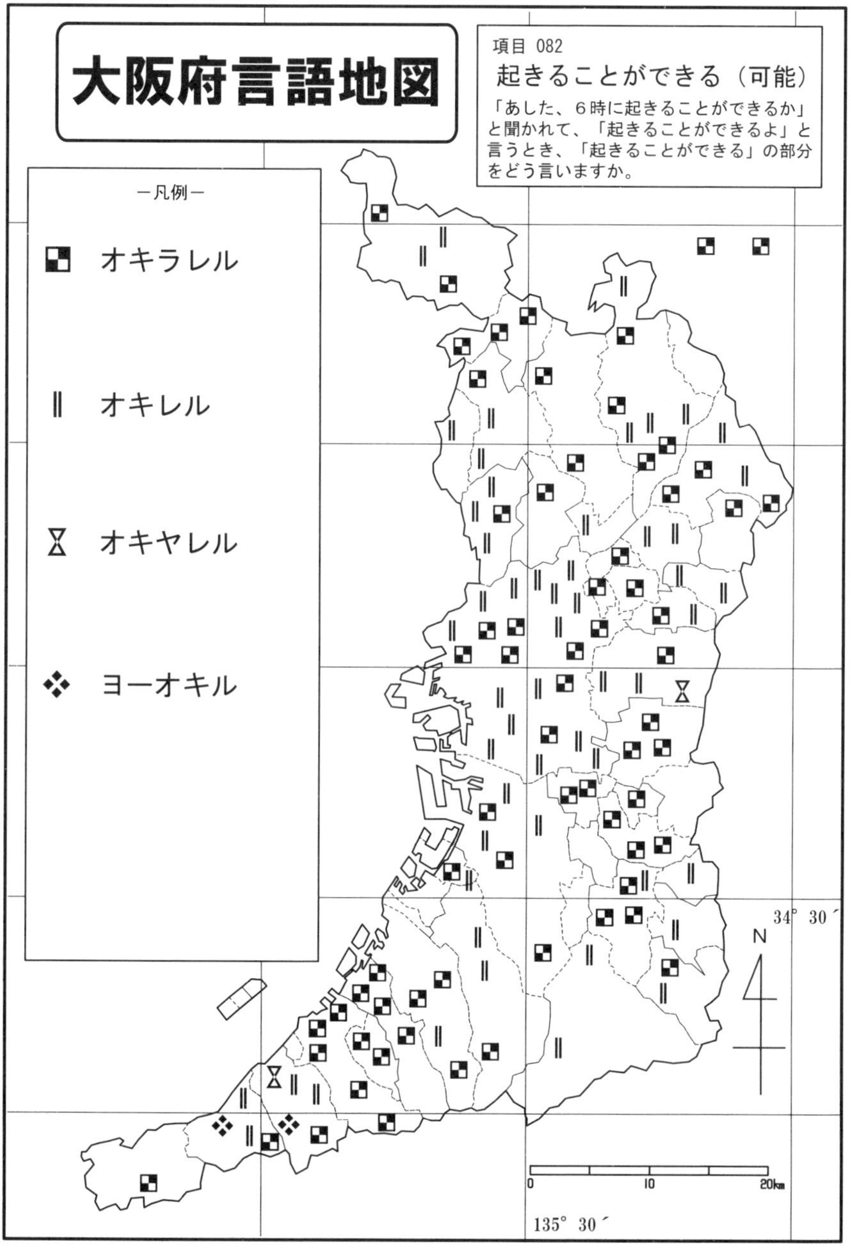
大阪府言語地図
項目 082
起きることができる（可能）
「あした、６時に起きることができるか」と聞かれて、「起きることができるよ」と言うとき、「起きることができる」の部分をどう言いますか。
―凡例―
オキラレル
オキレル
オキヤレル
ヨーオキル
34° 30′
N
0
10
20km
135° 30′

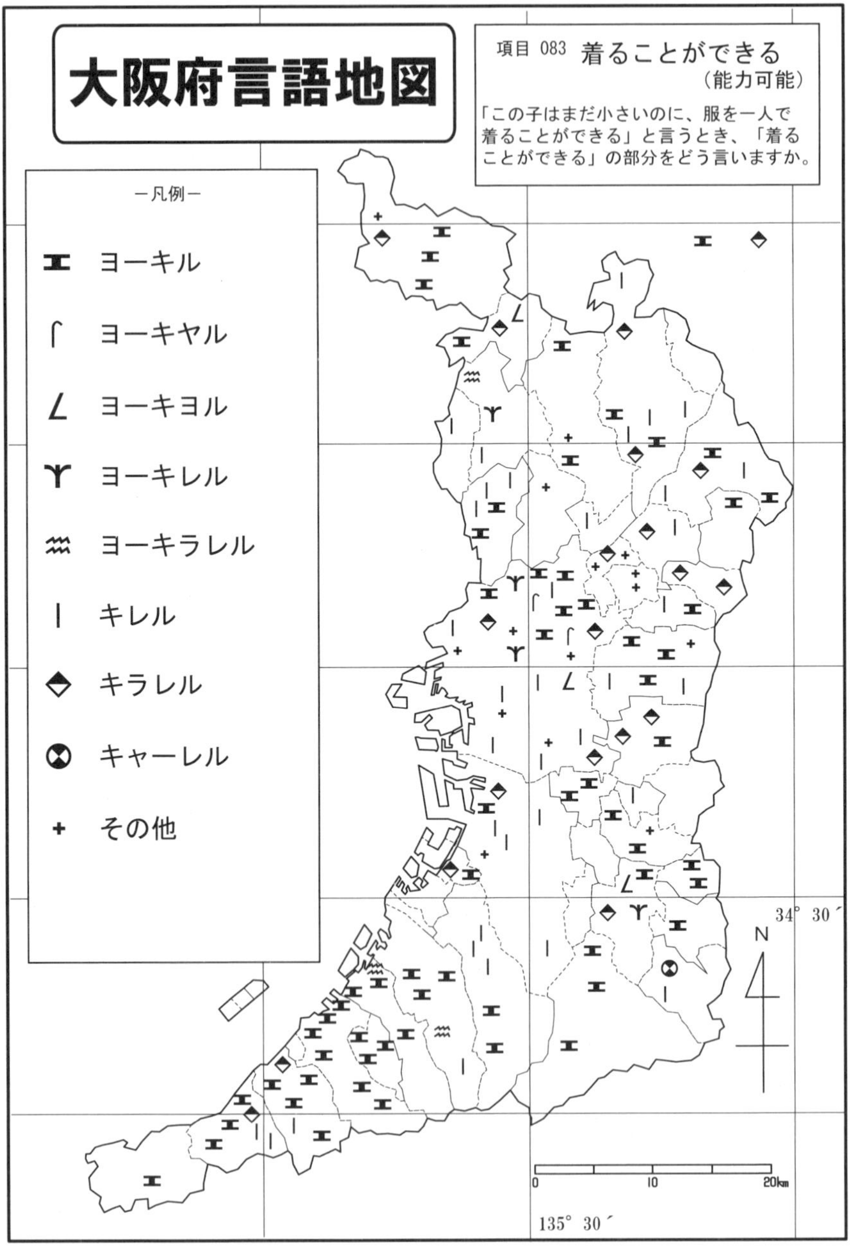
大阪府言語地図
項目 083 着ることができる
（能力可能）
「この子はまだ小さいのに、服を一人で着ることができる」と言うとき、「着ることができる」の部分をどう言いますか。
－凡例－
ヨーキル
ヨーキヤル
ヨーキヨル
ヨーキレル
ヨーキラレル
キレル
キラレル
キャーレル
その他
34° 30´
N
0
10
20km
135° 30´

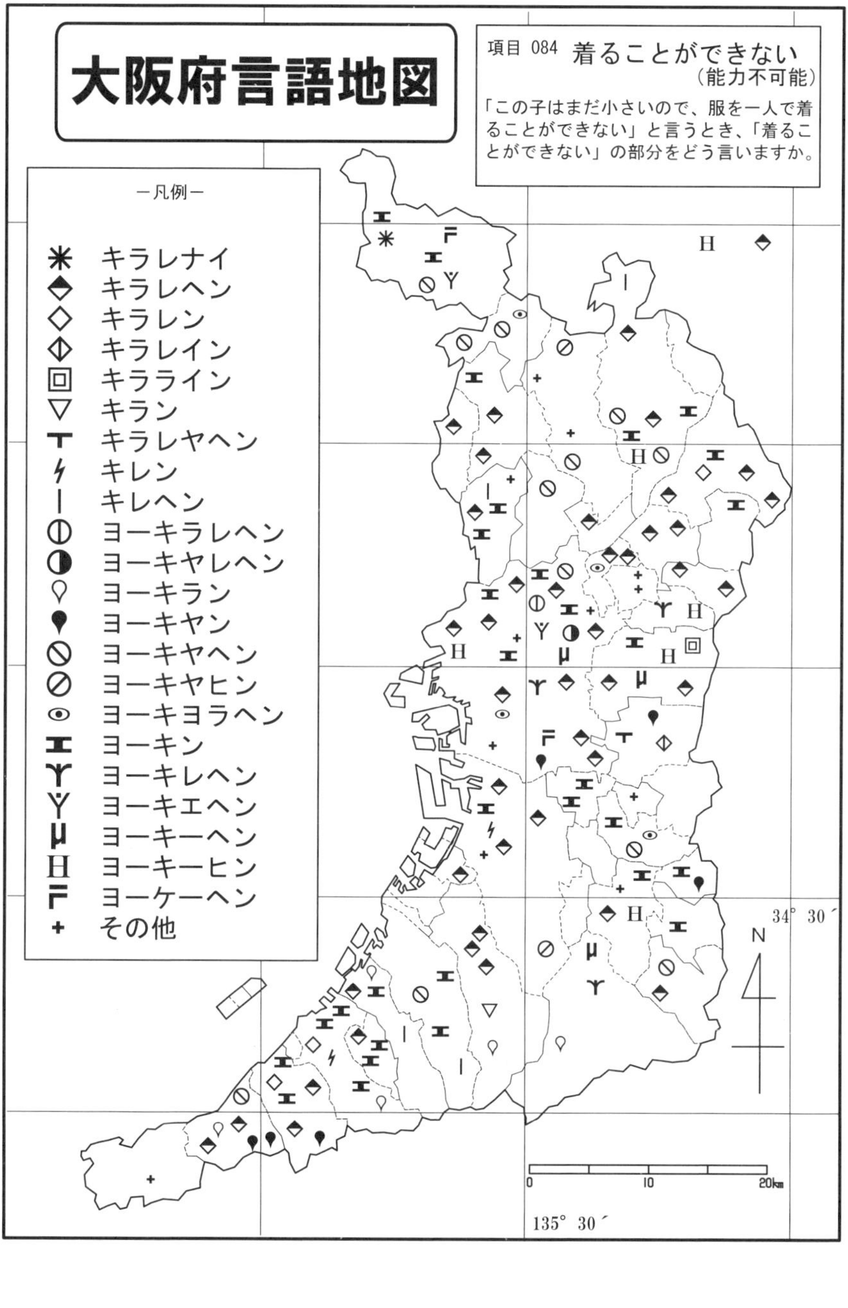
大阪府言語地図
項目 084　着ることができない
（能力不可能）
「この子はまだ小さいので、服を一人で着ることができない」と言うとき、「着ることができない」の部分をどう言いますか。
－凡例－
キラレナイ
キラレヘン
キラレン
キラレイン
キラライン
キラン
キラレヤヘン
キレン
キレヘン
ヨーキラレヘン
ヨーキヤレヘン
ヨーキラン
ヨーキヤン
ヨーキヤヘン
ヨーキヤヒン
ヨーキヨラヘン
ヨーキン
ヨーキレヘン
ヨーキエヘン
ヨーキーヘン
ヨーキーヒン
ヨーケーヘン
その他
N
34°30′
135°30′
0
10
20km

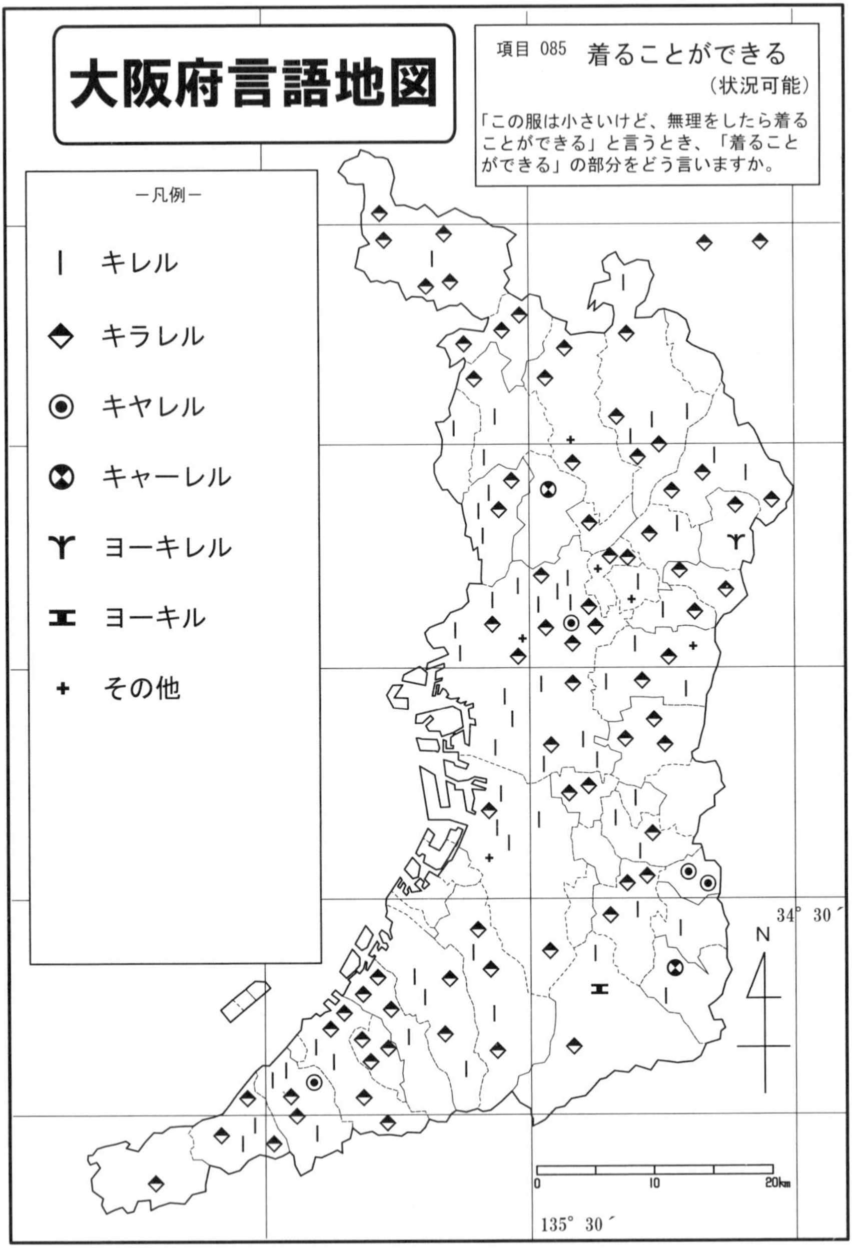
大阪府言語地図
項目 085 着ることができる
（状況可能）
「この服は小さいけど、無理をしたら着ることができる」と言うとき、「着ることができる」の部分をどう言いますか。
―凡例―
キレル
キラレル
キヤレル
キャーレル
ヨーキレル
ヨーキル
その他
34° 30′
N
0
10
20km
135° 30′

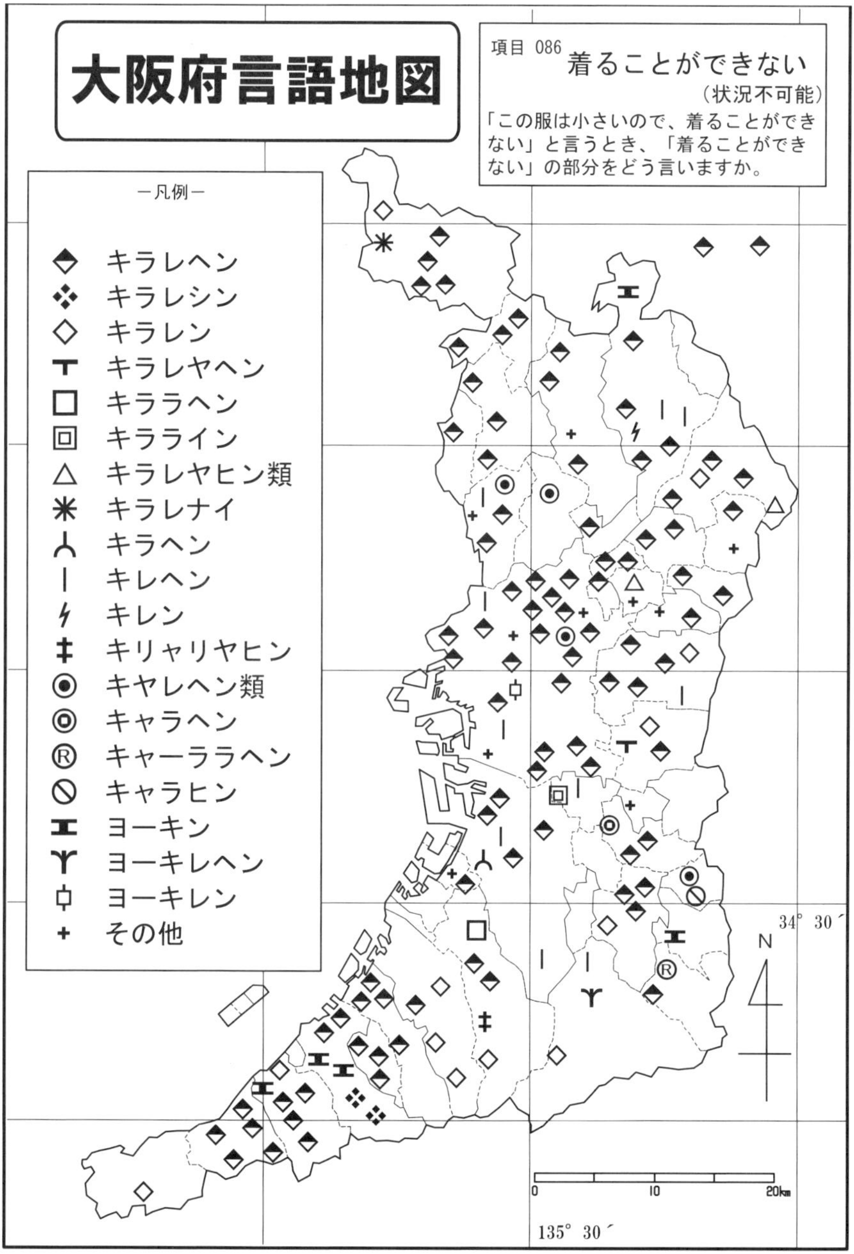

大阪府言語地図
項目 086
着ることができない
（状況不可能）
「この服は小さいので、着ることができない」と言うとき、「着ることができない」の部分をどう言いますか。
－凡例－
キラレヘン
キラレシン
キラレン
キラレヤヘン
キララヘン
キラライン
キラレヤヒン類
キラレナイ
キラヘン
キレヘン
キレン
キリャリヤヒン
キヤレヘン類
キャラヘン
キャーララヘン
キャラヒン
ヨーキン
ヨーキレヘン
ヨーキレン
その他
34° 30´
N
0
10
20km
135° 30´

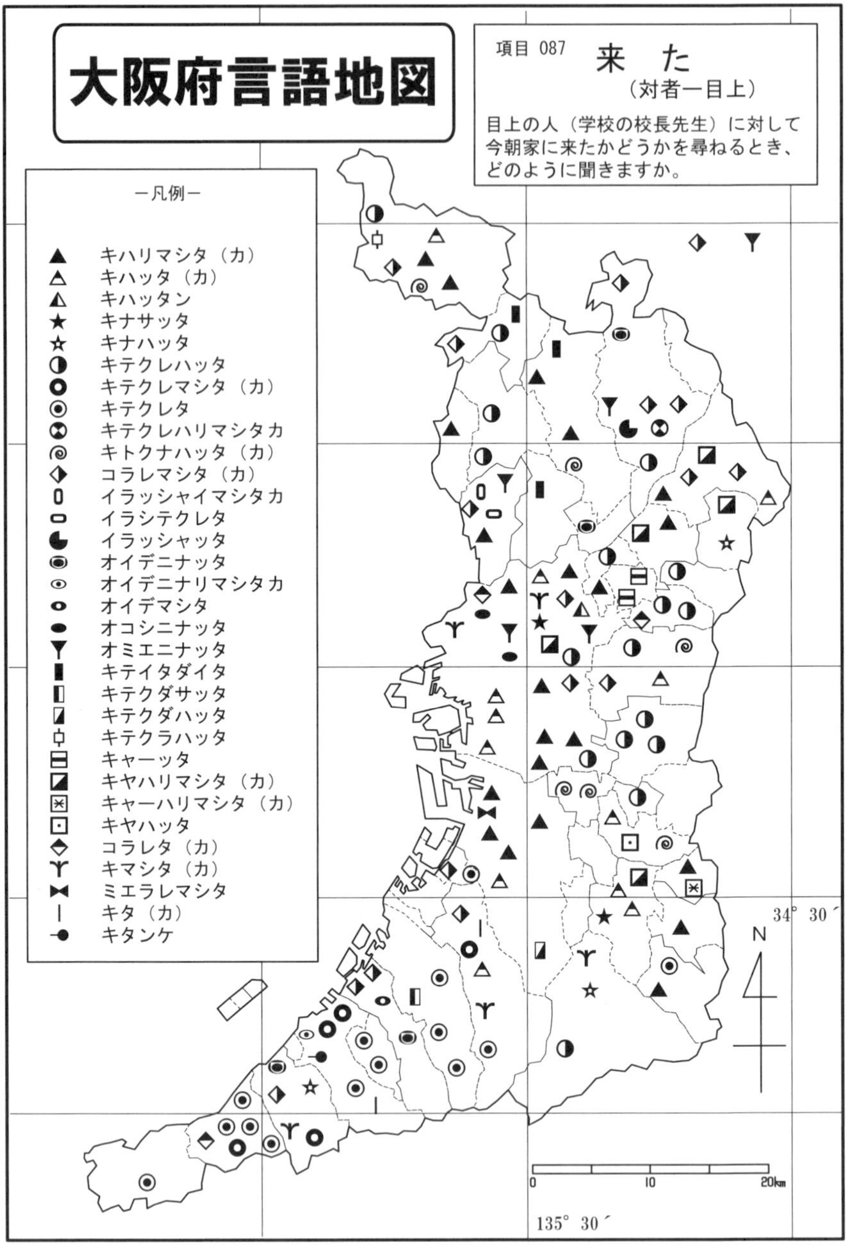
大阪府言語地図
項目 087 来 た
（対者一目上）
目上の人（学校の校長先生）に対して
今朝家に来たかどうかを尋ねるとき、
どのように聞きますか。
－凡例－
キハリマシタ（カ）
キハッタ（カ）
キハッタン
キナサッタ
キナハッタ
キテクレハッタ
キテクレマシタ（カ）
キテクレタ
キテクレハリマシタカ
キトクナハッタ（カ）
コラレマシタ（カ）
イラッシャイマシタカ
イラシテクレタ
イラッシャッタ
オイデニナッタ
オイデニナリマシタカ
オイデマシタ
オコシニナッタ
オミエニナッタ
キテイタダイタ
キテクダサッタ
キテクダハッタ
キテクラハッタ
キャーッタ
キヤハリマシタ（カ）
キャーハリマシタ（カ）
キヤハッタ
コラレタ（カ）
キマシタ（カ）
ミエラレマシタ
キタ（カ）
キタンケ
34° 30′
N
0
10
20km
135° 30′

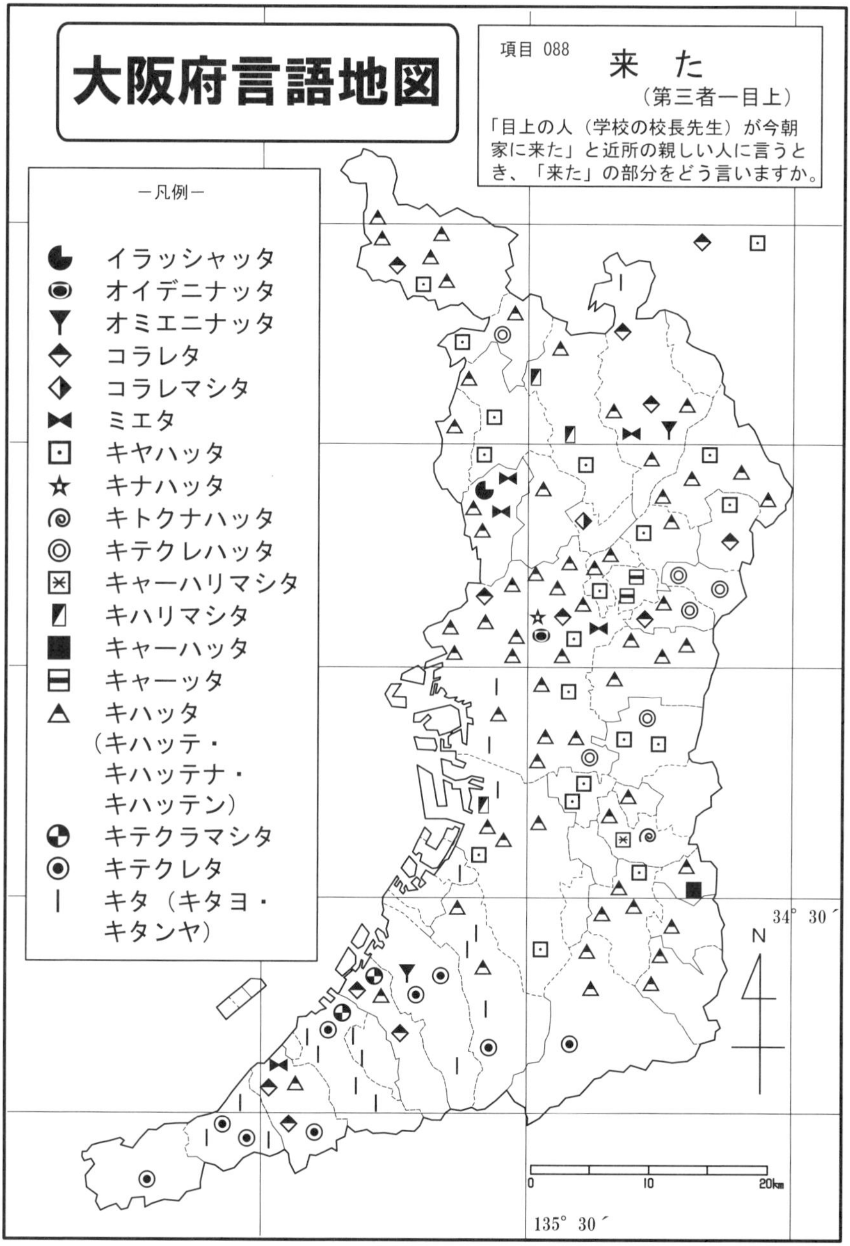
大阪府言語地図
項目 088
来 た
（第三者―目上）
「目上の人（学校の校長先生）が今朝
家に来た」と近所の親しい人に言うと
き、「来た」の部分をどう言いますか。
―凡例―
イラッシャッタ
オイデニナッタ
オミエニナッタ
コラレタ
コラレマシタ
ミエタ
キヤハッタ
キナハッタ
キトクナハッタ
キテクレハッタ
キャーハリマシタ
キハリマシタ
キャーハッタ
キャーッタ
キハッタ
（キハッテ・
キハッテナ・
キハッテン）
キテクラマシタ
キテクレタ
キタ（キタヨ・
キタンヤ）
34° 30´
N
0
10
20km
135° 30´

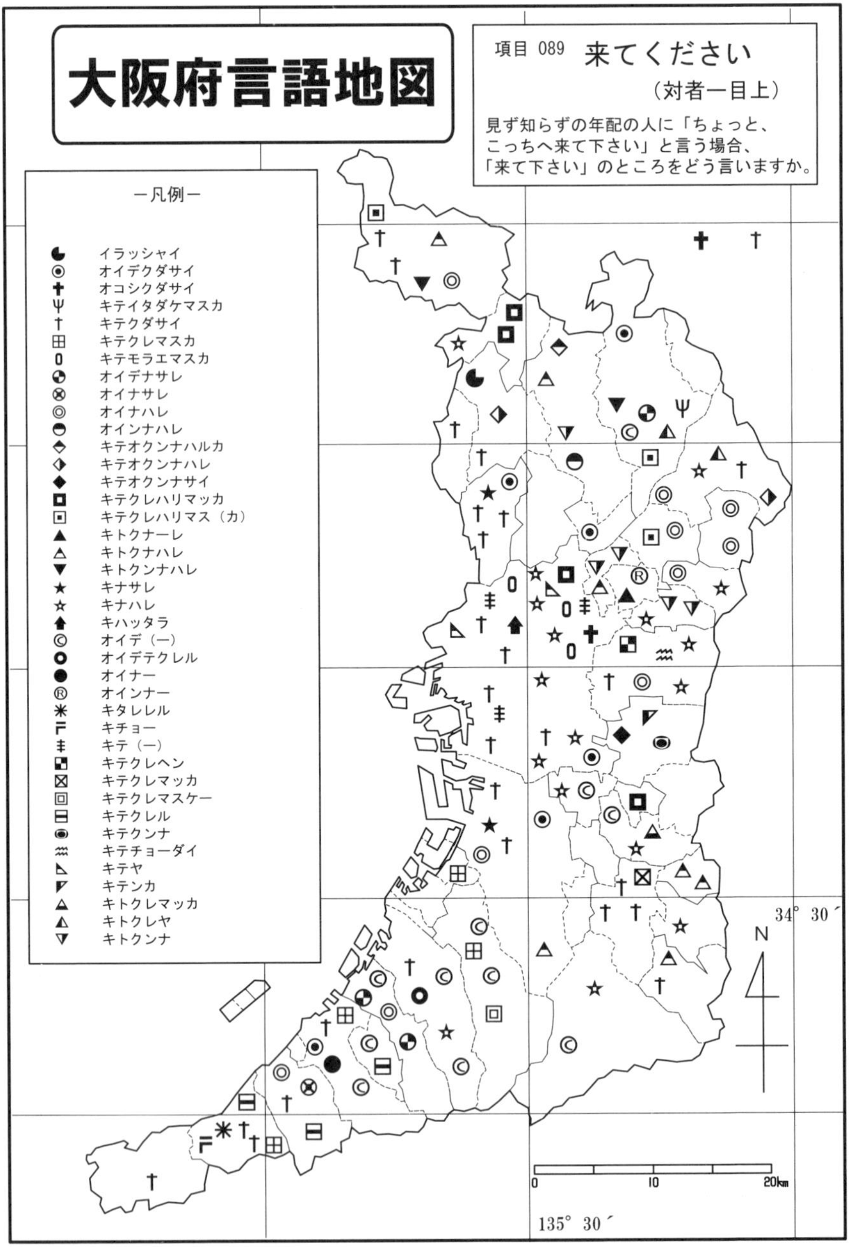
大阪府言語地図
項目 089 来てください
（対者一目上）
見ず知らずの年配の人に「ちょっと、
こっちへ来て下さい」と言う場合、
「来て下さい」のところをどう言いますか。
ー凡例ー
イラッシャイ
オイデクダサイ
オコシクダサイ
キテイタダケマスカ
キテクダサイ
キテクレマスカ
キテモラエマスカ
オイデナサレ
オイナサレ
オイナハレ
オインナハレ
キテオクンナハルカ
キテオクンナハレ
キテオクンナサイ
キテクレハリマッカ
キテクレハリマス（カ）
キトクナーレ
キトクナハレ
キトクンナハレ
キナサレ
キナハレ
キハッタラ
オイデ（ー）
オイデテクレル
オイナー
オインナー
キタレレル
キチョー
キテ（ー）
キテクレヘン
キテクレマッカ
キテクレマスケー
キテクレル
キテクンナ
キテチョーダイ
キテヤ
キテンカ
キトクレマッカ
キトクレヤ
キトクンナ
34° 30′
N
0
10
20km
135° 30′

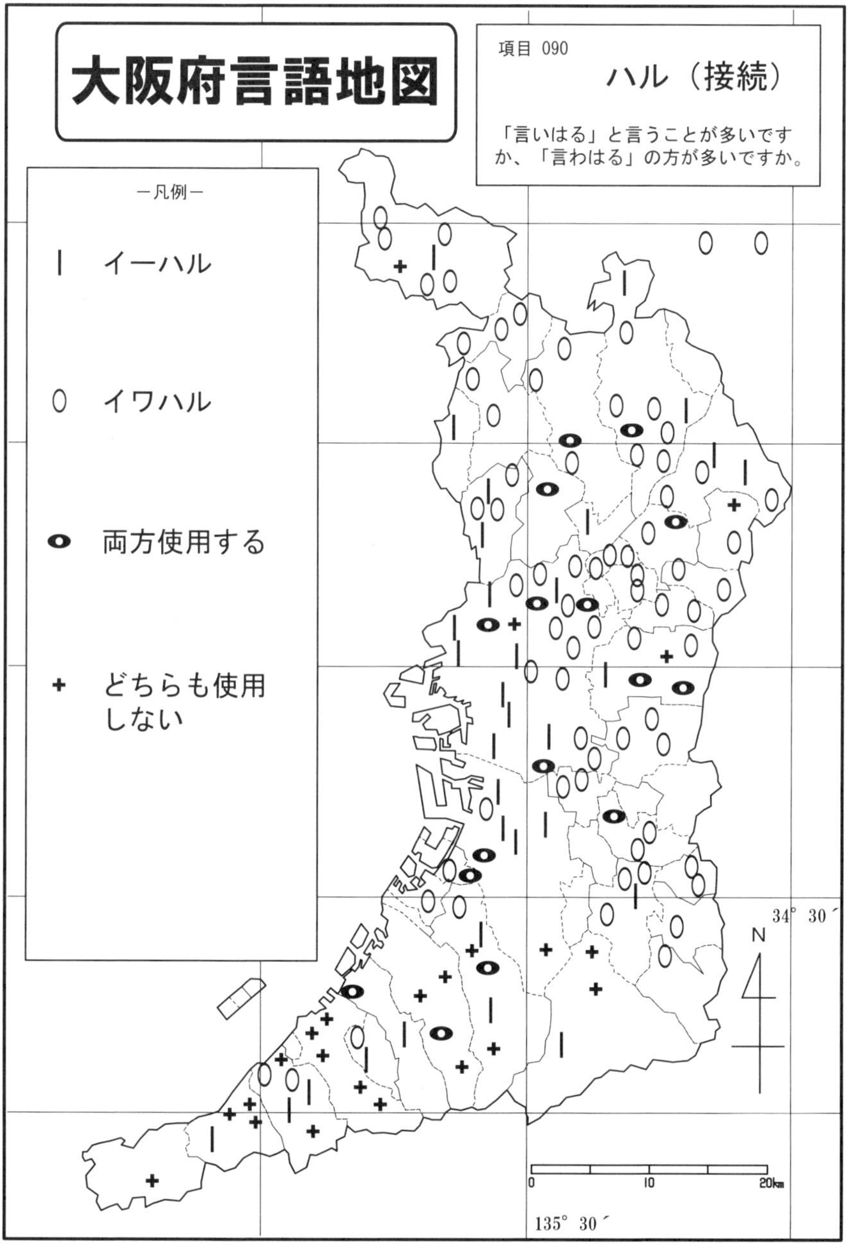
大阪府言語地図
項目 090
ハル（接続）
「言いはる」と言うことが多いですか、「言わはる」の方が多いですか。
ー凡例ー
| イーハル
○ イワハル
両方使用する
＋ どちらも使用しない
34° 30′
N
0
10
20km
135° 30′

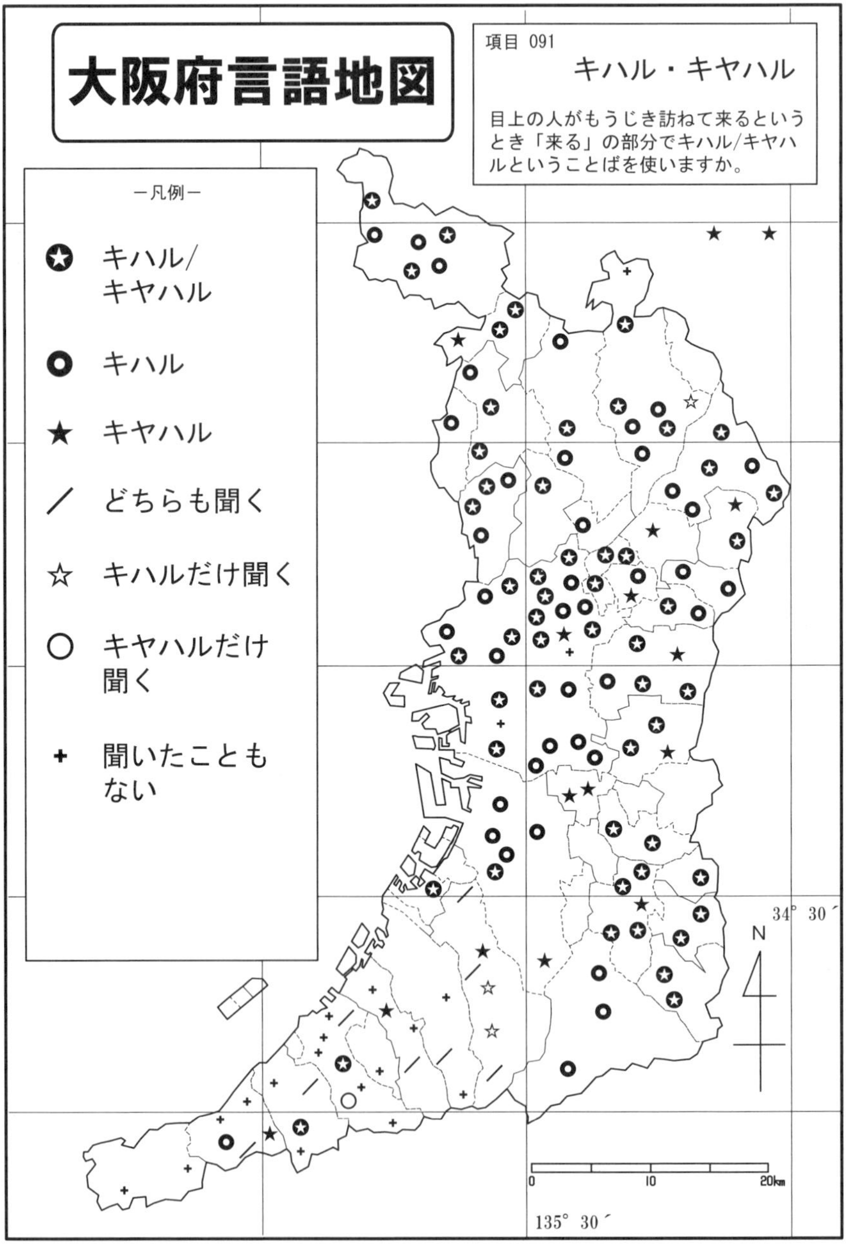
大阪府言語地図
項目 091
キハル・キヤハル
目上の人がもうじき訪ねて来るというとき「来る」の部分でキハル/キヤハルということばを使いますか。
—凡例—
キハル/キヤハル
キハル
キヤハル
どちらも聞く
キハルだけ聞く
キヤハルだけ聞く
聞いたこともない
34° 30′
N
0
10
20km
135° 30′

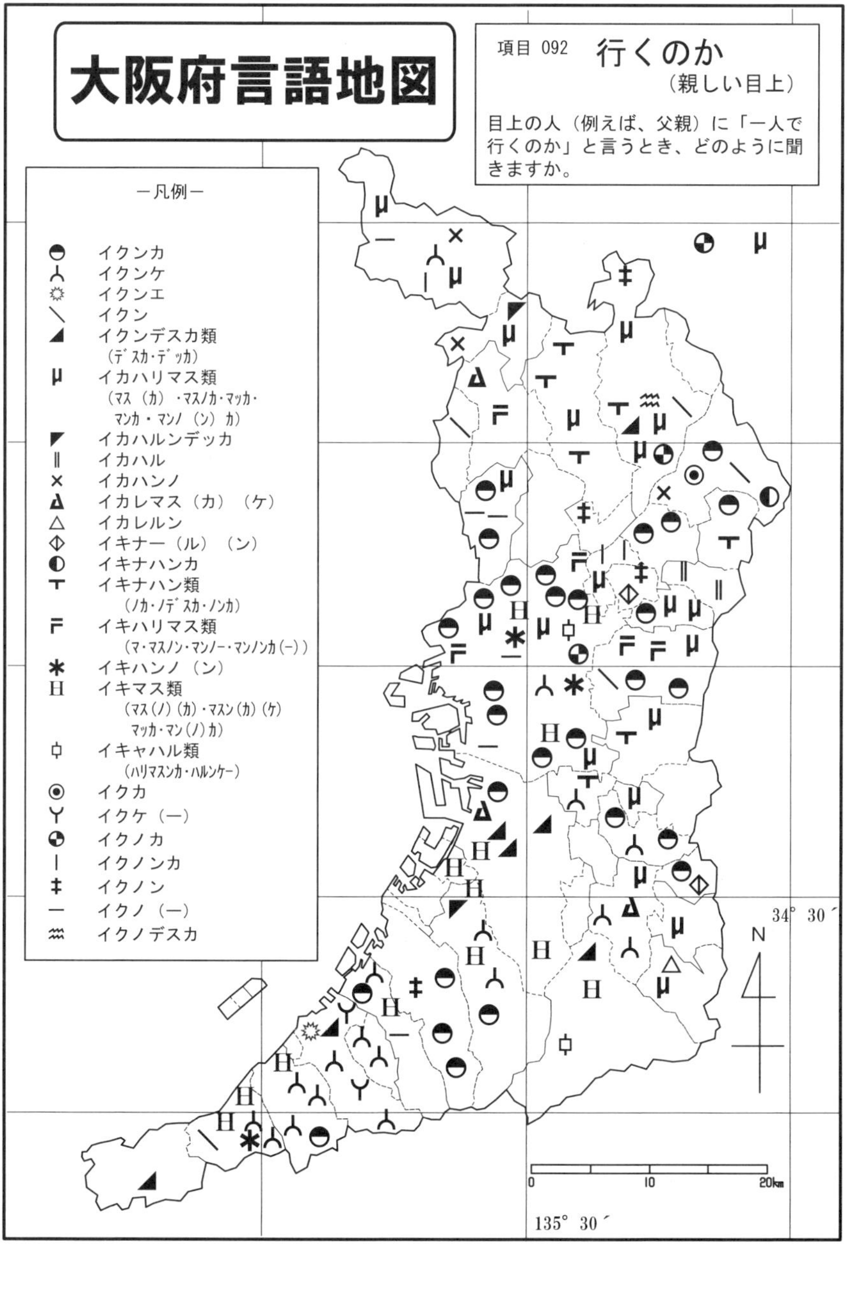
大阪府言語地図
項目 092　行くのか
（親しい目上）
目上の人（例えば、父親）に「一人で行くのか」と言うとき、どのように聞きますか。
－凡例－
イクンカ
イクンケ
イクンエ
イクン
イクンデスカ類
（デスカ・デッカ）
イカハリマス類
（マス（カ）・マスノカ・マッカ・
マンカ・マンノ（ン）カ）
イカハルンデッカ
イカハル
イカハンノ
イカレマス（カ）（ケ）
イカレルン
イキナー（ル）（ン）
イキナハンカ
イキナハン類
（ノカ・ノデスカ・ノンカ）
イキハリマス類
（マ・マスノン・マンノー・マンノンカ（－））
イキハンノ（ン）
イキマス類
（マス（ノ）（カ）・マスン（カ）（ケ）
マッカ・マン（ノ）カ）
イキャハル類
（ハリマスンカ・ハルンケー）
イクカ
イクケ（－）
イクノカ
イクノンカ
イクノン
イクノ（－）
イクノデスカ
34° 30′
N
0
10
20km
135° 30′

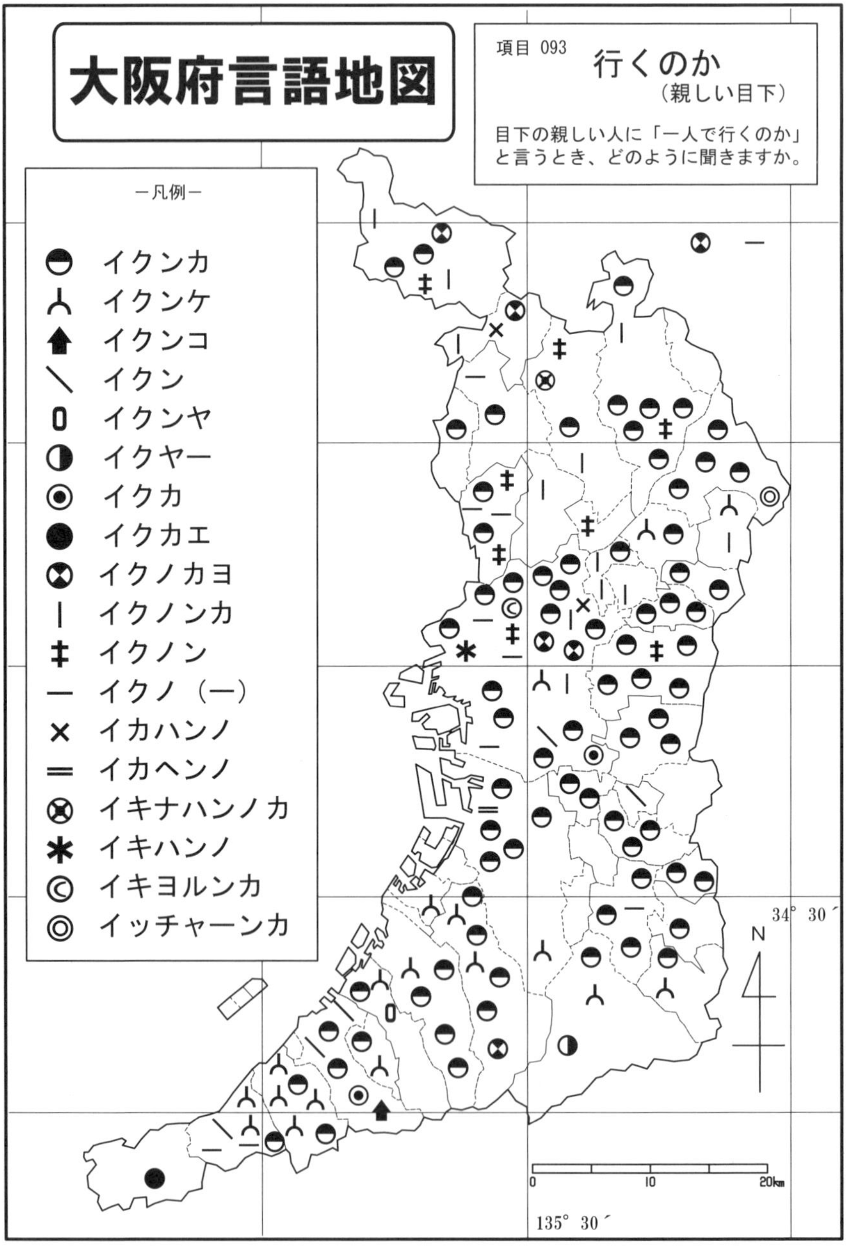
大阪府言語地図
項目 093
行くのか
（親しい目下）
目下の親しい人に「一人で行くのか」と言うとき、どのように聞きますか。
－凡例－
イクンカ
イクンケ
イクンコ
イクン
イクンヤ
イクヤー
イクカ
イクカエ
イクノカヨ
イクノンカ
イクノン
イクノ（ー）
イカハンノ
イカヘンノ
イキナハンノカ
イキハンノ
イキヨルンカ
イッチャーンカ
N
34° 30′
0
10
20km
135° 30′

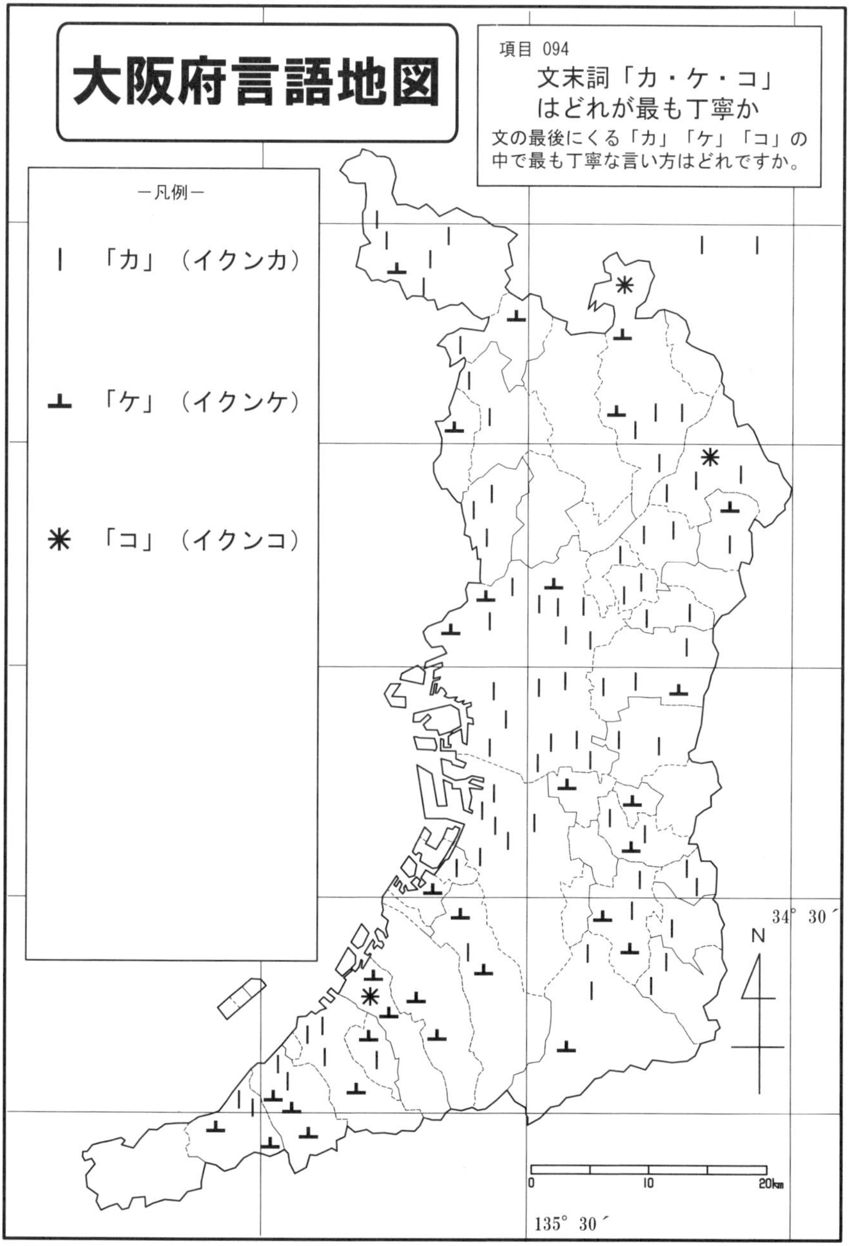
大阪府言語地図
項目 094
文末詞「カ・ケ・コ」
はどれが最も丁寧か
文の最後にくる「カ」「ケ」「コ」の
中で最も丁寧な言い方はどれですか。
－凡例－
「カ」（イクンカ）
「ケ」（イクンケ）
「コ」（イクンコ）
34° 30´
N
0
10
20km
135° 30´

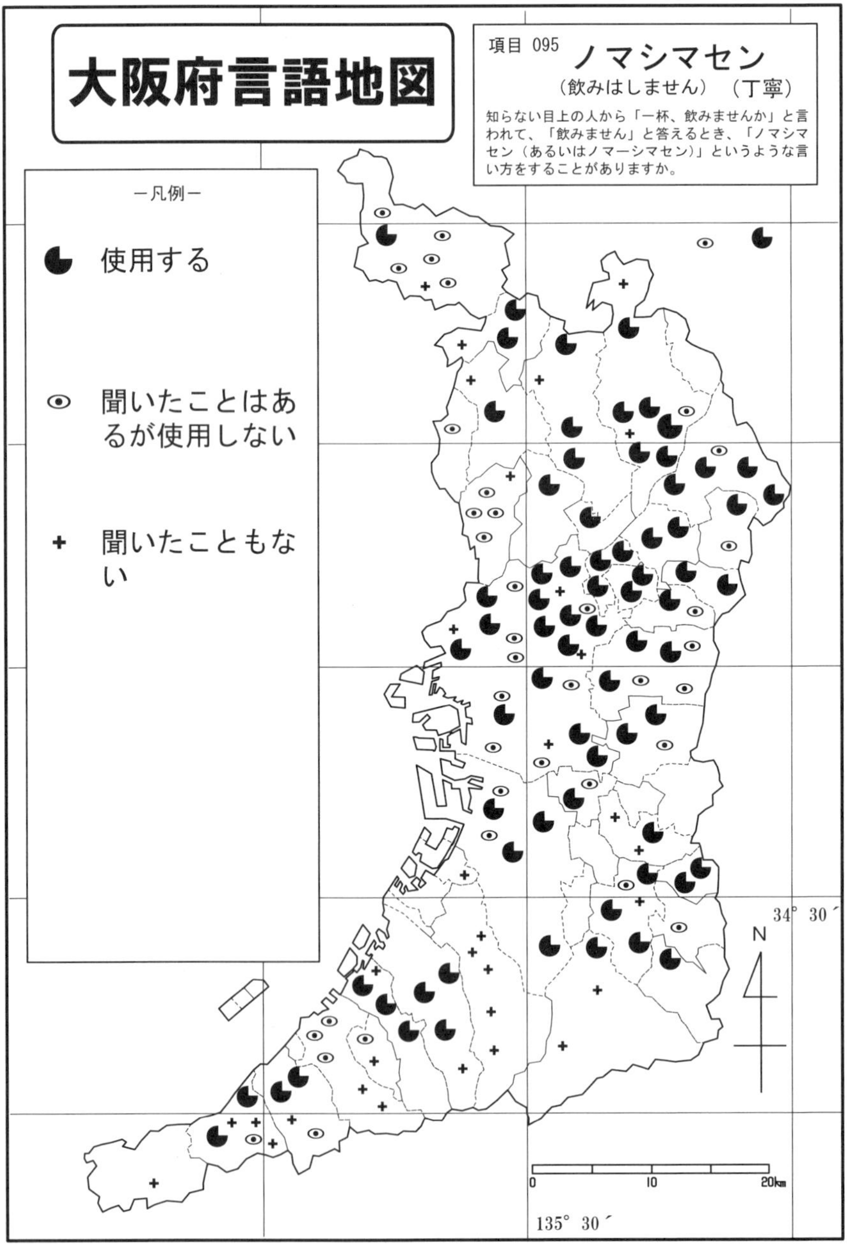
大阪府言語地図
項目 095
ノマシマセン
（飲みはしません）（丁寧）
知らない目上の人から「一杯、飲みませんか」と言われて、「飲みません」と答えるとき、「ノマシマセン（あるいはノマーシマセン）」というような言い方をすることがありますか。
－凡例－
使用する
聞いたことはあるが使用しない
聞いたこともない
34° 30′
N
0
10
20km
135° 30′

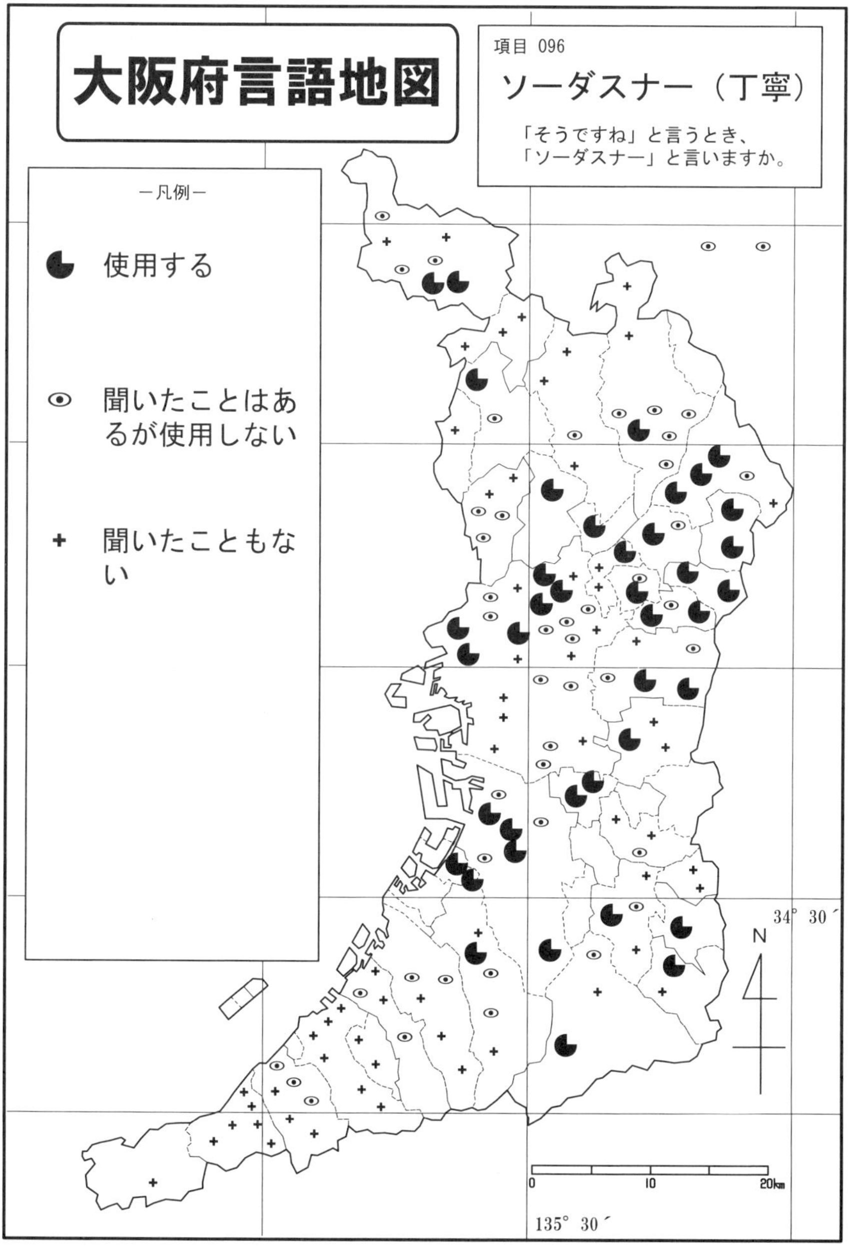
大阪府言語地図
項目 096
ソーダスナー（丁寧）
「そうですね」と言うとき、
「ソーダスナー」と言いますか。
一凡例一
使用する
聞いたことはあるが使用しない
聞いたこともない
N
34° 30´
0
10
20km
135° 30´

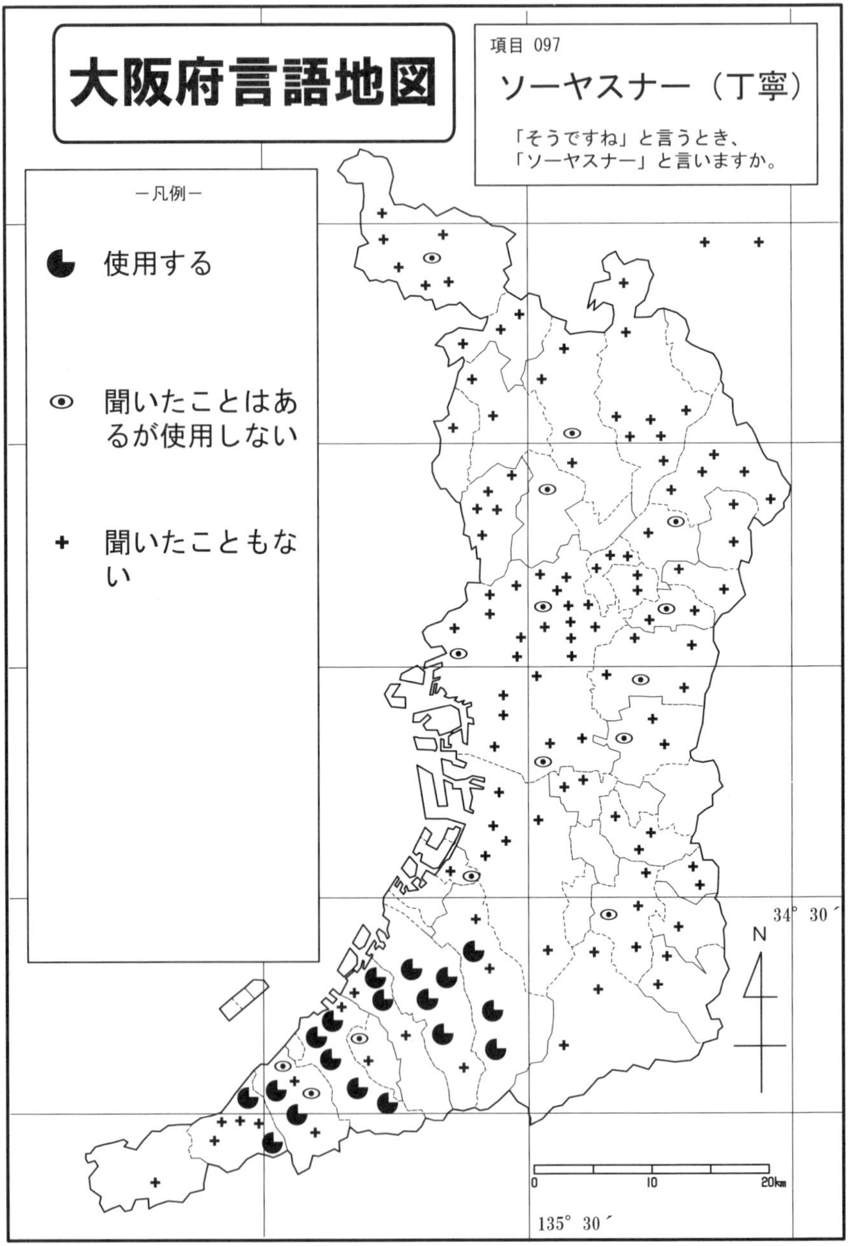
大阪府言語地図
項目 097
ソーヤスナー（丁寧）
「そうですね」と言うとき、
「ソーヤスナー」と言いますか。
―凡例―
使用する
聞いたことはあるが使用しない
聞いたこともない
N
34° 30′
0
10
20km
135° 30′

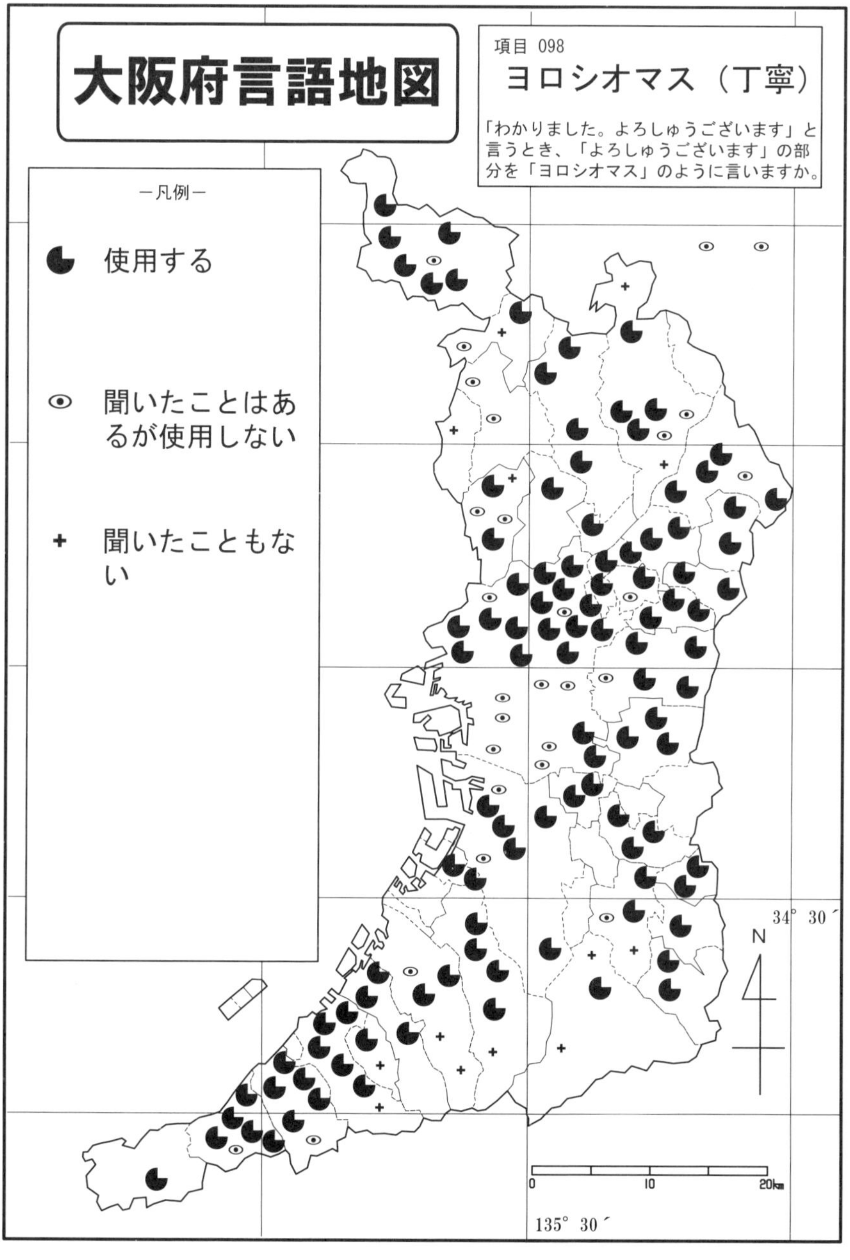
大阪府言語地図
項目 098
ヨロシオマス（丁寧）
「わかりました。よろしゅうございます」と言うとき、「よろしゅうございます」の部分を「ヨロシオマス」のように言いますか。
－凡例－
使用する
聞いたことはあるが使用しない
聞いたこともない
N
34° 30′
0
10
20km
135° 30′

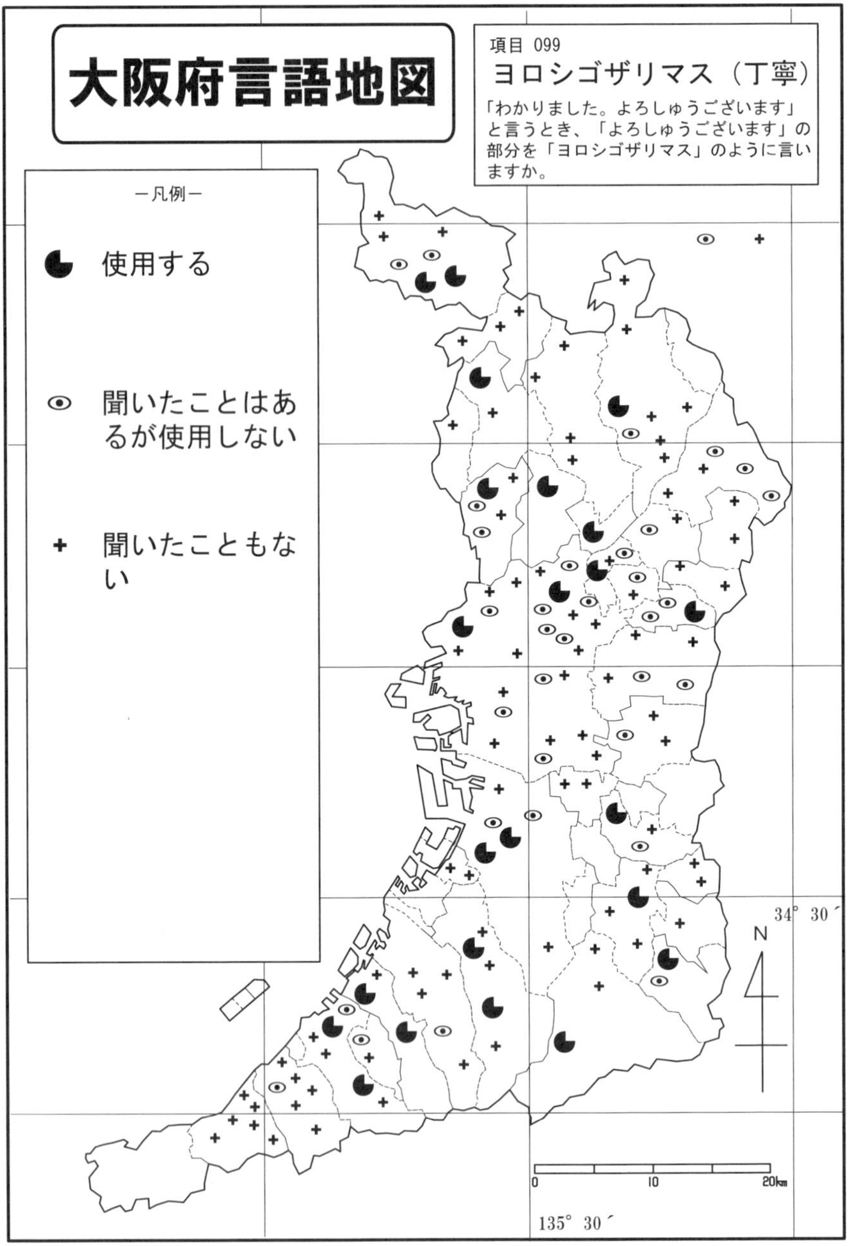
大阪府言語地図
項目 099
ヨロシゴザリマス（丁寧）
「わかりました。よろしゅうございます」と言うとき、「よろしゅうございます」の部分を「ヨロシゴザリマス」のように言いますか。
—凡例—
使用する
聞いたことはあるが使用しない
聞いたこともない
34° 30′
N
0
10
20km
135° 30′

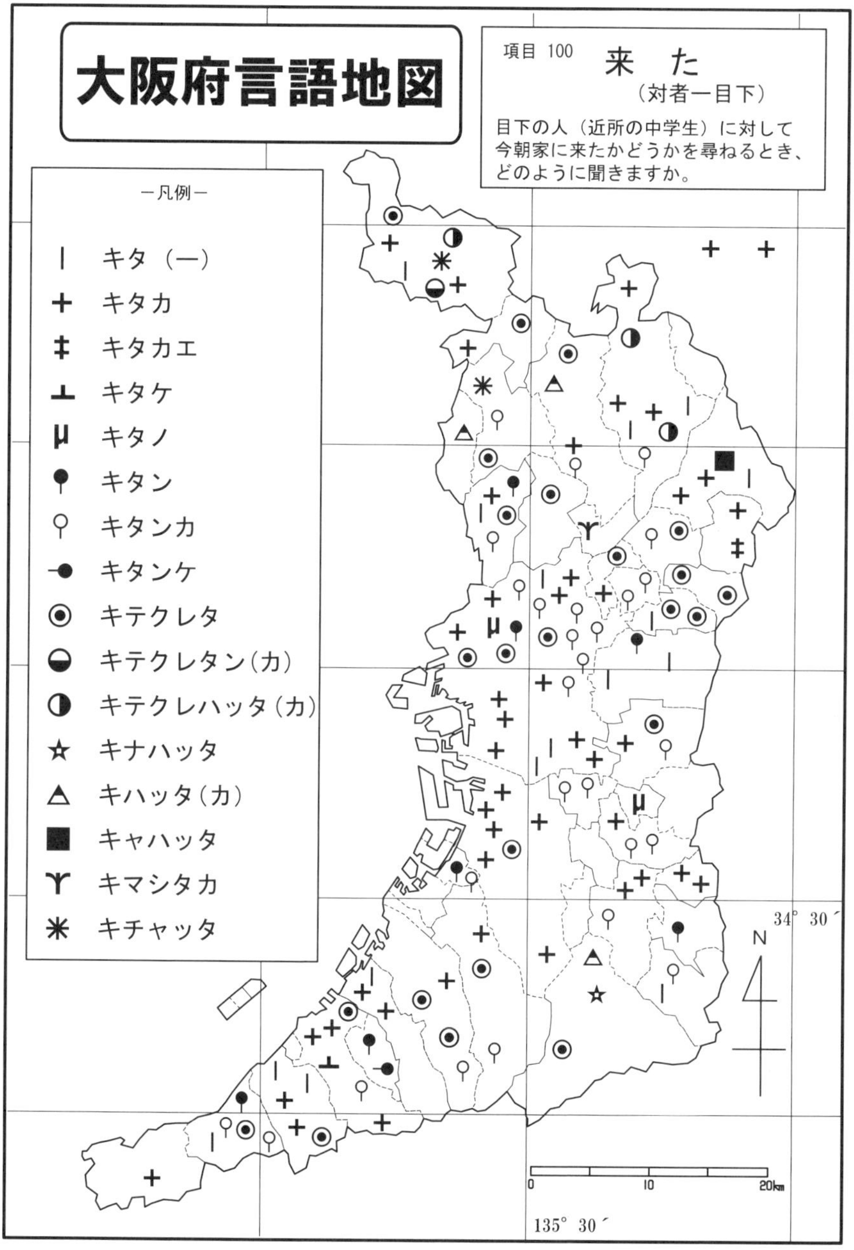
大阪府言語地図
項目 100
来 た
（対者一目下）
目下の人（近所の中学生）に対して今朝家に来たかどうかを尋ねるとき、どのように聞きますか。
－凡例－
キタ（ー）
キタカ
キタカエ
キタケ
キタノ
キタン
キタンカ
キタンケ
キテクレタ
キテクレタン(カ)
キテクレハッタ(カ)
キナハッタ
キハッタ(カ)
キャハッタ
キマシタカ
キチャッタ
34° 30′
N
0
10
20km
135° 30′

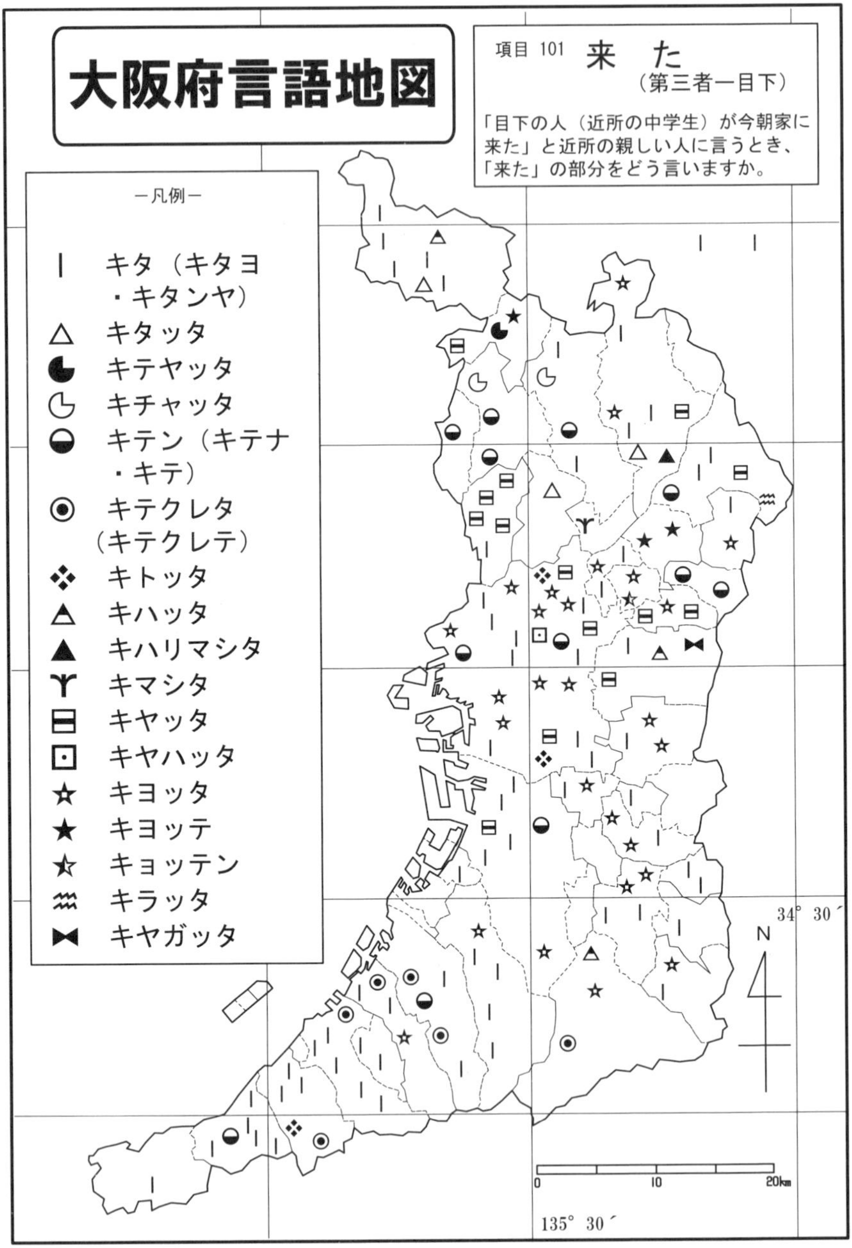
大阪府言語地図
項目 101 来 た
（第三者ー目下）
「目下の人（近所の中学生）が今朝家に来た」と近所の親しい人に言うとき、「来た」の部分をどう言いますか。
ー凡例ー
キタ（キタヨ・キタンヤ）
キタッタ
キテヤッタ
キチャッタ
キテン（キテナ・キテ）
キテクレタ（キテクレテ）
キトッタ
キハッタ
キハリマシタ
キマシタ
キヤッタ
キヤハッタ
キヨッタ
キヨッテ
キョッテン
キラッタ
キヤガッタ
34° 30′
N
0
10
20km
135° 30′

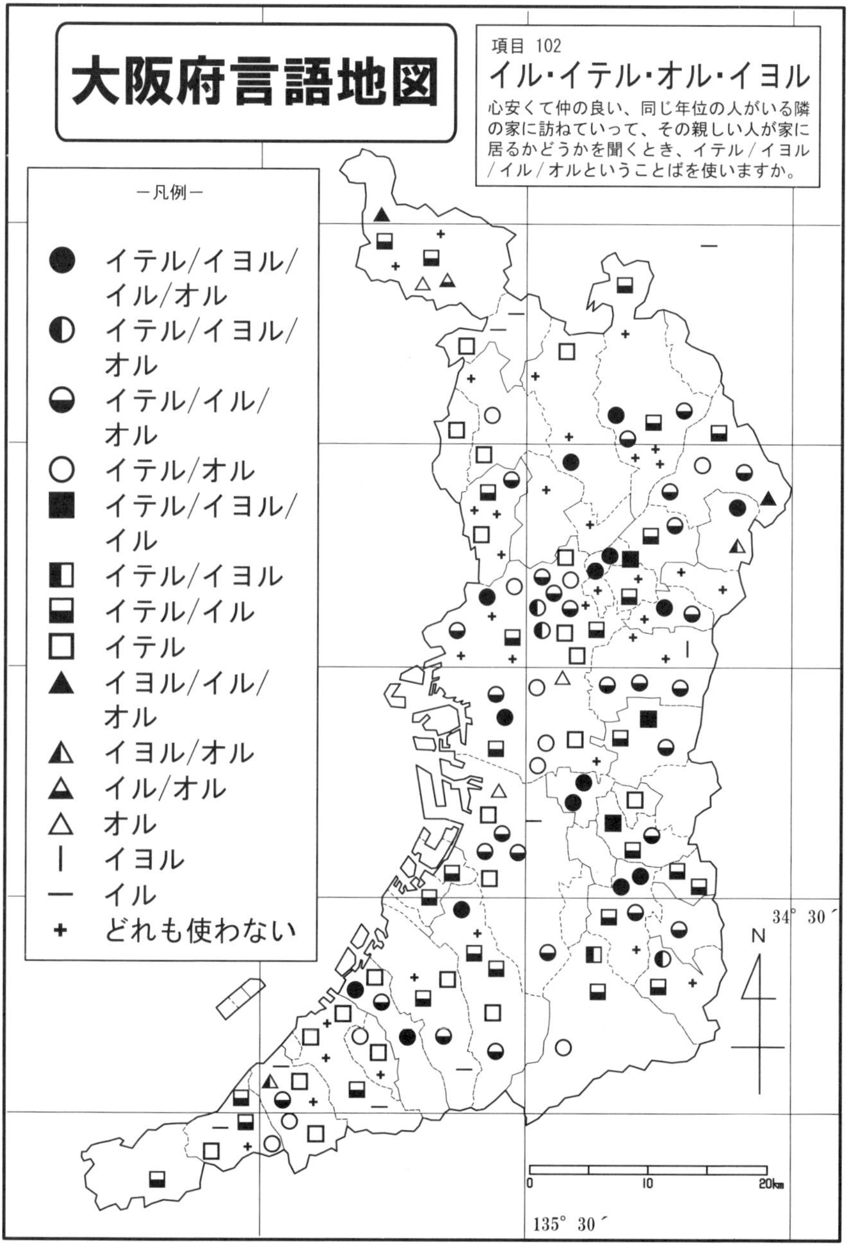
大阪府言語地図
項目 102
イル・イテル・オル・イヨル
心安くて仲の良い、同じ年位の人がいる隣
の家に訪ねていって、その親しい人が家に
居るかどうかを聞くとき、イテル／イヨル
／イル／オルということばを使いますか。
ー凡例ー
イテル/イヨル/イル/オル
イテル/イヨル/オル
イテル/イル/オル
イテル/オル
イテル/イヨル/イル
イテル/イヨル
イテル/イル
イテル
イヨル/イル/オル
イヨル/オル
イル/オル
オル
イヨル
イル
どれも使わない
34° 30′
N
0
10
20km
135° 30′

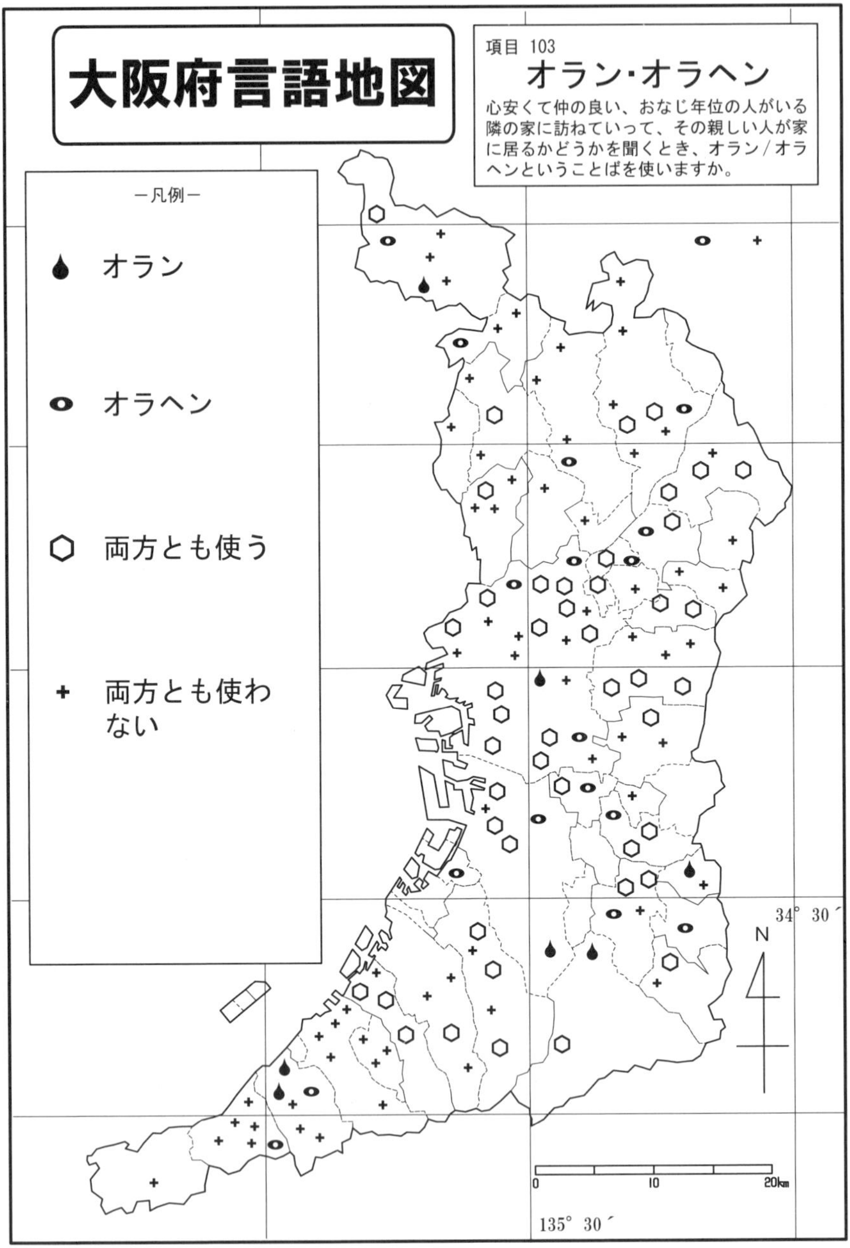
大阪府言語地図
項目 103
オラン･オラヘン
心安くて仲の良い、おなじ年位の人がいる隣の家に訪ねていって、その親しい人が家に居るかどうかを聞くとき、オラン/オラヘンということばを使いますか。
－凡例－
オラン
オラヘン
両方とも使う
両方とも使わない
34° 30′
N
0
10
20km
135° 30′

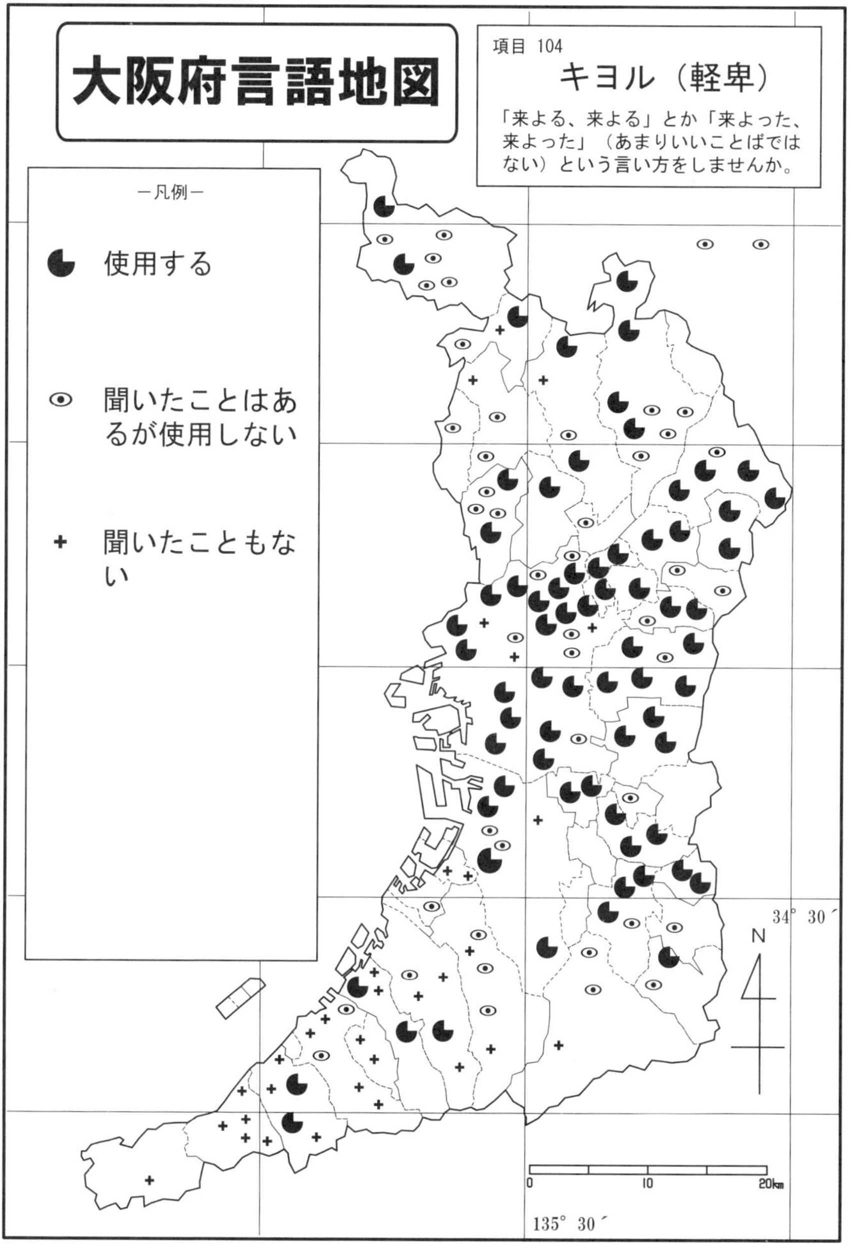

大阪府言語地図
項目 104
キヨル（軽卑）
「来よる、来よる」とか「来よった、来よった」（あまりいいことばではない）という言い方をしませんか。
－凡例－
使用する
聞いたことはあるが使用しない
聞いたこともない
34° 30′
N
0
10
20km
135° 30′

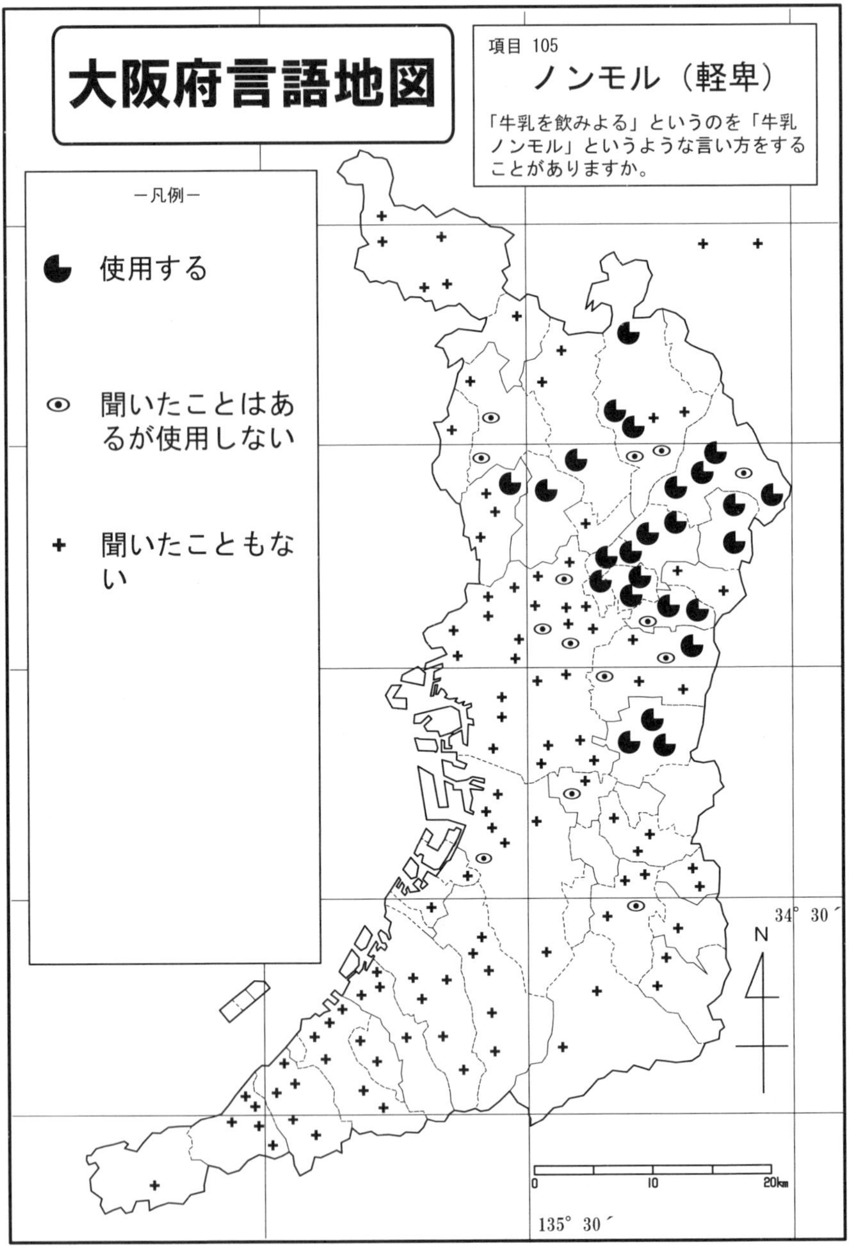

大阪府言語地図
項目 105
ノンモル（軽卑）
「牛乳を飲みよる」というのを「牛乳ノンモル」というような言い方をすることがありますか。
－凡例－
使用する
聞いたことはあるが使用しない
聞いたこともない
34° 30′
N
0 10 20km
135° 30′

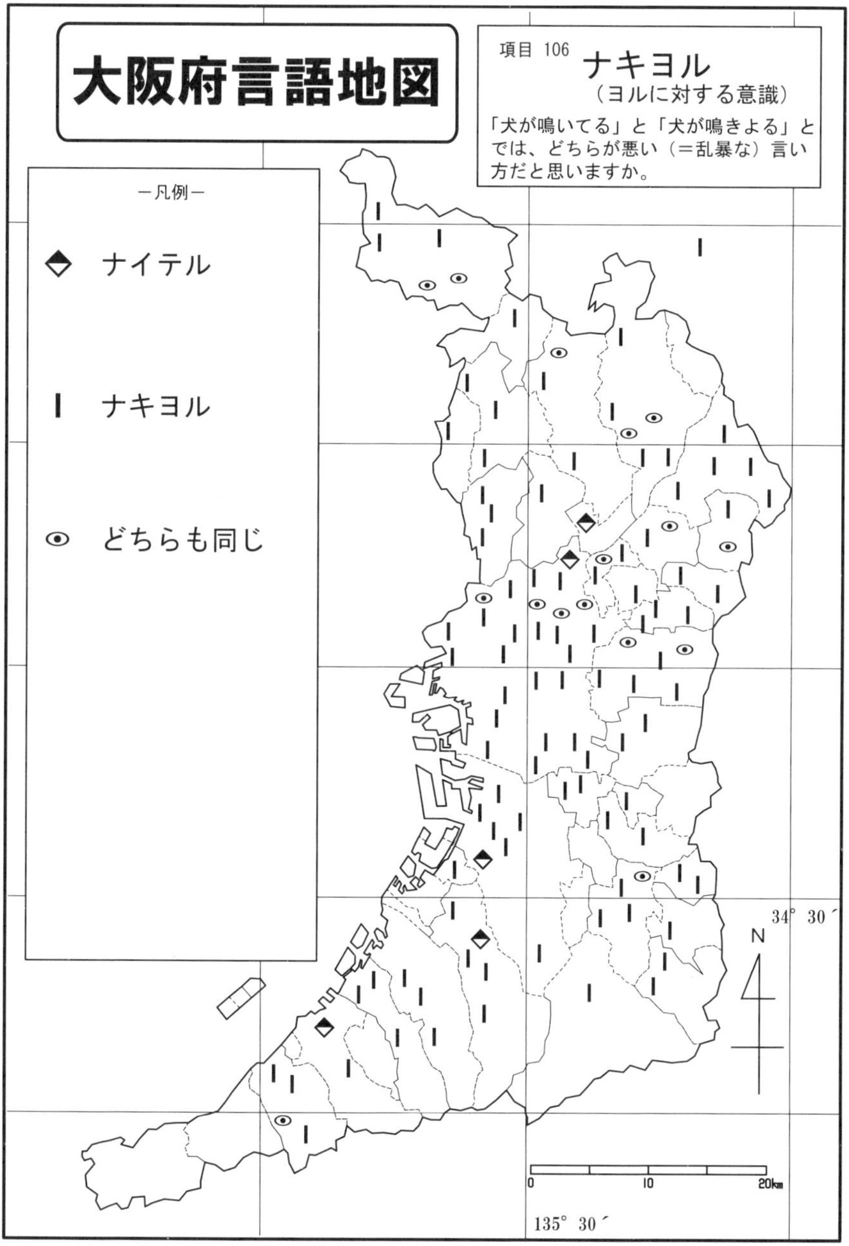
大阪府言語地図
項目 106
ナキヨル
（ヨルに対する意識）
「犬が鳴いてる」と「犬が鳴きよる」とでは、どちらが悪い（＝乱暴な）言い方だと思いますか。
－凡例－
ナイテル
ナキヨル
どちらも同じ
34° 30′
N
0
10
20km
135° 30′

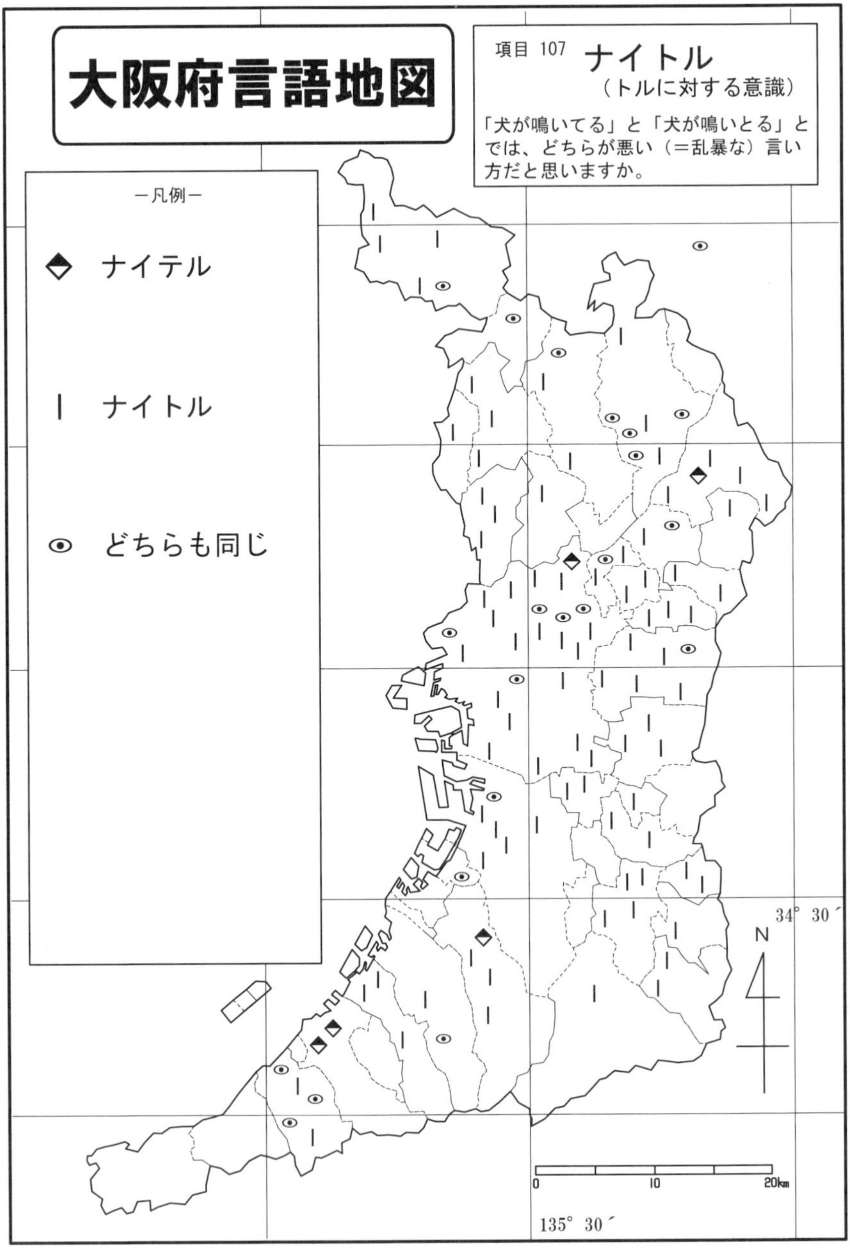
大阪府言語地図
項目 107 ナイトル
（トルに対する意識）
「犬が鳴いてる」と「犬が鳴いとる」とでは、どちらが悪い（＝乱暴な）言い方だと思いますか。
－凡例－
ナイテル
ナイトル
どちらも同じ
34° 30′
N
0
10
20km
135° 30′

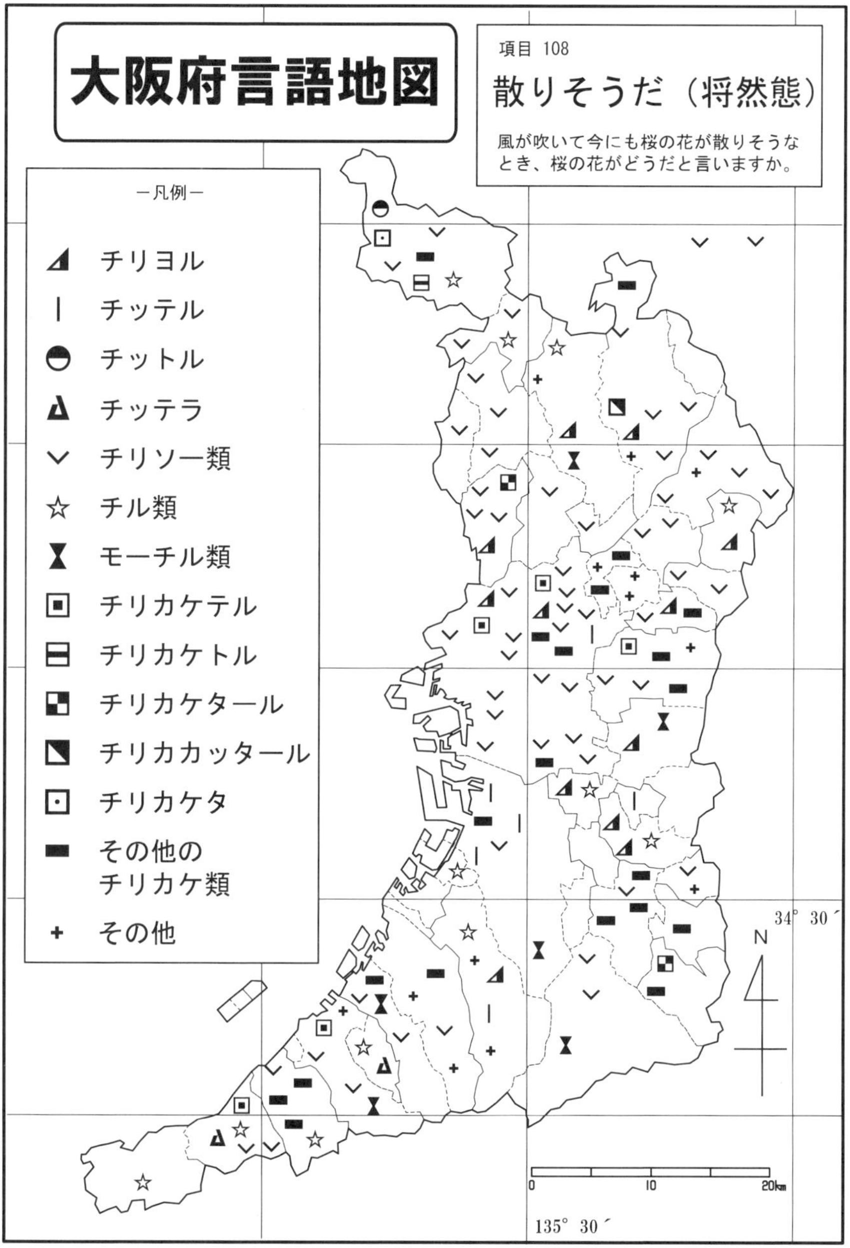
大阪府言語地図
項目 108
散りそうだ（将然態）
風が吹いて今にも桜の花が散りそうなとき、桜の花がどうだと言いますか。
―凡例―
チリヨル
チッテル
チットル
チッテラ
チリソー類
チル類
モーチル類
チリカケテル
チリカケトル
チリカケタール
チリカカッタール
チリカケタ
その他の
チリカケ類
その他
34° 30´
N
0
10
20km
135° 30´

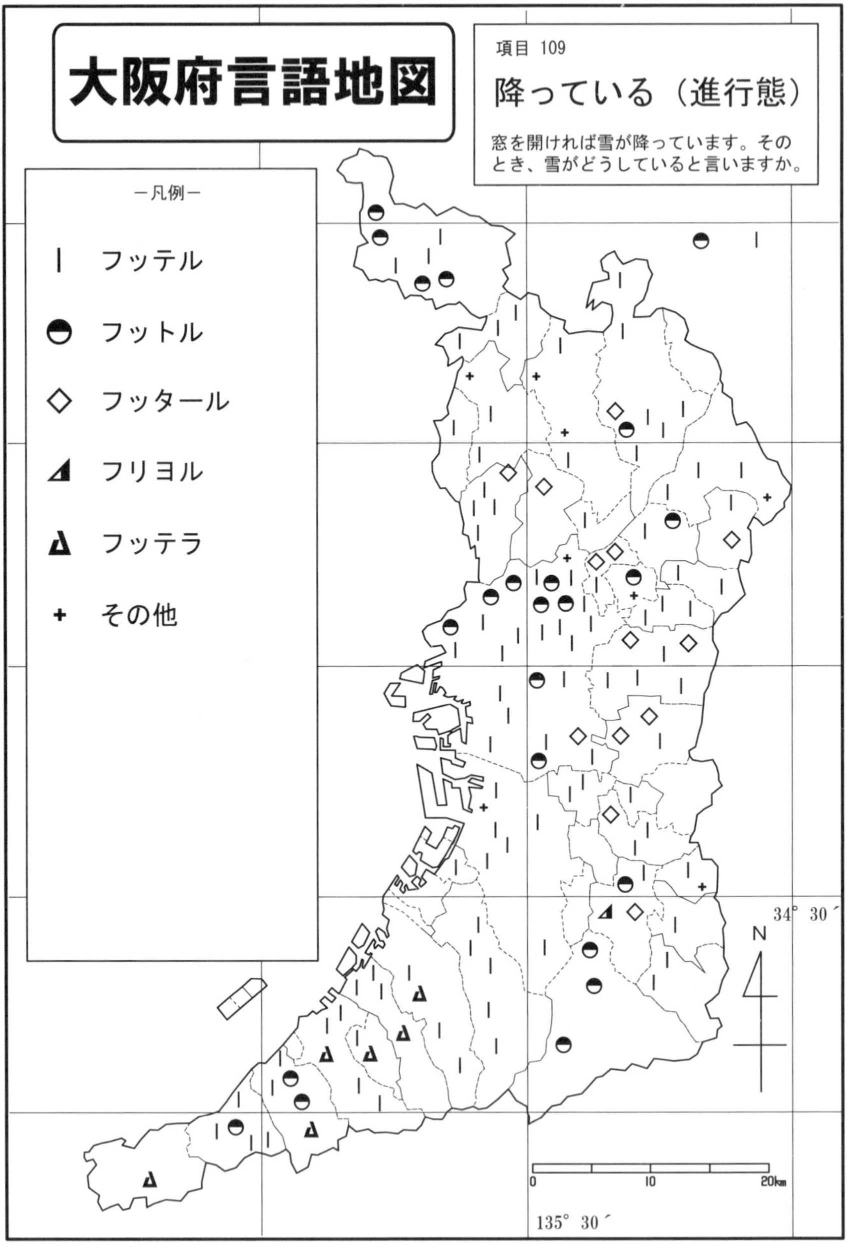
大阪府言語地図
項目 109
降っている（進行態）
窓を開ければ雪が降っています。そのとき、雪がどうしていると言いますか。
－凡例－
フッテル
フットル
フッタール
フリヨル
フッテラ
その他
34° 30′
N
0
10
20km
135° 30′

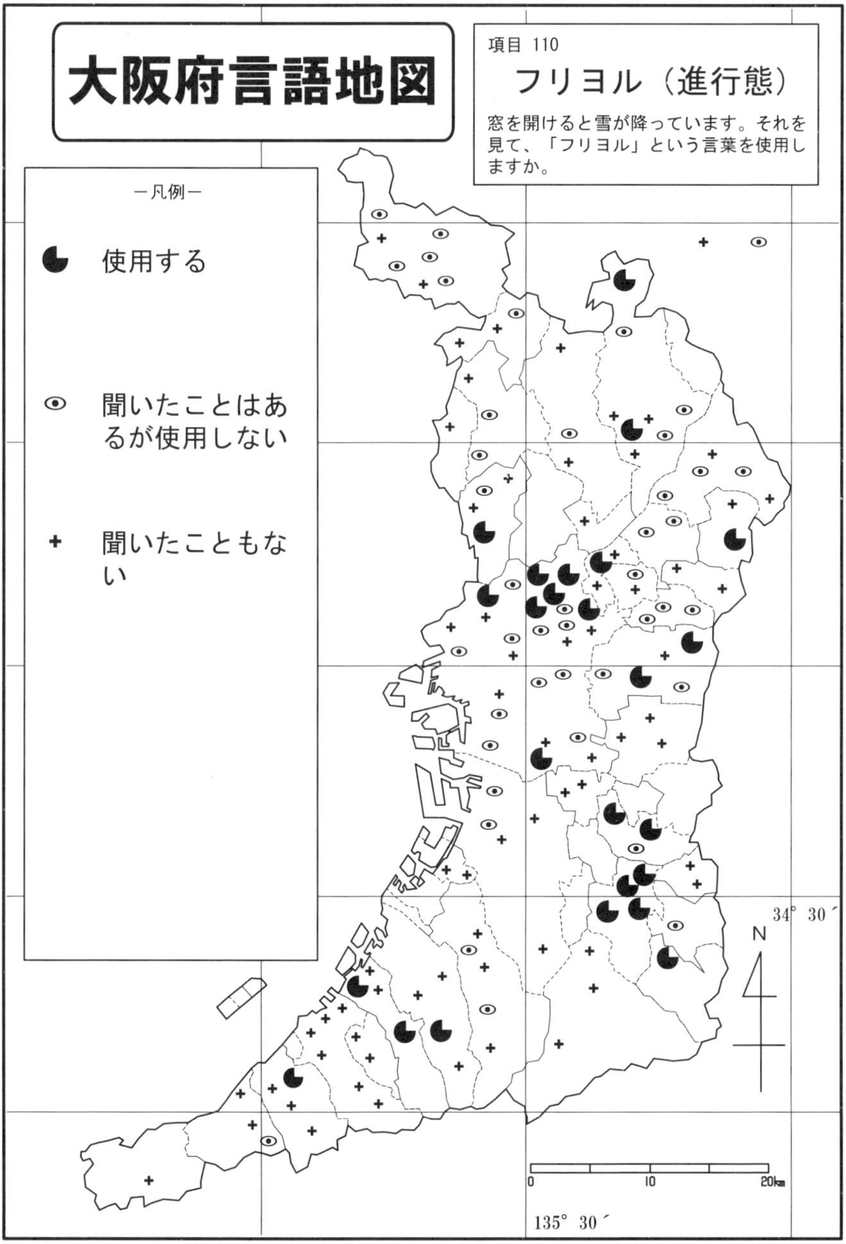
大阪府言語地図
項目 110
フリヨル（進行態）
窓を開けると雪が降っています。それを見て、「フリヨル」という言葉を使用しますか。
ー凡例ー
使用する
聞いたことはあるが使用しない
聞いたこともない
34° 30′
N
0
10
20km
135° 30′

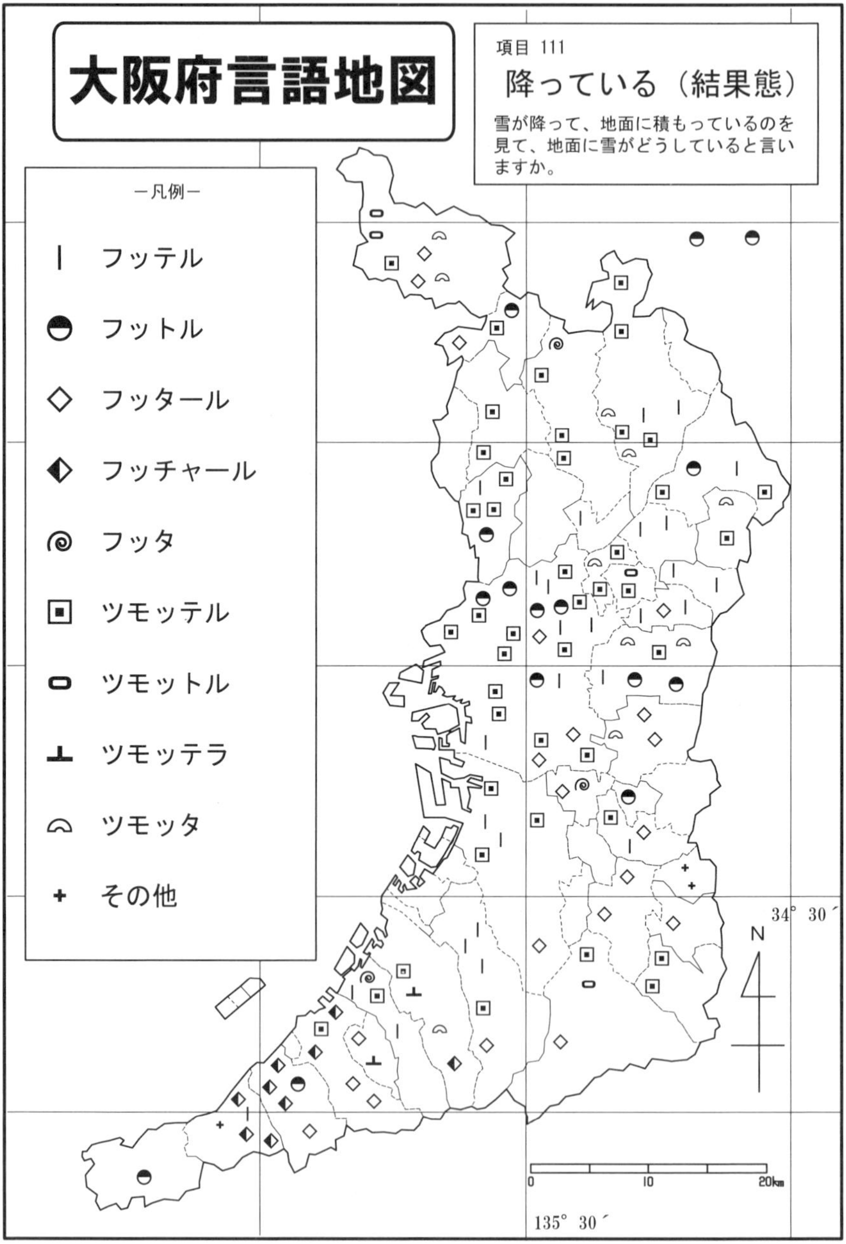
大阪府言語地図
項目 111
降っている（結果態）
雪が降って、地面に積もっているのを見て、地面に雪がどうしていると言いますか。
―凡例―
フッテル
フットル
フッタール
フッチャール
フッタ
ツモッテル
ツモットル
ツモッテラ
ツモッタ
その他
34° 30′
N
0
10
20km
135° 30′

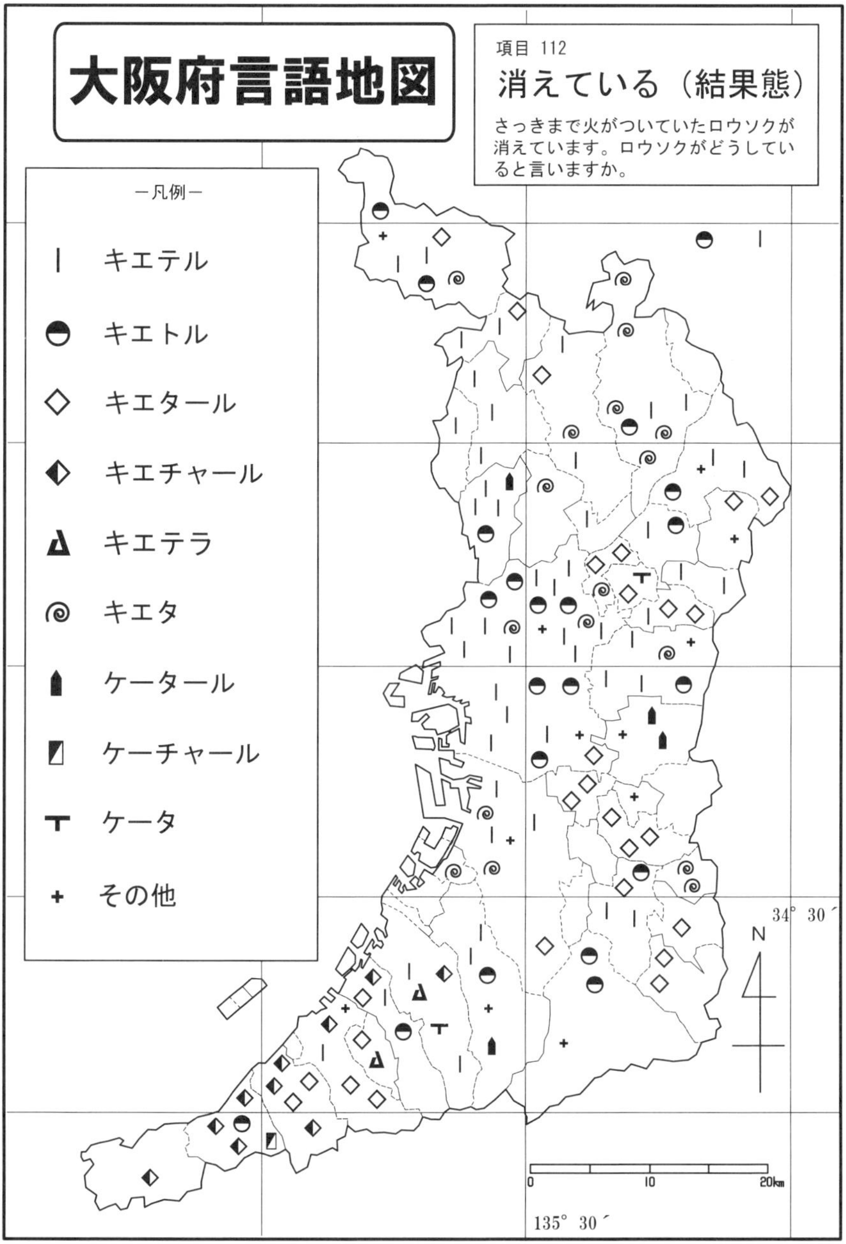
大阪府言語地図
項目 112
消えている（結果態）
さっきまで火がついていたロウソクが
消えています。ロウソクがどうしてい
ると言いますか。
一凡例一
キエテル
キエトル
キエタール
キエチャール
キエテラ
キエタ
ケータール
ケーチャール
ケータ
その他
N
34° 30′
0
10
20km
135° 30′

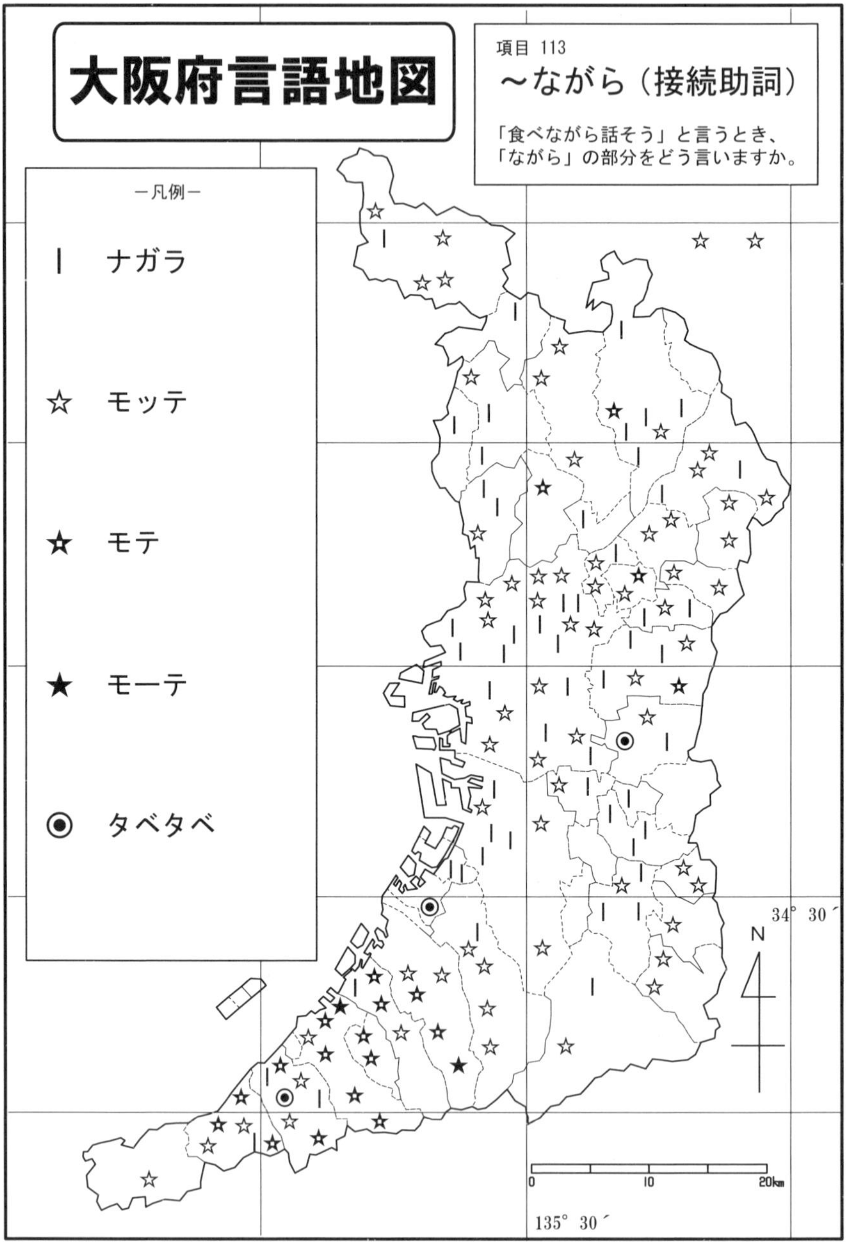
大阪府言語地図
項目 113
～ながら（接続助詞）
「食べながら話そう」と言うとき、
「ながら」の部分をどう言いますか。
―凡例―
ナガラ
モッテ
モテ
モーテ
タベタベ
34° 30′
N
0
10
20km
135° 30′

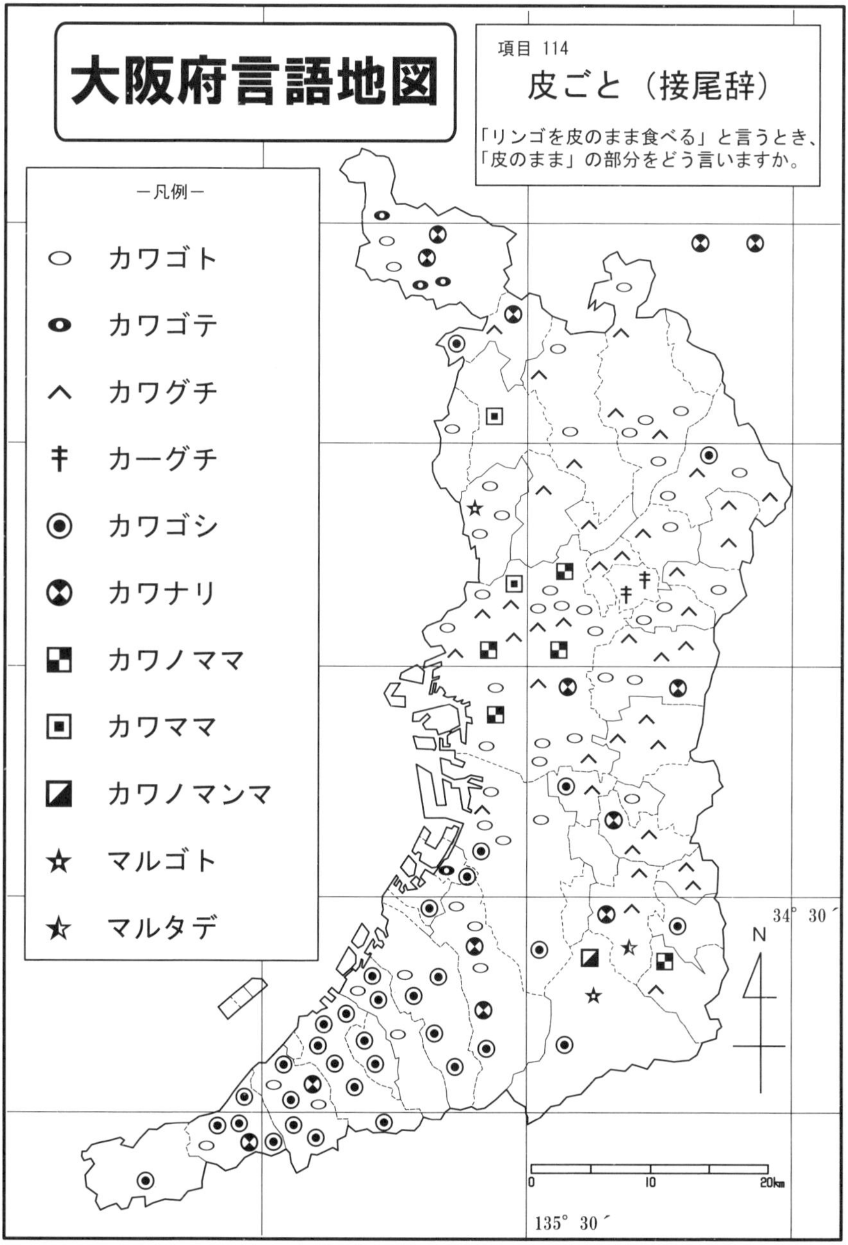
大阪府言語地図
項目 114
皮ごと（接尾辞）
「リンゴを皮のまま食べる」と言うとき、
「皮のまま」の部分をどう言いますか。
―凡例―
カワゴト
カワゴテ
カワグチ
カーグチ
カワゴシ
カワナリ
カワノママ
カワママ
カワノマンマ
マルゴト
マルタデ
34° 30´
N
0
10
20km
135° 30´

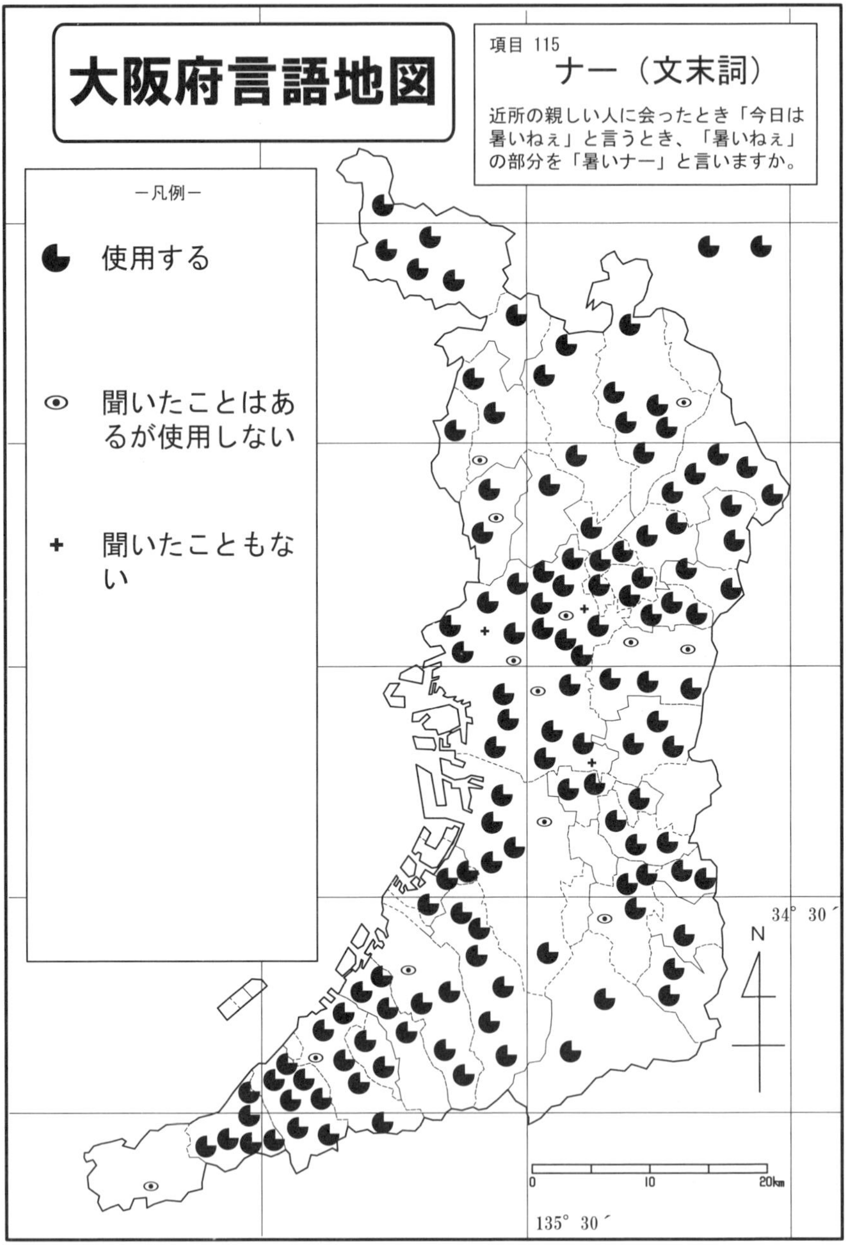

大阪府言語地図
項目 115
ナー（文末詞）
近所の親しい人に会ったとき「今日は暑いねぇ」と言うとき、「暑いねぇ」の部分を「暑いナー」と言いますか。
－凡例－
使用する
聞いたことはあるが使用しない
聞いたこともない
34° 30′
N
0
10
20km
135° 30′

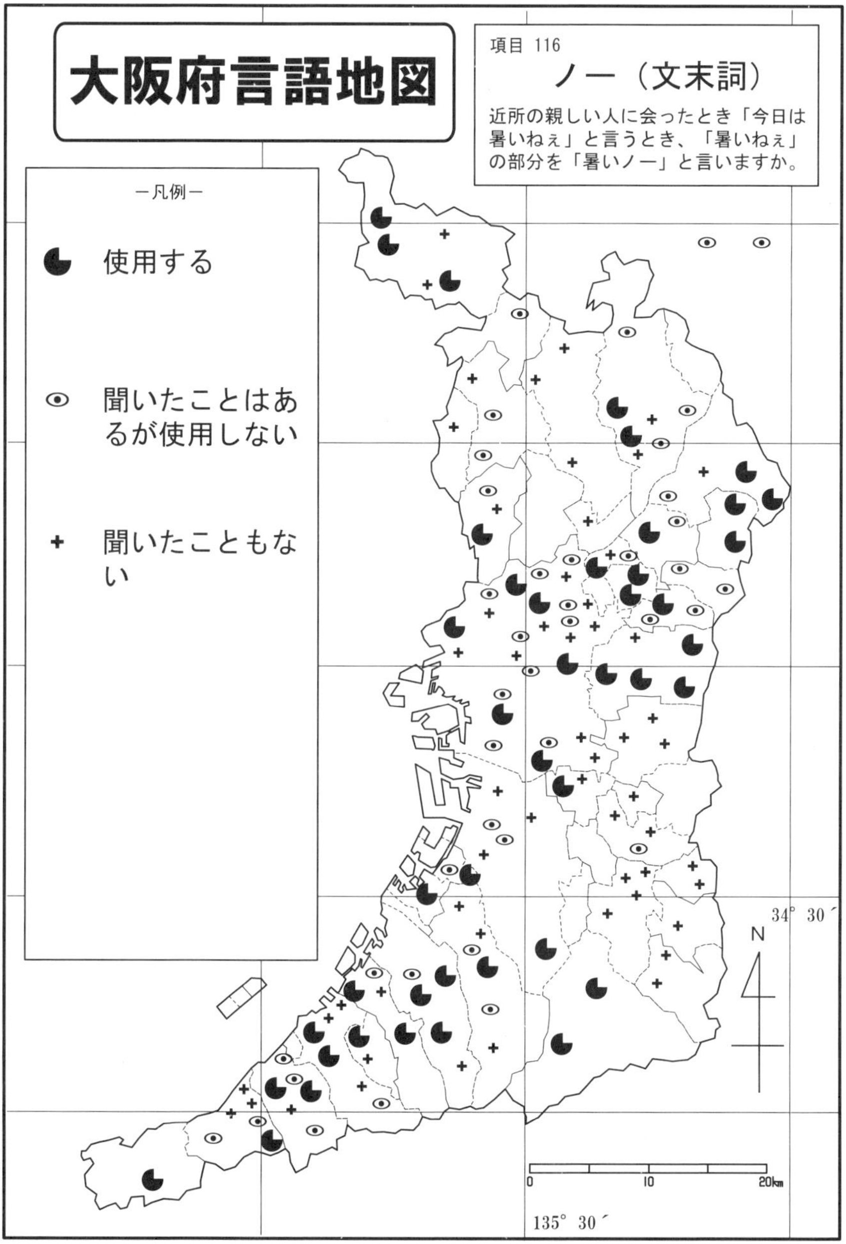

大阪府言語地図
項目 116
ノー（文末詞）
近所の親しい人に会ったとき「今日は暑いねぇ」と言うとき、「暑いねぇ」の部分を「暑いノー」と言いますか。
―凡例―
使用する
聞いたことはあるが使用しない
聞いたこともない
34° 30′
N
0
10
20km
135° 30′

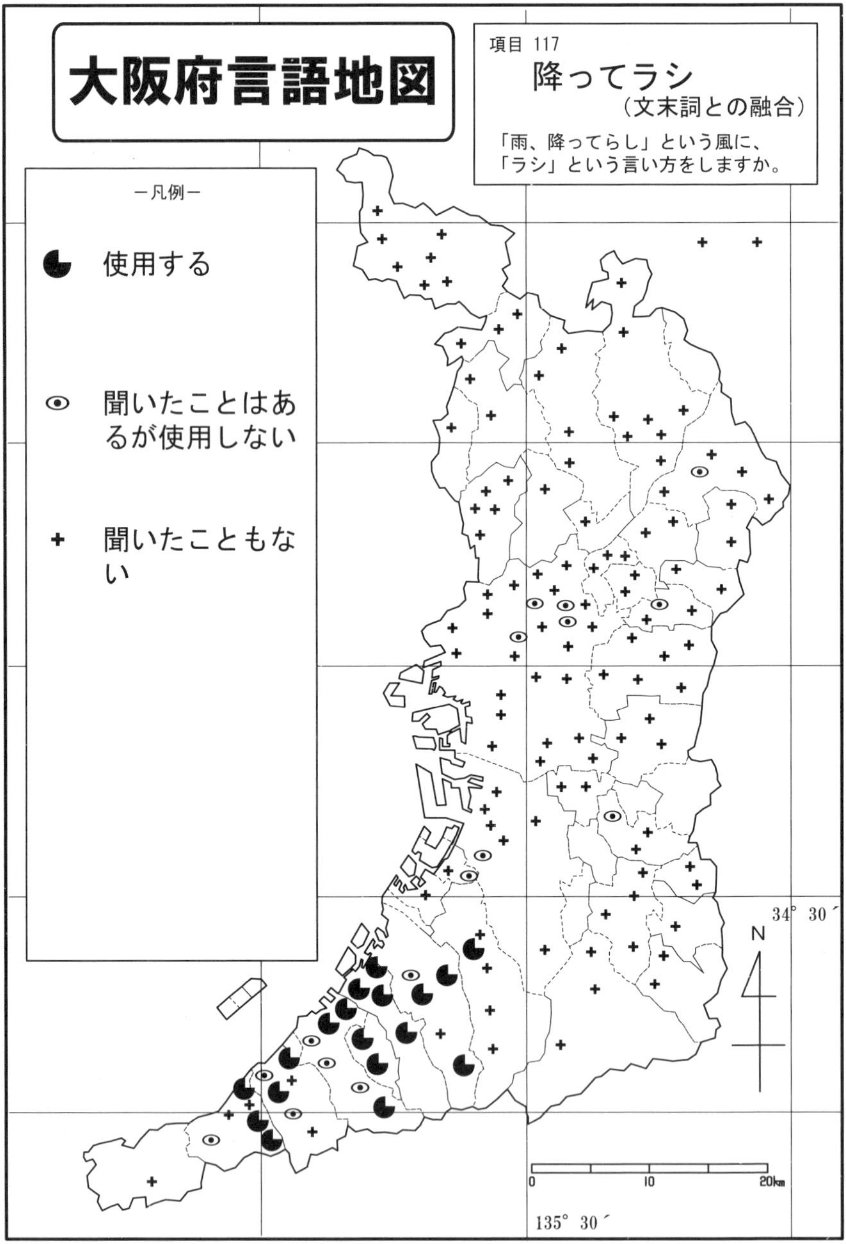
大阪府言語地図
項目 117
降ってラシ
（文末詞との融合）
「雨、降ってらし」という風に、
「ラシ」という言い方をしますか。
一凡例一
使用する
聞いたことはあるが使用しない
聞いたこともない
34° 30′
N
0
10
20km
135° 30′

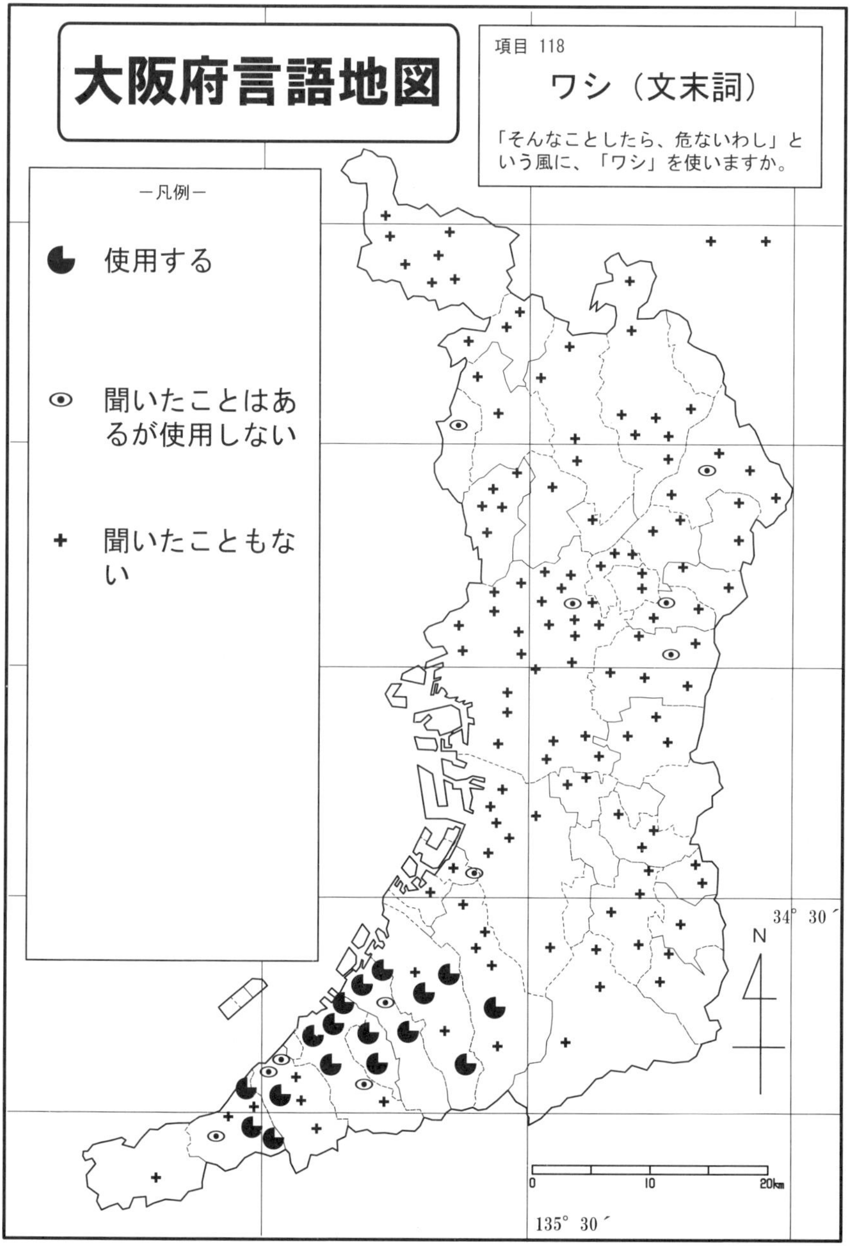
大阪府言語地図
項目 118
ワシ（文末詞）
「そんなことしたら、危ないわし」という風に、「ワシ」を使いますか。
一凡例一
使用する
聞いたことはあるが使用しない
聞いたこともない
34° 30′
N
0
10
20km
135° 30′

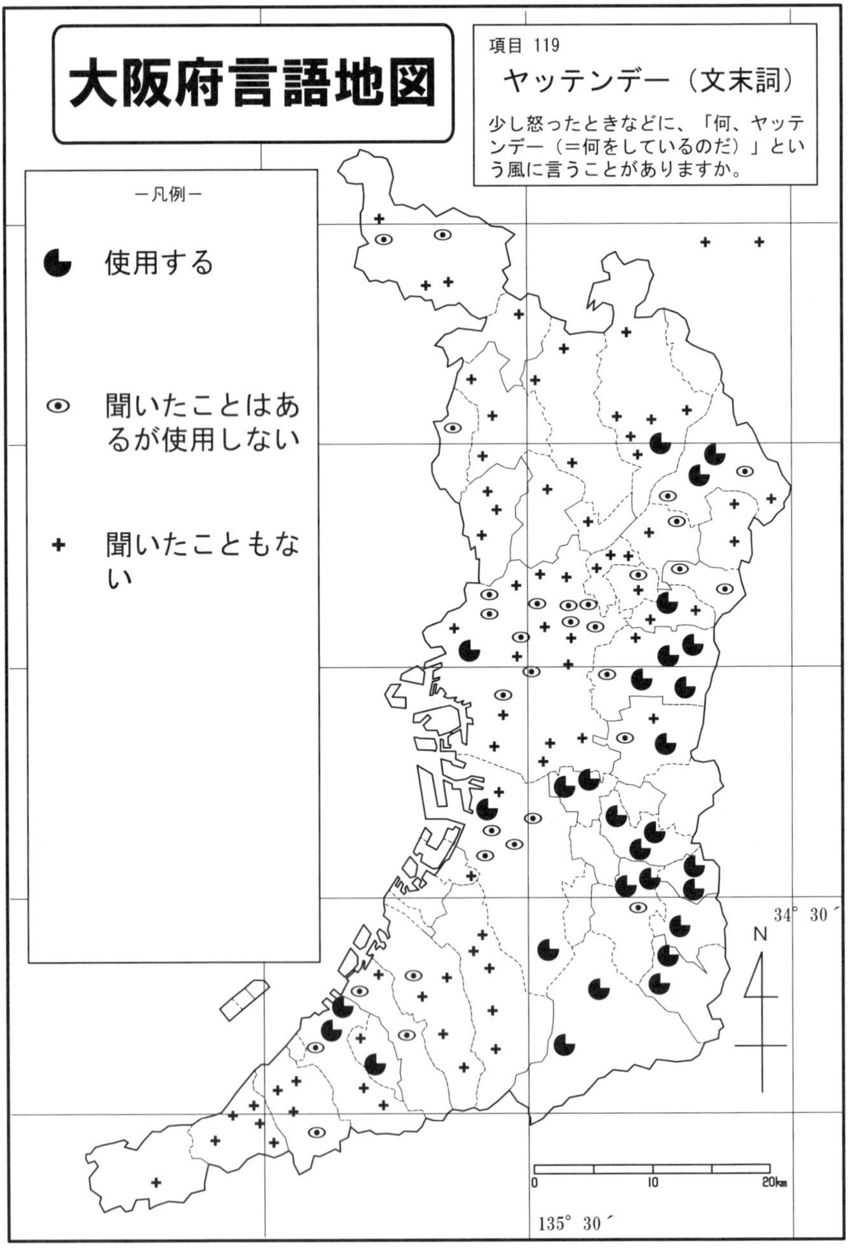
大阪府言語地図
項目 119
ヤッテンデー（文末詞）
少し怒ったときなどに、「何、ヤッテンデー（＝何をしているのだ）」という風に言うことがありますか。
一凡例一
使用する
聞いたことはあるが使用しない
聞いたこともない
N
34° 30′
0
10
20km
135° 30′

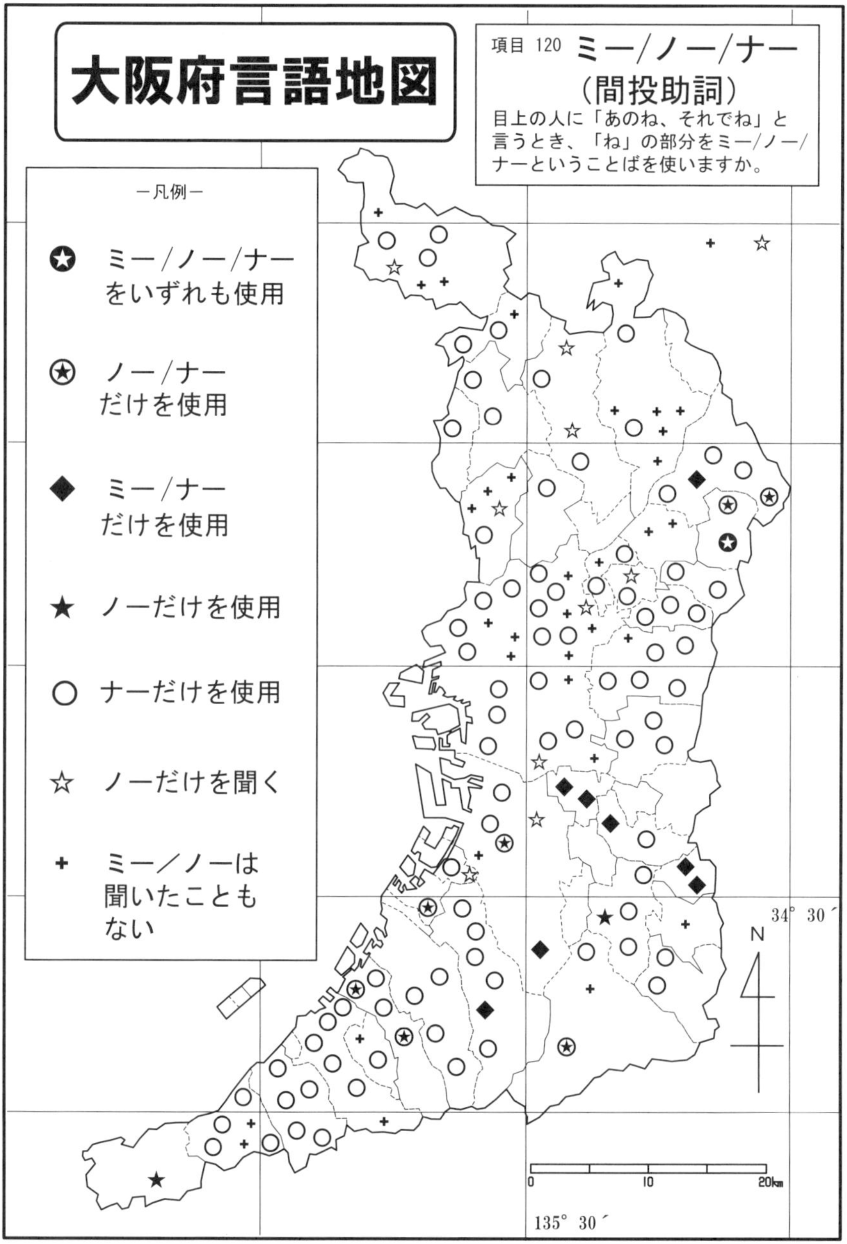
大阪府言語地図
項目 120 ミー/ノー/ナー
（間投助詞）
目上の人に「あのね、それでね」と
言うとき、「ね」の部分をミー/ノー/
ナーということばを使いますか。
―凡例―
ミー/ノー/ナー
をいずれも使用
ノー/ナー
だけを使用
ミー/ナー
だけを使用
ノーだけを使用
ナーだけを使用
ノーだけを聞く
ミー／ノーは
聞いたことも
ない
34°30′
N
0
10
20km
135°30′

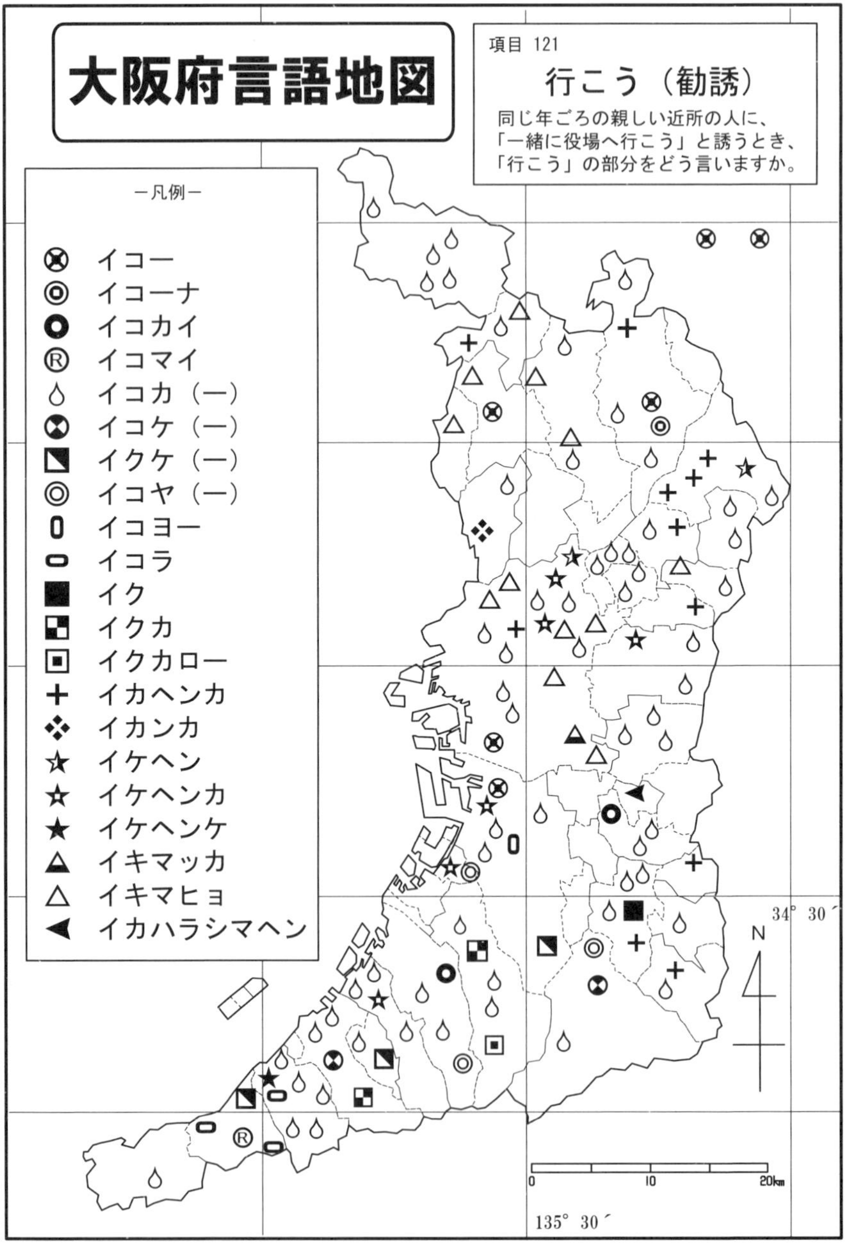
大阪府言語地図
項目 121
行こう（勧誘）
同じ年ごろの親しい近所の人に、
「一緒に役場へ行こう」と誘うとき、
「行こう」の部分をどう言いますか。
―凡例―
イコー
イコーナ
イコカイ
イコマイ
イコカ（ー）
イコケ（ー）
イクケ（ー）
イコヤ（ー）
イコヨー
イコラ
イク
イクカ
イクカロー
イカヘンカ
イカンカ
イケヘン
イケヘンカ
イケヘンケ
イキマッカ
イキマヒョ
イカハラシマヘン
N
34° 30′
0
10
20km
135° 30′

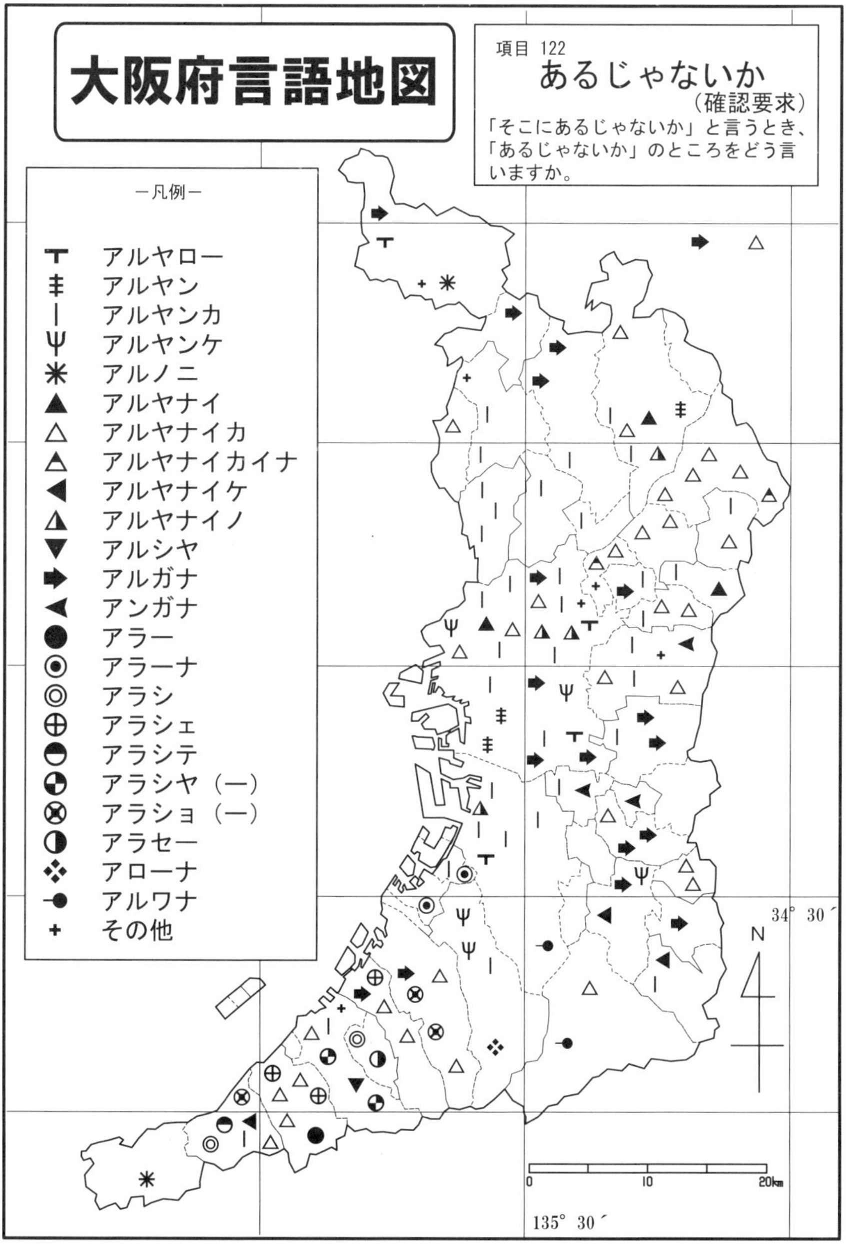
大阪府言語地図
項目 122
あるじゃないか
（確認要求）
「そこにあるじゃないか」と言うとき、「あるじゃないか」のところをどう言いますか。
―凡例―
アルヤロー
アルヤン
アルヤンカ
アルヤンケ
アルノニ
アルヤナイ
アルヤナイカ
アルヤナイカイナ
アルヤナイケ
アルヤナイノ
アルシヤ
アルガナ
アンガナ
アラー
アラーナ
アラシ
アラシェ
アラシテ
アラシヤ（ー）
アラショ（ー）
アラセー
アローナ
アルワナ
その他
34° 30´
N
0
10
20km
135° 30´

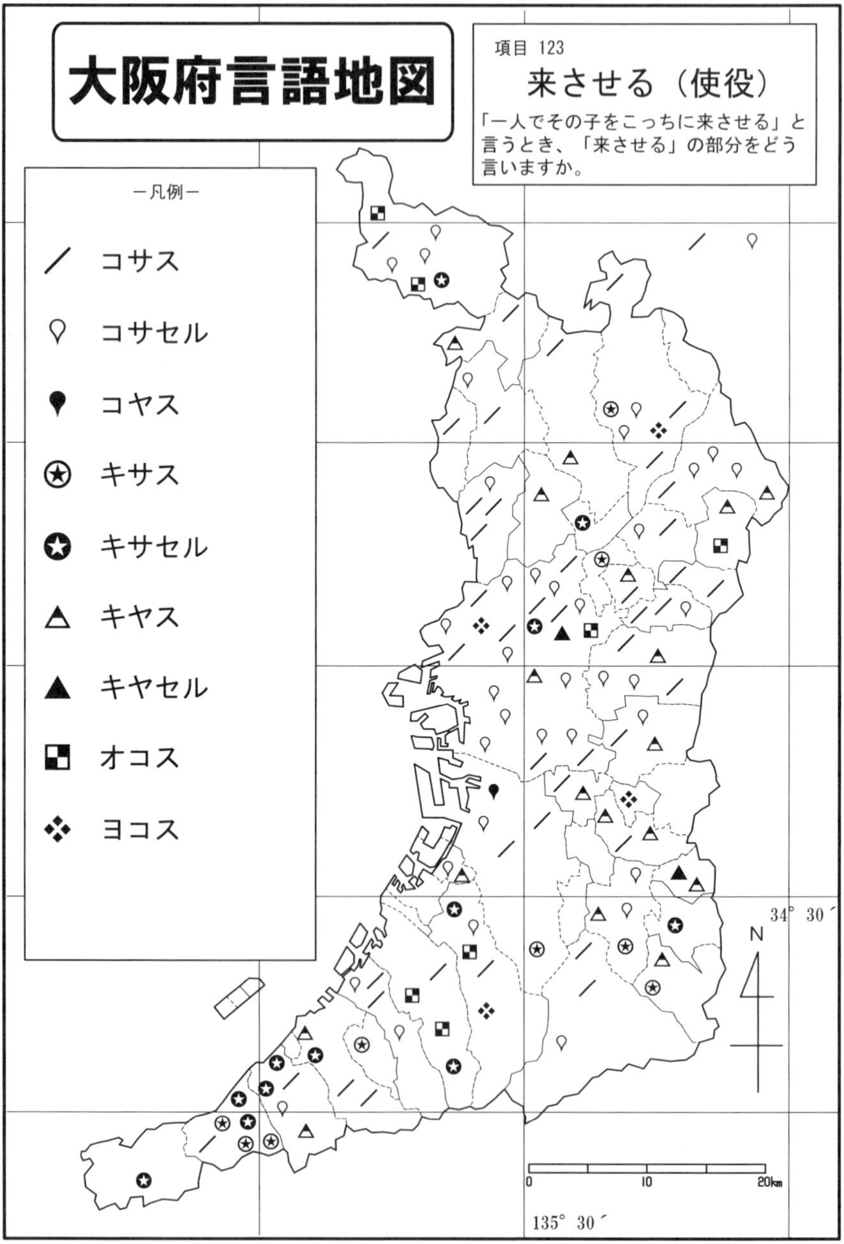
大阪府言語地図
項目 123
来させる（使役）
「一人でその子をこっちに来させる」と
言うとき、「来させる」の部分をどう
言いますか。
－凡例－
コサス
コサセル
コヤス
キサス
キサセル
キヤス
キヤセル
オコス
ヨコス
34° 30′
N
0
10
20km
135° 30′

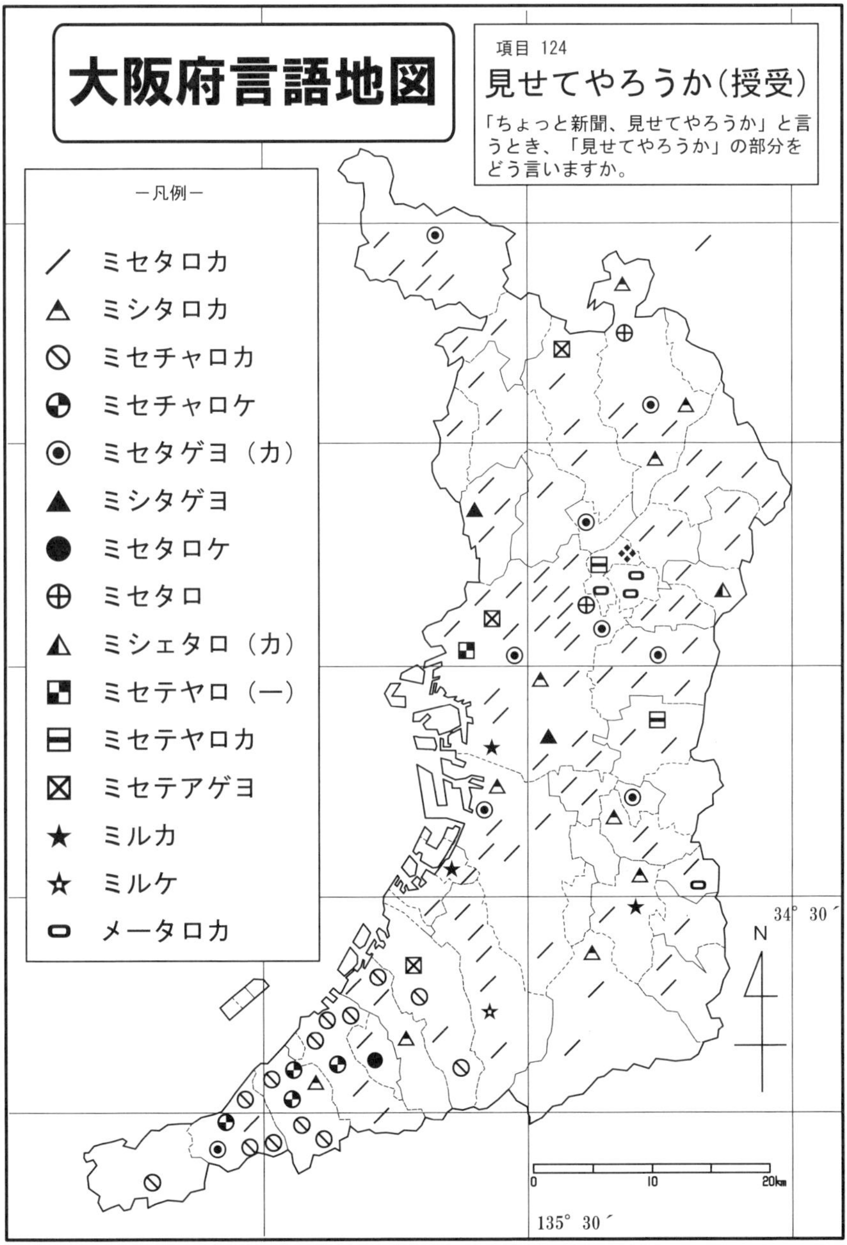
大阪府言語地図
項目 124
見せてやろうか（授受）
「ちょっと新聞、見せてやろうか」と言うとき、「見せてやろうか」の部分をどう言いますか。
―凡例―
ミセタロカ
ミシタロカ
ミセチャロカ
ミセチャロケ
ミセタゲヨ（カ）
ミシタゲヨ
ミセタロケ
ミセタロ
ミシェタロ（カ）
ミセテヤロ（ー）
ミセテヤロカ
ミセテアゲヨ
ミルカ
ミルケ
メータロカ
34° 30′
N
0
10
20km
135° 30′

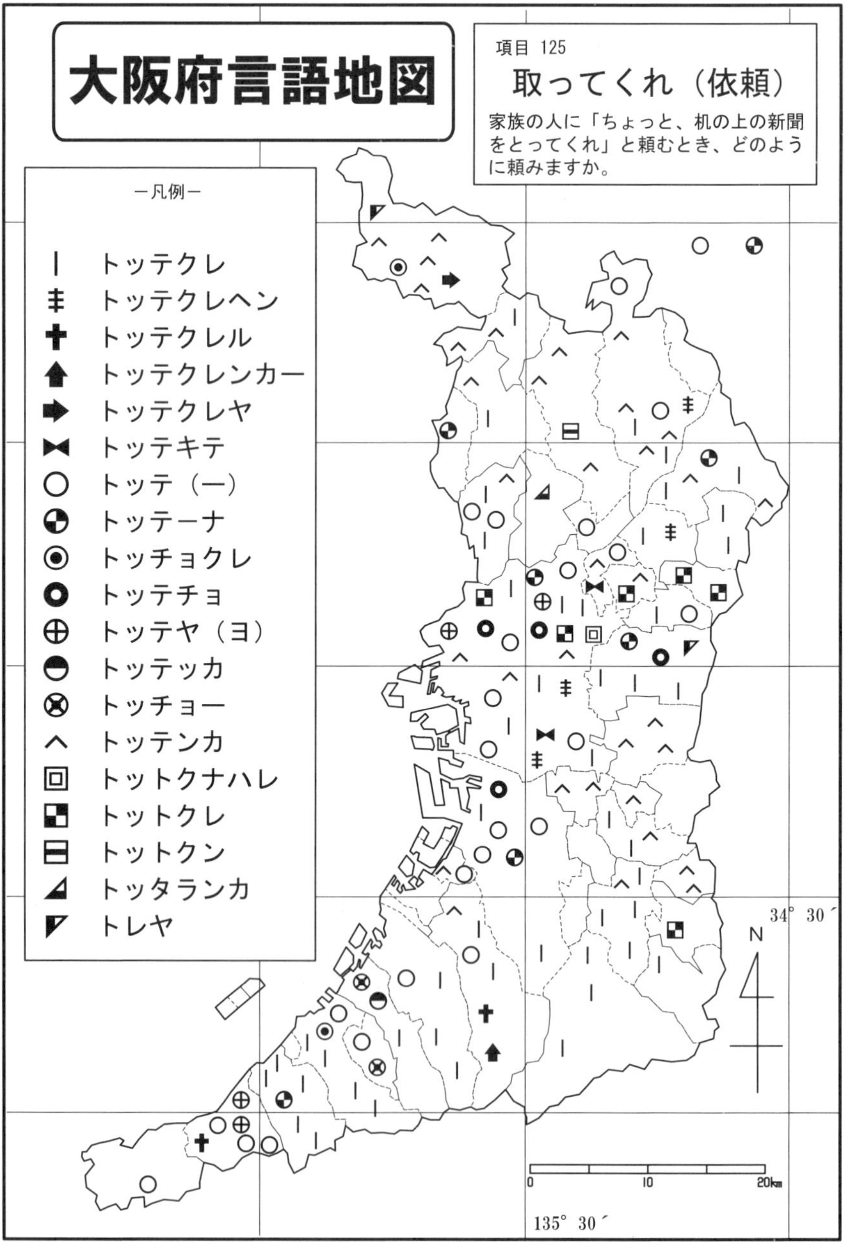
大阪府言語地図
項目 125
取ってくれ（依頼）
家族の人に「ちょっと、机の上の新聞をとってくれ」と頼むとき、どのように頼みますか。
－凡例－
トッテクレ
トッテクレヘン
トッテクレル
トッテクレンカー
トッテクレヤ
トッテキテ
トッテ（ー）
トッテーナ
トッチョクレ
トッテチョ
トッテヤ（ヨ）
トッテッカ
トッチョー
トッテンカ
トットクナハレ
トットクレ
トットクン
トッタランカ
トレヤ
34° 30′
N
0
10
20km
135° 30′

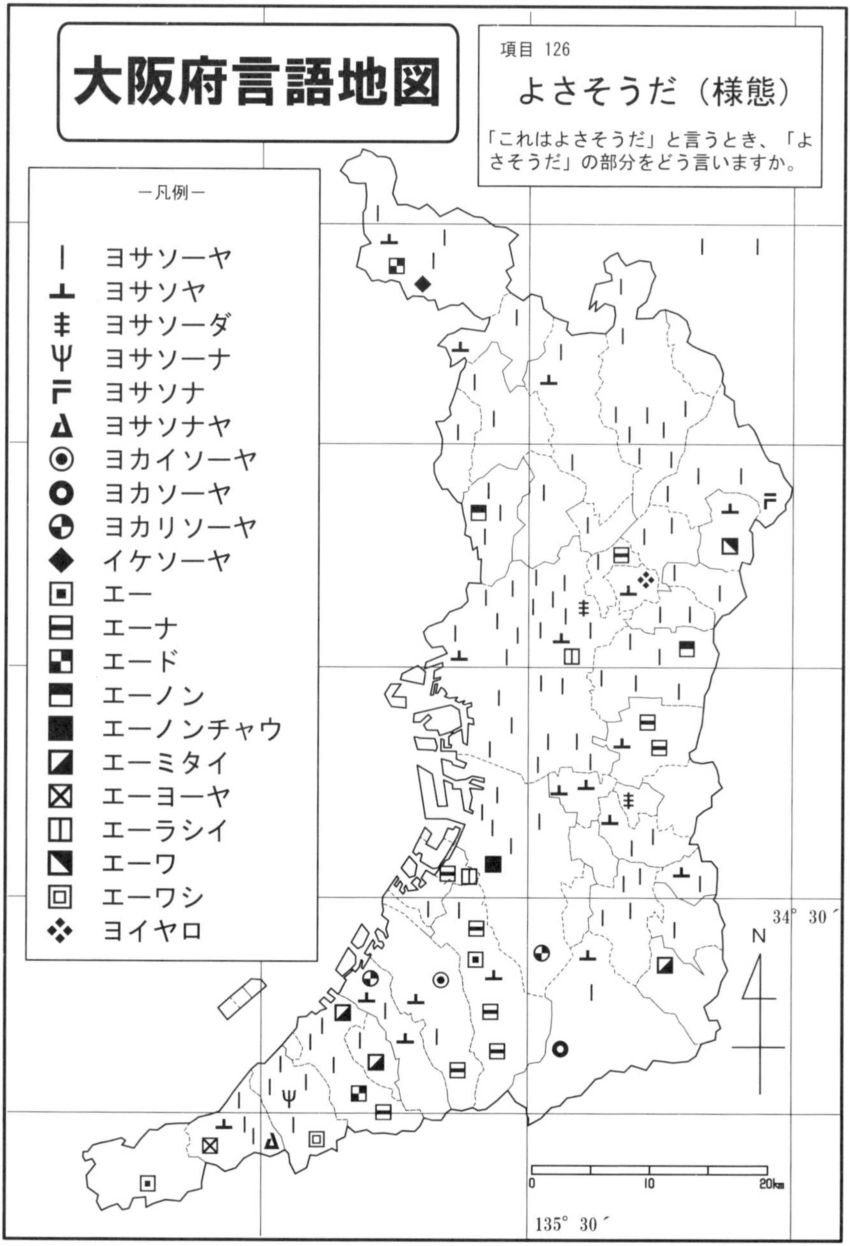
大阪府言語地図
項目 126
よさそうだ（様態）
「これはよさそうだ」と言うとき、「よさそうだ」の部分をどう言いますか。
－凡例－
ヨサソーヤ
ヨサソヤ
ヨサソーダ
ヨサソーナ
ヨサソナ
ヨサソナヤ
ヨカイソーヤ
ヨカソーヤ
ヨカリソーヤ
イケソーヤ
エー
エーナ
エード
エーノン
エーノンチャウ
エーミタイ
エーヨーヤ
エーラシイ
エーワ
エーワシ
ヨイヤロ
34° 30´
N
0
10
20km
135° 30´

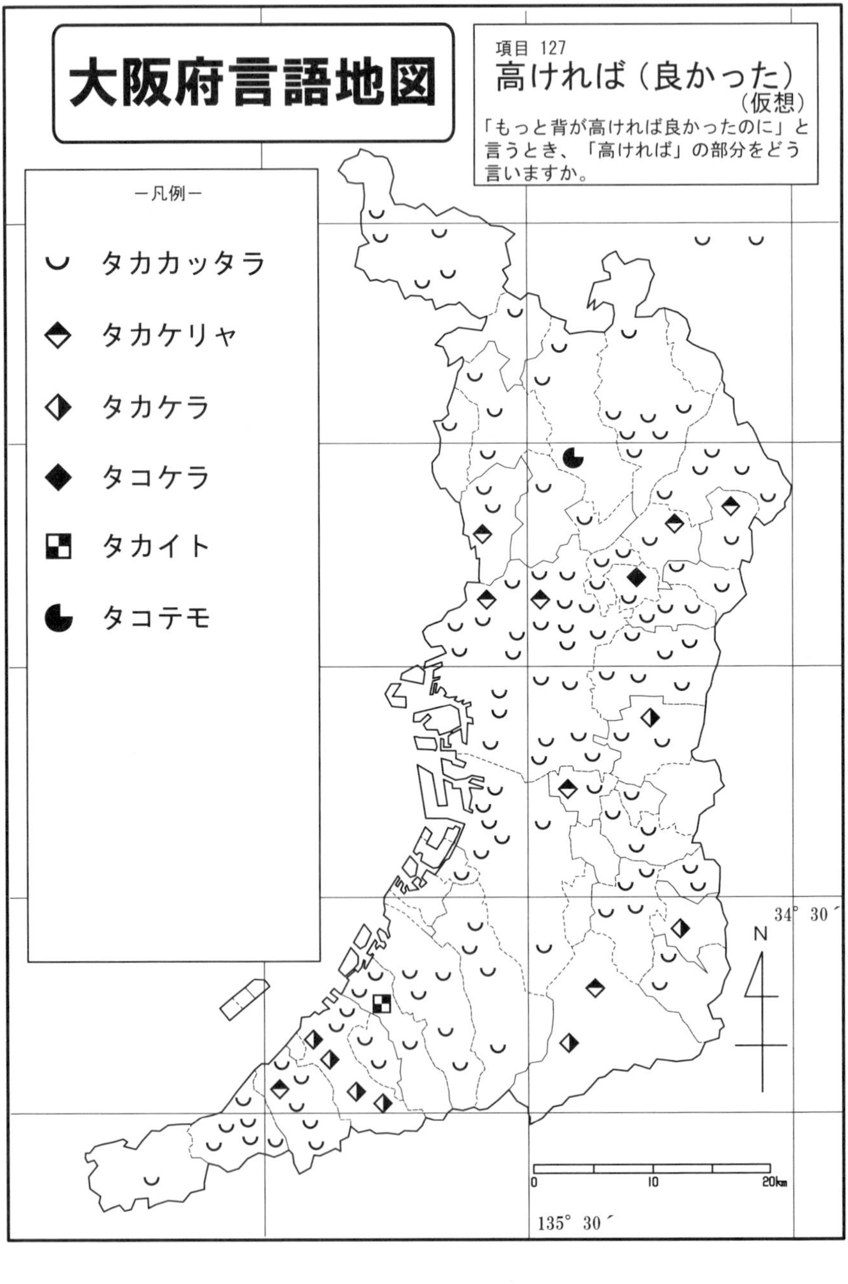
大阪府言語地図
項目 127
高ければ（良かった）
（仮想）
「もっと背が高ければ良かったのに」と言うとき、「高ければ」の部分をどう言いますか。
—凡例—
タカカッタラ
タカケリャ
タカケラ
タコケラ
タカイト
タコテモ
34° 30′
N
0
10
20km
135° 30′

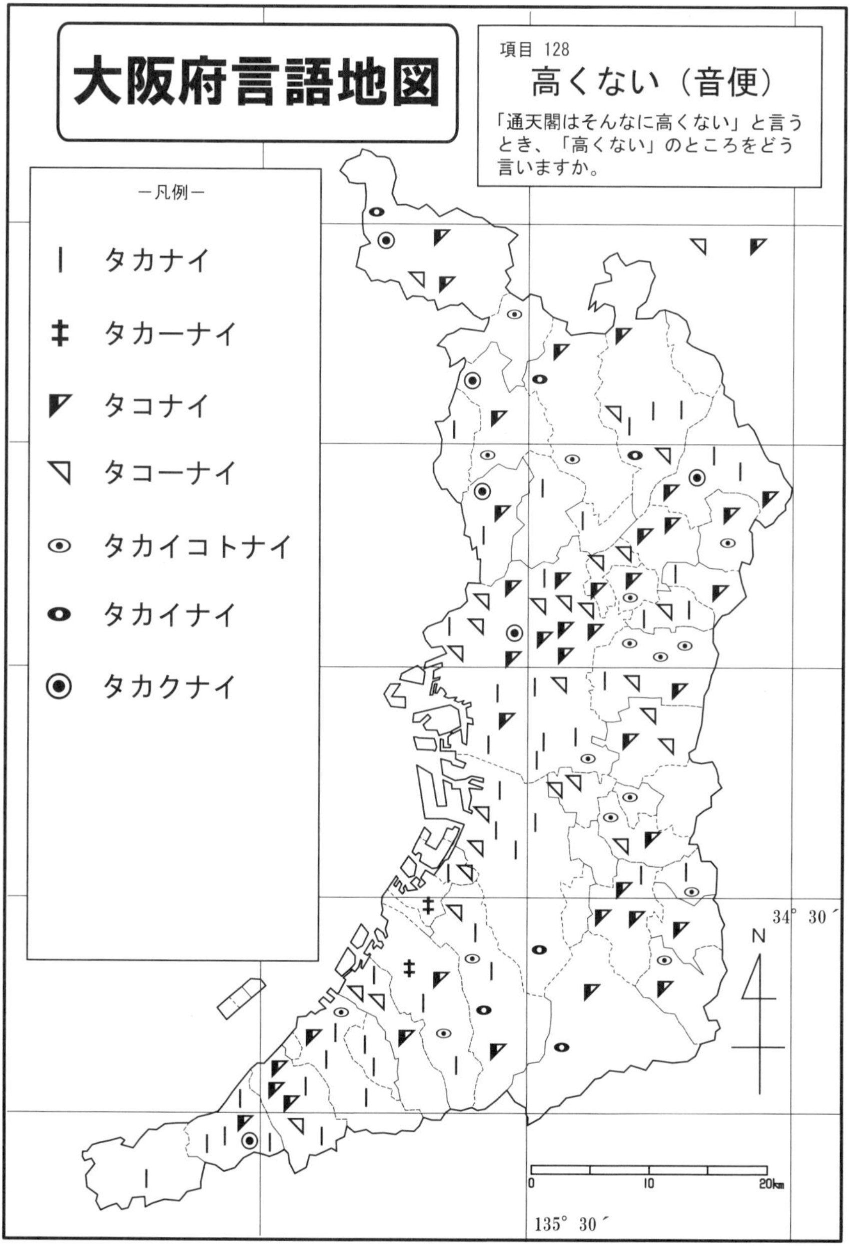
大阪府言語地図
項目 128
高くない（音便）
「通天閣はそんなに高くない」と言うとき、「高くない」のところをどう言いますか。
一凡例一
タカナイ
タカーナイ
タコナイ
タコーナイ
タカイコトナイ
タカイナイ
タカクナイ
34° 30′
N
0
10
20km
135° 30′

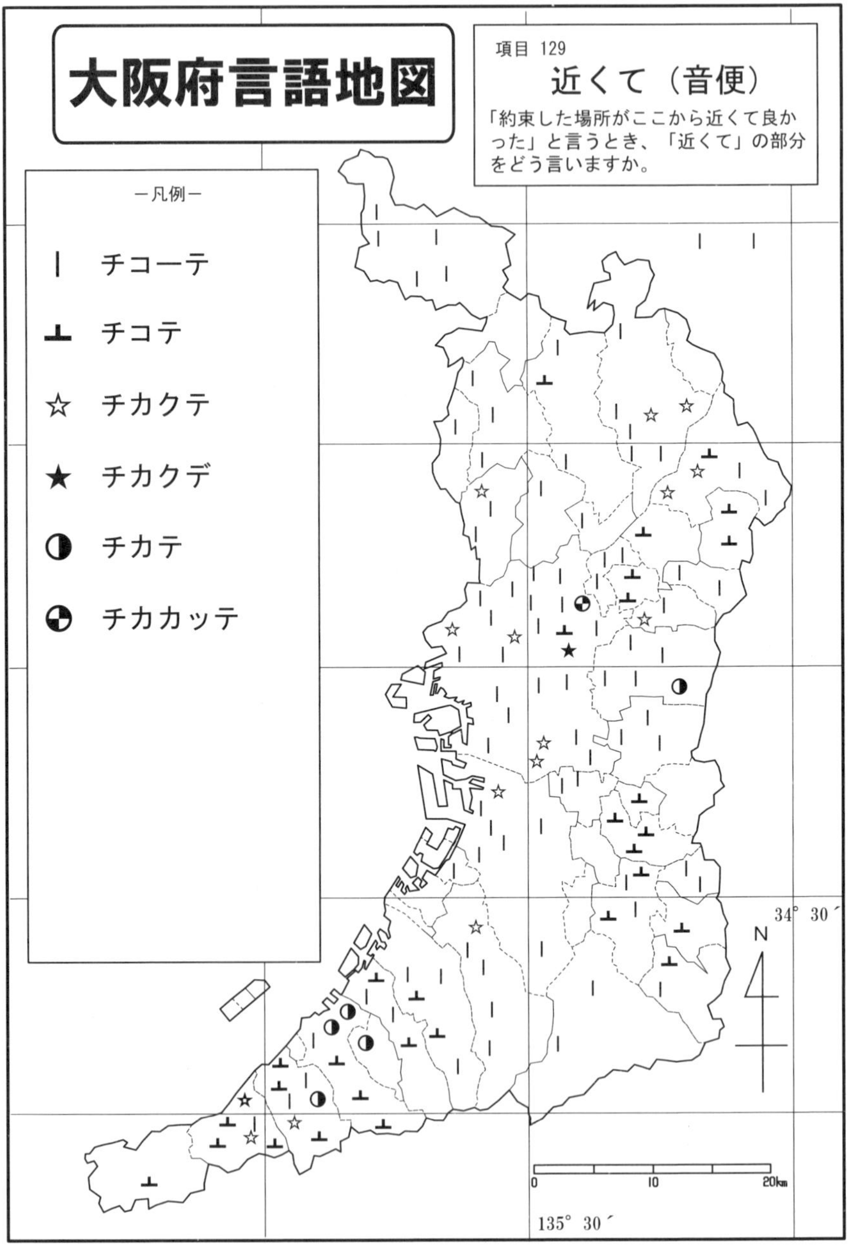
大阪府言語地図
項目 129
近くて（音便）
「約束した場所がここから近くて良かった」と言うとき、「近くて」の部分をどう言いますか。
―凡例―
チコーテ
チコテ
☆ チカクテ
★ チカクデ
チカテ
チカカッテ
34° 30′
N
0
10
20km
135° 30′

4．解　　説

Ⅰ．大阪語の特徴と音声

項目 001《火事（かじ）（音声）》

国立国語研究所『日本言語地図（以下、LAJ と呼ぶ）』第１集ではカ行・ガ行語頭音の調査結果として「火事」「元日」、語中音の調査結果として「西瓜」「正月」の分布図をそれぞれ掲載している。これらの図から東北・北陸をはじめ、近畿、四国、九州など日本各地にカ行・ガ行の合拗音クヮ〔kwa〕・グヮ〔gwa〕が広く分布している状況を知ることができる。

佐藤監修（2002）によると、「合拗音」は中国からの漢字音の流入に伴い、外来音として定着したが、中央語ではクヮ〔kwa〕・グヮ〔gwa〕を除いて中世期前期頃消滅するとしている。近畿中央部では他地域よりも直音カ〔ka〕との合流が早い時期から進んだ。

80年代初めの岸江による「泉州・紀北境界付近方言地図」の「火事の語頭音」（図１）の調査結果では、大阪南部の泉州地方にはクヮ〔kwa〕がまだ健在である。また、岸江・中井（1999）によれば、クヮ〔kwa〕がほぼ全域でみられるものの、使用はほぼ老年層に限定される。

『大阪府言語地図』においても語頭音でカ〔ka〕とクヮ〔kwa〕の二種の回答が得られたが、カ〔ka〕がほぼ全域に分布しているのに対してクヮ〔kwa〕は府全域で11地点にみられるにすぎない。これらの結果を比較すると、大阪ではカ行合拗音が80年代から急速に姿を消していったことがうかがえる。

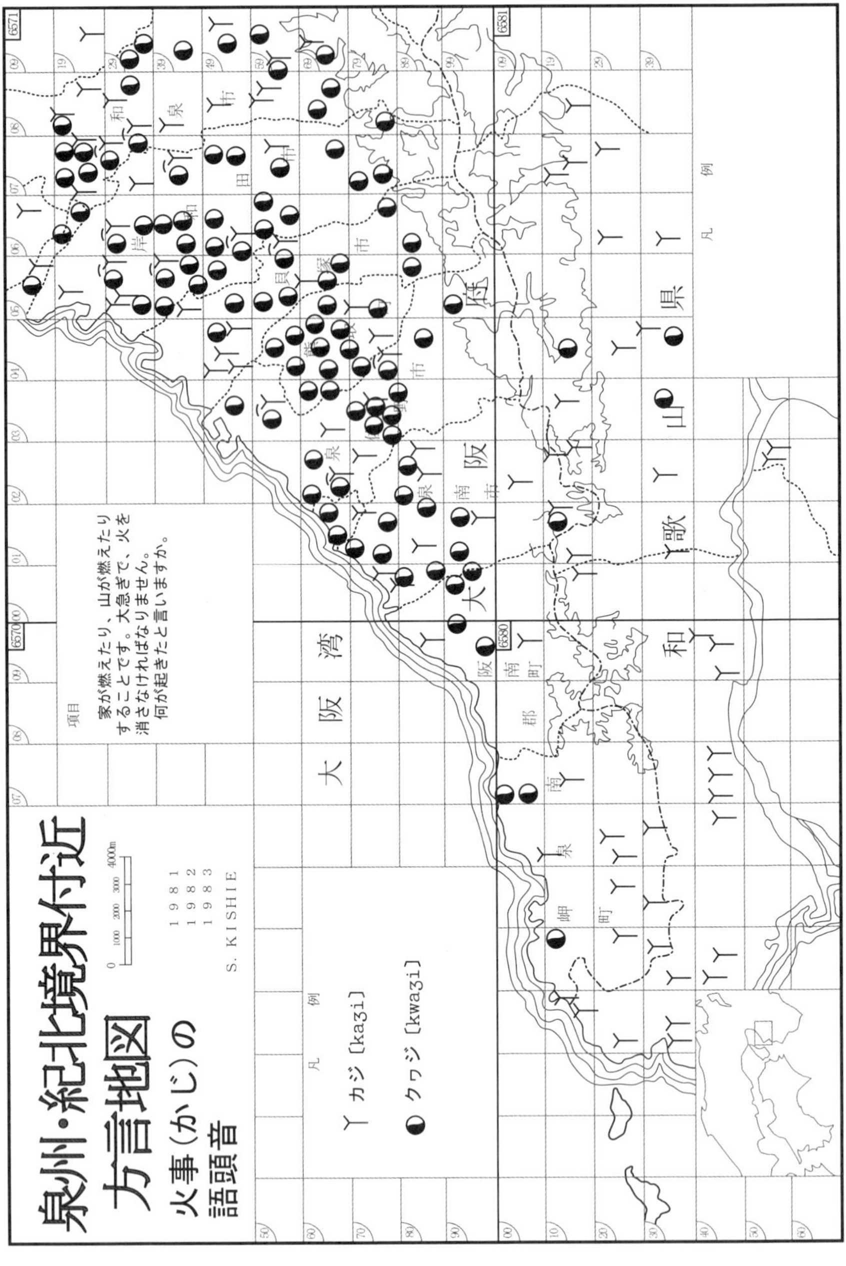

図1　「火事の語頭音」（「泉州・紀北境界付近方言地図」）

項目 002《汗（あせ）（音声）》

『大阪府言語地図』ではアセ〔ase〕が全域に分布している。アシェ〔aʃe〕は、中心部にはみられず、守口市、交野市、茨木市などにみられるほか、泉北、泉南地方にみられる。一時代前には、大阪市内を含め、府各地で聞かれた音声であるが、急速に衰退しているということができよう。『大阪府言語地図』の「汗」のセ〔se〕をシェ〔aʃe〕と発音したのは14地点のみである。

元来、汗のセ〔se〕の口蓋音であるシェ〔ʃe〕は、江戸時代初期頃までは日本の標準的な発音であり、セ〔se〕が方言音であった。シェ〔ʃe〕は長い間、標準音であったが、ロドリゲス『日本大文典』（1604～1608年刊）の記述から、江戸でセ〔se〕が早い時期から使用されたために立場が逆転してしまったことがわかる。府各地のシェ〔ʃe〕は古くからの発音を受け継いできたものである。

岸江（1990b）では、泉南地方で「背中」の語頭音をシェ〔ʃe〕で発音する傾向が強く、特に貝塚市・熊取町・泉南市などで顕著であると報告している。ただ、図２では、泉南市よりさらに南部に位置する阪南市や岬町では口蓋化したシェ〔ʃe〕がみられない。これらの地域では、標準語化の影響を受けたというよりもむしろ紀北側の影響を古くから受けてきたものとみられる。これは次の「税金」のゼ〔ze〕・ジェ〔ʒe〕の分布とも共通している。

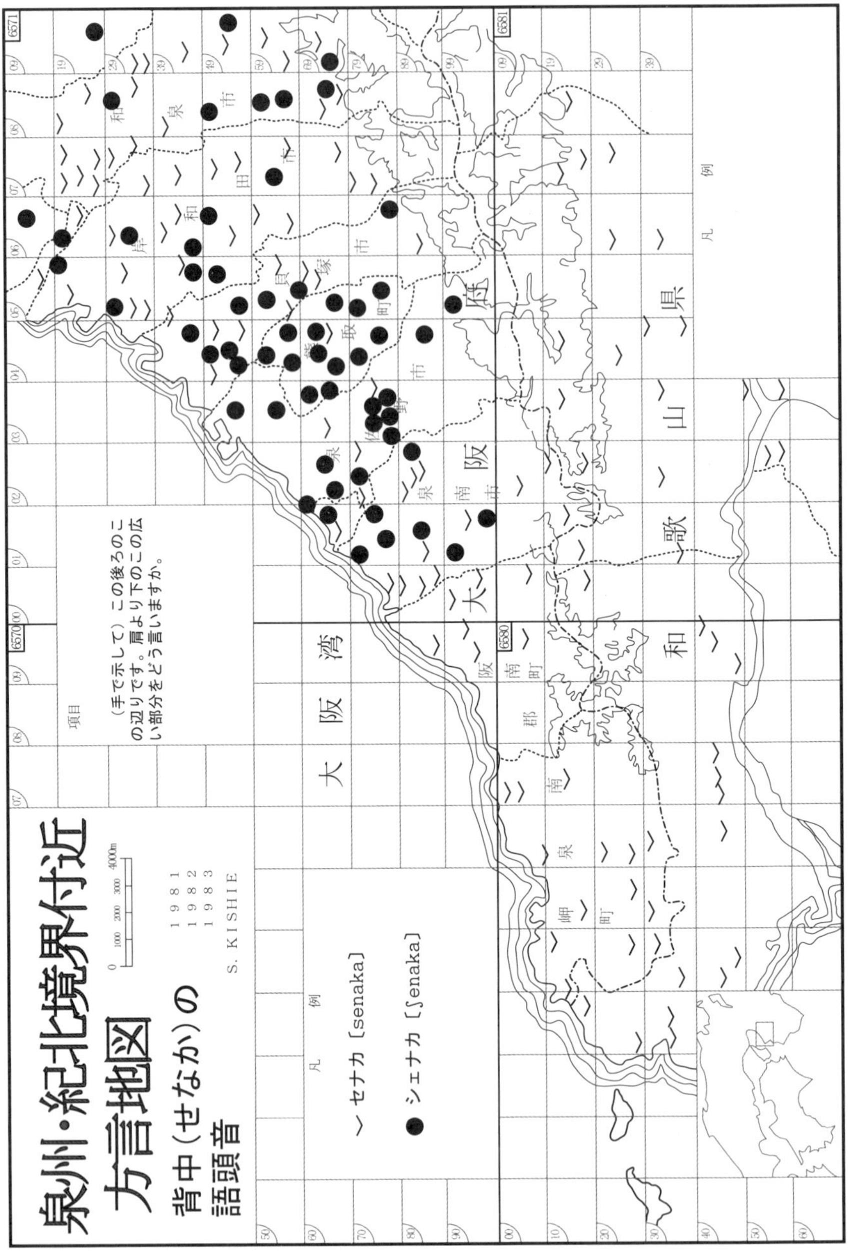

図２「背中の語頭音」（「泉州・紀北境界付近方言地図」）

項目 003《税金（ぜいきん）（音声）》

ゼーキン〔zeːkin〕が全域に広がっているが、ほかにジェーキン〔ʒeːkin〕、デーキン〔deːkin〕がみられる。「税金」の語頭音ジェ〔ʒe〕の方が「汗」の語頭音シェ〔ʃe〕よりも残存している割合が高いといえそうである。

岸江（1990b）によると、泉南地方ではジェ〔ʒe〕が広くみられるが、泉南市以南ではやはり「汗」のシェ〔ʃe〕の場合と同様、全くみられない。

前項でも触れたとおり、やはりこれも紀北側の影響によるものとみられる。また、これらの地域では、紀北方言の特徴である〔d〕～〔z〕の混同がみられることである。この混同について、郡（1997）は、「サ行・ザ行の摩擦が弱い傾向がある。本来は「ザ・ゼ・ゾ」の摩擦が弱まって「ダ・デ・ド」、あるいはそれに近く言うことが結構ある。高年層に目立つが、若年層でもしばしば観察される。ザ行とダ行の混同は和歌山県や兵庫県北部など近畿地方の周辺に特徴的な現象だが、大阪でも程度はひどくないが、かなりみられる」と述べている。

『大阪府言語地図』では、デーキン〔deːkin〕と答えた地点が 4 地点みられる。能勢町や茨木市の山間部と、泉南市の山間部である。これらの地域は、いずれも〔d〕～〔z〕の混同がみられる兵庫県と和歌山県に隣接した地域であり、周辺方言の影響を受け、変化したといえそうである。

図 3 と比較すると、もともと紀北側の影響で多くみられた〔d〕～〔z〕の混同は、かなり減少しつつあるといえるであろう。なお、岸江・中井（1999）の調査結果を参照すると、この混同は大阪府ではほとんどみられず、和歌山市でもほぼ高年層に限ってみられる程度である。

この混同も早晩、大阪府下では消滅することになると思われる。

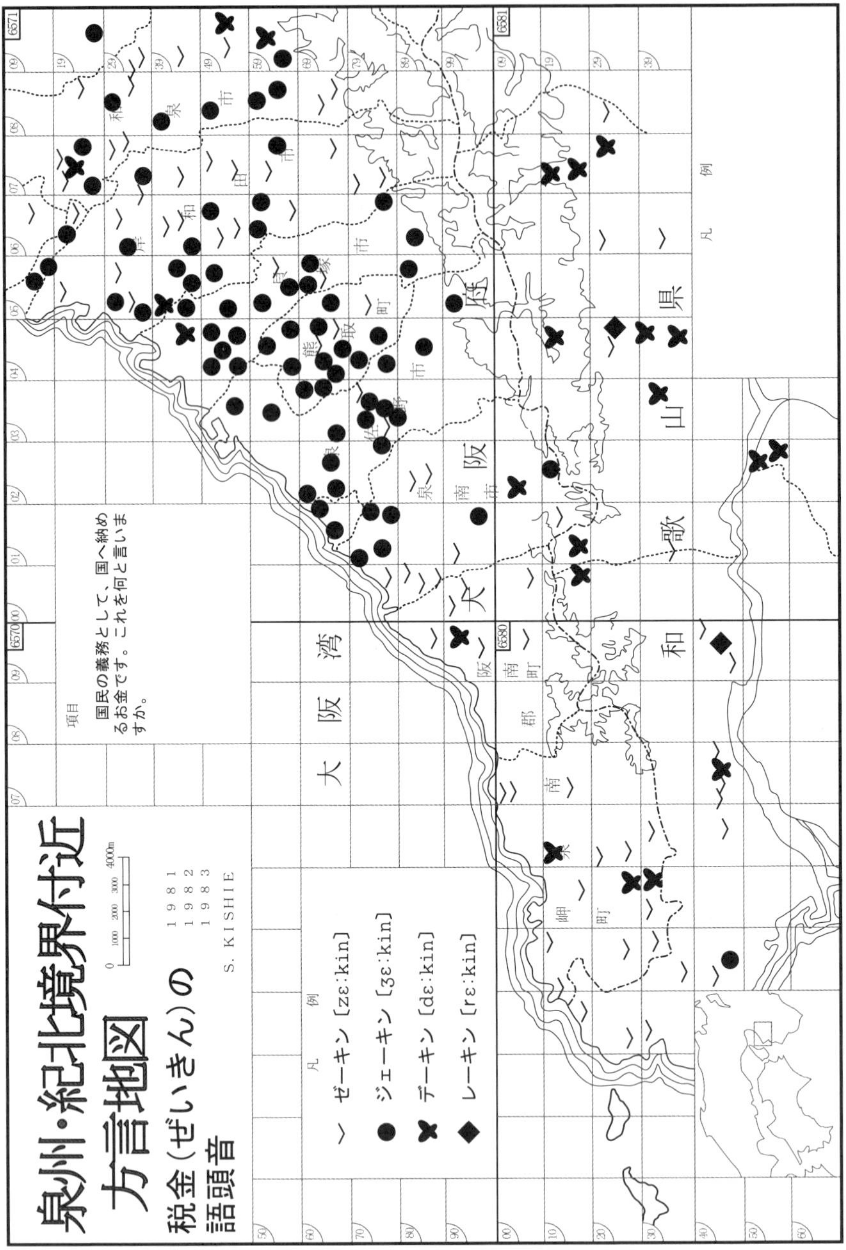

図 3　「税金の語頭音」（「泉州・紀北境界付近方言地図」）

項目 004《雑巾（ぞうきん）（音声）》

北・中河内方言や泉南方言でドーキン〔do:kin〕という発音が聞かれる。これは、前項で扱った現象と同じ〔d〕～〔z〕の混同によるもので、一時代前には大阪府各地で聞かれた現象である。大阪では「ヨロガワノミル（淀川の水）」「カロノウロンヤ（角のうどん屋）」のように、ダ行・ザ行・ラ行の発音の区別がつきにくい時代があった。こうした混同は、明治・大正・昭和と時代が移り変わるにつれ、大阪市方言を皮切りに、府下各地の方言で徐々に解消されていったようである。ところが、現在でも周辺部の北・中河内の方言や泉南方言には依然としてまばらに残存しているものと思われる。和歌山県や奈良県、兵庫県北部など、近畿地方周辺には、〔d〕～〔ɾ〕～〔z〕の混同が認められる方言が残っている。

項目 005《シータイ（したい）》

語幹が１拍の「見る」「着る」「する」などの動詞が願望の助動詞「たい」に接続する場合、ミータイ、キータイ、シータイというように、語幹を長音化させる傾向が大阪語にみられる。この現象は、三重や和歌山などにも、また、四国の徳島方言でもみられる現象である。語幹が２拍以上の動詞（「起きる」「受ける」など）ではこのような現象が生じないことからやはりこの現象は語幹が１拍であるということが大きく関わっている。

ここでは「したい」をシータイというかどうかの結果を掲げた。府全域でシータイが用いられている。この現象は、高年層に限らず、中年層世代や時には若年層からも聞くことができる。

項目 006《仕方（しかた）がない》

府内全域でシャーナイが使用されている。シャーナイが短くなったシャナイや、シヤナイは泉南などの南部や北摂などの北部にあって大阪の中央部ではほとんど使用がみられない。

またショーナイは、摂津の１地点を除くと、泉南や河内にまとまって分布している。『大阪ことば事典』によると「ショーナイはシヨウガナイ→シヨォ

ガナイ→シヨォナイと変化した語形である」としている。

『日本国語大辞典　第二版』では「仕方がない」は「不満足であるが、あきらめるほかない。どうしようもない。やむをえない」、「仕様がない」は「なすすべがない。手に負えない」と記述されている。「仕方がない」と「仕様がない」は似た意味を持っていることで、このような分布の形成に至ったのであろう。

「仕方がない」から変化したシャーナイ、ジャーナイ、シャナイ、シヤナイの分布と、「仕様がない」から変化したショーナイ、ショーガナイの分布を比較してみると、前者のグループの間を縫うようにして後者のグループが分布していることがわかる。郡（1997）による世代調査では、シャーナイは全世代で使用すると回答したのに対して、ショーナイはもっぱら中高年の人が使用すると回答したと述べられている。分布などからショーナイは大阪府内で一早く消滅していく方言形であることがわかると同時に、この変化は「仕様がない」から「仕方がない」への変化でもあるということができよう。

項目 007《美味（おい）しくない（まずい）》

府内全域にモムナイ、モミナイ、モモナイの星型の記号が広く分布している。回答が最多のモムナイは、摂津海岸部、河内北部～中部、泉南に広く分布し、次に多いモミナイが大阪市、河内東部、摂津東部にまばらに分布し、モモナイは泉南北部と南部、大阪市東部、河内中部、摂津南部に分布している。『日本方言大辞典』によると、モムナイ、モミナイを使用する地域は大阪府以外にも九州、京都府、兵庫県、奈良県、和歌山県、島根県、広島県などがあり、広く使用されているということがわかる。一方、モモナイはこの2つに比べ、使用する地域は少なく、大阪府以外では奈良県、和歌山県だけであるという。

『近世上方語辞典』ではウマクモナイ（旨くも無い）からウモーモナイ→ウモモナイ→ウモムナイ→モムナイ→モミナイと変化したという。また岸江（2000）によると、「旨くない」からウマナイとなり、それが転訛してモムナイとなり、そこからモミナイとモモナイが生じたという。

他の語形に目を向けると、府北部〜中部にアジナイが分布していることがわかる。アジナイは『物類称呼』（1775）に「京、江戸共に、【あじなし　無味】と云ふ。（中略）大和及摂河泉又は九州のうちにて、もみないといひ、又、もむないといふ」と説明されている。アジナイは東京あるいは京都からの伝播とも考えられるが、アジナイの分布は、新潟県、富山県、石川県、福井県、岐阜県、愛知県、滋賀県、兵庫県であって、大阪における古い語形あるいは近隣地域からの流入の可能性が高い。

項目 008《オモシャイ（おもしろい）》

オモシャイは大阪市北東部、河内西部にも３地点ほどみられるが、ほぼ和泉市から泉南地方にかけてまとまって使用されていることがわかる。オモシャイは『日本方言大辞典』で山形県、新潟県、三重県、和歌山県でも使用するとされている。

岸江・中井（1999）でも、泉南地域〜和歌山市においてオモシャイが確認できるが、泉南地域のことばは河内、摂津と一線を画し、和歌山県北部との共通点が多いということがこの地図からも理解できる。

なお、和泉市から和歌山方面にかけて広がるオモシャイは、オモロイや標準語「おもしろい」よりも意味範疇が広く、例えば、オモシャイハナシ（奇妙な話）、オモシャイカザ（変わった臭い）のように「変わった、奇妙な」といった意味でも用いられることがある。

項目 009《メッチャ（たくさん・非常に）》

府の北部である能勢地方から大阪市や河内地方にかけて使用するという回答が集中し、泉南地方にはほとんど使用するといった回答がみられない。メッチャは「滅茶苦茶」から生じた副詞で、標準語の「とても」に近い意味を持つ。現在は若者言葉として使用、理解されており、メディアなどで「言葉の乱れ」として取り上げられることもある。同じ意味の若者言葉には、他にバリ、オニ、チョーなどがある。

大阪を中心に、かつて「無茶苦茶」から生じたムッチャが多用されていたが、ムッチャの衰退とともにメッチャが若者言葉の主流となっていった。さらに大阪市域ではメッサ、ゲッチャ、グッチャといった変化形も使用されている。

郡（1997）ではメッチャを「とても」の意味を持つ、大阪府の方言として取り上げている。

使用例：A「痛ったー……」

表1　メッチャ（岸江・中井（1994））

	No	地点＼世代	70代	60代	50代	40代	30代	20代	10代
京都府	1	京都市a　北部	+	+	+	+	◕	◕	◕
	2	京都市b　中部	+	+	⊙	⊙	⊙	⊙	⊙
	3	京都市c　南部	+	+	+	+	◕	◕	◕
	4	向日市	⊙	◕	⊙	⊙	◕	◕	◕
	5	長岡京市a　北部	⊙	⊙	⊙	⊙	⊙	⊙	◕
	6	長岡京市b　南部	+	+	+	⊙	⊙	◕	◕
	7	八幡市	+	⊙	⊙	◕	⊙	◕	◕
	8	乙訓郡大山崎町	+	+	⊙	⊙	N	◕	◕
大阪府	9	三島郡島本町	⊙	⊙	⊙	⊙	⊙	⊙	◕
	10	高槻市a　北部	⊙	+	+	⊙	⊙	◕	◕
	11	高槻市b　南部	+	+	⊙	⊙	◕	◕	◕
	12	枚方市a　北部	⊙	+	◕	⊙	◕	◕	◕
	13	枚方市b　南部	⊙	⊙	+	⊙	◕	◕	◕
	14	茨木市a　北部	+	+	⊙	◕	⊙	◕	◕
	15	茨木市b　南部	+	+	◕	⊙	◕	◕	◕
	16	摂津市	+	⊙	◕	⊙	⊙	◕	◕
	17	吹田市a　北部	⊙	⊙	◕	◕	◕	◕	◕
	18	吹田市b　南部	+	◕	+	+	◕	◕	◕
	19	豊中市	+	◕	◕	⊙	◕	◕	◕
	20	大阪市a　北部	◕	⊙	+	⊙	◕	◕	◕
	21	大阪市b　南部	+	◕	⊙	⊙	◕	◕	◕
	22	大阪市c　東部	⊙	⊙	⊙	⊙	◕	◕	◕
	23	大阪市d　西部	+	⊙	⊙	⊙	◕	◕	◕

凡例

◕　使用する
⊙　聞くことはあるが使用しない
+　聞くこともない
N　無回答

B「大丈夫？」

A「あかんわー。メッチャ痛い」

一方、1990年前後に調査が行われた岸江・中井（1994）によると、メッチャは「たくさん、多く」の意味でも使用されていることが確認される（表１）。

使用例：A「２番教室にメッチャ人おったけど、何かあるん？」

B「センター模試らしいで」

若年層での使用が顕著であり、中高年層ではあまりみられない。メッチャには「とても」に加え、「たくさん、多く」という意味をあわせもつことがわかる。

全国に「とても」を表す方言語形はアバカン（熊本県など）、ヨイヨ（高知県）、イカイコト（山形県など）、エット（京都府など）、ザーク（静岡県）など、200語以上もある。メッチャのように「たくさん、多く」と同じ語形を使用する例は、ツガウナイ（青森県）、イカイコ・イキャシコ（長崎県）、イキャーシコ（熊本県）など、これまた多い。使用方法と意味に注目すると新たな大阪語の世界が見えてくる。

Ⅱ．天気と言い習わし

項目 010《南風（みなみかぜ）》

風名についての項目はLAJにはないが、『物類称呼』（1775）巻之一「天地　風」にはかなり詳しい記述がある。その一部をみてみたい。

○畿内及中国の船人のことばに　西北の風を○あなぜと称す　二月の風を○をに北（ぎた）といふ　三月の風を○へばりごちと云　四月未（ひつじ）の方より吹風を○あぶらまぜと云　五月の南風を○あらはへといふ　六月末の風を○しらはへといふ（中略）○西国にても南風を○はへと云（中略）　伊勢ノ国鳥羽　或は伊豆国の船詞に（中略）三月土用少し前より南風吹○あぶらまじといふ（中略）五月梅雨に入て吹南風を○く

ろはへといふ　梅雨半（なかば）に吹風を○あらはへと云（後略）

これらの記述によると、畿内及び中国、また西国、伊勢、伊豆では、夏の南風を「あらはへ」や「しらはへ」また「はへ」や「くろはへ」と呼んでいた。つまり、厳密には語形の違いはあるものの、近世の頃はハイやハエが、近畿、中国、九州、東海といった広い地域で使用されていたことがわかる。また、畿内では四月未（南南西）からの風を「あぶらまぜ」、伊勢や伊豆では三月土用少し前の南風を「あぶらまじ」と呼んでいた。またハエ・ハイとマジ・マゼは同じ南風に対する風名であるが、マジ・マゼの方が若干吹く時季が早いようである。

さて、『大阪府言語地図』を確認してみたい。『物類称呼』の記述からその風の吹く時季も大切な分類要素であることがわかるが、質問項目では時季を設定していない。回答語形には、標準語形と同形のミナミカゼのほか、マゼ、マジュ、ニシマ、タツミカゼ、ヨーズ、ナンプー、オモテカゼといった回答がみられる。分布と『物類称呼』の記述から、マゼは、近世には畿内の南風をあらわすことばであったことがうかがえる。ただし、ハエやハイに関連する語形は見当たらない。約200年の間にハエ類は退縮してしまったようである。この変化に関しては、関口（1985）の調査結果からも裏づけられる。

マゼは、かつて大阪府の海岸線に近い地域にもっとひろく分布していたが、ミナミカゼが一気にその領域を広げた結果、現在のような分布になったものと考えられる。マゼは主に漁業やそれに関わる人々の間で用いられた形式であり、現在でも比較的それらの生業に関わる人々の多い泉南地域に密な分布を示している。一見、大阪府下の地域差と読み取れるのであるが、その地域差はあくまでもその地域の生業とのかかわりから生まれたものである。生業として漁業とのかかわりの少ない地域では古くから現在の標準語形と同じミナミカゼや、若干風位が異なるがタツミカゼを使用していたのであろう。その後、生業の急激な変化とともに一気に標準語形のミナミカゼへと変化を遂げた。

ニシマは、関口（1985）によると、南西風として、三重県・和歌山県・兵庫県・徳島県に分布する。おそらくニシマゼから変化した語形で、古くは、西寄りの南風の呼び名として、大阪府下にも広く存在したと考えられる。

ヨーズは、１例のみであるが、『物類称呼』には播磨のことばとして、また、近世の文献には京都での使用例もみられる。『日本国語大辞典　第二版』には、「南海道地方で、主に春の夕方に吹く南風をいう」とあることから、南海道に広く分布した方言形式であったことがわかる。

オモテカゼは、南側を表、北側を裏と理解したことにより生じた形式であろうか。オモテを南の意味とする方言は富山県に、またウラを北の意味とする方言は、富山県や静岡県にその用例を見出すことができる。

項目 011《東風（ひがしかぜ）》

先の『物類称呼』の中に「三月の風を○へばりごちと云」とある。風位まではわからないが、コチという語形が近世には畿内やその周辺にあったことは確かである。ただ、『物類称呼』によらなくても菅原道真の「こち吹かばにほひおこせよ梅花あるじなしとて春を忘るな」という歌はよく知られている。この歌から、コチが春に吹くということがわかる。

コチの初出としては『万葉集』巻十・二一二五番歌の「朝東風」を「あさごちのかぜ」と読む例がある。また、『大阪ことば事典』にも「コチカゼ（名）東風」とある。関口（1985）ではコチまたはコチカゼが東北地方から九州まで全国各地に広く分布している。これらから、コチは、現代の方位と風を組み合わせた風位呼称システムを導入する以前の標準語形だったといえそうである。

項目 012《夕立（ゆうだち）》

この項目は、LAJ 第６集・第255図「ゆうだち（夕立雨）」、LAJ を略図化して解説した佐藤監修（2002）にも掲載されているのであわせて参照されたい。

大阪府下の回答形式と関係のあるものについて全国の方言分布と比較すると、東北地方にカンダチやライサマアメといった語形がある程度の勢力をもって分布している。これは、夕立の際に発生する雷にそのことばの意味を担わせているのである。LAJ 第 6 集・第256図「かみなり（雷)」と関連させてみると夕立の方言形式との関係が確認できる。さてカンダチという語形が大阪府下の泉大津市に 1 例のみではあるが確認できる。東北地方との関連は考えにくいので、雷との関連で自然発生的に生じた形式であろう。また、ニッパは、全国にその例がない。大阪府下で大きな勢力はユーダチ類である。このうちユーラチは、比較的最近まで大阪府下や奈良県、和歌山県で広く観察された、いわゆる〔d〕～〔ɾ〕～〔z〕の混同である（ヨダチ類のヨラチも同様)。次に多い形式としてはヨダチ類である。これらは、音声的な変異ではなく、「夕」と「夜」の対立であろう。日本語の時間概念を語彙で示した場合、一日の明るい時間帯は、アサ（朝）→ヒル（昼）→ユフ（夕）であり、暗い時間帯は、ユフベ（夕べ）→ヨヒ（宵）→ヨナカ（夜中）→アカツキ（暁）→アシタ（朝）である。元来、時間帯などの概念を表す語は、その指し示す対象が曖昧である。そういった面から、これらの語のいずれかが正しいといったものではなく、よく似た意味範疇をあらわすものと考えてよいであろう。これは、ヨサリ（夜去り：夜が近づく→「夜」）などの語が方言によって「夕方」や「夕暮れ」を意味する場合があることからも確認できる。さて、LAJ の夕立雨の近畿地方の分布状況をみた場合、全域にヨダチ類が広く分布している。特に、奈良県や兵庫県南部では密な分布を示している。LAJ の調査時期は、1957年～1965年であり、『大阪府言語地図』の調査時が1990年～1992年であることから、概ね30年の月日が経過している。地点数も前者で18地点程度、後者で160地点程度と密度も違うが大阪府下の分布の様相はヨダチからユーダチへの変化を如実に示しているということができる。大阪市内の周辺にはヨダチ類が現れ、大阪市を中心とした周圏分布の様相を示している。このことから、大阪府全域で古くはヨダチ類が強い勢力をもって分布していたと考えられる。それが、都市化や標準語化の影響を受けて、順次ユーダチ類へと変化していったと考えられる。

項目 013《日照り雨（ひでりあめ）》

まず、標準語形というべきヒデリアメが回答語形にない。また、それに準ずるとみられるテンキアメが高槻市に１地点回答があるだけである。

キツネノヨメイリが大阪では標準的な語形であることがわかる。ただ、この語形は決して古いものではなく、文献による使用例としては、近世（1700年）頃以降にしかみられないようである。

さて、この項目での回答語形の明らかな地域的対立は、キツネノヨメイリ（嫁入り）かキツネノヨメドリ（嫁取り）かといった表現上の違いである。泉南地域では「嫁取り」が多く、それ以外の地域では八尾市の１地点を除き「嫁入り」である。しかし、詳細にみれば泉南地域でも沿岸部に近い地域では「嫁入り」であることがわかる。泉州地域のより古い時期の詳細な分布状況は図４により確認できる。この調査はすでに触れたように1981年から1983年までの３年間であり、『大阪府言語地図』の調査より概ね10年古い時期の分布を示している。

これらの２つの地図から10年間のこの地域の変化を確認したい。1980年代当初、キツネノヨメドリは、岸和田市から旧岬町の泉南地域のみに色濃く分布していたことが確認できる。その後、10年の間に沿岸部からキツネノヨメイリが広がったことがわかる。この地域では沿岸部に南海電鉄・JR 阪和線と２本の鉄道が走っており、これらの駅を中心として大阪市や堺市のベッドタウンとして発展を遂げてきている。また、関西国際空港の造成（1987年着工・1991年完了）や開港（1994年）ともあいまって、沿岸部を中心に都市化が進行しているといえる。これらの事実を踏まえて、これらの地域差の理由について考えてみたい。おそらく、これは泉南地域の該当地域での結婚に関する習俗や考え方の異なりを示しているものであろう。ここでは、それぞれの地域での、家督制度まで細かくみることはできないが、農業を主たる生業とした、大阪府の他の地域に比して、耕地面積が少なく、水利の悪かった泉南地域での生業のあり方が、関係しているようである。ただ、これらも都市化とともに生業や生活様式が変化し一気に退縮している。岸江・井上（1991）によると、泉南市岡田で行った世代別言語調査で「明治末生まれを中心にキツネノヨメイリがかたまってはいるが、大きく分けると、老年層はキツネノヨメドリ、中年層・若年層はキツネノヨメイリといった対立がある。老年層と

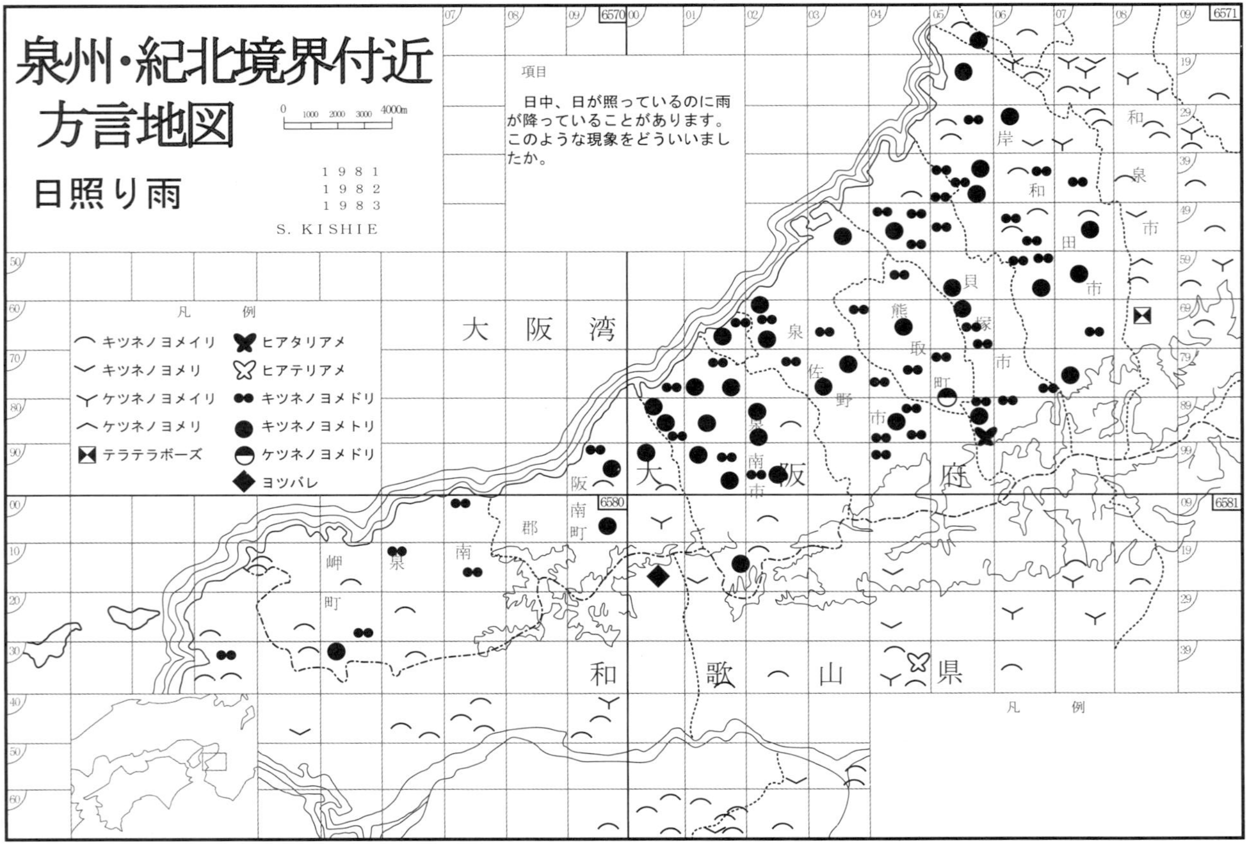

図４　「日照り雨」（「泉州・紀北境界付近方言地図」）

中年層との間を境にして語形が切り替わっているのである。中学生アンケートでは90％近くがキツネノヨメイリで、キツネノヨメドリという泉州独特の形式は完全に消滅してしまった」と述べている。生活環境や都市化といった地域社会の変化がことばに与える影響を如実に示している例といえよう。また、八尾市などにみられるケツネノヨメリのヨメリは〔jomeiɾi〕の連母音〔ei〕が母音の連続を嫌い〔i〕が脱落し〔e〕となったものである。

項目 014《太陽（たいよう）》

この項目はLAJ 第６集・第251図「たいよう（太陽）」、佐藤監修（2002）にも掲載されているのであわせて参照されたい。

大阪府下の分布を概観すると、もっとも使用の多い語は和語のヒ系のオヒ（ー）サンである。語形は少ないが、〔oçisama〕の〔ç〕音が弱化脱落して「オイサン（サマ）」となっているものも南河内（富田林市）や泉北（泉大津市）に各１地点ずつみられる。これ以外には漢語由来のオテントサン（７例）、ニチリンサン（10例）、ニッテンサン（６例）がみられるが、いずれも散発的でまとまった分布を示していない。強いていえばニチリンサンが河内から泉南にかけて分布し、また、オテントサンが摂津地域にみられる。いずれにしても標準語形と同形のタイヨーが大阪市内中心部から新たに広がろうしている様子がうかがえる。また、拡散の仕方は、必ずしも都市中心部から一様ではなく、周辺部に飛び火的に侵入していく傾向がみられる。

項目 015《明日（あした）》

この項目はLAJ 第６集・第282図「あした（明日）」にも掲載されているのであわせて参照されたい。

アシタが大阪府全域を覆っている。ただ、その音声変異の状況をみると地域ごとにさまざまな特徴がみられる。まず、泉南を中心にアヒタが分布する。これは、中河内（東大阪市・守口市）の２例とともに〔aʃita〕の〔ʃ〕音が〔ç〕音に交替したためである。これは大阪府下でよくみられる現象で、標準語の「七（シチ）」や「質（シチ）」をヒチ〔çitʃi〕、また、布団を敷くの「敷く（シク）」をヒク〔çiku〕と言うことがある。それぞれヒチ、ヒクが標準語形だと思っている若い世代の者も少なくない。

次にアイタが中河内（八尾市・門真市・守口市）に3例、摂津（吹田市）に1例分布する。また、アイサが北河内（枚方市・交野市）に2例、南河内（松原市・河南町・富田林市）に3例、泉北（堺市・高石市・和泉市）に6例分布する。これらは、山本（1982）に「河内から泉南にかけての特徴的な現象として〔ʃi〕の子音の脱落がある。この現象は同時にそれに続くタ行音をサ行音にかえることがある」とあるように特徴的な脱落現象である。ただ、この調査結果では、泉南地域ではこの現象はみられないことがわかった。

項目 016《ホメク》

「まだ湯上りの顔ほめく汗の額や」（『曾我五人兄弟』）近松門左衛門

蒸し暑い時期に体が火照ることをいう「ホメク」は、元禄期の大阪語に使用例が認められる由緒あることばである。『大阪府言語地図』から現在「ホメク」は大阪府中心部では消滅寸前の形式であり、周縁部にしか残存しない状況であることがわかる。伝統的な方言形式が都市化や標準語化により失われていく一例だということができよう。

項目 017《梟（ふくろう）》・項目018《梟の鳴き声》・項目019《梟の鳴き声の言い伝え》

梟（ふくろう）に関する項目は、鳥の呼び名、鳴き声、鳴き声の意味の3つの項目からなっている。ここでは、これらを一括して扱うことにする。

これらの項目はLAJ 第5集・第212図「ふくろう（梟）」や第6集・第298図「ほうほう（梟の鳴き声）―その1」、第299図「ほうほう（梟の鳴き声）―その2」、佐藤監修（2002）にも掲載されているのであわせて参照されたい。

まず、梟（ふくろう）の呼び名についてである。全国的な分布の詳細は上記文献にゆずるが、呼び名の多くは、その鳴き声の聞こえ方に由来するものである。なかでも東北地方の一部に分布するノロスケやノリツケといった呼び名は「糊付け、干せ」と聞こえることからの命名であり、これは梟（ふくろう）が鳴いて翌日の天気を占うという言い伝えとの関係からである。

『大阪府言語地図』では、全域にフクローが分布している。次にその音声変異形としてホクローがやはり全域にみられる。これは母音の〔u〕が〔o〕に交替した結果であるが、ウシロ（後ろ）をオシロといったり、ホクロ（黒子）をフクロということは当時の老年層では比較的よくみられた現象である。つまり、〔u〕と〔o〕が相互に交替しやすかったということである。ただ、このような現象も現在ではほとんどみられなくなっている。このほかにまとまった分布を示しているものとして、泉南地域のフルツクがある。これは和歌山県・四国全域および中国地方の岡山県、山口県と西日本一帯に広く分布する語形である。泉南地域における和歌山県との類似性がみられる。LAJを確認すると概ね、摂津地域では、大阪市内でフクロ（和泉地域の堺市でも）、それ以外の地域でフクロ（ー）ドリ、中・南河内地域から泉北地域でフクロク、泉南地域でフルツクである。摂津地域と中・南河内地域では在来語形を押しやりフクローの侵入が著しいことがわかる。なお、図5では泉南地域でのフルツクとフクロク、フクロコ、フクドリといった在来語形の対立の様子やフクロ（ー）の分布状況が詳細にみてとれる。

次に項目018《梟の鳴き声》の分布を見たい。LAJでは鳴き声の方言形式が数百種に及ぶ。全国的に、ホーホーが分布しているが、地域ごとに様々な分布がみられる。例えば、青森県の津軽地域を中心にモホ（モホ）、南部地方から岩手県にかけてはオホ（オホ）、山形県ではテデットポー、和歌山県から四国全域、山口県にかけてはフー（フー）やクー（クー）、九州では、コーゾーやドーコーといった状況である。鳥の声を聞き取る場合にもその地域ごとの生活に根ざしたフィルターの様なものが存在することが極めて興味深い。なお、地域を含め通時的な擬音語・擬態語の研究としては、山口（1989）がある。

大阪府下の状況をみると、全域でホーホーが分布している。ただ、狭い地域の分布ではあるが、和泉地域の一部にフルツクフーフー、摂津地域の豊能町や高槻市にノリツケホーがみられる。このノリツケホーは先に触れたようにこの鳥が翌日の天気を占うという言い伝えとの関係からである。

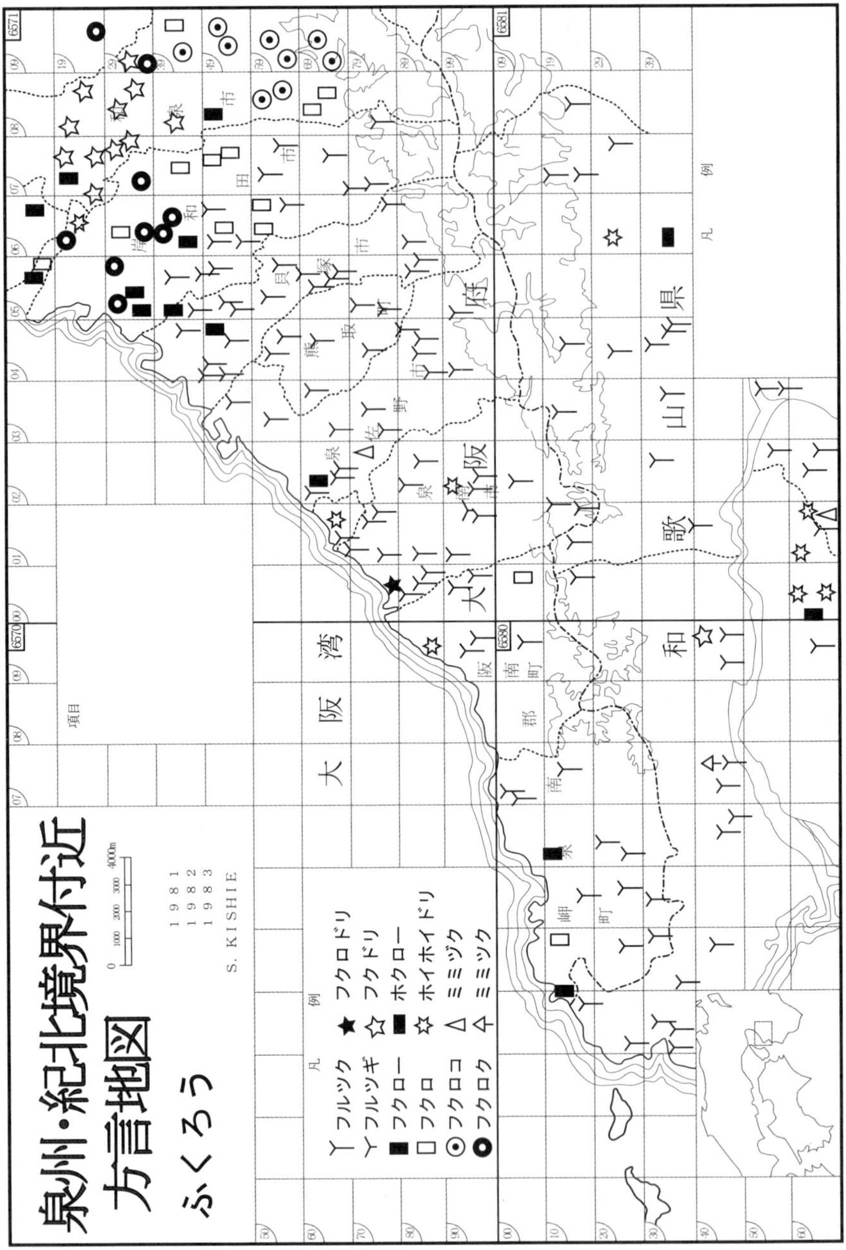

図5「ふくろう」（「泉州・紀北境界付近方言地図」）

ただ、項目019《梟の鳴き声の言い伝え》の地図では、茨木市の話者は「晴れ」と答えているが、豊能町の話者は「雨」と答えている。このノリツケホー（セ）とは「霜焼け」におけるユキヤケの分布等とともに「日本海型分布」と呼ばれる方言分布形式を示す代表的なものである。

詳細は項目048《霜焼け（しもやけ）》の項で触れるのでそちらを参照して頂きたいが、比較的天候に恵まれない日本海側では翌日の天気が気にかかるのである。そうして、梟（ふくろう）の鳴き声と、翌日の天気を結びつけるのである。なお、LAJでも大阪府の箕面市でノリツケが確認されている。日本海側との交流というよりもむしろ、これらの地域での気象条件も関係しているのかもしれない。いずれにしても都市化や近代化（気象庁による天気予報など）により、こうした自然との対話をとおした生活意識はなくなりつつあるといったことがいえるであろう。

項目019《梟の鳴き声の言い伝え》の分布に目をやると、「晴天」の回答が19地点、「雨天」の回答が15地点（京都を除く）である。泉南地域や摂津地域ではやや「晴天」が優勢のようである。また、富田林市から千早赤阪村では「雨天」が優勢といえそうである。千早赤阪村の背後には大阪府で最も高い金剛山（1125m）が控えており、この山の影響で雨天が多いことが関係しているのかもしれない。

Ⅲ．動物と植物

項目020《虎杖（いたどり）》

大阪市以北の摂津地域では、標準語形と同形のイタドリが一番多く、その他、イッタンドリ、イッタンド、イタンズル、イッタンドーシなどイタドリ類の勢力が強い。一方、中河内から泉南にかけてはスカンポ類が勢力をもって分布している。ただ、中河内・南河内ではスカンボ、泉南地域ではスカンポである。〔b〕音と〔p〕音といった微妙な差であるが、地域差がみられる点が興味深い。摂津地域で使用された在来の語形が標準語形と似ていたためか、イタドリの使用が目立ち、府下にみられる29例中19例は、摂津地域で回答されている。逆に河内地域や和泉地域では標準語形のイタドリはそれぞれ５例程度しか見当たらない。河内・和泉地域には、摂津地域に比してスカンポの生える野原が多かったということであろうか。

項目 021《玉蜀黍（とうもろこし）》

この項目は、LAJ 第４集・第182図「とうもろこし（玉蜀黍）」、徳川（1989）、佐藤監修（2002）にも掲載されているのであわせて参照されたい。

府下全域に圧倒的な勢力をもってナンバが分布する。数こそ少ないがナンバンも９地点存在する（なお、関東を除く東日本のほぼ全域でナンバンは唐辛子のことである。また、近畿周辺部では滋賀県北部から福井県にかけてナンバンを唐辛子の意味で用いる地域がある）。LAJ でも大阪府周辺域を含め、近畿地方のほとんどの地域がナンバであり、わずかに摂津地域に２地点ナンバキビが確認できる。また、ナンバンは京都府中北部から滋賀県北部のあたりにしか分布しない。これらの状況から新古関係を考えると、ナンバン→ナンバということになろうか。

LAJ の調査時以降、ナンバキビが大阪市内を中心に勢力を拡大していったが、新たに標準語形のトーモロコシの侵入が始まっているということができそうである。なお、トーキビは九州・四国や北海道で強い勢力を持つ語形で、近畿周辺では四国の他に福井県や石川県にも強い勢力を持ち、近畿圏のナンバの外側に分布している。市内のトーキビ２例は、都市中央部の規範意識が古い形式を残存させたとも考えられるが、これら周辺地域からの再流入の可能性も否定できない。

項目 022《松毬（まつかさ）》

この項目は LAJ の第５集・第247図「まつかさ（松毬）」、佐藤監修（2002）にも掲載されているのであわせて参照されたい。

全国的にはマツカサが分布するが、LAJ によると、大阪府・奈良県・和歌

図6 「まつかさ」(「泉州・紀北境界付近方言地図」)

山県にはチンチリ（コ）、チンチロ、チンチラ（コ）などがみられる。これらを参考に『大阪府言語地図』をみると、大阪市内を中心にマツボックリ、マツカサ、マツガサが確認できるものの、周辺部には北部の豊能郡でチンチラがまとまって分布し、摂津から北河内にかけてはカンチリ、北・中河内と泉北にチンチリ、南河内にチンチラコ、泉南にチッチリ及びチッチリコが分布していることがわかる。また、大阪市内・豊中市・東大阪市・松原市・和泉市・熊取町とまばらではあるが、チンチロが分布している。この地図の記号は主として、2拍目が促音のものに◇の記号を、撥音のものには○の記号を与えている。これらの記号を比較すると、泉南地域では促音の使用が多いといえよう。このあたりの細かな状況は、図6から確認できる。これによると、岸和田市と貝塚市を境として第2拍目が撥音か促音かで綺麗に分かれていたことがわかる。また、この地図によると、チッチリコと「コ」の付く勢力は和歌山県側の勢力であることも確認できる。ここでは貝塚市以北で撥音を用い、以南で促音を使う理由までは考察することはできないが、興味深い地域差であるといえよう。

なお、高槻市に2地点みられるカンコロは京都市内に分布する形式である。この語形と大阪在来のチンチリ類との混交が起き、カンチリが生まれたものと思われる。京都に近い三島地域では、古い時代の標準語とでも呼ぶべき京ことばが大阪語に影響を及ぼした例としてあげられようか。

項目023《お玉杓子（おたまじゃくし）》

この項目はLAJ第5集・第221図「おたまじゃくし（蝌蚪）」、第222図「おたまじゃくし（蝌蚪）—カエル類の詳細図」、第223図「おたまじゃくし（蝌蚪）—ヒキ・ワクドなどの類の詳細図」、佐藤監修（2002）にも掲載されているのであわせて参照されたい。

まず、LAJが3枚の地図に分けられているのは、この項目に対する回答語形が多いためである。佐藤（2002）によると、「ほとんど占有領域らしきものをもたずに、全国に広く、他の俚言形と混在しつつ分布するものがある。「おたまじゃくし（蛙の子）」の図などはその典型の一つである。」と述べている。

LAJ にみられる大阪府下の分布は、オタマジャクシ、ダマ、タマコロ、ダマゴロ、ベベダンゴ、ベベランゴ、ゲールゴロ、ガエゴロ、ガエルコ、ガエルゴ、ガエルクダマ等が確認できる。一方、『大阪府言語地図』ではオタマジャクシを中心に凡例に示したとおりである。似た語形はあるものの、オタマジャクシ以外で全く同じものはゲールゴのみである。これは標準語化の影響もあろうが、その対象が子供のころの遊びの一部といった面を考え合わせれば、狭い地域の子どもの集団ごとで呼び名が違ったことがその一因であったと考えられる。ただ、それらの方言形が残っているのは都市中心部ではなく、田畑や野原が残っていた周辺部であることは分布状況からも確認できる。

項目 024《目高（めだか）》

この項目については辛川・柴田（1980）もあわせて参照されたい。

『大阪府言語地図』のメダカの分布はオタマジャクシ同様、標準語形のメダカが全域に広く分布してはいるものの、地域ごとにややまとまった分布がうかがえる。まず、大阪市内と泉北地域を除く摂津地域（豊能郡・吹田市・茨木市・高槻市）や中・南河内地域（八尾市・松原市）及び泉南地域（熊取町・泉佐野市）にコメンジャコ（13例）が分布している。また、コメ類として、豊能郡に1例みられるが、主に南河内地域（羽曳野市・河南町・河内長野市）や和泉市から泉南市にかけての地域にはコメジャコ（9例）が分布する。また、中河内地域（寝屋川市・守口市・門真市・大東市）の狭い地域にコマンジャコ（5例）の分布がみられる。次にメメ類では、大阪市内を含む摂津地域（豊能郡・箕面市）や中河内地域（東大阪市）や泉北地域（堺市・高石市）及び泉南地域（熊取町・泉佐野市・泉南市）にメメジャコ（11例）が分布し、泉南地域（泉南市・阪南市）にはメメンジャコ（1例）とメメンコ（1例）が分布している。いずれにしても比較的都市化の遅れた地域にこれらの語形が分布しているようである。なお、岸和田市のモロコ1例はよく似た別の魚種を答えたものかもしれない。

項目 025《水黽（あめんぼ）》

『大阪府言語地図』では、全域に標準語形と同形のアメンボ（一）が広がっている。アメンボ（一）以外の凡例が16例あり、孤例の多い回答が目立つ。かつてはそれぞれの形式が各地域でまとまって分布していたものと思われるが、各地域ともに伝統的な方言形式が失われてしまったのであろう。例えば、「あめんぼ」は「水馬」と表記されることもあり、八尾市のウマなどは中河内各地で使われた語形だったかもしれない。また、「あめんぼ」は脚が長いことから蜘蛛を連想させることがあり、「みずぐも」「かわぐも」と呼ばれることもある。吹田市で回答のあったミズクモはこれと関係しており、以前、北摂地域に広がっていた語形なのかもしれない。

「あめんぼ」は、飴の匂いがすることで知られており、「あめんぼ」という命名がされたのも恐らくこのことが関係していると思われる。府下各地に散在するアメボン、アメンジョ、アメリカ、アメウオなどもみな飴からの命名であろう。

泉南地域にまとまって分布するジョーセン類（ジョーセン、ジョーシェン、ジョーセンボー）のジョーセンは、もともと「水飴」で近世の諸辞書に現れる。この類は、枚方市の最奥部の穂谷でもジョーセンアメという回答があり、大阪府下では最も古い方言形であった可能性がある。

項目 026《水澄まし（みずすまし）》

『大阪府言語地図』によると、標準語形と同形のミズスマシは京都府下の２地点を入れて64例と一番多いものの、府下全域にマイマイ、マイマイコンコなど、マイマイ類が多く分布し、61例を数える。標準語形と拮抗する分布であるといえる。これまでみてきた「おたまじゃくし」や「めだか」及び「あめんぼ」に比してその方言形式が多く残っている項目である。なお、ゲンゴロー類の４例は、よく似た別の種類を答えたか、それらを区別してなかったものと思われる。また、泉北地域で回答のあったジンジリは、旋毛（つむじ）をあらわす方言と同じ形式である（項目043《旋毛（つむじ）》を参照）。この虫が泳ぐときに円を描きながら泳ぐ姿をみて、旋毛（つむじ）の渦巻きの形状を連想して命名したものであると思われる。

項目 027《蛇（へび）》

この項目はLAJの第5集・第226図「へび（蛇）」、佐藤監修（2002）にも掲載されているのであわせて参照されたい。

『大阪府言語地図』によると、大阪市を中心として府下全域に標準語形のヘビが勢力を拡大している様子がみてとれる。ただし、摂津・河内地域ではクチナが勢力を持って分布している。また、クチナやクチナワの音声変異形と考えられるクツナやクツナワが中河内に分布している。

さらに和泉地域を中心にクチナワ、貝塚市、泉佐野市など泉南の山間部寄りにグチナワが極めて強い勢力をもって分布している。この地域のこれらの語形は、標準語形であるヘビをはるかに凌ぐ勢力である。なお、泉南地域のさらに詳細な分布状況は、図7により確認できる。

これによると、グチナワ、グチナ、グチなどのグチナワ類の分布は和泉市以南から泉南市北部に集中していることがわかる。蛇に対する不快感を強調するという意図が働き、語頭の無声音を有声音に変化させたのであろう。泉南地域には蜘蛛の方言形としてグモが使用されるが、これも同様であると思われる。

なお、『日本国語大辞典　第二版』によると、上代には「ヘミ」であったものが、平安時代に「クチナハ」と併用されるようになったとしている。

語源としては、「口縄」や「朽ち縄」また「クチナブサ」が「クチナワ」となったという説などさまざまであるが、いずれも決め手には欠ける。

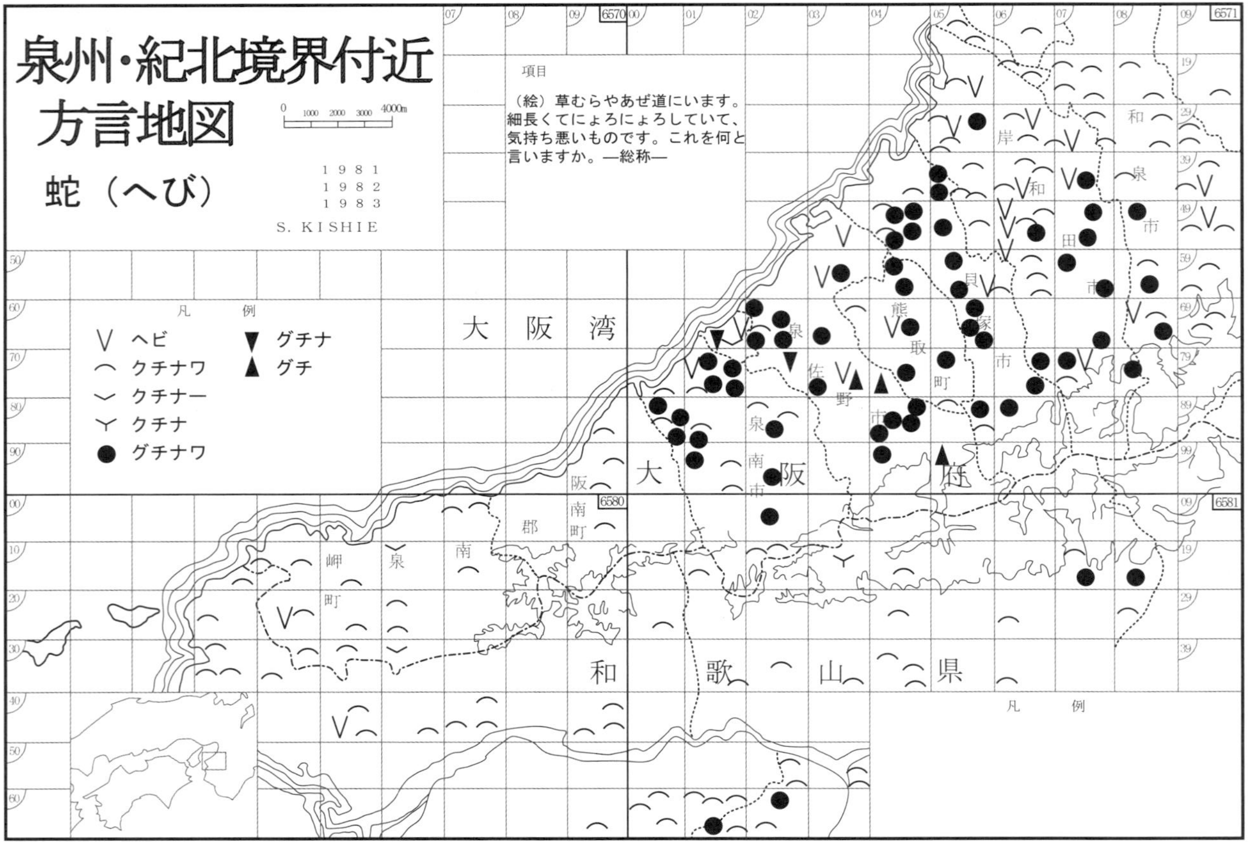

図7　「蛇（へび）」（「泉州・紀北境界付近方言地図」）

項目 028《蝮（まむし）》

この項目はLAJ 第5集・第228図「まむし（蝮）」、佐藤監修（2002）にも掲載されているのであわせて参照されたい。

『大阪府言語地図』によると、ハブが大阪市内北部を中心に堺市や和泉市付近にまとまって分布し、北摂から南河内にかけては大阪市を囲むようにハメが、泉南地域を中心にハビがそれぞれ分布している。一方、大阪市内から標準語と同形のマムシが府各地域に広がろうとしている状況をうかがうことができる。

まず、「ハブ」を異質に感じられた方が多いと思われる。それは、「ハブ」とは沖縄県を中心に生息する別の毒蛇ではないかということであるが、近世の（上方ではなく）江戸（ではあるが）の読本に「蝮蝎の殊に大なるものを羽夫（ハブ）と唱ふ」（『椿説弓張月』）とあることから近世ではこれらに対して別種であるといった認識はなかったようである。

恐らくこれらの方言形の中でもっとも古い語形とみられるのは、動詞「はむ（食）」の連用形が名詞化したハミであろう。『日本国語大辞典　第二版』では「10世紀初頭の『本草和名』に「蝮〈略〉和名波美」」の例を引いている。このハミという語形は『大阪府言語地図』では回答を得られなかったが、図8には1地点ながら和泉市に見出すことができる。このハミから派生したハメ（母音〔i〕音と母音〔e〕音の交替。項目013《日照り雨（ひでりあめ)》を参照）また、ハビやハベといった子音〔m〕音と子音〔b〕音の交替といった様子がみてとれる。同様の音声交替現象としては、セマイをセバイという例やヒモをヒボというといった例のほか、コムラガエリをコブラガエリと言うような例が挙げられる。

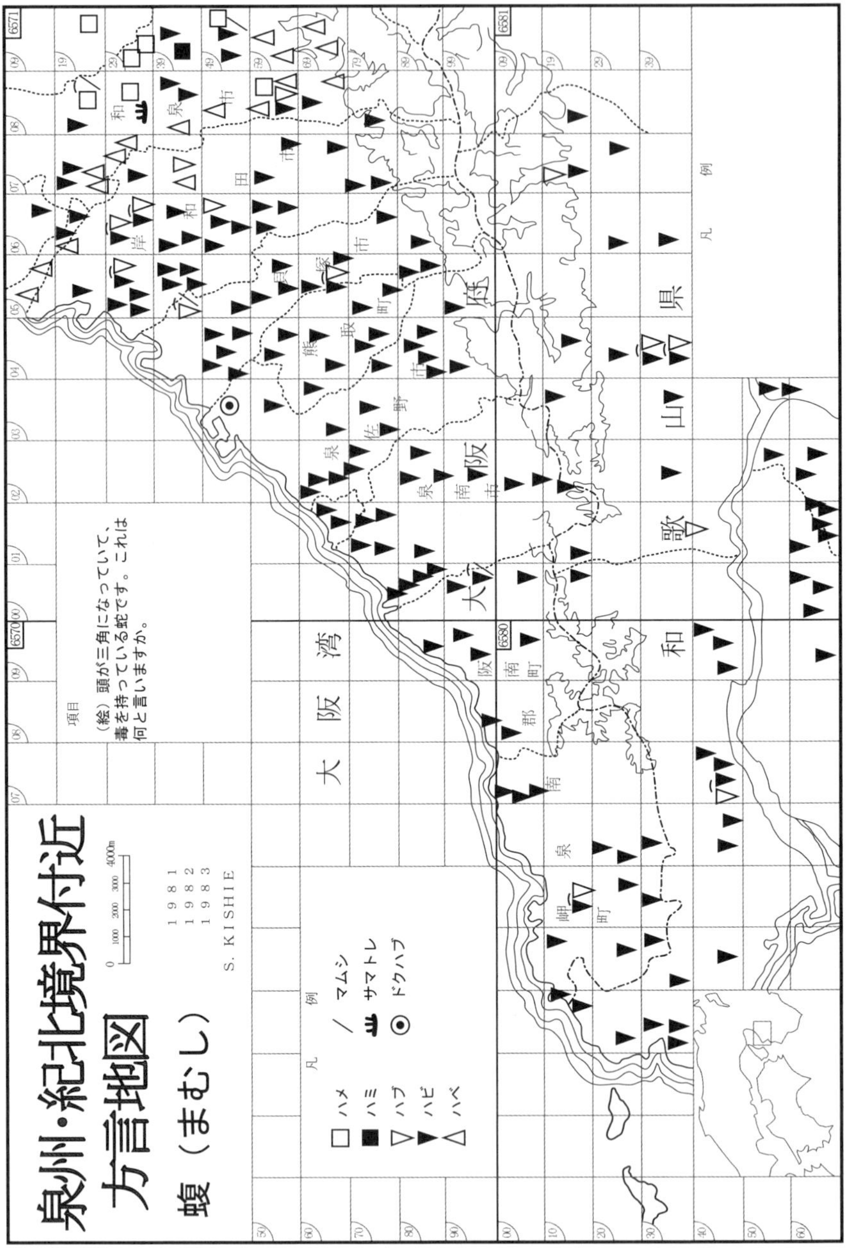

図8　「蝮（まむし）」（「泉州・紀北境界付近方言地図」）

項目 029《青大将（あおだいしょう）》

青大将は、大きいものだと2メートル程度まで成長する。毒はなく、性質は温厚で山野や人家付近に住んで、鳥の卵やネズミなどを食べる蛇である。

『大阪府言語地図』によると、府下全域にアオダイショーが分布しているが、泉州地域では蛇の総称であるクチナワ、河内地域ではクツナやクチナが分布している。青大将の方言を尋ねても蛇の総称であるクチナワ類の回答が多かったのは、これらの地域ではこの蛇が人里近く（もしくは人里に）住むことから青大将＝クチナワだと認識しているためであると考えられる。

ネズミトリが泉南地域を中心に分布し、まとまりは見せないものの、府下各地にもみられる。稲や作物を食い荒らすネズミを捕るのでこの名がつけられたものと思われる。

このほか、豊能町でタニマワリ、北河内地域から南河内地域及び泉北地域にかけてサトマワリやその音声変異形であるサトマリ、サトマル、サトワリなどが分布している。タニマワリのタニは「谷」の意味ではなく、『日本国語大辞典　第二版』にある「同じ世界に住む仲間。連中。社中」の意味であり、集落全体を表すものと考えられる。サトマワリのサトは「里」であり、まさに集落を意味している。全てに共通するマワリはそれらの周辺に住んでいるといった意味であろう。各地の方言にみられるサトメグリのメグリも同様の発想からの命名であろう。また、和泉市山間部にみられるカイトマワリのカイト（垣内）は近畿地方でみられる俚言で、集落を意味する。同様に家の周りにいることからイエマワリ、ウチマワリなどの名がつき、古民家の屋根裏などにも住み着くことからイエノヌシや単にヌシといった語形が生まれたものと思われる。

なお、各地に散見するシマヘビやそれらの変異形はおそらく、縞蛇（しまへび）と混同してしまったものであろう。

項目 030《油虫（あぶらむし）》

ゴキブリの語形を話者に提示し、古い形式を確認したものである。ゴキブリという語形自体は「御器嚙（ごきかぶり）」が変化した語であるという。『日葡辞書』(土井ほか(1980)による)に「あぶらむし」の説明として「ごきぶり」があることから、中世の終わり頃から「あぶらむし」が標準的であり、「ごきぶり」が方言的であったと認識されていたようである。

『大阪府言語地図』の分布をみると、大阪府全域にアブラムシが分布し、次いでゴキブリが分布する。

『大阪ことば事典』では「ゴキカブリ→ゴッカブリ→ボッカブリ」といった変化があったと推定しているが、言語地図上には各語形の地域的特徴がみられない。

項目 031《黄金虫(こがねむし)》

この項目に関してはすでに真田(2002)で『大阪府言語地図』と解説が取り上げられた。真田(2002)は、言語地図上の回答語形から「「黄金虫(こがねむし)」の名称であるはずです。しかしながら、ここでは、コガネムシ科の甲虫「かなぶん」の名称も回答されているようです。(そもそも、「こがねむし」と「かなぶん」とが当地では区別があいまいです)」と、調査結果には2種類の虫に関する回答があったのではないかと述べている。

この可能性は否定できず、2種の昆虫の判断もつきにくい。この点でこの地図は「黄金虫」の地図というより大阪府下でよくみられる「コガネムシ科の昆虫」であるといった意味で分布を確認したい。

『大阪府言語地図』からは、全域にカナブンが分布すると同時にブンブンも強い勢力を有している。地域的にみると、泉州地域の貝塚市以南ではカネブンブといった形式がまとまって分布し、なかでも泉南市ではカナブンブがまとまって分布する。ブンブンや、—ブンブ・—ブンといった命名はこの虫が飛ぶときの羽音によるものと思われる。これらのほか、河内地域の門真市を中心にカネカネ、摂津地域の茨木市辺りにカネブンといった語形が分布している。分布状況からカネ系が古くカナ系が新しいのではないかとみることが可能かもしれない。

なお、真田(2002)では、大阪市内での世代調査結果を示し、ブンブンからカナブンへの世代変化があったことに触れている。言語地図上からは両語形の新古は判断がつきにくいが、両者の新古関係を考える上で有力な根拠になる。

なお、八尾市に見えるバータレムシは、この虫を捕まえると糞をするといった習性からで、子供の頃、誰でも経験したことがあると思われる。

ブドームシは、葡萄に似た植物にこの虫がたくさん集まっている習性からの命名であろう。これらを含めて、ここにみられる多くの方言はいずれも子供による命名であるといってよい。

このようなユニークな命名は子供達の想像力の逞しさによるものであろう。子供時代のふるまいを思い出させてくれる項目の一つである。

Ⅳ．暮らしと遊び

項目 032《ゆでたまご》

大阪語ではニヌキやミヌキというのが標準的な呼び方である。最近の若年層では標準語形のユデタマゴという人が多くなり、ニヌキやミヌキを知らない人が増えてきている。真田（2002）にはこの地図への考察が述べられており、それによると、「ニヌキは「煮抜き卵」（十分に煮る）という解釈から、ミヌキは「実抜き卵」（実を抜いて食べる）という発想から生まれた表現」だとしている。また、浄瑠璃の『長町女腹切』（1712年頃）の「わさびおろしに煮抜きの玉子」、『浪花聞書』（1819年頃）の「煮ぬき玉子　ゆで玉子也」といった文献の用例を引きつつ、「周圏的分布の様相からは、逆に、ニヌキに対するミヌキの相対的な古さを推定することができそうである」と述べている。

ニヌキとミヌキの関係は、確かにその可能性が高く、都市部では規範意識が働き、古い形式のニヌキを残したのかもしれない。場合によってはニヌキやミヌキまたは河内地域に分布するユヌキは、「煮抜き玉子」や「実抜き玉子」と同様、「茹で抜き玉子」といったその調理方法をもとにした民間語源的な発想からの命名が各地で行われたものとも考えられる。各地での呼び方が異なるのは、その調理方法をどう言うかの差異に影響された可能性もあり、この視点も交えた新古判断を行う必要があるのかもしれない。

項目 033《便所（べんじょ）》

お手洗いやトイレといったことばは、直接的な表現を避けたいという意識が働き、婉曲的に言い表したことばである。この項目に現れる方言形も、これと同じような意識が働いたとみられる形式が多い。

さて、まず『大阪府言語地図』に現れたそれぞれの語形について簡単に確認しておきたい。

ベンジョは古くは『文明本節用集』にその用例があることから、室町時代の中頃から使用された形式である。チョーズ（手水・小用）は、本来、手や顔などを洗い清めるための水やその行為を指していたが、トイレに行ったあと、手を洗う行為やその場所を指した。江戸期の『女中詞』にみられる。カワヤ（厠）の語源は、母屋の近くに建てた側屋か、川に掛け渡して作った川屋のいずれかが有力であるという。ただ、このことばは『古事記』にすでにその用例があり、古くから使用されてきたものとみられる。

センチ（シェンチ）は、もともと禅宗の僧が使うトイレを指したセツイン（雪隠）、またはその変化形のセッチンが変化したものと考えられる。セツインは、茶室につけられた便所を指すこともある。セッチンは『天正本節用集』にあるので、室町後期には一般的に用いられていたものであろう。ハバカリは、人目を憚るということからだと考えられる。用例がみられるのは、明治以降である。ゴフジョー（御不浄）は仏教用語の五種不浄などにみられる汚れを意味する不浄に接頭語の「ご」をつけたものと考えられる。辞典・辞書等の用例は、昭和以降のものが多い。

コーヤサン（高野山）は『上方語源辞典』に「厠をコーヤともいうので、高野ともじり、高野山としゃれた」とあり、その変化の過程を〔kawaja〕＞〔kauja〕＞〔kɔ:ja〕＞〔ko:ja〕としている。ただ、『近世上方語辞典』には「高野へ行く」の項に「「かみ落とす」（髪・紙）のシャレ」として、元禄期の用例が示されているので、音声変化とするよりもむしろ、後者が語源となった可能性が強いのかもしれない。テアライはチョーズ同様、手を洗うことからである。用例は、明治期以降のものが大半を占める。

さて、『大阪府言語地図』の分布をみると、大阪市内を中心にカワヤが分布し、その外側にチョーズ、センチ、ハバカリ（サン）といった語形が分布している。周圏的な分布の一例といえよう。このようにみると、ベンジョを除けばカワヤが一番新しい語形ということになる。

文献に現れた順番とは必ずしも一致しないが、都市中央部の規範意識や位相差のほか、こういった変化の激しい語には時代ごとの流行もあるようである。一度廃れたことばが再起し、さらに隆盛するといったことがあるのかもしれない。

項目 034《胡座（あぐら）をかく》

この項目はLAJ 第２集・第52図「あぐら（胡座）をかく」、佐藤監修（2002）にも掲載されているのであわせて参照されたい。

全国的な分布の詳細は上記文献に譲るが、LAJ では、東日本にはアグラカク類が広く分布し、西日本は複雑な様相を示しているといえる。大阪府周辺を概観すれば、京都市内を中心にジョロクム、奈良県北部から中部にかけてオタビラカク、和歌山県でオタグラカクといったものが勢力を持って分布している。それら周辺部の影響を受けながらも大阪府ではジョラクムの勢力が強い。

『大阪府言語地図』を見てみたい。まず、「あぐら」部分に注目してみると、全域にアグラの拡散がみられるが、ジョラやその音変化形であるジャラ、ジュラ、ジラなどが大阪府全域を覆っている状況である。大阪市内の南部域でアグラへの変化が早いようにみえる。分布特徴としては、特に南河内地域でのジョラ類の勢力が強いようである。また、和泉市や岸和田市にはギットという形式が分布し、貝塚市以南ではオトコ（スワリ）がそれぞれまとまって分布している。この地図でも泉北から泉南にかけての地域の分布が目につく。

図９を参照すると、和歌山県に勢力を張るオタグラ類が和泉山脈を越えて岬町や泉南市へ侵入している状況がみてとれる。『大阪府言語地図』ではわず

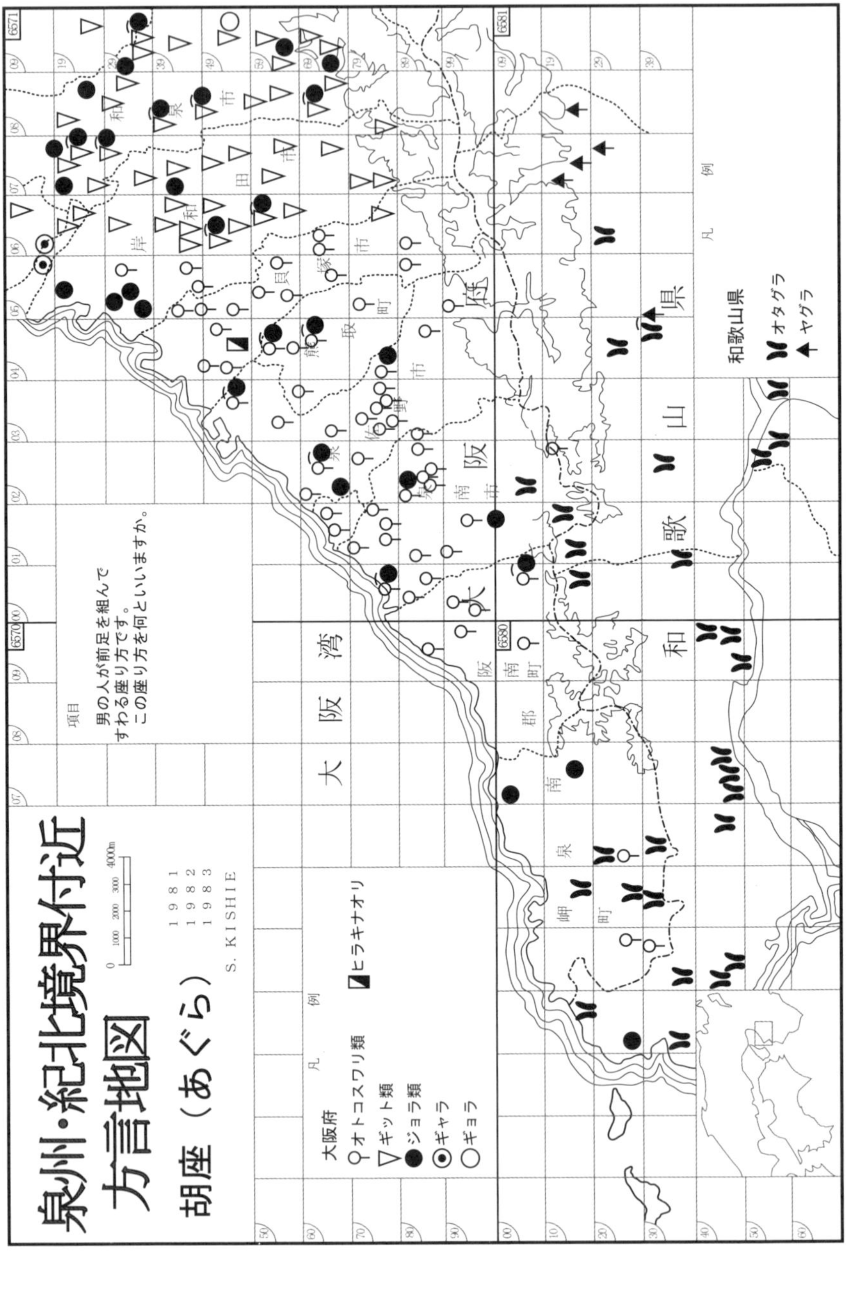

図9 「胡座（あぐら）」(「泉州・紀北境界付近方言地図」)

かに１地点ではあるが、泉南市の海岸部で確認できる。

次に後部形式の「かく」の部分に注目してみると、カク、クム、スワリといった三つの形式があるが、泉州地域の（オトコ）スワリを除くと、カクとクムでは分布上、際立った対立はみられないが、摂津地域でカク、河内及び泉州地域でクムということができようか。また、前部の形式との組み合わせでみると、アグラではカク、ジョラ類ではクムといった組み合わせで用いられることが多いようである。

なお、『日本国語大辞典　第二版』にもとづき、それぞれの語源について述べると、ジョラは、仏像の標準的な高さである「一丈六尺」を「丈六像」や「丈六の仏」と呼ぶが、その像の多くはこの大きさの半分で結跏趺坐（けっかふざ）した坐像であることから、この座り方をジョウロクオカク（クム）と呼んだことに由来するという。なお、文献としての初出は16世紀後半頃である。また、アグラは、古代の貴族の着座する床の高い台や中古の腰掛けに由来しているという。文献では『古事記』にも現れる。恐らく、全国的な分布からアグラがもっとも古く、その後にそれら以外の語形が発生したが、現在アグラが標準語として再流入しているのであろう。また、奈良や和歌山のオタビラ、オタグラの語源は不明であるが、クラ（座）は造語要素として用いられ、「座る所」の意味があることや、九州地方に存在するイタグラとの関連で考え合わせるとイルやオルと、クラが関係しているのかもしれない。いずれにしても『物類称呼』には南都（奈良）でのオタグラの使用が取り上げられている。

項目 035《凧（たこ）》

凧のことを「イカ」と言うかどうか確認した項目である。内陸部である河内全域で「使用する」という回答が目立ち、北・中河内では特に多い。泉南を除く大阪全域でも「使用する」地域が多い。『大阪ことば事典』や『日本国語大辞典　第二版』には「いかのぼりの略」とある。凧は「あげる」ものだが、イカの場合は、「のぼす」ということが多いようである。『日本方言大辞典』によると、およそ新潟県・三重県以西、鳥取県・奈良県以東で「いかのぼり」が使用されている。

『日本国語大辞典　第二版』にはタコの語源が「長い尻尾をつけたさまがタコ（蛸）に似るところから」とあり、これはイカも同様だろうか。

泉南地方ではノボリ・ノンボリが使用され、この地域差は明確である。『日本方言大辞典』によるとノボリは泉南地方の他、福井県敦賀郡や大分県などで使われている。

項目 036《奴凧（やっこだこ）》

ヤッコダコの回答が大部分を占めるが、ヤッコイカも少数ながらみられる。前項でイカを使用すると回答した話者は、「奴凧」でもヤッコイカと回答する傾向がみられた。単にヤッコとしての使用も確認されるが、これは『日本国語大辞典　第二版』には大分県大分市・北海部郡で使用されるとある。泉南地方ではヨカンベーが使用されていて、『日本方言大辞典』によると膏薬売りの与勘平がやっこ姿であったところからこのように呼ばれるようになったという。この語形は瀬戸内海域各地でも使用されている。

項目 037《大凧（おおだこ）をあげる風習》

「凧」に関連して、大凧をあげる風習があったかどうかを聞いた。岸和田市を中心に泉南地域でこの風習があったという回答が多く得られた。泉南地域では「大凧」のことをオシキといった。調査時、熊取町の古老から「男の子が生まれると、明治・大正はオシキを揚げたが、いつの間にかタテノボリ（丈長の幅の狭い布の横に竿を通したもの）となり、戦後、コイノボリに変わった」という報告を得たが、当地域で男児誕生のお祝いの風習が変遷したことを知る重要な証言である。

この風習は全国各地でみられ、『民俗学辞典』の初節句の項目には「男児の初正月や初節句に凧を贈る風習が各処にある」とあり、『日本民俗大辞典』には静岡県浜松市、佐賀県東松浦郡呼子町、高知県宿毛市や幡多郡大月町の例が挙げられている。

項目 038《じゃんけん》

ジャンケンが府内全域に分布し、使用地点の数も最も多い。ジャンケンに次いで多くの地点で使用するインジャンは大阪府全域にあるが、特に摂津地域や北・中河内の地域に高い密度で分布している。ジャッケン・ジャッコンなどの、促音を伴う語形は、沿岸部から少し離れた地域に分布している。チョイチョ・チッチク・ホッチン・ドッコイ・マーカ・マンカといった、ジャンケンとは全く違う語形が、泉南地域に少数ごとにまとまって分布しているが、これは通行エリアなどの学区の違いが反映しているといわれる。

ジャンケンは、現在全国で使用される語形だが、その語源については『日本国語大辞典　第二版』よると、寛永年間に中国から伝わった「拳」という遊びから転じた「三すくみ拳」の「しゃくけん（石拳）」が音韻転訛したという説がある。ただ、「しゃくけん（石拳）」から音韻転訛であれば「シャク→ジャン」という撥音化ではなく、「シャク→ジャッ」という促音化の方が自然なので、こうした変化をしたものがジャッケンやジャッコンだと考えることもできる。ジャンケンの語源としては、他に「本拳」の二（りゃん）と同形であることから「りゃん拳」の音韻転訛だという説があり、定かではない。「本拳」とは、二人が向き合って同時に任意の数の指を伸ばして手を出しあい、二人の伸ばした指の合計を言い当てた方が勝ち、という遊びで、数字は「いち、に」ではなく「イー、リャン」と数える。インジャンは、この「イー、リャン」の音韻転訛だと考えられる。

「じゃんけん」の方言として、全国にチッチという語形、もしくはその変種が分布している。このチッチと同類の語形として、同書にジッシン（大阪府泉北郡）・ジッシンホイ（大阪市）、また府外のものではチッチク（山梨県南巨摩郡）、チョイチョ（香川県大川郡）などの記述があり、これらの語形は大阪府の南部、特に泉南方言の地域に分布している。

項目 039《じゃんけんのかけ声》

ジャンケンホイが最も優勢で、全回答の半数を占めて大阪府全域に分布している。インジャンホイはジャンケンホイに次ぐ回答数だが、その総数は全体の1割半とジャンケンホイに対して非常に少ない。分布域は大阪府のほぼ全域に及ぶが、特に北部の摂津や北河内に分布が密である。標準語形と同形のジャンケンポンはインジャンホイに次ぐ回答数だが、その総数は全体の1割にも満たない。ジャンケンポイはジャンケンポンと大阪府において最大の勢力を見せるジャンケンホイとの接触により生じた語形ではないかと思われる。

回答数が極端に少ない語形や孤例を除くと、ほとんどがじゃんけんの名称にあたる部分と、それにホイ、ポイ、ポンなどが後接するといった組み合わせである。じゃんけんの名称にあたる部分は、前項「じゃんけんの名称」の回答とほぼ一致し、大半がジャンケンで、後接部はホイが優勢だということがこの地図から分かる。

項目 040《チャリの意味》

チャリの意味について、回答に地域的な偏りはなく、全体の6割以上が「知らない」と答えている。チャリの意味を知っているという回答の中では、「おどけ（悪ふざけ）」の意味だという回答が最も多い。これに次いで、「もみあげ」「自転車」「小銭」という順番である。

滑稽な出来事や芝居などを茶利事・茶利芝居と言うように、チャリ（茶利）ということばは、滑稽なことという意味で使われている。このチャリ（茶利）の成立について、『日本国語大辞典　第二版』に滑稽な言動をする、ふざける、おどけるという意味の「チャル（茶る）」という動詞があり、その動詞を名詞化したものとある。また、ふざけたふるまいという意味の「茶番」、無邪気な面白いいたずらをすること、子供っぽくふざけて人を笑わせることを意味する「お茶目」などのことばから、「チャ（茶）」ということば自体が「ふざける」「いたずらをする」という意味で使われていることが分かる。

チャリと発音して「もみあげ」を意味するのは、もともとは京都語だといわれている。また、この場合は、特に女性の「もみあげ」を指すようである。

項目 041《チャリンコの意味》

大阪市を中心とした地域に「自転車」という回答が多数分布しており、大阪市から離れた地域に「小銭」という回答が分布している。回答はほかに「荷車」が泉南市に、「子供」が門真市にそれぞれ一地点ずつ分布している。

『日本国語大辞典　第二版』には、「自転車の俗称」「子供のすりをいう、盗人仲間の隠語」などという記述があるが、チャリンコを「自転車」という意味で最初に用いたのは大阪であったと言われる。「荷車」という回答は、この「自転車」からの連想によるものではないかと考えられる。また、門真市の「子供」という回答は、「子供のすり」からの連想であろうか。

「自転車」の次に回答数の多かった「小銭」だが、小銭がころがる際の「チャリーン」という擬音語から、という説や、チャリの「つまらないもの」「小さいもの」という意味から、千円、五千円、一万円などのお札に比べて、価値が低いものとして小銭を指すといった民間語源があるが、定かではない。

V．身体と病気

項目 042《踝（くるぶし）》

この項目はLAJ 第３集・第128図「くるぶし（踝）」、佐藤監修（2002）にも掲載されているのであわせて参照されたい。

『大阪府言語地図』を見たい。標準語形と同形のクルブシが大阪市内を勢力の中心として府下全域に広がり始めている状況がうかがえる。ただ、在来語形のシメボシも周辺部では密な分布を示している。LAJ において福島県他に濃い分布を示すキビスが４地点だけみられるが、それらの地域との関連は考えにくい。また、散発的ではあるがコブシ（八尾市に１地点）やアシコブといった西日本に分布する語形との関係を思わせる語形もある。なお、ゴリゴリは、LAJ で福井県に１地点、クルマは、石川県に１地点確認できる。これらの地域と何らかの関係があるのか、それとも形状などからくる民間語源的な発想がたまたま一致したものかは定かではない。また、タノツは「たの螺(つび・つぶ)」ともいう「田螺」との関連があろうか。

項目 043《旋毛（つむじ）》

この項目はLAJ 第3集・第102図「つむじ（旋毛)」、佐藤監修（2002）にも掲載されているのであわせて参照されたい。

佐藤監修（2002）では、LAJ の全国分布から、マキ→ツムジ→サラ→キリ→マイマイ・マイといった中央（京都）での言語変化を推定している。

まず、LAJ で大阪府や大阪府周辺の状況を概観すると、京都府や奈良県及び兵庫県では、ギリギリが勢力を持って分布している。ただ、兵庫県東南部の大阪府寄りの地域や滋賀県の湖北地域、また、和歌山市の北西部のごく狭い地域にマイマイが分布している。和歌山県のその他の地域では北部にギリ、それ以外の地域でツジが勢力を持って分布している。大阪府下では、摂津地域の豊能郡にゲジゲジ、それ以外の地域でウズ、ツジ、ギリギリ、河内地域にギリ、南河内地域にギンギリ、泉州地域では泉南にウズ、ツジ、それ以外の地域ではジンジリが分布する。なお、河内地域のギリは、奈良県北西部から和歌山県北東部にかけて連続して分布している。

『大阪府言語地図』では、LAJ の調査結果を裏づける分布が確認できる。特に、泉州地域や南河内地域では、ツムジの侵入をほとんど許さず在来の語形がまとまって分布している。ただ、摂津地域や中河内から北河内にかけては、ツムジの広がりが目立つ。これは、これらの地域では、南河内地域や泉州地域に比して都市化の激しさも予想されるが、もともとこの地域に優勢な方言形がなかったからなのか、あるいは摂津地域の在来語形であるツジが標準語形のツムジと音声的に近い関係にあることも標準語化の要因になっているのかもしれない。なお、泉州地域の詳細は図10で確認できる。紀北方言のギリが峠を越えて泉州地域へ侵入している様子や、泉南市付近のギリやツジの分布を緩衝地帯として、泉州地域のジンジリと和歌山県のマイマイとが対峙している様子がみられる。なお、残念ながら『大阪府言語地図』では泉南地域にマイマイは確認できなかった。

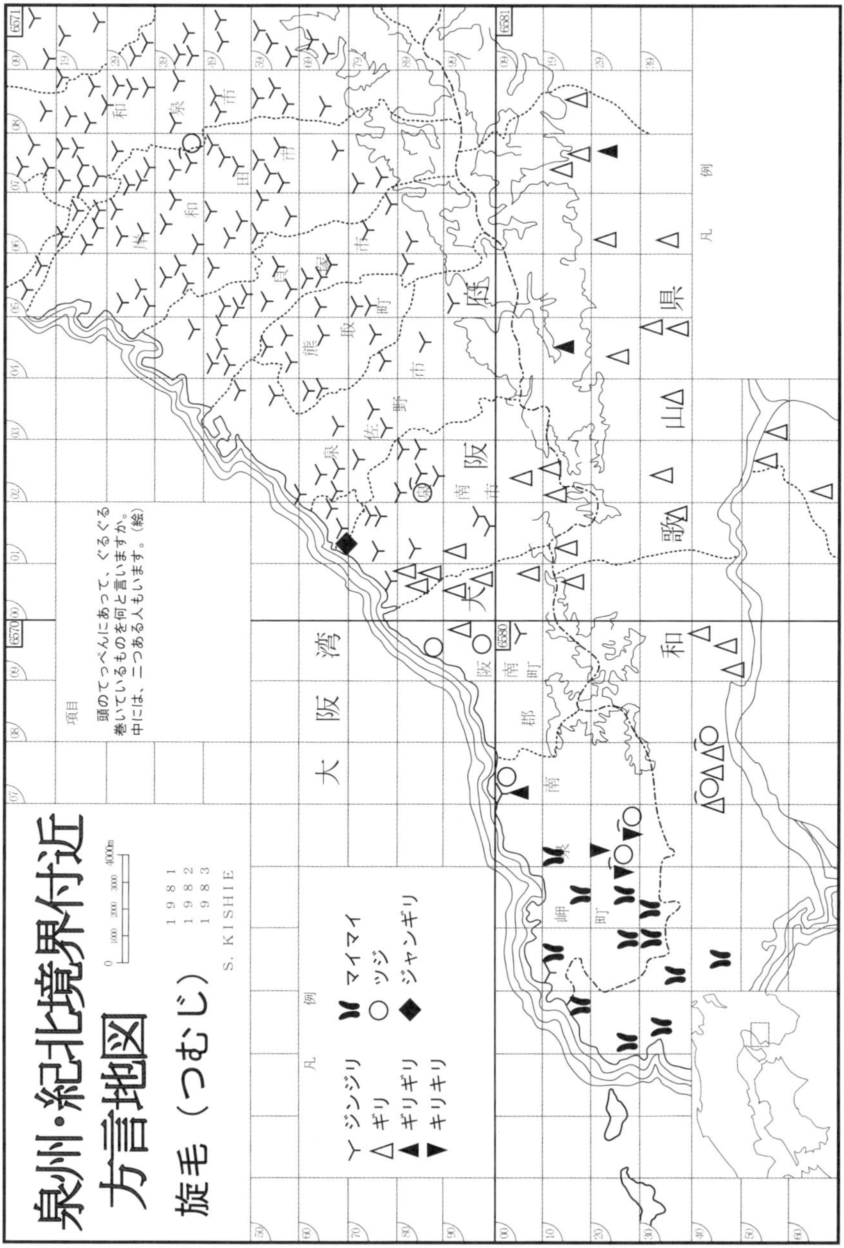

図10　「旋毛（つむじ）」（「泉州・紀北境界付近方言地図」）

項目 044《額（ひたい）》

ここでは江端他（1998）『全国方言一覧辞典』の「ひたい【額】」をもとに地図化を行い、全国の分布状況を示すことにする（図11）。このデータは１都道府県１語形という形式でリスト化されており、全国的な分布を概観するにはかえってわかりやすいのではないかと思われる。

全国分布を概観すると、東北地方のナズギは、「なずき」であり、上代の『出雲国風土記』の借訓例から脳や脳髄の呼称であったと考えられている。室町時代の『文明本節用集』には「小頭」とあることから、「頭」の意味に変化したと考えられる。これがまた、方言として、「額」を意味するようになったのであろう。次に、東北や関東、四国、中国、九州にも広く分布するヒタイは、『日本書紀』や『万葉集』にもその用例をみいだせる。また、滋賀県から

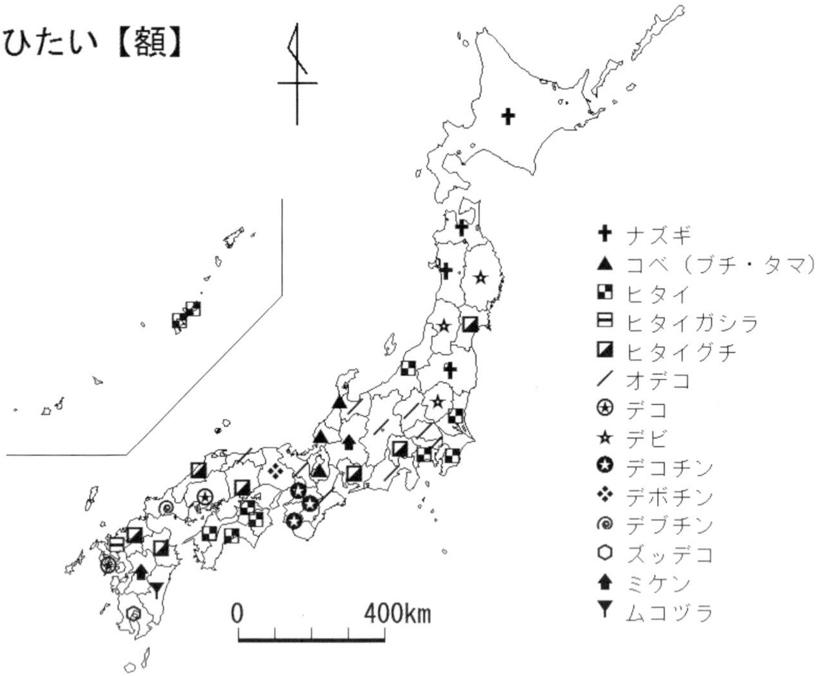

図11　「ひたい【額】」（『全国方言一覧辞典』から地図化）

福井県、石川県にかけて分布するコベは「こうべ（頭）」からの変化であろう。これも『日本書紀』にその用例がみられる。近畿中央部や関東・北陸・東海・中部また、中国地方にも分布するデコ類であるが、これらの用例は比較的新しく、近世以降（18世紀初頭）である。「デ（出）コウベ（頭）」の省略として、突き出た額（ひたい）を指す言葉から生まれものであろう。なお、東北地方にあるデビは、出額（でびたい）の省略された形式である。熊本県と長野県に分布するミケンは、本来、眉と眉との間や額の中央を指したが、額も指すようになったと考えられる。

『大阪府言語地図』をみると、オデコが大阪市内を中心に強い勢力をもって分布していることがわかる。また、その周辺にデボチンやデコチンが分布する。デボチンは『俚言集覧』や『浪花聞書』にも登場する。また、『上方語源辞典』には「デボー（出坊）の短呼」とあり、「チン」は「ハゲ（禿）チン」「シブチン」などのように「人を表したりする接尾語」とある。大阪府下の分布とも考えあわせると、近世の一時期、デボチンが現れ、その後、オデコの進出とともにデコチンが発生したとみられる。

泉南、中河内、摂津の豊能郡にまとまった分布を見せるヒタイは、最近になって標準語形が拡散したものではなく、大阪府下の広い範囲に元から分布していた痕跡とも考えられる。

項目 045《麦粒腫（ものもらい）》

この項目は LAJ 第３集・第112図「ものもらい（麦粒腫）」、徳川（1989）、佐藤監修（2002）にも掲載されているのであわせて参照されたい。

全国的な分布の詳細は上記文献に譲るが、『日本国語大辞典　第二版』の語誌には、「全国的に多様な表現がみられるが、コジキ類（モノモライ・メコジキ・メボイト・メカンジンなど）、メイボ類、メバチコ類、その他に大別できる」とある。それぞれの類に触れつつ分布域を確認したい。

コジキ類であるが、これらの命名の由来は、この病気を患った際に他人から米などの特定の食物をもらうと治るという、治癒に関するまじないの行為からきている。全国的な分布を見渡すと、モノモライ（物貰い）は、首都圏から東海地方及び新潟県や山形県に、メコジキ（目＋乞食）は、長野県から岐阜県、静岡県及び奈良県南部と和歌山県南東部と三重県南西部をまたぐ地域に、メボイト（目＋陪堂）は、秋田県及び、兵庫県と山口県を除く中国地方全域に、メカンジン（目＋勧進）は、静岡県伊豆半島及び熊本県天草諸島に分布する。いずれの形式も地域ごとで「乞食」を意味することばであるという。次にメイボ類であるが、これは「目にできる疣」からの命名であり、メイボ、メボ、メンボなどがこれにあたる。これらの分布域は岐阜県や愛知県の西部から三重県及び奈良県の東山中、また、メバチコ類が分布する地域をのぞく近畿地方（大阪府・兵庫県南部・和歌山県・奈良県中北部以外）と先のコジキ類が分布する地域を除く中国地方（主に山口県）及び四国全域と九州の大分県までといった広い範囲に分布する。

メバチコ類は、大阪府全域及びその周辺に分布する語形である。これについては後ほど説明する。

その他の類であるが、例えば東北地方にヨノメ、ノ（ン）メ、ノミなどの語形が分布する。また、同じく東北地方の宮城県を中心にバカ、九州全域でインノクソ（犬の糞）などの語形が分布する。他にもオヒメサンであったり、目＋性器であったりとさまざまな形式が存在する。これらは禁忌への発想からの命名であろうと推測されている。

さて、『大阪府言語地図』を確認したい。メバチコが全域に強い勢力をもって分布していることがわかる。この形式は、大阪府以外にも兵庫県南部・和歌山県（主にデバツコ）・奈良県中北部に分布する。また、なぜか宮崎県の日南市や串間市あたりにもまとまって分布する。標準語形のモノモライは4例のみである。詳細にみると、泉州地域には、メバツコやデバツコがまとまって分布している。大阪語では母音の〔i〕と母音〔u〕の交替がみられるのでメバチコとメバツコはこれにより生じた変異形であろう。ただ、文献では『西鶴五百韻』（1679）に「目はつこ」、『皇都午睡』（1850）に「目ばつこ」とあることからメバツコが古い形式であった可能性が高い。なお、LAJにはメバツコはない。泉州地域にメバツコが残存した理由としては、和歌山県に分布するデバツコとのかかわりが考えられる。なお、泉佐野市や岸和田市及び和泉市の和歌山県との県境地域にもデバツコが確認される。

『日本国語大辞典　第二版』の語誌がメバチコ類を別の類にたてた理由は、分布に大きな勢力を持ちながらもその命名の由来がわからないからである。

ここではその可能性について述べておきたい。命名の由来は、おそらくコジキ類、すなわち「物を乞う」という発想の点で同じだと思われる。ただし、メコジキ類とは異なり、メバチコ類についてはその痕跡が文献上に見当たらない。つまり、メバチコ（目＋ハチコ）、メバツコ（目＋ハツコ）のハチコなりハツコが乞食を表すことばとして文献に存在しないのである。ただし、ハチ・ハツが「鉢」だとするならば「鉢」には乞食を意味する例が確認できる。例えば『近世上方語辞典』の「鉢開」の項には「乞食坊主」とある。また同じく「鉢坊主」の項には「托鉢僧。また、乞食坊主」とある。同書では、それぞれの用例として、「ハチヒラキ。乞食」（『日葡辞書』）の例のほか、『好色一代男』（1682）や『西鶴織留』（1694）の例をあげている。また、『日本国語大辞典　第二版』には「はちぼう（鉢坊）」を「はちぼうず（鉢坊主）」の略として『俳諧新選』（1773）の用例を引いている。以上のことから近世期の上方では「鉢開」や「鉢坊主」のように鉢を持って生計を立てる物乞いが存在した。このことからハチコやハツコ（「鉢」＋「子」）も、もとは乞食を表すことばだったが、次第にその意味が忘れられたのではないかと思われる。

項目 046《麦粒腫を治すおまじない》

「ものもらい」を治すまじない（民間療法）の分布を確認したい。府下全域に主に柘植の櫛を畳で擦り患部にあてるというまじないが分布している。また、井戸に小豆を投げ入れたり、井戸にお米を投げ入れたり、また、笊（ざる）を半分見せて治れば残りを見せるといったものがあるが、分布の地域差はあまり明確ではない。ただ、いずれにしても衛生環境の向上や医療の発達等で、これらの病気が以前に比べ減少し、知らないと答えた話者も多いことから、これらのまじないも急速に影をひそめつつあるようである。ものもらいの命名由来が、これらのまじない療法と関連することが多いため、これらの分布を調査することも極めて重要である。

項目 047《青痣（あおあざ）》

この項目はLAJ第2集・第80図「あざ（痣）になる」、徳川（1989）、佐藤監修（2002）にも掲載されているのであわせて参照されたい。

全国分布は先の文献にゆだね、大阪府下の分布を見たい。ここでは、統合図を掲げている。これは、これらの回答のなかに、アザのように名詞で回答されたものと、シンジャールのようにその状態を表す表現で回答されたものがあるためである。例えば、アオジムには、アオジンダやアオジンデルといった回答もある。同様に、シヌには、シンジャール、シンダ、シンダ（ー）ル、シンドルなどが含まれる（なお、これらはアスペクト形式の分布とも関連する。アスペクト形式の分布については、アスペクトに関する地図及び解説の部分を参照されたい）。

さて、大阪府全域にはシムが分布するが、中河内から南河内にかけては、シニイルといった表現がまとまって分布していることがわかる。また、標準語形というべきアザが大阪市内を中心に広がっている様子がみられる。

ここで注目しておきたいのはアオタンの侵入である。井上（1998）によると、アオタンは北海道の「気づかない方言」（注1）であり、それが、おそらく昭和40年代に北海道から東京都内への移住者により持ち込まれ、首都圏に広がったのであろうと述べている。その後、テレビ等のマスメディアを通じて全国に広がった新方言（注2）であるという。なお、井上はアオタンが広がる理由として「呼び名自身の面白さ」や「「一時的なあざ」と「生まれつきのあざ」も区別したいという明晰化の欲求」また、「成人以降に公的場面で口にすることが少ない」などの理由をあげている。井上の説が正しいのであれば、新方言侵入の地理的状況を映し出した貴重な一枚と言うことになろうか。

注1　「気づかない方言」「形が標準語と一致していて意味がずれるもの、公的場面で使われるために全国に通じると思い込まれているもの、また、食品名など、各種ある」真田ほか（2007）p.73脚注7参照。

注2　「新方言」①若い世代に向けて使用者が多くなりつつあり、②使用者自身も方言扱いしている、③共通語（標準語）：（筆者注）では使わない言い方（井上 1998）。

項目 048《霜焼け（しもやけ）》

この項目はLAJ 第3集・第127図「しもやけ（凍傷）」、徳川（1989）、佐藤監修（2002）にも掲載されているのであわせて参照されたい。

「霜焼け」の全国分布は特に「日本海型分布」と呼ばれる方言分布形式を示す代表的なものである。この「日本海型分布」とは日本海側に特徴的な分布を示すもので、この地図の場合、ユキヤケという方言形式がそれにあたる。他に、「ふくろうの鳴き声」における「ノリツケホーセ」（(明日は晴れだから）糊付けて干せ）や「つむじ風」を表す形式が存在しない地域が分布することなどが知られている。真田（2002）によると「日本海側特有の気象と関連づけてその存在・非存在の説明」がつき「地域の自然と風土といった言語外的な環境」が要因であると結論づけている。また、LAJ にないものでは、東風を意味するアユノカゼの分布も日本海型分布をするものとして有名である。なお、霜焼けの全国の方言分布は、日本海側に広く分布するユキヤケ以外では、東北地方にシミバレ、香川県や岡山県にシモブクレ、山口県にカンヤケなどがまとまった分布を示す。その他、『大阪府言語地図』にも分布が認められるシモバレは、近畿では和歌山県や兵庫県の瀬戸内海沿岸地域、四国の徳島県から高知県の一部、また、九州全域に分布している。上記の地域を含め全国を広く覆う形で標準語形のシモヤケが分布している。なお、奄美・沖縄の諸島にはこれを表す語形は存在しない。

大阪府の分布を確認したい。大阪府全域にシモヤケが分布しているが、これは必ずしも標準語形の拡散を意味しているわけではなく、先にも示したとおり、日本海側がでユキヤケであるのに対し、太平洋側でシモヤケといった対立があることによるものである。泉州地域にはシモバレがまとまって分布する。LAJ では、シモバレが和歌山県に勢力のある語形であるとともに奈良県などにも分布が認められる。当該地域のシモヤケ以前の古い語形である可能性が高い。文献では『十巻本和名抄』（934年頃）にシモクチ、『狭衣物語』（11世紀中頃）にユキヤケ、『日葡辞書』にシモバレがみられる。ただ、ユキヤケに関しては『史記抄』（1477）の記述内容から重度の凍傷を意味した可能性が高い。いずれにしても、この疾患の原因を「霜」に見立てるか「雪」に見立てるかの違いであることから、場合によっては時代ごとの気候変動が関連しているのかもしれない。これらの記述から中央では、シモクチ→（ユキヤケ）→シモバレ→シモヤケといった変化をたどったと考えられる。また、シモヤケはシモバレとユキヤケが接触して混交した可能性もあるかもしれない。なお、泉南市に1地点存在するシモアレは、LAJでは奈良県北葛城郡王寺町王子に1地点確認できる。霜で肌が荒（アレ）ることからの発想であろうか。古語のシモクチも霜で肌が朽ちるという発想からであろうから生成の過程は同じであるといえる。なお、八尾市のシモアケはLAJにも見当たらない。

項目049《刺（とげ）》・項目050《裂片（とげ）》

両項目はLAJ第5集・第249図「とげ（裂片）－指にささる木や竹の細片」・第250図「とげ（刺・棘）－いばらやさんしょうなどのとげ」、徳川（1989）、佐藤監修（2002）にも掲載されているのであわせて参照されたい。

ここでは両項目を一括して扱い、大阪府下の対応関係とその分布の状況について確認したい。

標準語では「刺」と「裂片」とを区別しないでトゲで表す。ところが、西日本の大半の地域では、これらをそれぞれ区別するのが一般的である。例えば、奈良県ではハリ－シャクバ、広島県ではクイ－スイバリ、鹿児島県ではクイ－ソゲなどがあげられる。ただ、このような区別も各地で失われつつあるのが現状である。

まず、摂津地域ではソゲ－トゲ（18地点）などの区別をしているが、大半の地点（30地点）では区別がなくなり、両者はトゲ（24地点）かソゲ（6地点）となっている。

河内地域ではソゲ－トゲ（5地点）、シャクバ－トゲ（5地点）のほか、シャクバ－イバラ（3地点）、クイ－トゲ（2地点）、ソゲ－ハリ（2地点）、クイ－イバラ（2地点）、クイ－ハリ（2地点）、ソゲ－イバラ（2地点）などといった区別があるものの、すでに20地点では区別がなくなり、両者をトゲ（14地点）、ソゲ（4地点）、シャクバ（2地点）のいずれか一語に統合している。

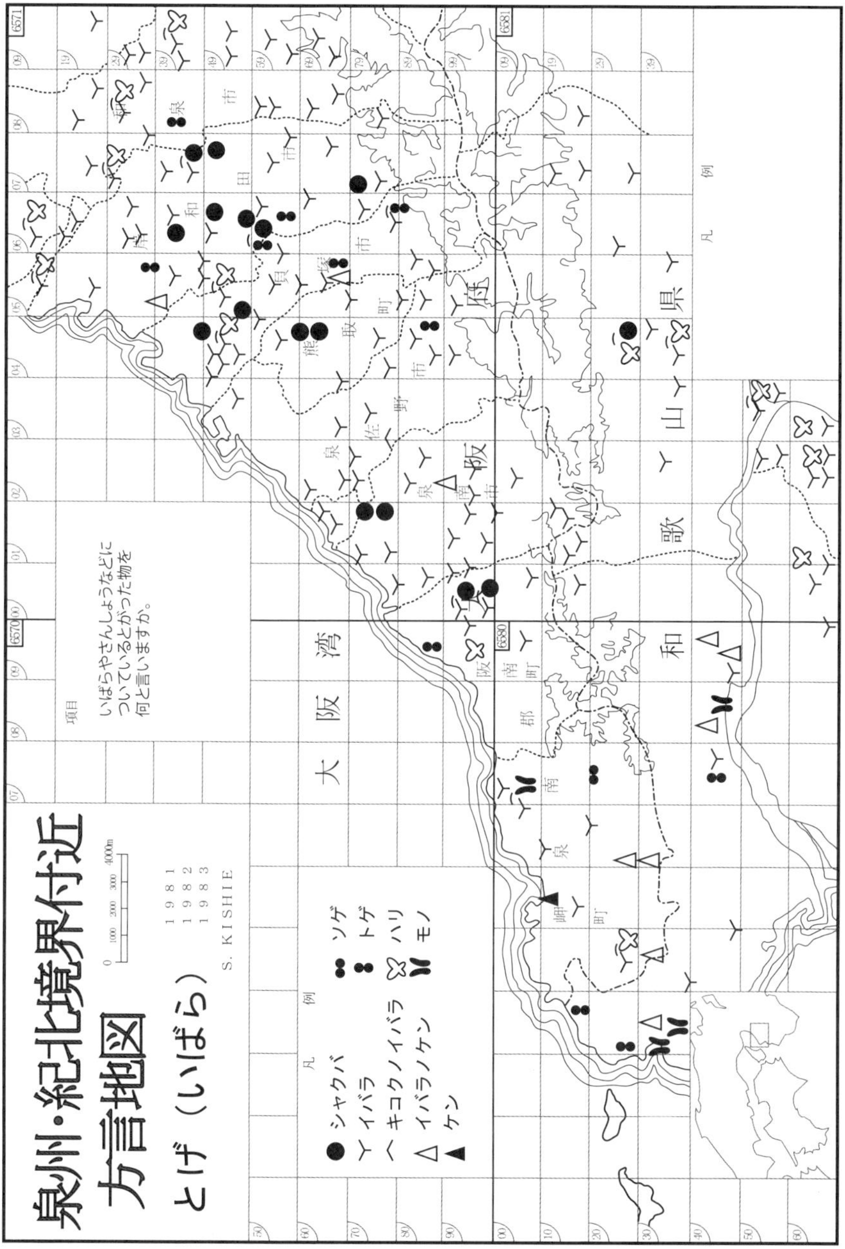

図12「とげ（いばら）」（「泉州・紀北境界付近方言地図」）

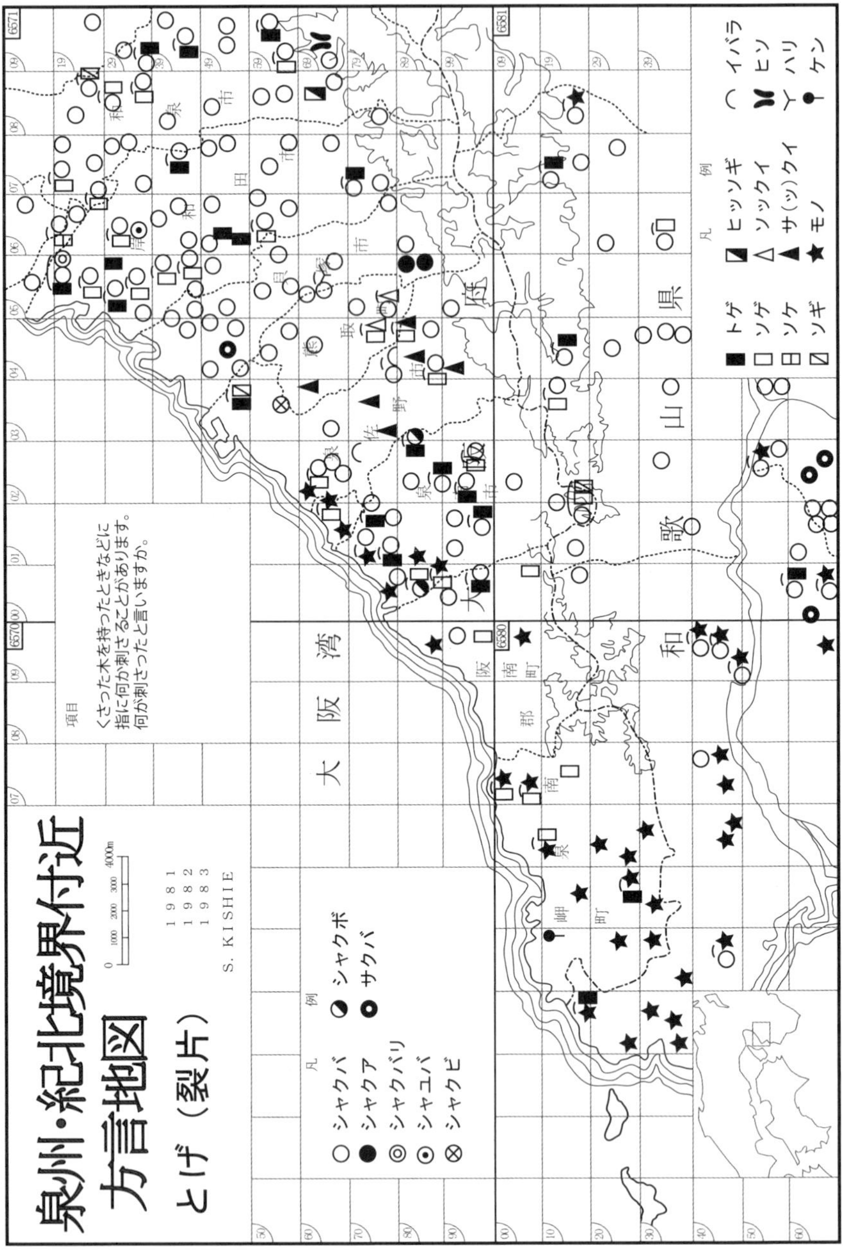

図13「とげ（裂片）」（「泉州・紀北境界付近方言地図」）

泉州地域では、シャクバートゲ（6地点）、ソゲートゲ（4地点）、トゲーシャクバ（3地点）、シャクバーイバラ（2地点）などの区別があるが、すでに16地点では区別がなくなり、両者をトゲ（8地点）、シャクバ（5地点）、ソゲ（2地点）、イバラ（1地点）のいずれか一語に統合している。摂津＞河内＞泉州の順で区別がなくなる傾向にある。区別が失われる過程では、語の組み合わせが混乱し、次第に統合へ進むという現象がみられる。

なお、図12・図13を比較すると、この調査時、泉州・紀北地域では、ほぼ完全な形で両者を区別したことがわかる。

Ⅵ．人の呼び方

項目051《わたし（自称詞）〈インフォーマル〉》・項目052《わたし（自称詞）〈フォーマル〉》・項目053《ワイ（自称詞）》・項目054《あなた（対称詞）〈インフォーマル〉》・項目055《あなた（対称詞）〈フォーマル〉》

場面が異なることによって自称詞・対称詞はどのように使い分けられるのだろうか。

大阪の女性は、自称としてウチを使用することが多い。項目051《わたし（自称詞）〈インフォーマル〉》でも大阪府全域でウチが使用されていることがわかる。『日本国語大辞典　第二版』によると、ウチは関西を中心とする方言であり、主として婦女子が用いるとしている。ただ、現在では関西での使用が減少し、北陸地方など周辺地域の若い女性の間で用いられるようになってきているという。

項目052《わたし（自称詞）》のフォーマルな場面では、大阪府全域でワタシが使われる。また、大阪市以南ではワシを用いる地点がみられる。女性の場合、インフォーマルな場面ではウチを、フォーマルな場面ではワタシを使用し、また男性では泉南地方でウラからワシというふうに場面が変化することによって使用する自称詞を使い分ける傾向がある。

項目053《ワイ（自称詞）》では大阪語の自称詞ワイを男性が用いるのかそれとも女性が用いるのかについて聞いた。その結果、大阪市内から北摂地域にかけては男性が、河内から泉南地域にかけては女性がそれぞれ用いる傾向があることが判明した。女性の場合、インフォーマル場面で大阪市内から北摂地域でウチ、河内から泉南地域にかけてワイを用いるということができよう。

次に項目54・55「あなた」（対称詞）はどうであろうか。インフォーマルな場面ではオマエとアンタが使用されている。両者には地域差は認められない。フォーマルな場面ではアナタが大阪府全域で使用されるほか、アンタも、フォーマルな場面での使用がみられる。

『大阪ことば事典』によると、アンタは親しみを含んではいるものの、あまり品のよいものではないとしている。日常の会話では、フォーマル・インフォーマルに関わらず、対称詞を使用することが少なく、職名や肩書き、氏名で呼びかけることが多い。また、男女間で使用される方言形も異なっているため、このような分布状況にとどまったものと思われる。

項目 056《おとうさん（親族呼称）》

接頭辞として「オ」が付くかどうか、また、接尾辞として「サン」「チャン」「ハン」「タン」「シャン」が付くかどうかといった点でさまざまなバリエーションが存在する。

まず、接頭辞のあるものからみていく。北摂、三島、河内、泉南の周辺地域にオトッツァンとオトッタンがまとまって分布している。これらの形式は、大阪では少なくともオトーチャンなどの形式よりも古いといえそうである。

オトチャン、オトッチャンはともに大阪市内北部にもみられるが、和泉市から阪南市にかけての泉南地域にみられる形式である。

オトサン、オトーハンは、いずれも１地点しか回答されておらず、さほど有力な形式ではなかったとみられる。

オトーチャンは、摂津・河内で用いられ、府の南部での使用は、あまり多くない（項目057《おかあさん（親族呼称）》のオカーチャン参照）。オトーサンもまた、オトーチャンと同じ分布傾向がみられ、これらは比較的近年になって広まったと考えられる。

接頭辞「オ」が付かないものにトーサン、トーシャン、トーチャンなどがみられる。これらのなかには大阪市内での使用がみられるほか、河内長野市から和泉市、岸和田市山間部に分布がみられる。

接辞を一切伴わない形式として、トトがある。トトは『日本国語大辞典　第二版』によると、父をいう幼児語で、子が父親を敬い親しんで呼ぶ語であり、チャンは江戸時代から明治初期にかけて庶民の間で用いられたとしている。トト、チャン、チャッチャも泉南地域で多く聞かれる形式である。

親族呼称は、農家と商家で、或いは男女でその呼び方が違った。また、同一集落内においても家風や階層によってその呼び方が違っていたといっても過言ではない。本来は、このような社会的要因を考慮した分析がされなければならないことを断っておきたい。

項目 057《おかあさん（親族呼称）》

母親に対する呼称のバリエーションは、父親に比べ、少ない。

オトーサンに対するオカーサン、オトーチャンに対するオカーチャンの呼称は、形式の対応のみならず、地理的分布としてもほぼセットになって対応しているといえそうである。ところが、父親のオトッツァンとオトッタンに対応する形式が母親にはみられず、オトッツァンとオトッタンを回答した各地点での母親の呼称はオカンとなっているところが多いようである。オカンに対応すると考えられる父親の呼称は、オトンであるが、これは大阪市内などで数地点みられたに過ぎない（項目058《おとうさん（親族呼称）》参照）。父と母の呼称形式が対応するのに、地理的な分布が対応しないケースとして、オトチャンとオカチャンのほかにオトーとオカーがあげられる。オカチャン、オカーには地理的にまとまった分布がみられるが、オトチャン、オトーは劣勢でそれぞれ数地点にしか分布がみられなかった。

このような父、母の呼称がセットとなって使用されていない状況がどのようにして成立したかを説明することは想像の域を出ないが、オカン、オトンのセットではなく、ある時期、オカン、オカチャンという形式のみが大阪で広がったということがあったのかもしれない。別の可能性については項目059《おばあさん（親族呼称）》でふれる。

府全域に広がるオカンに関して『近世上方語辞典』では町屋で、中流以下で用いられる親族呼称であるとしている。また、『大阪ことば事典』ではオカンは子供が母親を呼ぶ卑俗語で「オカァサン→オカァハン→オカァン→オカン」と変化したとしていて、オカーチャンとは別系統の語形と考えてよさそうである。

項目 058《おじいさん（親族呼称）》

大阪府では祖父に対する呼称として、オジーチャン、オジーサン、ジーチャンという語形が広く使用されている。これらは標準語形として後から広がった可能性が高い。おそらく中心部の大阪市内から広がったものとみられる。これらに対する在来の形式は多くあるが、大半が河内地域に集中してみられるものである。ジーサン、ジジ、オンジャンなど複数以上の地点で用いられるものもあるが、ジッチャン、ジサン、ジーシャン、オイジャン、オジジャンなど孤例のものが数多い。

これらに対して、在来形式として、府全体、特に周辺部にみられるものにオジヤンがある。また、主として泉北・泉南地域を中心にまとまって分布するオジ（ー）がある。これらが古い形式であるかどうかの判定は、すでに触れたように親族呼称には社会的要因が大きく関与するという点で難しい。

項目 059《おばあさん（親族呼称）》

祖母に対する呼称としてオバーサン、オバーチャン、バーチャンといった語形が広く分布している。これらの語形は、前項目058《おじいさん（親族呼称）》のオジーサン、オジーチャンとも分布上、ほぼ対応している。オバーサンはおもに大阪市以北でよく使用されている。河内から泉南にかけての地域にみられるオバーは、前項のオジーと分布の上でも対応している。これらに対し、前項の「おじいさん」の呼称形式と分布上、対応しない主なものとしてオバンがあげられる。オバンに対応する形式としてはオジンが考えられるが、オバンの分布する地点にはオジンではなく、オジヤンが分布し、対応を見せている。一方、オジヤンに対応するオバヤンという形式も東大阪にみられるが１例のみである。このように対応しない例として、項目057《おかあさん（親族呼称）》のオカンのケースがあげられる。今、オバンの分布とオカンの分布を比較してみると、これがほぼ重なっている。この点から、オバンという呼称は、「おじいさん」とはセットにならず、「おかあさん」のオカンとセットになっているということができる。

このような点から、家族内の父母、祖父母の呼称には、現代とは異なり、歴然とした差があったのではないかと考えられる。つまり、母や祖母には、オカン、オバンと呼べても父や祖父にはオトン、オジンとは呼べなかったという事情である。

家族の体制が戦前戦後で変貌し、かつて家長として君臨した祖父や父に対しては、母や祖母と同じようには呼べなかったのではないかということが考えられる。現在、大阪の若者たちのあいだでは気安く、母をオカン、父をオトンと呼んで男女で区別することは少ない。時代が変わり、家族内の呼称も大きく変化した。これはその一例とみることができよう。

項目060《イトハン》

「使用した」という回答が各地にみられるが、大阪市南部などを中心に「聞いたこともない」という回答も目立つ。商都大阪を象徴することばの一つだったが、早晩、確実に消滅することになろう。

イトハンは、『日本国語大辞典　第二版』によると、「いとさん（幼様）」の変化した語であり、関西地方で広く使われるお嬢さんのことをいう語である。また、『大阪ことば事典』によると、イトハンの「イト」は、「いといけない」または「いとし児」の「いと」から出たものであろうとしている。三姉妹の場合は、姉イトハン、中イトハン、小イトハンと区別するとしている。別に「末のお嬢さん」はコイサンとも呼ばれた。

堀井（2000）は、イトハンは、大阪では使用するが、京都では使用しない語であるとしている。

項目 061《ゴリョーサン・ゴリョンサン》

ゴリョーとは、『日本国語大辞典　第二版』によると、貴人またはその子息子女、貴人の奥方を敬っていう語であるとしている。ゴリョーサンはゴリョンサンとなることも多い。

堀井（2000）では、商家の妻のことをゴリョンサンというとし、このことばは京都では使用しないとしている。『大阪府言語地図』でも京都府（2地点）では使用するという回答が得られなかった。また、京都府に隣接する三島地方や摂津地方でもあまり使用されておらず、河内地方や和泉地方での使

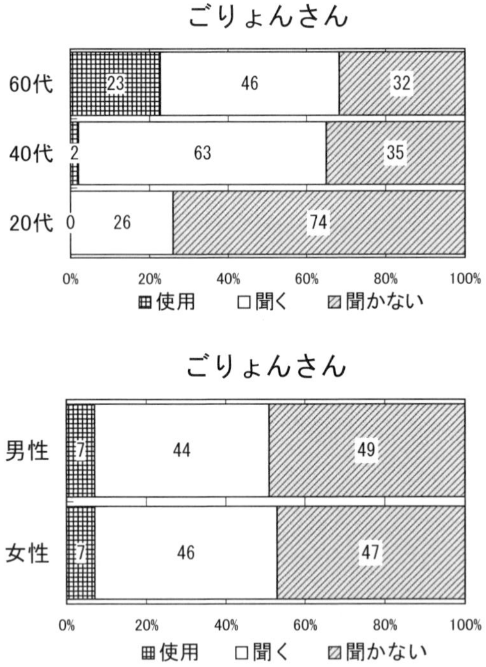

図14　ゴリョンサン（田原広史「生活の中のことば」郡（1997）所収）

用がしいて目立つといえようか。

図14は、1992年から1997年にかけて河内地域で行われた調査結果を世代別性別にまとめたものである（郡1997）。これをみると、ゴリョンサンは男女共に用いるが、若年層では次第に使われなくなっている。

項目 062《ボンボン・ボンチ》

ボンボンは、ボン（坊）を重ねた言い方で、男の子のことを指したり、男の子を呼ぶ時に用いた。目下の者が用いると敬称となり、目上の者が用いると愛称となる。ただ、幼児や少年がボン、あるいはボンボンと言われることには抵抗はないが、20歳を過ぎてもボンあるいはボンボン、嫁をもらって子供の２、３人できた人でも、なおボンあるいはボンボンと呼ばれるとやはり抵抗があったに違いない。良家の男子は終生ボンあるいはボンボンと呼ばれることも多い。

またボンチは、『大阪ことば事典』によれば、ボンボンのボンから生じたのではなく、「法師（ホッシ）」の訛ったものであるとしている。

当人に面と向かっていうときにはボンボン、またはボンサンであり、本人のいないところでその人を指していう場合にはボンチと呼ぶことが多いという。ボンチよりも、ボンボンの方が多少敬愛の意がこもっているようである。

両方の方言語形の分布をみると、ボンボンの方が「使用した」という回答が多いことが分かる。ボンボンには軽い敬意とともに親愛の意が含まれるため、ボンチに比べてより使われる傾向にあったのではないかと思われる。

Ⅶ．あいさつ

項目 063《朝のあいさつ（道端で）》

大阪府全域に、オハヨー、オハヨーサンが広く分布している。オハヨーサンのサンは、大阪府全域で使用されるオメデトーサン（おめでとう）、ゴキゲンサン（ひさしぶりに会った人に対するあいさつ）などと同様に、比較的気軽なあいさつに使用される接辞である。『大阪ことば事典』によると、「オハヨォサン」は、古くは芸人仲間で昼夜を問わず、その日初めて会ったときのあいさつとして使われていた表現であったという。大阪府だけでなく、三重県・京都府・兵庫県などでも使用されており、関西地方で広く使用されている表現と言えるであろう。

この項目は、親しい同年配の人に道で出会った時のあいさつを想定しての質問であるため、全体的に敬意の少ない形式が広く分布しているものと考えられる。そのような中で、比較的丁寧な形式と思われる、標準語形のオハヨーゴザイマスが大阪市を中心とした北部に分布している。一方、泉南地域を中心とした大阪南部域にはオハヨーゴザイマスの分布はみられず、ハヤイナーが集中して分布している。この表現形式は、西日本に広く分布しており、オハヨー、オハヨーゴザイマスが広がる以前から使用されてきたものと思われる。ハヤイナーのナーは、エーナー（良いねえ）、サムイナー（寒いなぁ）のように相手にもちかける際の文末詞で、西日本各地で年齢や性別に関係なく広く使用される。

標準語化が急速に進んでいるといわれるあいさつことばにも、大阪ことばの特徴がまだ色濃く残されているのである。

項目 064《昼のあいさつ（道端で）》

大阪府全域で標準語形、コンニチワの使用がみられる。オイ、ヨーなど、相手に呼びかける比較的短い表現が北河内地域を中心に、タベルケ、メシクッテなどの食事が終わったかどうかを尋ねる表現が、泉南地域にいくつかみられる。また、大阪市や河内地域にはゴキゲンサン、南河内から泉北の山間部伝いにヒッサシネ（ナ）ーが点在している。摂津・三島・能勢地域では表現のバリエーションが少なく、コンニチワが広く分布しているのに対し、河内・和泉地域ではコンニチワのほか、伝統的な表現を残しているといえよう。

『上方語源辞典』によると、コンニチワは昼間人に会ったときに、ゴキゲンサンは久しぶりに逢ったときに使うあいさつことばであるという。また、コンニチワについては、「今日は有難う」「今日は御苦労」の下略と考えられており、幕末頃からその使用が認められている。

親しい同年配の人とどの程度の頻度で会うか、都市部と農村部の違いや、相手との社会的距離や親疎など、調査結果にはこれらの影響が出ていると考えられる。

項目 065《昼のあいさつ（訪問時）》

能勢・三島・大阪市を除く摂津地域では、広くコンニチワが分布している。河内から泉南地域の状況をみると、ゴメン、ゴメンヤスなど、他家へ訪問する際に許可や承諾を求める表現が多く分布している。また同時に、イルカ、イタハルカなど、訪問宅に対象となる家人がいるかどうか、その在否を確認する表現も多くみられる。一方、大阪市では、ゴメンヤス、スンマセンなど、本来、謝罪を意味する表現がいくつかみられるが、河内から泉南地域に多くみられた、家人の在否を確認するような表現はみられない。在宅かどうかを確認するよりも、まずは訪問の許諾を願い出る表現が、一段階丁寧なものとして都市部で好まれていると考えられるのではないだろうか。

標準語形スイマセンの変種と思われるスンマセンのほか、オジャマシマス、ゴメンクダサイが大阪市を中心にいくつかみられることからも、都市部である大阪市では、他地域よりも標準語形式のあいさつが広まっていると考えられる。

項目 066《夜のあいさつ（訪問時）》

『大阪府言語地図』をみると、コンバンワ、オシマイ、オシマイヤスなどが代表的な表現としてあげられる。コンバンワは、地域的な偏りがなく、大阪府全体に分布がみられる。和泉地域ではオシマイが、北河内地域を中心として茨木市、枚方市、交野市などでは、オシマイヤスがそれぞれまとまって分布している。これらはいずれも一日の仕事がもう終了（シマウ）したかどうかを確かめ合う表現が定型化したものである。中井（2001）で示されたコンバンワに相当するあいさつ表現の全国分布（図15）によると、東日本ではオ

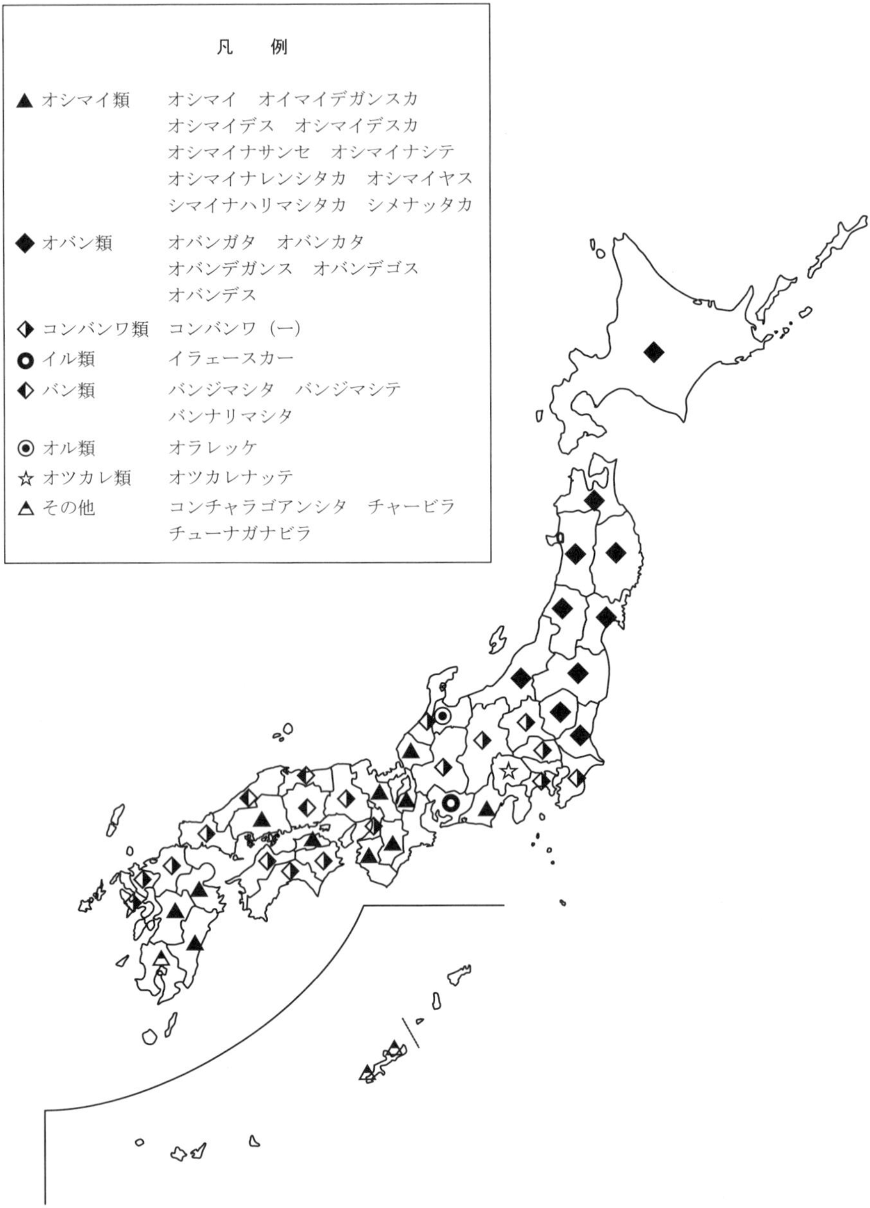
凡　例
▲ オシマイ類　オシマイ　オイマイデガンスカ　オシマイデス　オシマイデスカ　オシマイナサンセ　オシマイナシテ　オシマイナレンシタカ　オシマイヤス　シマイナハリマシタカ　シメナッタカ
◆ オバン類　オバンガタ　オバンカタ　オバンデガンス　オバンデゴス　オバンデス
コンバンワ類　コンバンワ（一）
イル類　イラェースカー
バン類　バンジマシタ　バンジマシテ　バンナリマシタ
オル類　オラレッケ
☆ オツカレ類　オツカレナッテ
その他　コンチャラゴアンシタ　チャービラ　チューナガナビラ

図15　「こんばんは」の全国分布（中井 2001）

バンデスなどのオバン類、西日本では主に近畿地方等で仕事じまい・店じまいなどを意味するオシマイデスカなどのオシマイ類が多く、その周辺にコンバンワ類が分布している。この地図では、近畿地方で広く使用されるオシマイ類にあたるオシマイ、オシマイヤスの分布がみられる一方で、標準語と同形のコンバンワが非常に強い勢力を持っている。日常的に繰り返されるあいさつことばにおいてコンバンワが侵入し、伝統的な表現が使用されなくなっている様子がうかがえる。

項目065《昼のあいさつ（訪問時）》では、標準語形コンニチワをはじめとして、訪問の許可を求める、在宅を確認するなど、さまざまな表現が府内でみられたが、夜の訪問時のあいさつでは、そのバリエーションが減少する。夜に他家を訪問する際には昼より気を遣うことも関係しているためか、コンニチワに比べ、府下でのコンバンワの拡散は著しい。

項目 067《夜のあいさつ（寝る時）》

「昔は夜寝るときに、両親に何とあいさつして寝ましたか」という質問からわかるように、この地図は現在よりも古い時代の、両親に対するあいさつ表現の分布を示している。大阪府全体にオヤスミが広く分布している。特に摂津や三島地域にはオヤスミの単純な分布しかみられない。これは、オヤスミの府下への浸透がほぼ行き届いたということを意味するのであろう。一方、河内や泉南地域では、オヤスミ以外の表現が多くみられるが、いずれも、ネル（寝る）を基本にした表現だと思われる。自分が今から寝る、先に寝るということを宣言したり（ネルゾ、ネルデなど）、両親にも寝るよう誘う表現（ネヨカー、ネロカー）が目立つ。

項目 068《感謝のことば》

オーキニとアリガトーが、大阪府内全域で優勢な表現として認められる。オーキニは伝統的な表現として広く使用されており、アリガトーと同様、感謝や謝礼の気持ちを表すあいさつ表現として用いられている。

これら以外に河内地域・大阪市を中心に、スンマヘンが分布する。『大阪ことば事典』によると、済みませんの意味であるが、ありがとうや恐れ入りますなどの意を含みつつ、それらよりもずっと軽妙で、しかも親密感をこめた表現であるとされる。また、標準語的なスイマセン・スミマセンのほか、これらが音声変化したスイマヘン・スンマセンが摂津・河内を中心にみられる。これに対し、泉南ではスマンナがまとまって分布している。スマンナは寝屋川市や千早赤阪村にも点在しており、スンマヘンなどの形式が広がる以前に府各地で使用された可能性が高い。

当項目の質問から考えると、譲ってくれた人は立たなければならないため、不利益になる面が多い。つまり、相手に対して申し訳ないという気持ちが先に立ち、謝罪表現が多用されることになったと思われる。

項目 069《よろしゅうおあがり》

NHK 放送文化研究所（2005）によると、大阪府編に「よろしゅうおあがり」が、京都府編には「よろしおあがりやす」がある。いずれも、「ごちそうさま」に対して、料理を準備した人が返す言葉であり、東京などで使用される「お粗末様（でした）」に当たる表現とされている。関西地方で古くから広く使用されている表現であり、『大阪府言語地図』でも、府内全域で使用・不使用が混在している。「お粗末様でした」が、大したものではないという謙遜を表しているのに対して、「よろしゅうおあがり」は、美味しく召し上がっていただけましたか？　といったニュアンスを含む点が特徴的である。『日本国語大辞典　第二版』によると、オアガリは、食事の前後に人を訪ねる時のあいさつことばで、お食事はお済みですか？　といった意味があり、兵庫県神戸市や奈良県南大和などでは、食事中の人を訪ねた時に言うあいさつとして「よろしおあがり」が使用されている。

項目 070《おはようおかえり》

家を出るときに「いってきます」と言うと、どんな言葉が返ってくるだろうか。東京などでは「いってらっしゃい」が多いようだが、関西では「おはようおかえり（お早うお帰り）」となることがある。これは、早く（無事に）

帰ってきてねという意味を含み、朝だけでなく、人を送り出す時なら一日中いつでも使える表現である。『大阪府言語地図』によると、全域で「使用する」という回答がみられる。しかしその一方で、大阪市・河内地域（特に北・中河内）・和泉地域では「聞くことがあるが使用しない」という回答も多くみられ、老年層であっても次第に使用が少なくなってきているあいさつことばである。

外国人留学生の視点から書かれた彭・ロング（1993）にも、大阪ことばの特徴的な表現として、取り上げられている。大阪らしい（関西らしい）あいさつ表現であるが、消滅する日もそう遠くはないようである。

項目 071《おおきにはばかりさん》

大阪府内全域に、「使用する」と「聞くことはあるが使用しない」という回答がほぼ同じ割合で分布している。大阪市の中心部や泉南の泉佐野市では「使用する」という回答が、三島地域や泉南市では「聞くことはあるが使用しない」という回答が多くみられる。

「とても、大変」の意味の「オーキニ（大きに）」に恐縮やご苦労様・有難うといった意味のあいさつことばハバカリの丁寧形ハバカリサンが下接した表現である。『日本方言大辞典』や『上方語源辞典』によると、ハバカリには単純な感謝の意味だけでなく、相手が苦労しているのをねぎらったり、恐縮したりする意味が含まれる。上方落語の中でも、商家の主人や奥さんのことばとして使われ、古い大阪のあいさつことばの一つである。

項目 072《おいでやす・おこしやす》

２つの地図の回答を分かりやすく示すため、それぞれ集計を行った結果が表２である。「おこしやす」と「おいでやす」に、ほとんど差がない。『大阪府言語地図』をみると「おいでやす」は府北部～中部、「おこしやす」は府中部～府南部に分布していることがわかる。また府北部～中部では「おいでやす」と「おこしやす」の併用が目立つ。これらは客が「ごめんやす」と訪ねてきたときに「おいでやす」、または「おこしやす」と応じて出むかえるときに使用する。

両者を併用する地域では「おこしやす」の方が「おいでやす」より丁寧であると意識されており、客に応じて使い分けることもあるとの内省報告もあった。

表2　「おこしやす」「おいでやす」

	おいでやす	おこしやす
使用する	40	45
聞くことはあるが使用しない	77	78
聞いたことがない	29	23
総計	146	146

「おこしやす」「おいでやす」はともに「おこし＋やす」、「おいで＋やす」と、「やす」が接続した語形である。「やす」は動詞の連用形に接続し、尊敬や丁寧の意を表す。近世前期の上方の文学作品の中で遊女が多く使用しており、近世後期には上方、江戸で一般に使用されるようになった。「やす」の語源、変遷については諸説あるが『日本国語大辞典　第二版』では「あります」→「やります」→「やんす」→「やす」と変化したとしている。また、「おいで」、「おこし」は、「おいで」→「おいでる（御出でる）」、「おこし」→「御越し」で、『近世上方語辞典』によると「おいで」は「来る」や「行く」の尊敬動詞、または「いらっしゃる」の意味をもち、「おこし」は「行くこと」、「入り来ること」の尊敬語、または命令形であったという。

なお、他府県での使用をみると「おこしやす」は大阪府以外では奈良県でのみ使用されており、「おいでやす」は京都府、福井県、岐阜県、愛知県、三重県、滋賀県、兵庫県、岡山県で広く使用されている。語の全国分布からは、「おこしやす」の方が新しいように思われる。

Ⅷ．否定と可能

項目 073《行かない（否定）》

大阪の打消形式には多くの形式がみられる。この理由はイカンのように「行かぬ」から変化したもののほか、イカヘン・イケヘン・イカヒンなど「行きはせぬ」から生じた形式の両方が使用されるからである。「行かない」などの言い切りの場合、中四国や九州地方など、西日本の多くの方言ではイカンが専用されるが、京阪中央部を中心とした近畿圏の諸方言ではイカヘン、イケヘンなどの形式が多く用いられる。

表3はイケヘンを用いるかどうか、用いるとすればどういう意味で用いるか、京都–大阪間で聞いた結果（岸江・中井 1994）を整理したものである。この調査によると、大阪市では「行かない」の意味で用い、京都市では「行くことができない」の意味でそれぞれ用いられているのが分かる。ところが、大阪市と京都市の間の大半の地域では「どちらの意味でも用いない」という回答が圧倒的に多い。これらの中間地域では大阪市と京都市で生じる同音衝突（ここではイケヘンが異なる意味で用いられること）を回避するため、いずれの意味にも使用しないのであろう。ちなみにこれらの中間地域では「行かない」の場合はイカヘン、「行くことができない」の場合はイカレヘンという形式が用いられる。

『大阪府言語地図』では、府北部でイカヘン、府南部ではイケヘンの勢力がそれぞれ強いといえるが、府南部の周辺域にもイカヘンが認められる。この分布から大阪ではイカヘンからイケヘンへと変化したとみられる。

河内地域には、北部と南部にイカヒンが分布し、ちょうど中河内のイカインを挟んだ形で分布している。このことからイカインはイカヒンから生じたものとみられる。

表 3　「イケヘン」の意味（岸江・中井（1994））

	No	世代 ／ 地点	70代	60代	50代	40代	30代	20代	10代
京都府	1	京都市 a　北部	｜	｜	｜	｜	｜	｜	｜
	2	京都市 b　中部	｜	｜	｜	｜	｜	｜	｜
	3	京都市 c　南部	□	□	｜	｜	｜	□	｜
	4	向日市	｜	｜	｜	｜	｜	｜	｜
	5	長岡京市 a　北部	□	｜	｜	｜	｜	｜	｜
	6	長岡京市 b　南部	｜	｜	｜	｜	｜	｜	｜
	7	八幡市	□	｜	□	□	｜	｜	｜
	8	乙訓郡大山崎町	｜	｜	｜	□	□	｜	｜
大阪府	9	三島郡島本町	｜	｜	□	□	＝	｜	｜
	10	高槻市 a　北部	□	□	｜	□	＝	｜	｜
	11	高槻市 b　南部	□	□	□	□	▼	｜	▼
	12	枚方市 a　北部	＝	＝	□	□	＝	□	□
	13	枚方市 b　南部	□	□	□	□	｜	□	□
	14	茨木市 a　北部	□	□	□	□	｜	□	□
	15	茨木市 b　南部	□	□	□	□	｜	□	□
	16	摂津市	□	□	□	□	□	□	□
	17	吹田市 a　北部	□	□	□	□	□	□	□
	18	吹田市 b　南部	□	□	□	□	□	□	□
	19	豊中市	□	□	□	□	□	□	□
	20	大阪市 a　北部	▼	□	▼	□	□	□	▼
	21	大阪市 b　南部	▼	▼	▼	▼	▼	▼	▼
	22	大阪市 c　東部	▼	▼	▼	▼	▼	▼	▼
	23	大阪市 d　西部	▼	□	▼	□	▼	▼	▼

凡例

- ▼　「行かない」の意味で用いる
- ｜　「行くことができない」の意味で用いる
- ＝　「行かない」「行くことができない」両方の意味で用いる
- □　「行かない」「行くことができない」どちらの意味でも用いない

項目 074《行くことができない（否定・可能）》

「行かない」の場合、大阪ではイケヘンという形式が用いられる。京都では「行くことができない」の意味でイケヘンが用いられるため、「行かない」の意味でイケヘンが用いられることは極めて少ない。

大阪府各地の調査でも、大阪府下で「行くことができない」の意味でイケ

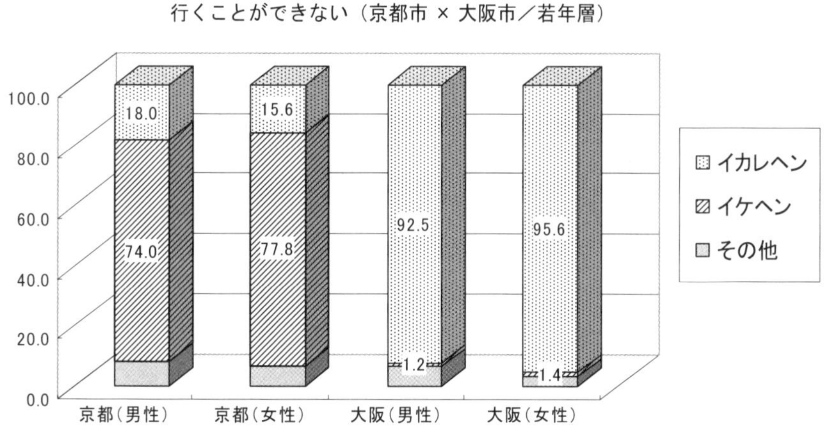

図16　行くことができない（京都×大阪　若年層）

ヘンを回答した地点では「行かない」をイケヘンとは別の形式で回答した地点が多かった。

図16は京都と大阪の若年層（調査時点から現在では30代に達している）に対し、「行くことができない」をどういうかを聞いた結果である。大阪のイカレヘンに対し、京都ではイケヘンが圧倒的に多く、京阪で対照的であることがここでも分かる。

『大阪府言語地図』から大阪ではイカレヘンは最も有力な形式であり、大阪市を中心に広がっている。河内地域にイケヤヒン、イカレヤヒン、イカレイン、イカラヒン、堺市にイカレン、和泉市にイキャレヘンなどがそれぞれまとまって分布している。また、大阪府の周辺域にはヨーイカンが分布している。

項目 075《行かなかった（否定・過去）》

近畿中央部方言では世代によって顕著な対立を示す方言形式がある。例えば、この項目のイカナンダ、イカヘナンダ等の～ナンダは主に老年層でよく使用される傾向があるのに対してイカヘンカッタ、イケヘンカッタ等、～カッタは若年層でよく使用される。

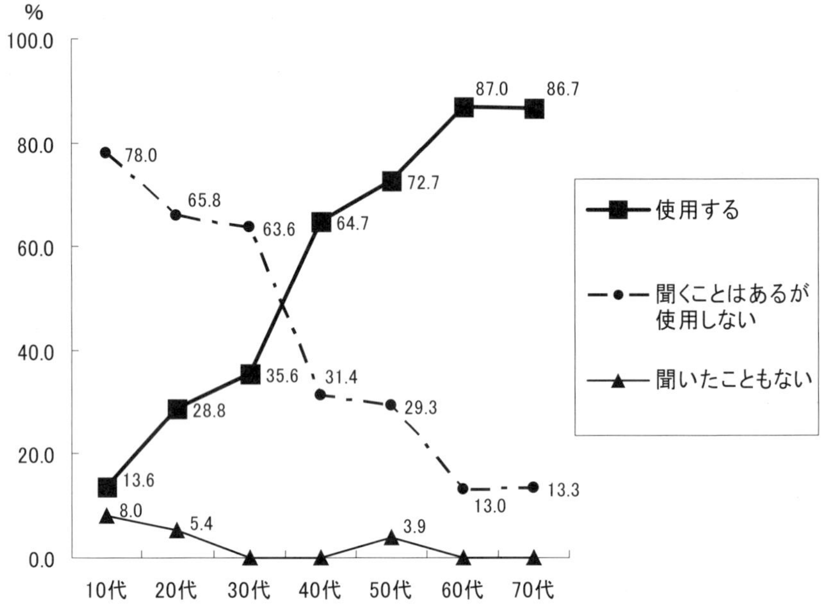

図17　「行かなんだ・来なんだ」の使用—大阪市内—（真田・岸江（1990））

『大阪府言語地図』では、すでに大阪府各地で老年層にも～カッタ系の形式が広がっている様子がうかがえる。

真田・岸江（1990）によると、大阪市内において～ナンダは世代が下がるにしたがって使用されなくなりつつある（図17）。このことからも今後、府全域で～ナンダ系が後退し、～カッタが府全域を席巻すると考えられる。

項目 076《来ない（否定)》

大阪では「来ない」の変遷として、「来はしない」に、

キワセヌ→キヤセン→キヤヘン→キエヘン→ケーヘン

といった変化が起きたと推定される。大阪ではエ段へのシフトが生じ、キヤヘンがキエヘンへと進み、さらにキエヘンはケーヘンとなったものとみられる。「行かない」がイカヘンからイケヘンと変化したのと同様である。このエ段

へのシフト現象は京都にはみられず、大阪独自に発生した変化である。大阪ではほぼすべての動詞においてこの現象がみられるといっても過言ではない。

『大阪府言語地図』では、大阪市を中心にケーヘンが優勢であり、その外側にキエヘン、キヤヘンが分布しており、このエ段シフトの軌跡を辿ることができそうである。

項目 077《見ない（否定)》

ミヤヘン、ミエヘン、メーヘン、ミーヘンなどが代表的な形式としてあげられる。分布状況からミヤヘン、ミエヘン、メーヘンの3形式は、先の「来ない」と同様、エ段へのシフトの流れとして説明できよう。「見はせぬ」は、ミヤヘン→ミエヘンという変化のあと、ミエヘン→メーヘンという変化が起きたと考えられる。

ミーヘンは、順行同化による変化と考えられ、語幹の母音（ミ）が後続の母音に影響し、同化したものと考えられる。すなわち、ミヤヘンから直接、ミーヘンが生じたと考えられる。

項目 078《しない（否定)》

「行かない」・「来ない」・「見ない」と歩調を合わせた格好でセーヘン、シヤヘン、シヤヒン等が分布している。セーヘンは大阪市内を中心に府全域に広がっているが、シヤヘンは府周辺に分布している。ここでもエ段シフトの跡が地理的分布に投影されており、シヤヘンからセーヘンへの変化を裏づける。ただ、シヤヘンがシエヘンへと変化する過程で、大阪府各地において当時〔se〕は口蓋化した〔ʃe〕で発音される傾向が強かったため、シエヘンは長く続くことなく、シェーヘンへと移行したと考えられ、〔ʃe〕→〔se〕の変化とも相俟ってセーヘンが生じたものとみられる。シャーヘンにおいてもシヤヘン→シャーヘンといったシエヘン→シェーヘンとよく似た変化が起きたと推定できる。

枚方市・交野市などの北河内や、千早赤阪村・河内長野市の南河内、堺市・和泉市のそれぞれ山間部にはシヤヒンがみられ、中河内のシヤインを挟んで分布していることから、シヤヒン→シヤインが首肯されよう。さらに泉佐野市大木など泉南にはシヤシンがあり、シヤヒンとの関連が注目される。

なお、中四国、九州では主流のセンが府下各地にみられる。セーヘンなど、～ヘン系の形式に今後変化していくものと思われる。

項目 079《しなくても（いい）（条件・逆接）》

センデモが府全域に広がっており、大阪府では最も有力な形式である。大阪市内の周辺部にはセーデモ・シェーデモが分布し、能勢地方や府南部を中心として周圏的分布をしていることから、セーデモの方がセンデモよりも古い形式ということになろうか。大阪市内などでは伝統的な形式とされてきたセンカテは主として、中河内を中心に使用がみられる程度である。因みにテモ（デモ）は、金沢（1998）によると、条件表現として古代の代表的な形であった「トモ」にかわって、江戸の後期には一般的な表現形式になったという。一方、カテは明治期以降に関西地域に広がった形式とされている。

北摂地域と南河内地域にはシヤンデモ、シャンデモ、シャンカテなどの形式が分布している。これらも大阪市を中心に周圏的分布の様相を呈しているが、前の項目078《しない》でのセンとシヤヘンの分布と併せて考えると、これらの形式はセン（デモ）とシヤヘン（デモ）との混交により生じた可能性が高い。

項目 080《行くまい（否定・強意）》

意志の強い否定について聞いた項目である。

府全体にイカヘンが広がっており、河内にのみイカヒンが分布している。北・中河内の中央ではイカインが聞かれ、イカインがイカヒンに挟まれるような形で分布している。これは、もともとイカヒンが分布していた地域の中心でイカインへと変化したものと考えられる。いわゆる A–B–A 型分布の典型的な例である。

府南部の泉北、泉南地域ではイキャヘン、イキャヒンが聞かれ、特に泉大津市、貝塚市の海岸付近ではイキャヘンが、内陸部ではイキャヒンが聞かれる。内陸部のイキャヒンは南河内地域のイカヒンとも共通する点は注意すべきである。また、泉南地域山間部ではイカシン、イキシンが聞かれ、これも南河内から和泉山脈伝いにみられる打消形式「ヒン」との関連が深い。

打消「ヘン」を伴う表現については、ア段に接続するもの（「イカ～」）とエ段に接続するもの（「イケ～」）があり、両者共に府全体に広がっているが、府北部ではア段接続が、大阪市と府南部ではエ段接続が優勢である。

なお、南河内、泉北、泉南の各地域では、ほかにイコマイが聞かれ、府南部のみにみられる特徴的な事象である。

項目 081《見らん（五段化）》

ミランは、一段活用の動詞「見る」の五段化による変化である。ミラン・ミリマス・ミル・ミレ・ミローというように活用形すべてにおいて完全な五段化が進んでいる地域はほとんどなく、山本（1962）の報告によると、ラ・リ・ル・レがすべて聞かれた地域はわずかに「泉南町（現、泉南市）・堺市富蔵（現、堺市南区富蔵）」のみであるとしている。また、山本（1962）は五段化の傾向のある地域として、「豊中市曽根、枚方市、河内長野市天見・岸和田市・泉南郡鳥取村（現、阪南市）、大東市四条町・堺市鳳町（現、堺市西区鳳）、泉佐野市日根野・大阪市阿倍野区」等の地域をあげている。摂津および北河内の一部のほか、府南部の南河内から泉南にかけて特徴的な現象であるといえよう。

『大阪府言語地図』をみると「見らん」を使用するという地域は、山本（1962）の指摘と矛盾はなく、南河内から泉南にかけての地域である。かつては、摂津から河内、泉南にかけて広く分布したが、規範からの逸脱を意識したためか、摂津や北河内などではいち早く姿を消したものと思われる。

項目 082《起きることができる（可能）》

オキラレルとオキレルが分布する。オキラレルが分布しているところにラ抜き言葉のオキレルが広がったとみられる。真田・岸江（1990）によると、大阪市内では老年層においてもオキレルの使用する比率が高く、大阪市内でオキラレル→オキレルという変化が先行していることを報告している（図18）。世代調査の結果からは両形式の推移がよくみてとれるが、『大阪府言語地図』からはこれら両形式の分布が混然としており、新旧の判断はつきにくい。このことから府全体にこの変化が急速に浸透しつつあることがわかる。

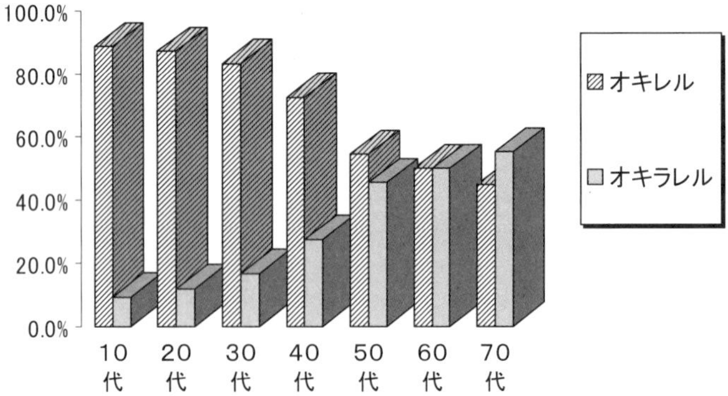

図18　「起きられる」（大阪市内）（真田・岸江（1990））

項目 083《着ることができる（能力可能）》

可能表現とは、渋谷（2006）にあるように、「人間や動物などの有情物（ときに非情物）が、ある動きを意志的に行おうとするとき、それを実現することができる／できない」といった意味を表す文法の一カテゴリーである。主体の内面的な条件・能力によって可能かどうかが決定されるものを能力可能と呼ぶ。

能力可能を表す場合、「ヨー○○」の回答が多くみられる。この「ヨー」に下接する形式にはバリエーションがあり、動詞終止形キル、可能の助動詞を付したキラレルやキレル、女性専用の親愛語とされるキヤル、やや下向きの待遇的な形式とされるキヨルなどが回答として得られた。

『大阪府言語地図』の分布をみると、全域でヨーキルが確認でき、特に泉南にまとまって使用されているのがわかる。それ以外の「ヨー○○」の形式は、各地に点在するにとどまる。可能の助動詞を付したキラレルは広範囲に広が

表4　「着ることができる（能力可能）」岸江・中井（1999）

	No	地点＼世代	70代	60代	50代	40代	30代	20代	10代
大阪府	1	大阪市天王寺区	⬘⌶	⬘	｜⌶	｜	｜	｜	⌶
	2	大阪市阿倍野区	｜	⌶	⬘	Y	⬘	⌶	｜
	3	大阪市住吉区	⌶	｜⌶	｜⌶	⌶	⌶	⌶	⌶
	4	堺市浅香	⬘	｜	⬘	｜	⬘	⌶	⌶
	5	堺市旧市街	⬘	⬘⌶	｜⌶	⬘Y	｜	｜	⬘
	6	堺市鳳	⬘	｜	｜	｜	⌶	｜	⌶
	7	高石市富木	+	｜	+	｜	｜Y	｜	｜
	8	和泉市信太山	⬘⌶	⌶	⬘⌶	｜	｜	｜⌶	｜⌶
	9	和泉市府中	｜	⌶	｜	｜	｜	｜	｜
	10	岸和田市久米田	⌶	⌶	⬘⌶	｜	｜+	｜	｜⬘
	11	岸和田市下松	⌶	⬘	⌶	⌶	+	⌶	+
	12	岸和田市土生	⌶	⌶	⌶	⌶	⌶	⌶	⌶
	13	貝塚市東貝塚	⌶	⌶	⬘	⌶	⬘	⌶	⌶
	14	貝塚市石才	⌶	⌶	⌶	｜	⌶	｜⌶	｜
	15	熊取町大久保	⌶	⌶	⌶	⌶	｜	⌶	+
	16	泉佐野市日根野	⌶	⌶	⌶	⬘	⌶	⌶	⌶
	17	泉佐野市長滝	⌶	⌶Y	⬘	+	｜	｜	｜
	18	泉南市新家	⌶	⌶	⌶	⌶	｜	⌶	⌶
	19	泉南市和泉砂川	⌶	⌶	⌶	⌶	⌶	⌶	⌶
	20	阪南市和泉鳥取	⌶	｜	⬘	｜	⌶	｜	｜
	21	阪南市山中渓	⌶	⌶	⌶	｜	｜	⌶	⌶
和歌山県	22	和歌山市紀伊	⌶+	+	⬘	｜	+	+	+
	23	和歌山市六十谷	⌶	⌶	｜	+	+	⌶	｜
	24	和歌山市紀伊中之島	+	⌶+	｜	｜	｜	｜	｜
	25	和歌山市旧市街	⬘	｜⌶	⌶	⬘⌶	⌶	⌶	⌶
	26	和歌山市雑賀崎	｜⌶	⌶	⌶	⌶	⌶	⌶	｜

凡 例
- ｜ キレル
- ⬘ キラレル
- ⌶ ヨーキル
- Y ヨーキレル
- \+ その他

っており、キラレルからのラ抜きことば、キレルも全域で確認できる。分布を考慮すると、能力可能では「ヨー」形式がその役割を担ってきたが、徐々にキラレル、またキレルへと移行していることが予測される。表4をみると、若年層からキラレルからキレルへと移行していくさまがみてとれる。また、その変化は大阪市内から進み、府内全域へと広がっているが、泉南では未だヨーキルの牙城を崩しきれてはいない。

項目 084《着ることができない（能力不可能）》

能力不可能表現では、キラレヘンの分布の広がりが著しい。キラレルの打消形キラレヘンと、「ヨー○○」形のヨーキンが全域で確認される。ここでも、ヨーキンからキラレヘンへの移行が起こっていると考えられる。しかし、能力可能で若年層に広がるキレルは、打消形になるとその影をひそめる。

府内では不可能形式の数が夥しい。この理由は打消の助動詞「ン」だけでなく、「ヘン」も大阪府では使用されるためである。「ヘン」はさらに「シン・ヒン・イン」などにも変化して、キラレインやヨーキーヒンなどの形式を生み出し、その結果、数が多くなっているのである。また、一段活用動詞がラ行五段化した打消形キランが和泉市で確認でき、ヨーキランが泉南地方全体で確認できる。

さらに泉南山間部の和歌山県に隣接する地域にはヨーキヤンがみられ、紀北地方では盛んに用いられる能力不可能形式と共通する。

項目 085《着ることができる（状況可能）》

ここでは、主体の能力如何に関わらず、場面や状況など外的要因によって可能かどうかが判断される、状況可能についてみる。細かくは、能力可能や状況可能だけでなく、主体の心情による心情可能や、主体内部の病気や気分といった一時的な条件による内的条件可能を設定する考えもあるが、今回は能力と状況の２分類で考える。

方言では、『方言文法全国地図（以下 GAJ と呼ぶ）』などで全国の可能表現の形式を見わたすと、東北のヨメル／ヨムニイー、九州のヨミキル／ヨマレルなど、能力と状況で形式上、表現を区別する方言がある。そのため、全体の表現形式は多岐にわたっており、多くのバリエーションがある。

全国的な傾向として、能力可能が多様な形式を持つのに比べ、状況可能は形式がやや単純である。これは大阪府でも同様である。ここでは、キレルとキラレルが全域で使用されており、能力可能で主流であったヨーキルは１地点のみの回答となっている。ここから、府内でも能力可能と状況可能とが使い分けられ、やはり「ヨー○○」の形式は能力可能で使用されていることがわかる。ただし、能力可能の項でも述べたが、ラ抜きことばのキレルは若年層から広がりをみせており、能力・状況どちらの場合にも使用されるようである。

項目 086《着ることができない（状況不可能）》

状況不可能の分布は、さまざまな形式が少数ずつ点在する中、キラレヘンが全域に広がっており、ほぼこの形式で言い表されていることがわかる。ここでの結果でも、状況可能の場合と同様に「ヨー○○」の出現が少ない。これは「ヨー」が主体の能力に中心を置いた表現であるためである。特徴的な形式としては山本（1962）でかつて三島郡の山間部や河内・和泉地方にみられたというミララヘンと同じ、キララヘン・キララインが、今回も和泉市・松原市で１名ずつみられた。

また、府下では打消の助動詞に、「ン」と「ヘン」があることは項目084《着ることができない（能力不可能）》のところで述べたが、表５をみてわかるように、「ン」は老年層に偏っており、「ン」→「ヘン」の変化がみてとれる。

表 5　「着ることができない（状況不可能）」（岸江・中井（1999））

	No	世代 地点	70代	60代	50代	40代	30代	20代	10代
大阪府	1	大阪市天王寺区	⬘	⬘	⬘	+	⬘	⬘	⬘
	2	大阪市阿倍野区	⬘	⬘	⬘	⬘	+	⬘	⬘
	3	大阪市住吉区	⬘	⬘	⬘	⬘	⬘	⬘	⬘
	4	堺市浅香	⬘	✳ +	⬘	⬘	⬘	⬘	⬘
	5	堺市旧市街	⬘	⬘◇	｜	⬘	⬘✳	⬘	｜
	6	堺市鳳	⬘	⬘	⬘	｜	+	｜	+
	7	高石市富木	△	｜	+	⬘	｜ +	⬘	⬘
	8	和泉市信太山	◇	⬘	⬘	⬘	⬘	⬘	⬘
	9	和泉市府中	◇	⌶	+	⬘	⬘	⬘	⬘
	10	岸和田市久米田	+	⬘	⧈	+	⬘	⬘	⬘
	11	岸和田市下松	⬘	⬘	⬘	⬘	⬘	⬘	⬘
	12	岸和田市土生	⬘	ϟ	⬘	｜	⬘	⬘	△
	13	貝塚市東貝塚	⬘	✳	⬘	⬘	⬘	⬘	⬘
	14	貝塚市石才	⬘	⬘	⬘	⬘	｜	⬘	⬘
	15	熊取町大久保	⬘	ϟ	⬘	⬘	⬘	⬘	◇
	16	泉佐野市日根野	⬘	⬘	｜	⬘	⬘	⬘	⬘
	17	泉佐野市長滝	⬘ ｜	⬘◇	+	⬘	⬘	⬘	+
	18	泉南市新家	⬘	⬘	⬘	⬘ ｜	⬘	◇	◇
	19	泉南市和泉砂川	◇	◇	⬘	｜	⬘	⬘	✳
	20	阪南市和泉鳥取	⬘	⬘	⬘	｜	｜	⬘	⬘
	21	阪南市山中渓	⬘	⬘	⬘	⬘ +	+	⬘	⬘
和歌山県	22	和歌山市紀伊	⬘	+	⬘	⬘	+	+	+
	23	和歌山市六十谷	+	+	⬘	⬘	⬘	+	⬘
	24	和歌山市紀伊中之島	+	⬘ +	◉	⬘	⬘◉	+	+
	25	和歌山市旧市街	⬘	+	+	⬘	+	+	+
	26	和歌山市雑賀崎	◉ +	△◇	+	+	◉	｜	+

凡例

- ✳　キラレナイ
- ⬘　キラレヘン
- ◉　キヤレヘン
- ｜　キレヘン
- △　キラレヘン
- ◇　キラレン
- ϟ　キレン
- ⧈　キラライン
- ⌶　ヨーキン
- +　その他

Ⅸ．大阪語の敬いの表現

項目 087《来た（対者－目上)》

目上の人（ここでは校長先生）に直接、来たかどうかを尋ねる時、どう言うかを聞いた結果である。目上といっても校長先生という設定なのでどうしても大阪独特の待遇形式に加えて待遇度の高い標準語形式の回答が混在した結果となっている。ただ、『大阪府言語地図』上では、能勢から南河内にかけてハル系の敬語が用いられる一方、泉北地方南部から泉南地方にかけてはハル系の敬語がほとんどみられないといった地域差が明らかとなった。泉南地方ではキテクレタ、キテクレマシタカなどの回答がみられ、標準語の待遇形式のほかには方言敬語（尊敬語）として、唯一、オイデマシタカ（オイデタの丁寧形）が見られる程度である。

大阪市内を中心とした摂津方言ではキハリマシタカなどのハル系の形式が多く用いられるが、北河内から南河内にかけては、キヤハリマシタカ、キャーハリマシタカ、キヤハッタ、キャーッタなどヤハル系の形式やキナハッタなどナハル系の形式の回答が目立つ。摂津方言においても、かつてはこれらキナハル系やキヤハル系の形式がよく用いられたが、現在、すでに摂津方言ではハル系への変化がほぼ完了したということになろう。河内方言でもハル敬語の浸透が急速に進んでいるものの、依然として大阪の伝統的な敬語形式が残っているといえよう。

山本（1962）の方言区画にしたがって大阪府の方言を８つの方言に下位区分し、これらの方言と言語地図上のすべての回答形との間にどういう関係がみられるかを調べるため、多変量解析の一種であるコレスポンデンス分析にかけた。その結果が図19である。これによると、泉南方言が他の７つの方言とはかけ離れた位置にポジショニングされている。これはハル系などの敬語がまったく使用されず、かわりにキテクレマシタカなどの形式が多用されることによるものと解される。また、第１軸の右側に位置づけられた各方言は

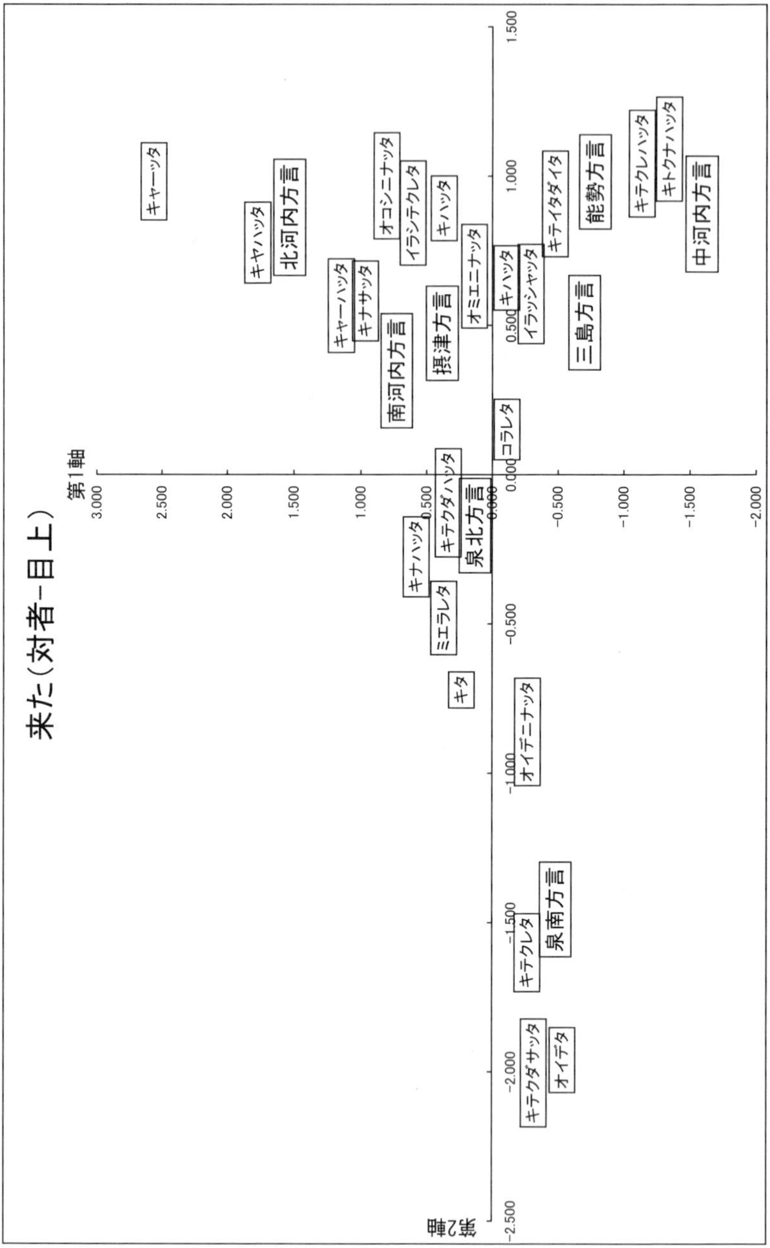

図19 「来た（対者ー目上）」ーコレスポンデンス分析ー

ハル系の敬語をいずれも使用する方言である。原点付近の泉北方言は、摂津方言をはじめとするこれらの方言と泉南方言の中間に位置づけられた点は興味深いところである。

項目 088《来た（第三者－目上)》

目上の人（校長先生）が第三者（話題の人物)、近所の親しい人が聞き手という設定で第三者をどう待遇するかを聞いた結果である。ハル敬語で第三者を待遇する地点が多いが、北摂から南河内や泉北（堺市）にかけてはハルの前身であるヤハルの使用も目立つ。一方、岸和田市以南の泉南では、キハッタなど待遇形式の使用は2地点のみのほか、標準語形式のコラレタで待遇する以外はキタ、キテクレタなどの形式が中心となっている。先の項目087《来た（対者－目上)》で取り上げたコレスポンデンス分析をこの項目でも行った。次頁の図20にその結果を示す。ここでも泉南方言が散布図の左に位置づけられ、「対者―目上」の場合と同様、他方言とはかけ離れた結果となった。ハル系、ヤハル系の方言敬語形式のほか、イラッシャッタ、オイデニナッタなどの標準語形式の使用などが回答された摂津、河内、三島などの諸方言との間に差が出たものとみられる。散布図原点付近の泉北方言は、この場合も中間的な性格を帯びている。また、標準語形式のコラレタも泉南方言を含めてすべての方言で回答されたため、原点付近に位置づけられているのだと考えられる。

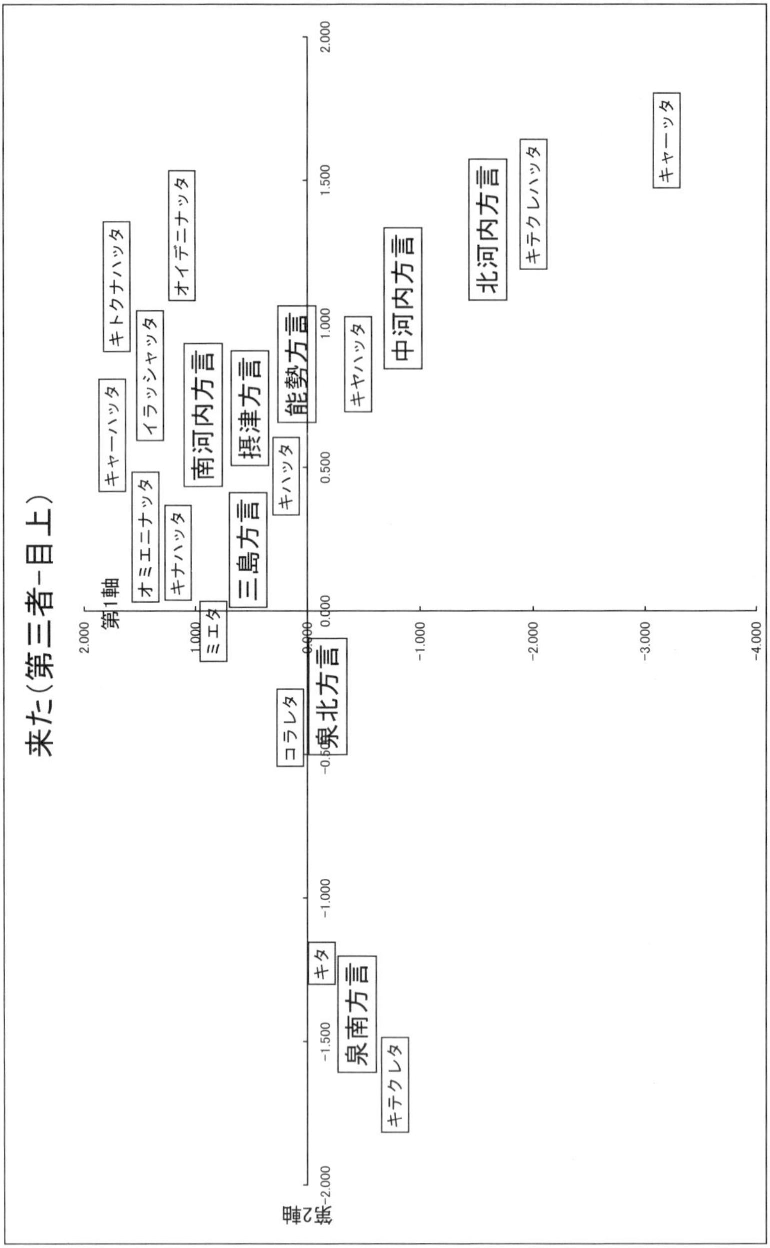

図20　「来た（第三者－目上）」―コレスポンデンス分析―

項目 089《来てください（対者－目上）》

この項目では聞き手である見ず知らずの年配の人に対して「こっちへおいでください」という依頼を行う場合、どういうかを尋ねたものである。各地でさまざまな回答が寄せられたため、地図上にプロットされた記号が多くなり、地域的な傾向がつかみにくいが、回答パターンとして、標準語形式による回答（イラッシャイ、オコシクダサイ、キテイタダケマスカ、キテクダサイなど）と方言形式による回答（オイナハレ、キテオクンナハルカ、キテクレハリマス（カ）、キナハレ、キチョーなど）の二つに大きく分かれる。

「見ず知らずの年配の人」に対して依頼をするという設定なので標準語と方言の両方の形式が現れるのが自然であろう。さて、このような混然とした分布の中にも一定の傾向が読み取れそうである。キナハレ、キテオクンナハルカ、キトクンナハレ、キテンカなどのように「来る」（キテ類としておく）が基本となっているものと、オイデナハレ、オイナサレ、オイデテクレル、オイナーなど、「お出でる」（オイデ類としておく）が基本となった形式に分けられそうである。

これら両系には、もちろん待遇差があるに違いないが、図21に示したようにオイデ類は大阪市内では用いられなくなっており、周圏的な分布の様相を呈しているといえそうである。

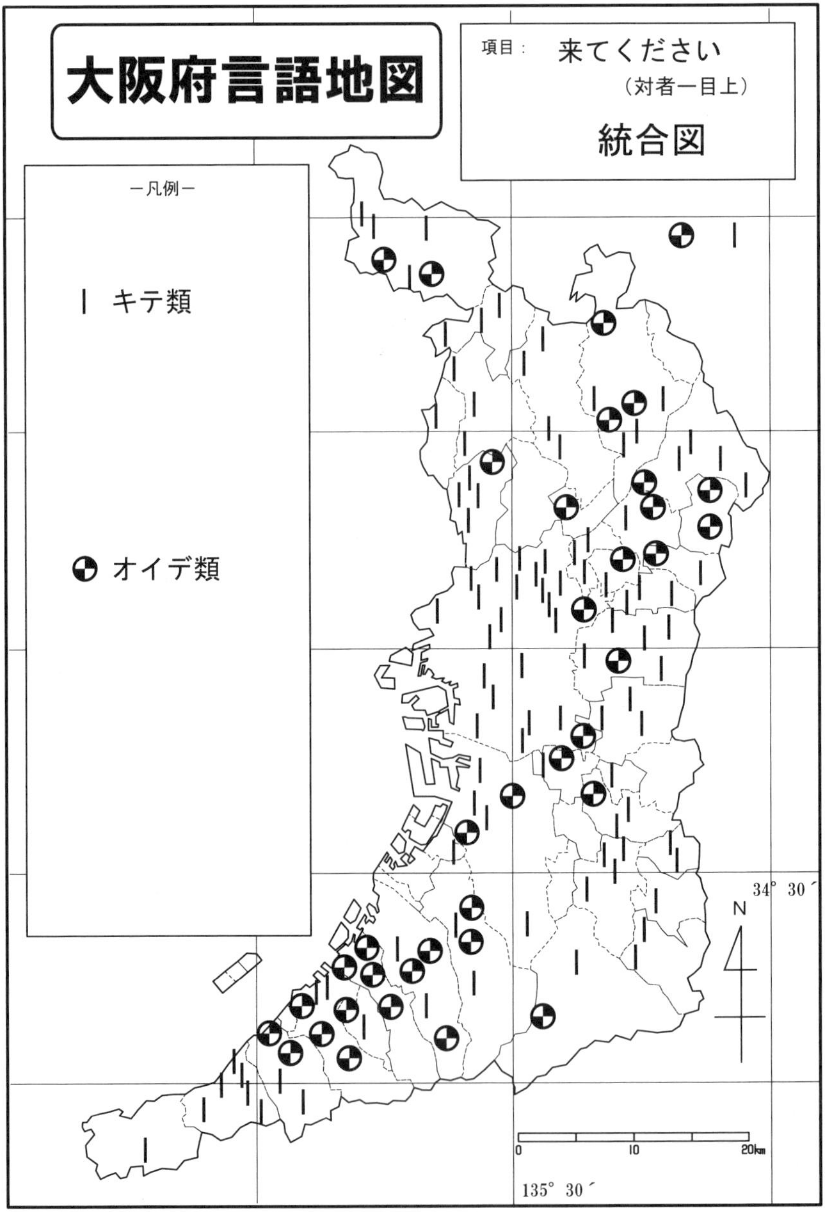

図21　「来てください」

項目 090《ハル（接続）》

五段動詞と尊敬の助動詞「ハル・ヤハル」との接続形から地域差をみる項目である。ここで取り上げた「言う」以外にも五段動詞「行く」「知る」「聞く」などで同じような分布傾向がみられる。

「言う」＋「ハル」の分布は、「言いはる」（i<u>i</u>＋haɾu　i 段音で接続）と「言わはる」（iw<u>a</u>＋haɾu　a 段音で接続）は、大阪市を中心に「言いはる」（iihaɾu）が優勢で「言わはる」（iwahaɾu）は河内地方で優勢と言える。

尊敬の「ハル・ヤハル」は、「ナサル」が幕末から明治初頭の時期に変化して生じた助動詞である。動詞「行く」を例にすれば、イキナサル→イキナハル→イキヤハル→イキャハル→イカハル（ika＋haɾu　a 段音で接続）という流れと、イキナハル→イキヤハル→イキハル（iki＋haɾu　i 段音で接続）というふうにイキヤハルの「ヤ」が脱落して生じた２つのタイプがあって、この２つは明治後期には併存していたことが文学作品などからわかっている。

項目 091《キハル・キヤハル》

目上の人がもうじき訪ねて来るという時、「来る」の部分をキハルというか、あるいはキヤハルというかを尋ねた項目である。

尊敬の「ハル・ヤハル」は、「ナサル」から「ナハル」、「ナハル」から「ヤハル」に変化し、五段以外の動詞にはミヤハル（見る）・シヤハル（する）・キヤハル（来る）のように「ヤハル」で接続するのが明治中頃までは一般的であった。

それが明治後期以降、キヤハル（キャハル）→キハルのように、ヤハルの「ヤ」が脱落して「ハル」の形をとるようになった。

『大阪府言語地図』からもわかるように大阪市に近い地域ではキハルのような形式をより多く使用する傾向にある。一方、内陸部などを中心に古いキヤハルが使用される傾向がある。また、大阪府南部の泉南地域のように、そもそも尊敬の助動詞「ハル・ヤハル」の使用そのものが希有な地域もある。

項目 092《行くのか（親しい目上）》・項目 093《行くのか（親しい目下）》

相手に向かって「行くのか」と聞く場合、どのように言うか、「親しい目上の人（例えば、父親に）」に尋ねる場合と「親しい目下」に尋ねる場合についてここでは一括して取り上げることにする。

ここでは、「行くのか：行く＋助動詞＋デス・マス＋助詞」に注目してみる。「行く」の部分にオデカケ、オデマシといった敬意表現やハルやレル・ラレルといった助動詞の有無、そしてデス・マスといった助動詞およびノやカといった助詞をみることになる。

「行くのか（親しい目上）」では、大阪市内および河内地方を中心にイカハリマスカやイキハリマスカ、イカハルンデッカといった「行く＋ハル＋デス・マス＋カ」という形式が分布する。また、イキナハンノデッカ等、「行く＋ナハル＋デス・マス＋カ」という「ハル・ヤハル」よりも古いとみられる表現形式が使用されていることがわかる。また、イクンカやイクンケといったハルなどの助動詞やデス・マスが伴わない「行く＋助詞」の表現が各地に認められる。

「行くのか（親しい目下）」では、話し相手が、目下であるため、イクンカやイクンケといったハルなどの助動詞やデス・マスが伴わない「行く＋助詞」の表現が大半をしめているが、大阪市内周辺では、イカハンノやイキナハンノカといったハルやナハルが伴う丁寧な言い回しも行われている。

一般に都市中心部や都市に隣接する地域では敬語が発達していて、言い回しは間接的で丁寧であることが多い。ただ大阪市内に敬語表現を伴わない表現が多く回答されていることは、この都市のなんらかの特徴を引き出す糸口になるかもしれない。

項目 094《文末詞「カ・ケ・コ」はどれが最も丁寧か》

この質問文では、「行くのか」にあたるイクンカ、イクンケ、イクンコを例文として用いた。カが全域にわたり、丁寧だと意識されている。一方、ケを丁寧だと回答した地域は、府の周辺部である。特に河内から泉南地域にかけてケが丁寧だと思われているようである。コを最も丁寧と回答した地点は高槻市田能、枚方市片鉾、貝塚市沢である。

山本（1962）や鎌田（1981）などを参考にすると、文末詞カ、ケ、コは近畿中央部を中心に同心円状の広がりをみせており、一様ではないものの、内側にカ、その外側にケ、そして最も外側にはコが分布する傾向があるようである。例えば、大阪府では、三島郡や、南河内から泉南地域にかけての地域にケやコがみられる。大阪市など中心部では外側のケはぞんざいな形式であり、例えば「お前、やるんけ」といったように悪びれた物言いとなるが、南河内や泉北、泉南地域ではむしろ目上に対して用い、カよりも丁寧な形式と意識されている。カは『日本国語大辞典　第二版』によると「文末において打ち消しの語を受け、願い、誘い、同意を求める気持などを表す。近世以後の用法。文語の「ぬか」の系統をひくもの」とある。カは『古事記』や『万葉集』の時代から使われており、古い言い方であるため格が高く敬意を保った表現と感じるのだろう。

ケは『日本国語大辞典　第二版』によると「かえ」「かい」の変化した語で、上方では天保以後用いられるようになったという。「かえ」も「かい」も、「か」よりも日常会話で使いやすく、親しみが持てる。ケよりもカの方が丁寧だと答えた人が多いのは、このくだけたニュアンスがケの中に残っているためだろう。

コは『日本方言大辞典』に「相手にものをたずねる意を表す。か」とあり、福井県の「居たんこ（居たのか）」や奈良県吉野郡の「先生の本こ」の例があげられている。広く西日本で使われていると述べられている。

イクンカがイクンカエ・イクンカイとなり、イクンケとなったように、普段言い慣れている言葉は次第に敬意を落としていく。お前、貴様などと同様である。一方、新しい語は文化の高い中心部から周辺部へ伝えられるため、格の高い言葉として捉えられることが多い。コがもっとも丁寧だと回答した３名は、項目092《行くのか（親しい目上）》では２名がイクンカと回答し、項目093《行くのか（親しい目下）》においても３名ともイクンカと回答している。彼らにとってイクンカは日常的に、相手の上下の区別無く使用される言葉と認識されているのである。それに代わって、イクンコが丁寧な表現として採用されたのだろう。

表6　「カ・ケ・コ」はどれが最も丁寧か

	目下の親しい人	目上の人	丁寧な言い方
高槻市田能	イクンカ	イクン類	イクンコ
枚方市片鉾	イクンカ	イクンカ	イクンコ
貝塚市沢	イクンカ	イクンカ	イクンコ

項目 095《ノマシマセン（飲みはしません）（丁寧）》

大阪府全域にわたって使用されているが、能勢町・豊中市などの地域や泉南地域では使用されることが少ない傾向にある。

この項目は、知らない目上の人から「一杯、飲みませんか」と言われて、「飲みません」と答える時、「ノマシマセン（あるいはノマーシマセン）」というような言い方をすることがありますかという質問文である。ノミマセン、ノミマヘンに対してやや古風な形式であり、近畿中央部でははっきりした世代差が出る形式であろう。現代の若者には、ほぼ完全に使われることがなくなった形式の一つでもある。ノマシマセンには、また、ノミマセン・ノミマヘンよりもやや柔らかい、丁寧な響きが感じられ、間接的に相手の申し出を断るといった意味合いがあるようにも思われる。地域によっては両者が場面に応じ、使い分けられているとみられる。

ノマシマセンには助詞「は」が明確な形で残っておらず、大阪では動詞と融合して「ノマ（ー）」になっている地域が多いようである。GAJ 第4集・152図の「行きはしなかった」という項目では、イカナンダ・イキャーセナンダのような語形が富山県・長野県・山梨県以西、鳥取県・岡山県・愛媛県以東に分布しているが、これに対応する形式である。滋賀県や香川県などでは、助詞「は」が残ったイキワセナンダが使用されており、これらの地域ではノミワシマセンといった形も聞かれる可能性がある。となると、大阪府の外側にはさらに古い形式がありそうである。

項目 096《ソーダスナー（丁寧）》

ソーダスナーを「使用する」という回答は、泉北・泉南を除いた摂津・河内に広く認められる。次項、ソーヤスナーの使用についての質問では、摂津・河内と（和泉市を除いた）泉北には「使用する」という回答はまったくみられず、泉北や泉南を中心に「使用する」という回答がみられる。「そうですね」の「です」の部分を泉北の一部や泉南ではヤスと表現することが多く、それ以外の地域ではダスと言うことが多いようである。これは、幕末期の大阪語「でやす」が摂津でダスに、泉北や泉南ではヤスという形式に変化したためである（次項でやや詳しく述べる）。

ダスは、丁寧の助動詞として、（ダスと比べると）少しぞんざいな表現であるダーとともに古くから大阪府で広く使われていた。文末詞のカの他に、推量の助動詞「やろ」や終助詞「え」などが後接する場合には、「だっか」「だっしゃろ」「だっせ」のように促音化する。また、ナ行音（ねん、な（あ）など）が後接する場合、「だんねん」「だんな（あ）」などと撥音化する。ソーダンナーは使用が減り、ソーデンナーに置き換わったが、近年では、ソーデンナーさえも聞く機会が少なくなっている。

項目 097《ソーヤスナー（丁寧）》

ソーヤスナーということばを「使用する」という回答は和泉市と泉南だけにまとまっており、その他の地域には全くみられない。一方、項目096《ソーダスナー（丁寧）》では、「使用する」という回答は泉南には皆無で、それ以外の地域で広くみられる。「です」は泉南ではヤス、それ以外の地域ではダスと前項で述べたが、泉南地域の貝塚市山間部の蕎原（そぶら）ではジャスという形式が古老層に使用されている。

「でやす」からダスへの変化に関して、『上方語源辞典』に「「であります」が「であんす」「でやんす」を経て、享保頃「でやす」となり大阪の町人社会に行われ、幕末・明治の頃に今日の「だす」となった」という記述がある。泉南地域で使用される「です」相当のヤスは、この「でやす」から「で」が脱落したものだと考えられる。また、貝塚市蕎原のジャスは「でや」がジャとなったものであろう。

項目 098《ヨロシオマス（丁寧）》

大阪府全域でヨロシオマスを使用する。大阪市に目をやると、南北で「使用する」と「聞いたことはあるが使用しない」それぞれの回答が相補分布をなしている。これを「聞いたこともない」と回答した地域は、和歌山県に接する地域に若干まとまって分布する以外は、池田市・豊中市・高槻市に点在するのみである。ヨロシオマスという表現は、大阪府に住む人にとってとても身近だということが分かる。

この表現のヨロシは、「適当である、ふさわしい、正しい」という意味のヨロシー（宜しい）という形容詞の末尾部分の長音を短くしたものである。

シク活用の形容詞のメズラシー（珍しい）の連用形に動詞「なる」を後接した場合の音韻転訛の語形がGAJ 第３集・140図に収められており、大阪府を含む近畿一帯では「珍しくなる」ということをメズラシナル、もしくはメズラシューナルと発音することが分かる。この地図から、シク活用の形容詞の連用形は、新潟・長野・静岡以東において広く「～シク」という形をとり、兵庫以西において広く「～シュー」という形をとる。そして、兵庫を除いた近畿と北陸、徳島・香川・愛媛の沿岸地帯において「～シ」という形をとることが確認できる。

また、オマスは、補助動詞のゴザイマスに相当することばで、もともとは「ある／いる」といった存在を丁寧に表す尊敬語の動詞であったが、接続助詞「で」に付いて「で」の前の事柄を指定する補助動詞となり、のちに形容詞の連用形に直接接続するようになったと考えられる。もともとは京阪の女性の間で使われていたものが、明治になって男性にも使われるようになった。

項目 099《ヨロシゴザリマス（丁寧）》

ヨロシゴザリマスということばを「使用する」という回答は大阪府全域に分布するが、その数は少なく、「使用する」と答えた回答者はそのほとんどが70歳以上である。ヨロシゴザリマスということばはしだいに使われなくなってきているようだ。

ゴザリマスは、補助動詞のゴザルに助動詞「ます」が付いたもので、ゴザルよりも丁寧である。ゴザルは、もともと「行く／来る」という移動や、「ある／いる」という存在を丁寧に示す動詞ゴザルが接続助詞「で」に付いて「で」の前の事柄を指定する補助動詞となり、のちに形容詞の連用形に直接接続するようになったと考えられる。

X．大阪語の見下しの表現

項目 100《来た（対者－目下)》

目下（近所の中学生）を相手に「来たか」と尋ねる場合、どういうかを聞いた結果である。キタ（ー)、キタカ、キタンなどの回答が大半を占めるが、キテクレタ、キテクレタンカなどの軽い気遣いを含む形式の回答が府全域にみられる。府北部の能勢町や箕面市は「テヤ敬語」の変異形であるキチャッタ、府南部の泉南地方にはキタカよりも親愛的なキタケ（親しい目上にも使われる)、北河内の交野市にはキタカエなどの回答がみられた。「テヤ敬語」やキタケに関しては過去に大阪市内でも親愛的な意味で使用されたという報告があり、これらの形式は周圏的な分布を示す好例といえよう。また、北河内と南河内にはキナハッタ、キャハッタなどの軽い敬意を含む形式がみられる。目下であっても近所の親しい中学生であるということから、軽い敬意を含む形式が使用されたとみられる。これも大阪市内では聞かれなくなった大阪独特の方言敬語の古い用法であるといえよう。

項目 101《来た（第三者－目下)》

目下（近所の中学生）が第三者（話題の人物)、近所の親しい人が聞き手という設定で「近所の中学生が来た」という場合に「来た」のところをどう言うかを聞いた結果である。先の項目088《来た（第三者－目上)》の場合とは対照的にキタ、キテンなどの形式が府全域にみられるが、大阪市や中河内以北のキヤッタ、大阪市および北河内から南河内にかけてキヨッタ、キヨッテンなどの回答がまとまって分布する。ヤッタは、親愛を表す形式「ヤル」で、第三者の動作に対して用いられる。主として女性が用いる形式である。キヨッタ・キヨッテンは本来、軽く罵る際に用いる形式「ヨル」で、これももっぱら第三者の動作に対し、主として男性が用いる。西日本の諸方言において「ヨル」はアスペクト形式（進行形「～している」）として用いられるが、大阪にはこのような用法はない。キヤッタとキヨッタの分布は、地域差というよりも男女差が反映されたものといえる。なお、「ヨル」には軽卑的な意味のほかに第三者の行動に対して親愛の意味を表すことがある。例えば「この赤ちゃん、よう笑いよるなあ」といった場合、赤ちゃんの笑いを罵っているとは考えられない。この場合は赤ちゃんの動作に対して親愛感を表現しているのである。この目下（近所の中学生）に対するキヨッタ、キヨッテンなどの場合も卑罵的と考えるよりも親愛を表す意味で用いられたものと思われる。このように考えると、目下の動作に対して女性は「ヤル」、男性は「ヨル」で待遇しているということができる。また、箕面市や茨木市北部のキチャッタは豊能町のキテヤッタ（テヤ敬語）の縮約形であるが、軽い尊敬の意味とともに親愛的な意味を表出する形式であると考えられる。

項目 102《イル・イテル・オル・イヨル》

存在動詞のイルとオルは、日本海側では新潟と富山、太平洋側では静岡と愛知の県境付近を境界として東日本でイル、西日本でオルが使用され、典型的な東西の二大対立型の方言分布となっている。

近畿地方では、存在動詞のイルも使用されるが、これは標準語の影響で広がった新しい用法の可能性がある。このほか近畿地方の南部、和歌山県南部や三重県南端には、「そこに家がある」「おばあちゃんは家にある」のように、生物・無生物の別なく存在動詞アルを用いる地域があるが、「家にあれば 笥に盛る飯を 草枕 旅にしあれば 椎の葉に盛る」（有間皇子『万葉集』）のように、古くは近畿中央部で使用されていたものが、紀伊半島に残存したと考えられる。

歴史的に見た場合、「あり」が存在一般を表す動詞であったのに対し、「ゐる」や「をり」は、「立つ」に対する「坐る」が原義で、「をり」は「ゐ（坐）＋あり（有）」の変化から生じたとされる。

『大阪府言語地図』をみると、大阪府内では、人の存在は、イル・イテル・オル・イヨルで表現されていることがわかる。イルは標準語的な使用がなされるのに対してイテル・オル・イヨルは、方言としての使用をすることが多い。このなかで、イテルは大阪以外の西日本では使用されず、大阪独自の存在表現といえる。

同じような意味を表す複数のことばが併用される場合、そこでは語の新古や丁寧かぞんざいか、強調の有無などの２次的な意味の差が生じている可能性が大きい。イルとオルを比べた場合、オルは伝統的な西日本の方言形であるため丁寧度が下がって、オルは自身より目下、あるいはその存在を見下げていることを示していることが多い。そしてイヨル（ヨル）は、オル以上に、低く見下げていることが多い。

ただ、大阪は、近世以来、日本でもっとも発展した経済都市であった。現在その勢いに翳りを見せてはいるが、なお西日本の中心都市であることにかわりはない。ここでは近世以降、現代まで、絶えず西日本各地からの移住者を大量に受け入れつづけている。移住者は出身地の方言形をもってここに生活をし、気がつかないまま方言を使用しつづけることもあろう。近畿地方の都市部ではオルやイヨルが低い待遇的意味を持つことになっても、移住者の多い大阪では、絶えず地方から古いタイプのオルが持ち込まれ、使用されつづけていることも考えられる。したがって大阪での言語生活が短い家庭では、必ずしもオルが目下の者の存在やその存在を見下げていることを示すわけでもない。存在動詞のもつ２次的な意味に注目すると、大阪の都市として性格が見えてくる。

項目 103《オラン・オラヘン》

存在動詞のオルに打消の助動詞を接続した形式について尋ねた項目である。

オラン・オラヘンともに使用しないと回答した地点はおそらく存在動詞オルを使用しないことによるものであろう。

大阪で使用される、打消の助動詞は、古典でみられる「ぬ」から生じた「ん」と、「せぬ」から生じた「へん」の２つがある。また、「へん」には「行かへん」（ika + hen　a段で接続）のような五段動詞との接続においてア段で接続するタイプと、「行けへん」（ike + hen）のようにエ段接続する「行けへん」の２タイプがある。

「へん」は、「する」の打消「せん」の変化したもので、動詞の連用形に助詞「は」を伴なって、イキワセン→イキヤセン→イキャセン→イキャヘン→イカヘンという流れと、イキワセン→イキヤセン→イキエセン→イキエヘン→イケヘンという流れがあって、明治時代にこの２つはわかれたとされる。

オラン・オラヘンのように「ん」と「へん」の両方を使用する場合は、「ん」の方に強い打消の意味をもっていることが多い。

項目 104《キヨル（軽卑）》・項目 105《ノンモル（軽卑）》：ヨルの使用

「ヨル」は、進行や継続の意味で使用される場合と、第三者の行為を軽く卑しんでいうときなどに使用する下向きの待遇表現を示す（逆に、親近感や共感をこめて親しい人の動作に対して使用する場合もある）。

A．話し相手には使用せず、話題の人物である第三者の場合にのみ使う。

B．話題の人物に対して、軽卑する場合に使用する。

C．男性が使用することが多い。

といった運用上の特徴をもつ。

表７　ヨルの使用

行く	寝る	見る	来る	する
イキヨル	ネヨル	ミヨル	キヨル	シヨル

〈例文：話し手・友達→聞き手・太郎〉

「太郎、もうあの本ヨミヨッタ？」

（聞き手には使用しないため、文として成立しない）

〈例文：話し手・友達→聞き手・太郎；話題の人物「卓郎」〉

「おい、太郎。卓郎はもうあの本ヨミヨッタヤロカ？」

項目104《キヨル（軽卑）》は、第三者すなわち、話題の人物の行為を軽く卑しんでいうときなどに使用する下向きの待遇表現について調べたもので、北摂や泉南ではあまり使用されていないことがわかる。

また、項目105《ノンモル（軽卑）》については、北・中河内や三島地域でノンモルが使用されている。このノンモルはノミヨルに撥音の挿入と拗音化が起こったノンミョルを経て、ノンモルになったものと考えられる。ヨル使用の有無とノンモル使用が関連していることがわかる。

項目 106《ナキヨル（ヨルに対する意識）》・項目 107《ナイトル（トルに対する意識）》：ヨル・トルの意味

ヨル・トルはともに進行や継続などのアスペクトを表していたが、近畿中央部では次第に見下げの意味をもつようになっていった。項目106・107をみるとテルに比べてかなりの地点で、ヨル・トルともに乱暴な悪い言い方と意識されていることがわかる。

なお、テルとヨル、テルとトルの表現に差がない、つまりヨルやトルが乱暴な悪い言い方とは意識されていない地点が大阪市およびその周辺にある。これはヨル・トルが本来のアスペクト的意味を残していることを示すが、そういった古い形態が大阪の中心部といった言語変化の激しい地点で観察されることはとても興味深い。

XI. アスペクト表現

項目 108《散りそうだ（将然態）》

アスペクトは、動詞の意味が完成しているか継続しているかという時間的局面を表す文法の一カテゴリーである。「態」や「相」といったもので示されるが、ここでは統一して「態」とする。標準語には完成状態を表すスルと継続状態を表すシテイルの対立があるが、ここでは特にシテイルをアスペクトの代表形式として取り上げる。西日本諸方言においては、ヨル形・トル形がそれに当たり、それぞれ進行・結果の言い分けに使用されるというのが定説であるが、ヨル形が目撃を表す主観的表現であり、トル形が動詞の実現された状態の継続を表す客観的判断であるとする見方もある。また、現在の報告では西日本各地でトル形の使用の拡大がみられる。

将然態というのは、動作・変化の起こる直前の状態を表す局面である。西日本諸方言では、将然態においてもヨル形が出現するという報告がある。風が吹いて今にも花が散りそうな時、桜の花がどうだと言うか聞くこの局面では、チリソー類やチリカケ類の回答が多い。まだ散るかどうかわからないために、やや分析的な言い回しが多く使用される。チルナーやチルンチガウを含むチル類やモーチル類もこの類である。また、中にはチリヨルという回答も少なからずみられ、これまでの研究にあるように将然態におけるヨル形がみとめられる。しかし、これまでの報告では「て」を介した形式は将然態において現れないとされるが、ここではチッテル・チットル・チッテラなどもみられる。

項目 109《降っている（進行態）》

西日本諸方言では、「動詞連用形＋オル」の降りヨルや開けヨルといったものをヨル形とし、降っトルや開けトルといった「動詞連用形＋て（完了の助動詞「つ」）＋オル」のものをトル形式とする。ただし、大阪においてはヨル・トルともに下向きの待遇表現として扱われる場合が多く、テル形式がアスペクトを担うとされている。

雪が今まさに降っている場面では、大阪府全域でフッテルの形式が確認できる。フットルは大阪市、能勢町など摂津地方に多くみられ、河内長野市では同市の話者すべてからこの回答を得ている。和歌山県を中心にみられるテアルを出自とするフッタールは河内地方においても使用が確認できる。フッテラという形式が泉南に固まって現れる。このテラ形式の出自に関しては「テル＋文末詞「わ」」からの音融合と考えられ、アスペクト項目の各地図でみられる。ただし、タール・チャール形式の分布地域でよく確認できることからテアルからの変化とも考えられる。西日本一般で進行態を表す際に使用されるヨル形のフリヨルは、富田林市の１名からのみの回答となっており、進行態を表す形式はフッテルをはじめ、「て」を介した形式が基本形式であるのがわかる。なお、今回みられたフッテル形式は標準語の影響を受けたものではなく、室町時代より関西中央に残る独自の形式と考えられている。

また、アスペクト表現の成立には存在動詞が大きく関与している。そのため、東日本にはイルを付したテイル形、西日本にはオルを付したヨル形・トル形がみられる。一部、和歌山県を中心に紀伊半島ではアルを付したヤール・タールという形式もみとめられるが、これもほぼ西日本諸方言のヨル形・トル形に対応する。

項目 110《フリヨル（進行態）》

「使用する」という回答が大阪市の北部と河内地方に多くみられる。かつて枚方市の山間部ではアスペクト的なヨル形の使用が確認されたという報告があるが、今回同市では「聞いたことはある」の回答しか得られなかった。「使用する」に「聞いたことはある」も含めると、摂津・河内両地方のほぼ全域にアスペクトのヨル形の使用が確認できる。これは、大阪ではヨル形が下向きの待遇、つまり卑罵語として使用されるという従来の説と異なる。これに関して、宮治（1990）に、若年層を対象としたアンケート調査から存在動詞「オル」が大阪の若年層の間では待遇的意味を中立化させているとの報告もある。ヨル形が担うものはアスペクトか待遇か、これからさらなる検証が必要となる。また他方、泉南では「使用する」という回答がいくつかみられるものの、基本的には「聞いたこともない」の回答が多いことがわかる。

項目 111《降っている（結果態）》

フッテル・ツモッテルのテル形がほぼ全域で確認できる。フットルは大阪

表 8　「降っている（結果態）」（岸江・中井（1999））

	No	地点＼世代	70代	60代	50代	40代	30代	20代	10代
大阪府	1	大阪市天王寺区	◇	｜	｜	｜	｜	｜	｜
	2	大阪市阿倍野区	—	｜	｜	｜	—	N	N
	3	大阪市住吉区	◇	◇	◇	｜	｜	｜	N
	4	堺市浅香	｜	｜	◓	｜	＋	｜	｜
	5	堺市旧市街	｜	｜	｜	｜	｜	｜	｜
	6	堺市鳳	｜	｜	｜	｜	｜	｜	｜
	7	高石市富木	◓	｜	｜	｜	｜	｜	｜
	8	和泉市信太山	◇	◇	◇	｜◇	｜	｜	｜
	9	和泉市府中	｜	｜	＋	｜	｜	｜	｜
	10	岸和田市久米田	⬖	⬖	⬖	⬖	⬖	⬖	｜
	11	岸和田市下松	⬖	⬖	｜	｜	⬖	◓	｜
	12	岸和田市土生	◇⬖	｜	｜	｜	｜	｜	｜
	13	貝塚市東貝塚	⬖	⬖	⬖	｜	｜	｜	⬖
	14	貝塚市石才	⬖	｜	｜	｜	｜	｜＋	｜
	15	熊取町大久保	⬖	⬖	⬖	｜	｜	｜	⬖
	16	泉佐野市日根野	⬖	⬖	⬖	⬖	｜	｜⬖	⬖
	17	泉佐野市長滝	⬖	｜⬖	｜	｜	｜	｜	｜
	18	泉南市新家	｜⬖	⬖	｜	｜	⬖	⬖	⬖
	19	泉南市和泉砂川	｜	⬖	⬖	｜	⬖	｜	｜
	20	阪南市和泉鳥取	⬖	⬖	⬖	｜	｜	｜	｜
	21	阪南市山中渓	｜	｜	｜	｜	｜	｜	｜
和歌山県	22	和歌山市紀伊	＋	N	⬖	｜⬖	⬖	｜	⬖
	23	和歌山市六十谷	｜	⬖	⬖	⬖	⬖	⬖	｜
	24	和歌山市紀伊中之島	◇	｜	｜	｜	｜	｜	｜
	25	和歌山市旧市街	｜	｜	｜	｜	｜	｜	｜
	26	和歌山市雑賀崎	｜	◇	｜	◇	｜	｜	⬖

凡例
- ｜　～テル
- —　～テイル
- ◇　～タール
- ⬖　～チャール
- ◓　トル
- ＋　その他
- N　無回答

市を中心にみられ、他府県との境界の周辺地域にツモットルが点在している。また、数はそれほど多くはないが、各地でフッタ・ツモッタの単純過去形での回答もみられる。ツモッテラという回答も泉南の一部で確認できる。ここでの特徴は、テアルを出自とするフッタールが河内地方に、フッチャールが泉南に固まって現れることであろう。このテアル形式は和歌山県での報告がほとんどであるが、県境から泉南、河内地方にかけて、大阪でもこの形式の使用の需要は高いようである。表8をみると、大阪府岸和田市から和歌山県和歌山市までのチャール形の使用が確認できる。また、このチャール形を挟む形でのタール形とトル形の使用もみることができる。

項目112《消えている（結果態）》

「消えている」の結果態では、形式はキエテルやキエトル、キエタールなどいくつかみられるが、基本的には「て」を介したものが全域で確認できる。また、それらの合間にキエタ、ケータの単純過去形での回答もみられる。ケータは、消えるの〔ie〕が同化したもので、府内や和歌山県下でもよくみられる現象である。

この「て」を介する形式の分布をみると、キエテルは全域に現れ、キエトルは大阪市を中心にこれもほぼ全域でみられる。さらにここでも、項目111《降っている（結果態）》の場合と同じく、河内地方ではタール形が、泉南地方ではチャール形が多く使用されるという特徴がうかがえる。ただし、泉南地方はタール形・チャール形の混在地域であり、拗音化の境界がこの地方にあることを示している。

Ⅻ．文末および助詞の表現

項目113《～ながら（接続助詞）》

岸和田市を中心とする泉南地方にモテが多く分布し、その他の地域では主にナガラとモッテが混在している。標準語形式ナガラが使用される以前は、モテ、モッテ、モーテなどのモッテ系が広く大阪府で用いられたものとみられる。二つの動作が同時に行われていることを表すこれらの形式は、大阪の伝統的形式であると同時に平安時代にみられる「以て」と関係があると思われる（堀井 1995）。王朝時代の「以て」は名詞に付いて手段・材料を表したり、動作の機縁・理由を表したりする用法や「それゆえ・よって」などのように接続詞として用いられるが、別に動詞の連用形に付いて「て」のように接続助詞的な用法がみられる。促音、長音のない「もて」が伝統的形式である。このようにみると、泉南地方のモテがモッテ系では最も古い形式であるとみられる。

なお、八尾市、泉大津市、泉南市のわずか3地点であるが、タベタベが分布している。同じ動詞を重ねて用いることによって「食べながら話す」のように動作が並行して行うことを表す形式である。

項目 114《皮ごと（接尾辞）》

堺市から南部ではカワゴシ、北部ではカワグチが分布している。カワゴシとカワグチの分布は南北対立型の一例といえるが、府全域において標準語形式と同形のカワゴトが府全体に拡大しており、この対立も徐々に解消されようとしている。

岸江・中井（1999）によると、大阪市や堺市内ではカワグチ→カワママ（カワノマンマ、カワノママ）などへの世代変化が起きており、カワママなどの形式は、大阪府南部の若年層に広がる傾向が読み取れるものの、カワゴトの勢力には及ばない。カワグチ、カワゴシの衰退とともにカワママなどの諸形式もやがてカワゴトに統一されそうである。

項目 115《ナー（文末詞）》

文末詞ナーは、次のノーとともに「ナ行系文末詞」と呼ばれることがある。ナ行のうち、「な・ね・の」の広母音のものが文末詞として用いられ、「に・ぬ」のような狭母音のものは大阪では用いられない。ナーは、西日本各地で用いられる。『大阪府言語地図』から分かるように、ナーは大阪府全域で用いられるが、昨今、大阪ではネーの使用が多くなっており、ネーは今後さらに使用が拡大していくと考えられる。田原・村中（2002）によると、東大阪市ではナーの使用は男女、世代にかかわらずほぼ全員、ノーは男性のみしか使用せず、若年世代では使用が減っている。一方、ネーは全体では女性の使用が多いものの、ほぼ全世代で使用されている。これらの結果から一時代前までは大阪ではナーとノーを使い分けてきたが、現在ではノーの使用が著しく後退し、ナーとネーを使い分けるようになっている。ナーが親しい者同士、ネーはやや改まった場面、主として目上に対して使用される傾向がある。

項目116《ノー（文末詞）》

ナーに比べてノーを「使用する」と回答した地点が少ない。この調査では話者の性別を問わなかったため、ノーの回答に影響が出たと考えられる。話者を男性のみに限定していればノーを「使用する」とする地点はもっと増えたに違いない。

大阪ではナーに比較してノーはややぞんざいな響きがある。山本（1962）が取り上げたように「暑いでんなあ」とは言うが、「暑いでんのう」と言うことがないのは「です」相当の形式にナーは続くことはあってもノーは続きにくいということであり、丁寧語にはぞんざいな響きがあるノーが接続しにくいためである。大阪の伝統的な丁寧語である「だす」、「おます」などの敬語形式の場合も同様でダスナー、オマスナーというようにナーが続くことはよくあるが、ノーが続くことはない。

項目117《降ってラシ（文末詞との融合）》

「降っている」という形式に文末詞「わ」という形式が続く場合、大阪の大半の方言では融合が生じることはないが、岸和田市以南の泉南方言ではフッテラ（降っているわ）、オイチャーラ（置いてあるわ）、ヨマー（読むわ）というように融合するのが一般的である。「降ってラシ」は泉南地方のワ系の文末詞「わし」と「降っている」が融合して生じた形式である。ただし、「大きいわ」「危ないわし」のように文末部が母音で終わる場合には融合現象は生じない。

なお、この融合現象は和歌山北部方言をはじめとして、淡路島方言、瀬戸内海の島嶼の方言や徳島南部などの方言にみられ、南海道諸方言に共通した現象である。

項目 118《ワシ（文末詞）》

泉南方言でのみ特徴的に聞かれる方言である。

表 9　「危ないワシ」（岸江・中井（1999））

	No	地点＼世代	70代	60代	50代	40代	30代	20代	10代
大阪府	1	大阪市天王寺区	+	+	⊙	+	⊙	+	⊙
	2	大阪市阿倍野区	⊙	⊙	+	+	+	+	+
	3	大阪市住吉区	+	+	+	+	+	+	+
	4	堺市浅香	+	+	◕	+	⊙	+	+
	5	堺市旧市街	+	+	+	+		+	+
	6	堺市鳳	+	⊙	⊙	+	⊙	⊙	+
	7	高石市富木	◕	+	+	⊙	+	◕	⊙
	8	和泉市信太山	+	+	+	+	+	⊙	+
	9	和泉市府中	⊙		+	◕	⊙	+	+
	10	岸和田市久米田	⊙	◕	◕	⊙	◕	◕	◕
	11	岸和田市下松	⊙	◕	◕	◕	◕	+	+
	12	岸和田市土生	+	◕	◕	◕	◕	◕	⊙
	13	貝塚市東貝塚	◕	+	◕	◕	◕	◕	◕
	14	貝塚市石才	⊙	⊙	◕	◕	⊙	⊙	◕
	15	熊取町大久保	⊙	N	◕	◕	⊙	◕	⊙
	16	泉佐野市日根野	◕	◕	⊙	◕	◕	◕	⊙
	17	泉佐野市長滝	+	◕	+	+	◕	+	⊙
	18	泉南市新家	◕	⊙	◕	◕	◕	⊙	⊙
	19	泉南市和泉砂川	⊙	⊙	⊙	◕	+	◕	⊙
	20	阪南市和泉鳥取	◕	⊙	+	+	⊙	◕	◕
	21	阪南市山中渓	⊙	⊙	⊙	◕	◕	◕	◕
和歌山県	22	和歌山市紀伊	+	◕	N	◕	+	+	+
	23	和歌山市六十谷	⊙	◕	+	◕	◕	+	⊙
	24	和歌山市紀伊中之島	◕	+	+	+	+	+	+
	25	和歌山市旧市街	◕	⊙ +	+	◕	+	+	+
	26	和歌山市雑賀崎	+ ⊙	+	⊙	+	+	+	◕

凡例

- ◕　使用する
- ⊙　聞くことはあるが使用しない
- +　聞いたこともない
- N　無回答

表10　「危ないわし」（泉南市教育委員会（1994））

No	世代／地点	老年層	中年層	若年層
1	泉南市樽井	◕	◕	⊙
2	泉南市信達牧野	◕	+	⊙
3	泉南市信達佐田	◕	◕	⊙
4	泉南市信達六尾	◕	⊙	+
5	泉南市信達金熊寺	◕	+	+
6	泉南市信達童子畑	◕	◕	◕
7	泉南市信達楠畑	◕	◕	+
8	泉南市信達葛畑	+	◕	+
9	那賀郡岩出町押川	◕	⊙	⊙
10	那賀郡岩出町根来	◕	◕	+
11	那賀郡岩出町今中	+	+	+
12	那賀郡岩出町川尻	◕	+	+
13	那賀郡岩出町中迫	◕	◕	+
14	那賀郡岩出町清水	◕	◕	+

凡 例

◕ 使用する
⊙ 聞くことはあるが使用しない
+ 聞くこともない

『日本方言大辞典』で助詞のワイを調べると、「文末にあって、感情を添えたり軽く念を押したりする意を表す」とあり、これがワシと転じるのは茨城県多賀郡・稲敷郡で「見たわし」というように使うほか、和歌山県那賀郡「あるわし（あるでしょう）」と使う例が載っている。標準語の「よ」や「でしょう」の意味で用いられるようだが、参考になる例が少なく、日本国内での使用範囲は明確にならない。しかしこの『大阪府言語地図』で明確になった泉南方言と、和歌山県那賀郡との言語的な繋がりは指摘できよう。

これを実証する手段として、岸江・中井（1999）からグロットグラムによる同項目の調査結果（表９）を転載する。これをみると、岸和田市を境にワシの使用が爆発的に増え、和歌山市に入る辺りで急速に使用されなくなる様子が明確に読み取れる。

もう一つ、泉南市教育委員会（1994）のグロットグラム図（表10）も転載した。この結果からは、泉南市山間部の若年層はワシを使っていないことがわかり、これから次第にワシの使用が少なくなっていくと予想される。

補足までに、同書（1994）の「Ｉ-59「これはよさそうだ」という時、「よさそうだ」というのをどう言いますか」という項目でエーワシと回答した泉南市信達童子畑の男性はこの項目でワシを使用しないと回答している。

項目 119《ヤッテンデー（文末詞）》

南河内方言を中心に使用されており、府内全域での認知度も高い。

「でえ」は『日本国語大辞典　第二版』には「自分の発言内容を主張して聞き手に念をおす女性専用の終助詞」とされている。しかしこの地図で使用すると回答した人の男女比はちょうど半々である。

項目 120《ミー／ノー／ナー（間投助詞）》

『日本国語大辞典　第二版』によると、口語で使われている間投助詞には、「や・ぞ・ね・が・な・よ・さ」などがある。これに関し、ミー・ノー・ナーを使用するかどうかを尋ねた。

最も多く使われているのはナーであり、大阪府のほぼ９割が使用すると回答し、聞いたこともないと回答したのは大阪市鶴見区鶴見、福島区、平野区長吉の３例で、わずか２％にとどまる。他のミー・ノーはいずれも使用が少なく、使用する人はそれぞれ１割程度である。しかしノーを聞いたことがある人は摂津、北・中河内を中心に府内全域でままみられ、ある程度認知されていることがわかる。

ナーについて『日本国語大辞典　第二版』の「な」の項には、「文節末にあって調子を整えたり、軽く詠嘆の意を添えたりする」とある。『古事記』での用例も載っており、古い語形である事がうかがえる。『近世上方語辞典』には「親しい間柄に用いる終助詞」とある。また『大阪ことば事典』は「そやノォ」・「ええノォ」の「のう」が原語であると説明している。

ノーは『大阪ことば事典』の「の」の項目に「意を強めるために用いる婦人用語であるが、やや品が落ちる」とある。『大阪府言語地図』でノーを使用するとしたのは男性６名・女性３名であったので、婦人用語であったとするこの記述とは齟齬がある。特徴としては、この調査の話者の平均年齢が79歳であったのに対し、ノーを使用するとした人の平均年齢は87歳と、高齢である。ノーを聞いたことがある人が多いことと合わせて、かつて府内全域で使われていた形式が、ちょうど80代を境に使われなくなっていった様子が読み取れる。

ミーは、交野市・松原市・柏原市など河内地域から奈良県にかけてみられる間投助詞であり、「ちょっとみてミー」「これしてミー」等、文末の勧奨表現形式のミーが文中で間投助詞として用いられるようになったとみられる。

ミーと同様、ノー・ナーもともに文末詞として機能していたものが、相手に同意を求めたりする際、働きかけの機能を担うようになり、間投助詞として用いられるようになったと考えられる。

XIII. さまざまな表現

項目 121《行こう（勧誘）》

府全体にイコカ（ー）が広がっている。

打消ヘン・ンを伴うイカヘンカ、イカンカの分布をみると、イカンカよりイカヘンカの方が優勢であることが分かる。打消形式としてのヘン・ンについてはンの方が使われなくなってきているという傾向があり、イカヘンカが優勢であるのはその影響を受けているためだと考えられる。

府北部の摂津、三島、北・中河内ではイキマヒョが聞かれる。

府南部の南河内、泉北、泉南には文末詞ケ（イクケ（ー）・イコケ（ー）・イカヘンケ）が分布している。文末詞ケはカイ或いはカエが転訛したもので、近畿一円で聞かれるが、大阪府では南部に集中している。

また、同地域では転訛前の形式とみられるカイも聞かれる。文末詞ケは河内の特徴的な表現であると思われがちだが、実際は泉北、泉南を含む府南部に広く分布している。

府南部の泉南市・阪南市でイコラが聞かれるというのも特徴的である。これは和歌山方言の影響であろう。

項目 122《あるじゃないか（確認要求）》

大阪市域からアルヤンカが広がりつつある様子がうかがえる。アルヤンカの周囲にはアルガナやアルヤナイカがみられ、アルヤンカが広がる以前、大阪市内でもよく用いられた形式である。現在、若い世代に多用されるアルヤンはわずかに大阪市南部の2地点でしか確認されなかった。

泉南地方ではアラー、アラシ、アラセ、アラシテ、アラショ（ー）など、さまざまな形式が用いられている。表11によると、大阪市内をはじめ、各地での世代変化のありさまがよくわかる。泉南地方の中高年層のアラ（ー）類に大阪市方面からアルヤンカやアルヤンが攻勢をかけ、泉南地方のみならず、和歌山市内まで若年世代ではすでに変化が完了している。伝統的な方言形式と新形式とが入れ替わろうとする様子を示す好例といえよう。

表11 「あるじゃないか」（岸江・中井（1999））

	No	地点＼世代	70代	60代	50代	40代	30代	20代	10代
大阪府	1	大阪市天王寺区	|△	|	|△	|	|Ψ	‡	|
	2	大阪市阿倍野区	|	Ψ	△	➡	|△	┳	‡
	3	大阪市住吉区	|△	|	|△	△	|	|△	|
	4	堺市浅香	△	|	△	|	|	|	|
	5	堺市旧市街	|	|△	┳	|	‡	|Ψ	|
	6	堺市鳳	‡	△	┳	|	|	|	|
	7	高石市富木	➡	|◐	△	|	|‡	‡	|
	8	和泉市信太山	‖	△	●	|●	|	|	Ψ
	9	和泉市府中	|	Ψ●	|Ψ	|	|	|	|
	10	岸和田市久米田	●	|◐	●	|	‡	Ψ	‡
	11	岸和田市下松	●	➡	|	|	|	|	|
	12	岸和田市土生	●◐	●	●	●◓	|	●	|
	13	貝塚市東貝塚	●	△	Ψ	|	|Ψ	|	|
	14	貝塚市石才	△●	●	●	●	●	|●	‡
	15	熊取町大久保	△●	●	●	●	|	Ψ	△●
	16	泉佐野市日根野	●❙	●	|●	◓◐	‡	|●	|
	17	泉佐野市長滝	△●	●	●	＝	|		‡
	18	泉南市新家	●	●	|➡	|	|	|	|
	19	泉南市和泉砂川	●	●	●	●	|	|	|
	20	阪南市和泉鳥取	●❙	△	●	|	‡	‡	‡Ψ
	21	阪南市山中渓	●―	●	●◓	|	|	●	●
和歌山県	22	和歌山市紀伊	●△	|△	●	●	●	△	|
	23	和歌山市六十谷	●	△	|◓	|◓	|◓	|	|
	24	和歌山市紀伊中之島	◓	◓	△	△	△	‡	‡
	25	和歌山市旧市街	●	△	●	|◓	|	|	|
	26	和歌山市雑賀崎	◓◐	◓	●	●	◓	|	|△

凡例

- \| アルヤンカ
- ‡ アルヤン
- Ψ アルヤンケ
- ┳ アルヤロ（ー）
- ➡ アルガナ
- ❙ アルデ
- ― アルワー
- ‖ アルワナ
- ＝ アルイナ
- △ アルヤナイカ類（アルヤナイ）（アルヤナイノ）（アルヤナイカ）（アルヤネーカー）
- ◐ アロ類（アロガ）
- ● アラ（ー）類（アライエ）（アラ）（アラシ）（アラッショ）（アラショ）（アラシャ）（アラサエ）（アラーナ）（アラセ）（アライショー）
- ◓ アルワシテ類（アラシテ）（アラッテー）（アラシテヨ）（アライテヨ）
- NR 無回答

項目 123《来させる（使役）》

府内ではカ変動詞「来る」の語幹が未然形に接続する場合に「コ」だけではなく「キ」にも接続する傾向がある。使役の助動詞「す」を接続させた形

表12　「来させる」（岸江・中井（1999））

大阪市-和歌山市間方言グロットグラム

	No	地点＼世代	70代	60代	50代	40代	30代	20代	10代
大阪府	1	大阪市天王寺区	△	♀	♀△	♀	／	♀	♀
	2	大阪市阿倍野区	／	／✳	／	✳	／	／	♀
	3	大阪市住吉区	／⊛	⊛△	⊛△	⊛	♀	／	／
	4	堺市浅香	｜	♀	♀	♀	♀	♀	♀
	5	堺市旧市街	♀	♀	⊛	△	♀	♀	⊛
	6	堺市鳳	❖	♀	♀	△	♀	♀	♀
	7	高石市富木	△	♀	♀	♀	♀⊛	♀	♀
	8	和泉市信太山	⊛	／▚	⊛	⊛	♀	⊛	／
	9	和泉市府中	♀	♀	♀	♀	♀	⊛	♀
	10	岸和田市久米田	⊛	／	⊛	△	／	✳	⊛
	11	岸和田市下松	▚	♀	▚	⊛	⊛	♀	♀
	12	岸和田市土生	△	⊛	⊛	⊛	△	♀	⊛
	13	貝塚市東貝塚	⊛	▚	♀	⊛	⊛	⊛	⊛
	14	貝塚市石才	⊛	⊛	♀	♀	♀	♀	♀
	15	熊取町大久保	♀	⊛	⊛	⊛	⊛	♀	△
	16	泉佐野市日根野	⊛	⊛	♀	♀	♀	⊛	♀
	17	泉佐野市長滝	♀	／⊛	✳	⊛	⊛	／	♀
	18	泉南市新家	⊛	⊛	⊛	⊛	⊛	⊛	⊛
	19	泉南市和泉砂川	✳	△	△	△	⊛	♀	♀
	20	阪南市和泉鳥取	✳	♀	△	♀	♀	♀	♀
	21	阪南市山中渓	♀	⊛	⊛	／⊛	／⊛	／⊛	⊛
和歌山県	22	和歌山市紀伊	／⊛	△	♀	♀	●	♀	●
	23	和歌山市六十谷	△	△	／	△	△	／	♀
	24	和歌山市紀伊中之島	△	△	△	△	△	♀	♀
	25	和歌山市旧市街	✳	△	△	△	♀	△	●
	26	和歌山市雑賀崎	⊛✳	／△	△	△	✳	△	△

凡例

- ／ コサス
- ♀ コサセル
- ● コヤス
- ⊛ キサス
- △ キヤス
- ▚ オコス
- ❖ ヨコス
- ✳ その他

式コサスと標準語形式コサセルが広く分布し、特にコサセルは大阪市での分布が際立ち、キサス、キサセルなど「キ」が使役の助動詞に接続するものはキヤスを除いて南部、特に泉南に集中して多少分布がみられる程度で全体の分布としては少ない。山本（1982）には若い世代でこの「キ～」の形式は減少の傾向にあると指摘されている。岸江・中井（1999）の「来させる」（表12。今回現れなかったものは「その他」でまとめている）で大阪市から阪南市にかけて多くキサスの使用が認められたのに対して、今回の分布でキサスを含め、「キ～」があまりみられなくなっているのはそのあらわれであるといえるかもしれない。ただし、キヤスは出現数そのものは少ないものの、分布の広がりは大きく、東部、特に河内での使用が顕著となっているが、これは山本（1982）の「ヤス・ヤセルとなる傾向は摂津から河内につよいといえる」といった記述とも一致する。

項目124《見せてやろうか（授受）》

府全体にミセタロカが広がっている。これは各地で最も親しまれてきた形式である。ミセタロカに対してミシタロカという形式もみられる。この形式は地図上では点在している程度であるが、岸江・中井（1999）では、世代が下るとともに使用が増大し、大阪市から府南部にかけて主に若年層での使用が著しい。多くの地点でミセタロカと併用しているとみられるが、将来的にはミシタロカに置き換わっていくと予想できそうである。また、守口市や門真市ではメータロカといった形式が使われている。特徴的な点として、岸和田市以南の泉南地方では、ミセチャロカがまとまって分布していることである。「教えてやる」「置いてある」「書いてある」などの「てや」や「てあ」の部分は泉南地方以外の方言では「タ」となり、オシエタル、オイタールとなるのに対して泉南地方ではチャー（或いはシャー）となり、オシエチャル、オイチャールとなることが多い。このような傾向は和歌山県北部にもみられ、泉南方言と和歌山北部方言のつながりを示す事象の一つである。

項目 125《取ってくれ（依頼）》

家族の人（目下が対象）に「机の上の新聞を取ってくれ」と依頼する際、どういうかを聞いた結果である。標準語形式のトッテクレやトッテ（ー）が府全体に広がっている。大阪では親しい間柄でこの種の依頼をする場合、トッテンカという形式が知られている。『大阪府言語地図』からこの形式は北部の能勢町から南河内、泉北の一部にまで分布し、広く使用されていることが判明した。岸和田以南の泉南地方では、トッチョクレ、トッチョーなどがよく使用され、トッテンカは使用されない。これらは以下の変化により生じたとみられる。

トッテオクレ → トッチョクレ →トッチョー

泉南地方では、「〜オクレ」がよく使用されることからこのような変化が起きたものとみられる。図22には別にトッチョーという形式の使用について聞いた結果を掲載した。なお、大阪市内や八尾市などにみられるトッテチョーは、トッテチョーダイから変化したものであると考えられる。

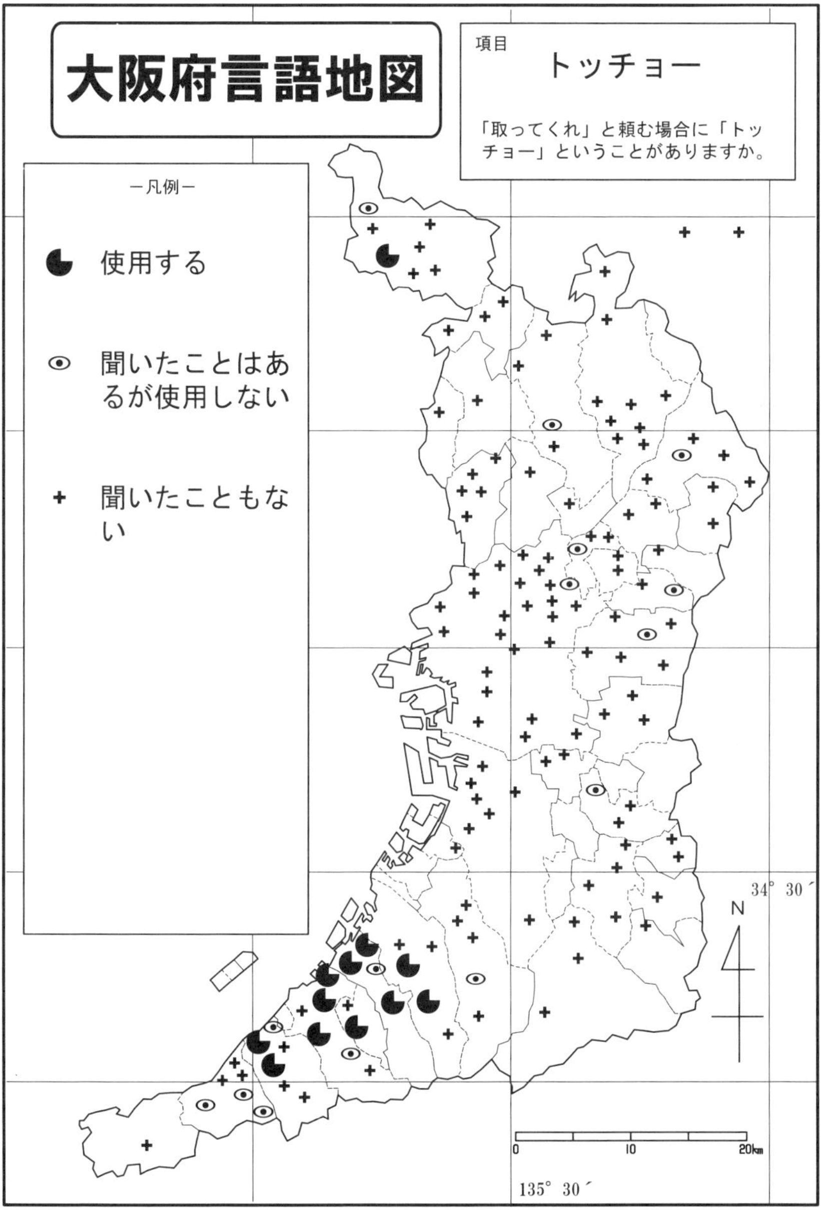

大阪府言語地図
項目
トッチョー
「取ってくれ」と頼む場合に「トッチョー」ということがありますか。
―凡例―
使用する
聞いたことはあるが使用しない
聞いたこともない
34° 30´
N
0
10
20km
135° 30´

図22 「トッチョー」

項目 126《よさそうだ（様態）》

ヨサソ（ー）ヤが府全域にみられる。厳密には意味が異なるが、エー、エーナ、エードなどのエー系の形式の回答も各地で目立った。注目したい形式として、ヨカリソーヤ、ヨカイソーヤなどが河内長野市から貝塚市にかけてみられる。山本（1962）では、これらの形式が南河内郡太子町から泉南地方にかけて分布していることが指摘されている。形容詞の古いカリ活用を髣髴とさせる形式である。図23では、ヨカリソーヤに限って使用するかどうかを尋ねた結果を掲げた。これによると、大阪市内など中心部ではほとんど姿を消しつつあるが、能勢町や泉南各地などの周辺ではまだ使用されていることが明らかとなった。また、ヨサソ（ー）ヤに対してヨサソ（ー）ナという形式が泉南市および阪南町と、枚方市の最奥部の穂谷で使用が確認された。この形式は四国をはじめ、近畿周辺部で用いられる形式である。

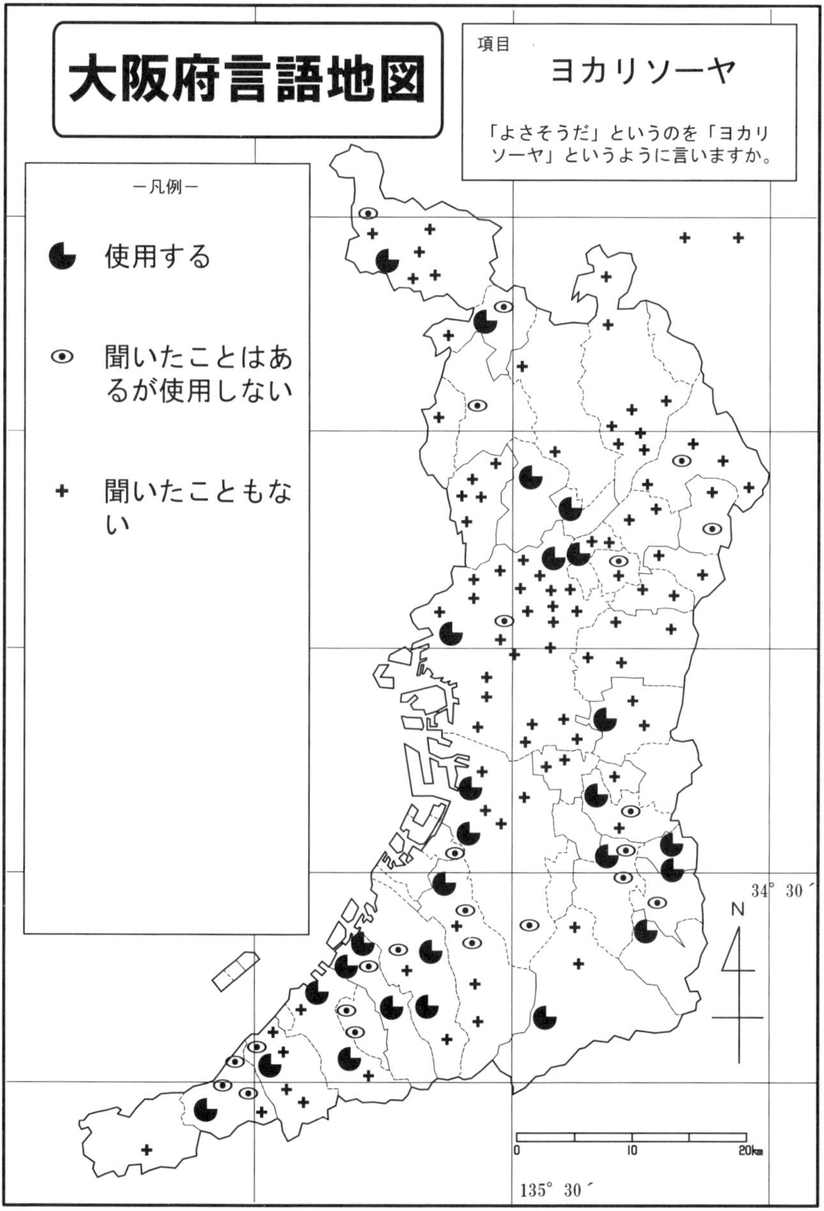
大阪府言語地図
項目
ヨカリソーヤ
「よさそうだ」というのを「ヨカリソーヤ」というように言いますか。
一凡例一
使用する
聞いたことはあるが使用しない
聞いたこともない
34° 30′
N
0
10
20km
135° 30′

図23 「ヨカリソーヤ」

項目 127《高ければ（良かった）（仮想）》

府全域でタカカッタラの分布がみられる。府周辺には、タカケリャ、タカケラなどが分布し、周圏的分布の様相を呈している。

真田（2002）では、関西では仮定表現に「タラ」を頻用するとし、大阪府においては、〜タラの使用頻度が高いことを報告している。〜タラの分布は関西や四国でもみられるが、とりわけ大阪府での使用頻度は極めて高いものとみられる。なお、関西の仮定表現は、その仮定の内容に関わらず、すべての文脈において〜タラを頻用する。つまり、「高ければ良かったのに」のような反実仮想の仮定の場合と既定の条件の場合などとの区別がないとされる。

岸江・中井（1999）では、60歳〜70歳代の年齢層でタカケリャやタカケラが多くみられ、40歳代以下においてタカカッタラの使用が圧倒的に多くなっている。このグロットグラム調査結果とも照らし合わせると、〜タラは、大阪市を中心に府下各地に広まっていったと推定される。

今回地図の掲載を控えたが、「降れば（いいのに）」の場合もフラーやフリャ（ー）が南部に確認されており、〜タラが広がる以前には〜ラ（ー）や〜リャ（ー）が使用されていたものと推測される。

項目 128《高くない（音便）》

タコーナイ、タコナイ、タカナイ、タカイコトナイ、タカイナイなどの形式がみられる。真田（2002）によると、「高くなる」の場合には、高年層でタコナル系、若年層ではタカナル系というように、大阪市内では世代によって使用に差があるとしている。

各語形の変化の過程は、大阪の伝統的な形式タコーナイが短呼化してタコナイとなったあと、打消「ナイ」のア段音に影響されて逆行同化が起き、タカナイが生じたとみられ、タコーナイ→タコナイ→タカナイという変化が起きたと考えられる。タカーナイはタカナイからタコーナイに類推して発生した形式とみられる。ただし、真田（2002）では、このタコナイからタカナイへの変化を「逆行同化の現象とするよりも、語幹末のア段音＋ナイ・ナルが、ア段音ということで、あえてウ段音形を取らなくても、ア段音そのままでよいといった構成意識が若年層を中心に働きだしているものと考えられます」としている。

なおGAJ第3集・137図によると、タカナイ系は大阪府外においても近畿の各地、愛知、岐阜などの中部、北陸では富山、新潟、中国地方では主に山陰、また、四国の一部でも用いられており、広範囲に分布する。いずれもタコーナイ（タコナイ）から変化したものであろう。

注目すべきは、タカイコトナイ、タカイナイが周圏的な分布を見せており、大阪市内での回答はほぼ皆無であった。タカイナイは、府北部の能勢、三島などや、南部の泉北方言にみられる。

項目129《近くて（音便）》

チコーテ、チコテの分布が大勢を占めるが、チコーテが全域的に満遍なく分布しているのに対してチコテは河内および泉南地方で集中的に現れている。

郡（1997）では「ヤステ」「アブナテ」のようにク活用形容詞の語幹に直接「て」が接続する形は泉南で盛んであるとしており、今回の結果においてもその傾向は顕著だったといっていいであろう。各形式の変化としては、岸江（1990a）によるとチコーテ→チコテ→チカテとみられるが、チコーテよりも新しい形式であるチコテやチカテが大阪市内など中心部ではあまりみられず、古い形式であるチコーテが逆に多く分布するという傾向は、周辺部においてチコーテとチコテ、チカテがせめぎ合いの最中にあることを示していると考えられる。

5．いくつもの大阪といくつもの大阪弁

中井　精一

1．いくつもの大阪

高校は大阪市内のミッション系の男子校に通った。ここには曾祖父の代から4代にわたって籍をおいてきた生徒や祖父・父と3代にわたって籍を置く者もいて、人口移動の激しい都会にあって古き大阪の雰囲気を醸し出していた。

ただ、一方で、この高校の生徒の多くは、奈良県北部のベッドタウンや郊外のニュータウンから通学する生徒が半数以上を占めていて、彼らは、奈良から通学しようが、北摂や泉北から通学していようが、立ち居振る舞いやことばにどこか共通したものをもっていたように感じられた。

親子2代あるいは3代以上にわたって、この高校に入学してきた生徒は、中小企業の経営者や商売をしている家庭の者が多く、郊外のニュータウンやベッドタウンから通学する者はサラリーマン家庭の生徒が多かったように覚えている。大阪市内から30分ほどの距離にある古いマチで成長した私は、祖父や父の代からこの学校に通学し、伝統的な都市的雰囲気をもっている生徒の方に少しの畏敬と親近感をもっていた。が、よくよく聞いてみると、周辺のマチで成長した私たちが何世代にもわたってそのマチで暮らしてきたのに対して、彼らの多くは祖父の代や曾祖父の代に地方から大阪に出てきて成功した家系の子弟で、それほど長く都市人であったわけでもなかった。都市とはやはりたえず対流を繰返して発展している流動性の高いエリアだということである。

明治末、日本は日清・日露の戦争に勝利することで、近代化・工業化を加速していった。急速に進んだ工業化は、月給取りや工場労働者といった新し

大阪市の人口変動

	大阪三郷	第１次拡張	第２次拡張
寛永２年（1625）	280,000		
明和２年（1765）	419,863		
天保年間（1830-44）	350,000		
明治１年（1867）	281,306		
明治５年（1872）	259,986		
明治10年（1877）	281,119		
明治23年（1890）	476,392		
明治29年（1896）	504,266		
明治30年（1897）	……	758,285	
明治45年（1912）	987,190	1,331,994	1,597,848
大正９年（1921）	773,000	1,252,983	1,768,295
昭和５年（1930）	503,104	629,180	2,453,578
昭和15年（1940）	492,650	609,879	3,252,340
昭和20年（1945）	69,391	82,720	1,102,959
昭和25年（1950）	200,594	245,139	1,956,136
昭和35年（1960）	279,312	352,792	3,011,563
昭和45年（1970）	190,405	247,385	2,980,487
昭和55年（1980）	152,060	205,755	2,648,180
平成２年（1990）	144,309	203,597	2,638,001

（中井（1997）より転載）

い階層を生み出し、大阪の人口は移住者の増加によって急速に膨張していった。

一方、大阪の中心部から郊外に流出する人々のための住宅地としては、大阪南部、南海沿線では帝塚山・住吉・大浜・浜手などが、阪神間では香炉園や六麓荘、北摂では池田や豊中が分譲される。都心から生活環境のいい郊外への流出は、『細雪』に登場する船場の大店の家族のようなアッパークラスから始まったが、その後関東大震災によって、東京から移転した会社・商社は、交通の便がよく住環境のよい郊外の住宅地に競って住宅を建設し、「月給取り＝ミドルクラス」も郊外に住居を移していった。

阪神間の芦屋や南部の帝塚山などの高級住宅街に移り住んだアッパークラス、豊中市や池田市、伊丹市などに移り住んだミドルクラスなどが居なくなった大阪市は、次々に職を求めて地方からやってくる労働者であふれた。明治中期に50万人であった人口が、昭和のはじめには市域の拡張もあって５倍以上もの人口を抱える大都市に発展した。

本来都市は、農山漁村ほど社会は単純ではない。さまざまな地域から移住する人々が所得や職業、社会的地位、出身地などによっていくつもの社会を形成し、それに対応するかのようにいくつもの言語を生成する。西日本最大の都市大阪は、その歴史性とあいまっていくつもの大阪弁を生成してきたのである。

２．郊外都市をモデルに都市社会を見る

数年前まで大阪市に隣接する豊中市で、『豊中市史民俗編』の調査に関わったが、私たちはこの調査を通じて都市が多面的でいくつもの民俗社会を構成していることを感じることができた。

第１の民俗社会は、近世期からの伝統的なマチに暮らす人びとの生活世界である。このようなマチは豊中市域では「岡町」だけである。岡町では商家が軒を並べ、米の売買や酒・醤油の製造・販売など近隣農家が必要とするものが取り引きされた。ここで形成・伝承された民俗は、商家ならではの独特の民俗も多く、特に家屋の構造や年中行事にそれが顕著に示されている。岡町は近世以来の豊中市域の中心であり、なおその面影を保っている。

第２は明治後期から昭和初頭の時期に大阪市の膨脹と「箕面有馬電気軌道」（現、阪急宝塚線）の開業によって、居住環境のいい郊外に住宅を求めたミドルクラスによって形成された豊中駅周辺の住宅地に暮らす人々に象徴される社会である。

第３の民俗社会は、戦後西日本各地から移住した人びとが文化住宅と呼ばれる集合住宅に居住し下町的性格の強い社会を形成する大阪市北部に隣接する庄内地区に代表される地域である。

第４は千里ニュータウンなどの大規模な開発が行われた地域に移り住んで

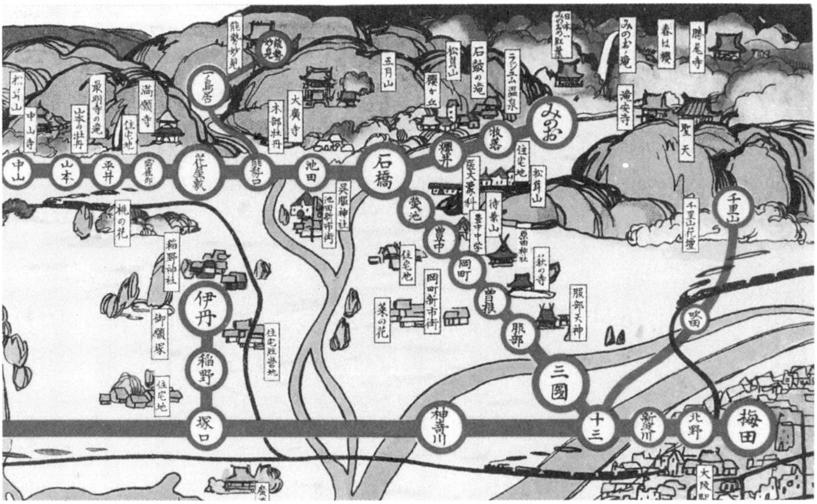

図1　大正9年　豊中を中心とした沿線図

きた人びとによって形成されている社会である。千里ニュータウンは、高度経済成長期の1962年大阪府知事左藤義詮がすすめた「大阪地方計画」（1．堺、泉北臨海工業地域の造成・2．新十大放射三環状線道路の建設（特に中央環状線）・3．千里ニュータウンの建設）により開発された関西屈指の郊外型ニュータウンである。

そして、郊外ゆえに認められる開発以前の前近代からの連続性を保った農村社会が第5の民俗社会を構成している。このようないくつもの民俗社会が認められるのも都市であるがゆえで、大阪市の中心部はすでに農村社会が消滅しているため第5の民俗社会は存在しないかもしれないが、多様な社会が存在しているものと考える。

都市は、農村や山村、漁村のように一様で単純な社会ではない。さまざまな地域からやってきて、職業や収入、出身地などによっていくつもの集団を形成し、集団の特性に対応するかのようにいくつもの言語を生成させる。西日本最大の都市大阪は、その都市特性ゆえにいくつもの大阪弁を生成してきたのである。

3．都市に暮らす人々のいくつもの大阪弁

大阪市に隣接する豊中では、各中学校で使用される大阪弁の内容に微妙な差異のあることが分かっているが、中学生のことばを『豊中市史民俗編』のデータをもとに「本人の外住歴・両親の出身地」から検討を加えてみることにする。分析に際しては、比較的はっきりした特徴を示した「行かない」の方言形（重複回答を含む）に注目してみたい。

① 外住歴

10才以降に大阪府以外の土地から、現住所に移動してきた者は109名であった。それぞれの前住所は、（東北２・関東44・中部19・近畿18・中国四国19・九州７）であった。

豊中市域全体では優勢形式「イカヘン」は使用率67.4％であった。関東（25/44→56.8％）中部（11/19→57.9％）近畿（13/18→72.2％）中国四国（10/19→52.6％）九州（4/7→57.1％）となって、近畿地方以外からの移住者は、平均を下回るという結果になった。

また、豊中市域全体での使用率26.0％の使用があった「イケヘン」に注目すれば、関東（8/44→18.2％）中部（3/19→15.8％）近畿（2/18→11.1％）中国四国（4/19→21.0％）九州（1/7→14.2％）となって、中国・四国地方からの移住者がもっとも高い数値を示す。

表１　行かない（外住歴）

（数字は実数）	東北	関東	中部	近畿	中国四国	九州	合計
イカヘン	2	25	11	13	10	4	65
イケヘン	0	3	4	4	4	1	16
イカン	0	8	3	2	4	1	18
その他	0	8	2	0	1	1	12

② 家族の出身地について

18校全体での使用率「イカヘン」（67.4％）「イケヘン」（29.3％）「イカン」（26.0％）であった。これをもとに考えると、最も優勢な「イカヘン」につい

ては、両親とも豊中・両親とも（近畿地方を除く）西日本の者が、それとほぼ同じ値を示すことがわかる。

また、同じく「イケヘン」に注目した場合、両親とも大阪府あるいは大阪を除く近畿地方の者は、全体よりわずかながら高い、といった傾向を見せる。

表2　行かない（家族の出身地）

	イカヘン		イケヘン		イカン		イカナイ		その他		母数
	人数	%	人数	%	人数	%	人数	%	人数	%	
両親とも豊中	10	66.7	6	40.0	5	33.3	0	0.0	1	6.7	15
両親とも大阪府	119	74.8	51	32.1	34	21.4	3	1.9	4	2.5	159
両親とも近畿地方	233	74.9	93	29.9	68	21.9	3	1.0	7	2.3	311
両親とも西日本	147	67.1	64	29.2	68	31.1	2	0.9	4	1.8	219
両親とも東日本	38	59.4	14	21.9	14	21.9	2	3.1	0	0.0	64
総計	547	71.2	228	29.7	189	24.6	10	1.3	16	2.1	768

③　社会差について

学校間の格差は、その地域の若年層の言語形式を反映したものであり、校区内の住民組成と大きくかかわりをもつと考えられる。そこで５つの民俗社会のなかから第１あるいは第２を構成する豊中駅周辺の地域（＝旧豊中）と、高度経済成長期以後に開発された千里ニュータウン周辺（千里）、および庄内地区に分類して、検討を加えることにする。

「イカヘン」の使用では、高度経済成長期に開発された千里地区が71.0％と最も高く、旧豊中地区が平均的で、大阪市に隣接しその帰属を望んだ下町風情の残る庄内地区が57.0％と最も数値が低い。「イケヘン」については、千里地区が低く、旧豊中・庄内地区ともに比較的高く、また、「イカン」は庄内地区のみが高い数値を示す。

このように、「イカヘン」「イケヘン」「イカン」の３つの言語形式の間には明確な使用の差異があって、さまざまな地域から移住する人々が所得や職業、社会的地位、出身地などによっていくつもの社会を形成し、それに対応するかのようにいくつも大阪弁を生成しているのである。

表３　行かない（社会差とことば）

		イカヘン		イケヘン		イカン		イカナイ		イキャセン		イカヒン		イカイン		イカセン		その他		母数
地区	性別	人数	%	人数	%	人数	%	人数	%	人数	%	人数	%	人数	%	人数	%	人数	%	
千里	男子	162	66.9	42	17.4	56	23.1	1	0.4	2	0.8	0	0.0	0	0.0	1	0.4	0	0.0	242
	女子	149	76.0	45	23.0	24	12.2	9	4.6	0	0.0	0	0.0	0	0.0	0	0.0	1	0.5	196
	全体	311	71.0	87	19.9	80	18.3	10	2.3	2	0.5	0	0.0	0	0.0	1	0.2	1	0.2	438
旧豊中	男子	74	66.7	36	32.4	30	27.0	1	0.9	1	0.9	0	0.0	0	0.0	0	0.0	0	0.0	111
	女子	65	71.4	44	48.4	16	17.6	2	2.2	0	0.0	1	1.1	0	0.0	0	0.0	0	0.0	91
	全体	139	68.8	80	39.6	46	22.8	3	1.5	1	0.5	1	0.5	0	0.0	0	0.0	0	0.0	202
庄内	男子	51	40.2	39	30.7	75	59.1	0	0.0	1	0.8	0	0.0	0	0.0	0	0.0	0	0.0	127
	女子	83	76.9	56	51.9	37	34.3	0	0.0	1	0.9	1	0.9	0	0.0	0	0.0	0	0.0	108
	全体	134	57.0	95	40.4	112	47.7	0	0.0	2	0.9	1	0.4	0	0.0	0	0.0	0	0.0	235
総計	男子	287	59.8	117	24.4	161	33.5	2	0.4	4	0.8	0	0.0	0	0.0	1	0.2	0	0.0	480
	女子	297	75.2	145	36.7	77	19.5	11	2.8	1	0.3	2	0.5	0	0.0	0	0.0	1	0.3	395
	全体	584	66.7	262	29.9	238	27.2	13	1.5	5	0.6	2	0.2	0	0.0	1	0.1	1	0.1	875

４．都市的多面体としての大阪弁

1980年代後半以降、東京への一極集中は加速し、中央と地方の力関係はもはや歴然としている。地方で暮らす者が、中央とは無関係に、自分が前の世代から受け継いだものを現代社会に生かしていくきっかけを得ることはむずかしい。特に近年は、従来の中央と地方の相違が、新たな相違と緊張の様式へと置き換えられ、メディアは、全国の地方に対して「田舎」や「ふるさと」という紋切型のイメージを発信しつづけている。

お笑いの影響を受けて、大阪人はおもしろい、大阪弁はおもしろいというイメージが定着しているが、かつては「がめつい」「ど根性」というのが大阪や大阪人に対するイメージであったように思う。この２つのイメージは外部から与えられたイメージであって、もともと中央・東京の人びとの思いこみでしかなかったものであったかもしれない。「おもしろい」人にはただ笑って、適当にあしらっておけばいいが、「がめつい」人や「ど根性」の人は、油断しているとどのような目にあわされるかしれず、大阪人は注意と警戒が必要な人々であったのだ。つまりこのイメージの変化は、大阪の地位低下を象徴しているとも言える。

ただ、大阪が背負ってきた２つのイメージ形成に共通していることもある。「おもしろい」をイメージさせるお笑い芸人には、大阪出身の者はほとんどおらず、多くは大阪に隣接する府県か西日本からの移住者であり、「がめつい」や「ど根性」をイメージさせる大阪商人は、やはり近隣の府県から丁稚として奉公し、大成した地方からの移住者たちということである。

大阪は歴史的に見てもっとも進んだ経済都市であった。本来、都市は移動と流動性の高い社会を構成するが、経済都市は経済力が何にもまして優先され、出身地や家柄よりも経済的才覚が重要視されてきた。つまり商才さえあれば、出身地など気にしなくても暮らすことの出来る社会であったのだ。

この大阪の特性があるからこそ、多くの才能が花を咲かせ大阪を代表する経済人や文化人として成功してこられたのである。都市社会はいくつもの面を見せるが、その面はすべてが等質ではなく、おのずから序列があり規範が付随することも多い。大阪で使用されるいくつかの大阪弁を見れば、そこに順位や規範といった堅苦しいルールが極めて希薄であることに気がつく。この規範の希薄さが時に批判の対象ともなっているが、それゆえこの都市が今でも活気に満ちあふれているとも言える。大阪弁のありようを見ることで大阪の都市としての特徴も明確になってくる。

参考文献

岸江信介（1990）「「昭和」における大阪市方言の動態」（『国語学』163）

岸江信介・中井精一（1994）「京都～大阪間方言グロットグラム」（『地域語資料』１）

小松和彦編（2003）『新修豊中市史民俗編』（豊中市）

真田信治（1995）「大阪ことばの変容をめぐって」（『関西方言の社会言語学』世界思想社）

真田信治（2001）『関西・ことばの動態』（大阪大学出版会）

中井精一（1997）「大阪型打消表現の成立とその特質」（『大阪大学日本学報』）

前田　勇（1977）『大阪弁』（朝日選書）

宮治弘明（1995）「大阪市の若年層における方言の動態」（『梅花女子大学文学部紀要　国語語・国文学編』）

6．大阪のことばを学ぶための図書・論文

1．方言を研究するための基本図書・論文

井上史雄（1998）『日本語ウォッチング』岩波書店
井上史雄・鑓水兼貴（2002）『辞典〈新しい日本語〉』東洋書林
江端義夫・加藤正信・本堂　寛編（1998）『最新ひと目でわかる全国方言一覧辞典』Gakken
大西拓一郎（2002）『方言文法調査ガイドブック』科研報告書
大西拓一郎（2006）『方言文法調査ガイドブック２』科研報告書
大西拓一郎（2009）『方言文法調査ガイドブック３』国立国語研究所全国調査委員会
国語調査委員会（1906）『口語法調査報告書』国書刊行会
国立国語研究所（1966-74）『日本言語地図　第１集～第６集』大蔵省印刷局
国立国語研究所（1989-2006）『方言文法全国地図　第１集～第６集』国立印刷局
小林　隆・篠崎晃一（2003）『ガイドブック方言研究』ひつじ書房
小林　隆・篠崎晃一（2007）『ガイドブック方言調査』ひつじ書房
佐藤亮一監修（2002）『お国のことばを知る方言の地図帳』小学館
佐藤亮一編（2004）『日本方言辞典標準語引き』小学館
真田信治（2001b）『方言は絶滅するのか　自分のことばを失った日本人』PHP 新書
真田信治（2002）『方言の日本地図 —ことばの旅』講談社プラスアルファ新書
真田信治編（2006b）『社会言語学の展望』くろしお出版
真田信治・友定賢治編（2007）『地方別　方言語源辞典』東京堂出版
小学館（1989）『日本方言大辞典』
小学館（2002）『日本国語大辞典　第二版』
小学館（2004）『標準語引き　日本方言辞典』
ダニエル　ロング・中井精一・宮治弘明編（2001）『応用社会言語学を学ぶ人のた

めに』世界思想社
徳川宗賢（1979）『日本の方言地図』中公新書
徳川宗賢（1981）『日本語の世界８　言葉・西と東』中央公論社
平山輝男（1994）『現代日本語方言大辞典』明治書院
藤原与一（1996）『日本語方言辞書　昭和・平成の生活語』東京堂出版
民俗学研究所（1984）『民俗学辞典』東京堂出版（昭和26年初版刊の一部改訂）

２．より深く方言を研究するための図書・論文

朝日祥之（2008）『ニュータウン言葉の形成過程に関する社会言語学的研究』ひつじ書房
井上文子（1998）『日本語方言アスペクトの動態―存在型表現形式に焦点をあてて―』秋山書店
井上史雄（1985）『新しい日本語―《新方言》の分布と変化―』明治書院
井上史雄（1989）『言葉づかいの新風景（敬語と方言）』秋山書店
井上史雄（1994）『方言学の新地平』明治書院
井上史雄（2000）『日本語の値段』大修館書店
井上史雄（2001）『計量的方言区画』明治書院
植田敦子（1998）「談話資料に基づく大阪府中河内方言の研究」『方言研究（1）』神戸・方言の会
江端義夫編（2002）『朝倉日本語講座10　方言』朝倉書店
沖　裕子（1999）「気がつきにくい方言」『地域方言と社会方言』『日本語学』21-11　明治書院
沖　裕子（2006）『日本語談話論』和泉書院
加藤和夫（1984）「言語地図の作成と言語地理学的解釈」『新しい方言研究』『国文学解釈と鑑賞』昭和59年５月臨時増刊号　至文堂
辛川十歩・柴田武（1980）『メダカ之方言』未央社
木部暢子（1995）「方言から「からいも普通語」へ」『変容する日本の方言』『月刊言語』11月別冊　大修館書店
金水　敏（2006）『日本語存在表現の歴史』ひつじ書房
工藤真由美（1995）『アスペクト・テンス体系とテキスト―現代日本語の時間の表現―』ひつじ書房
国立国語研究所（1957）『敬語と敬語意識』秀英出版

此島正年（1968）『新版青森県の方言』津軽書房
小西いずみ・三井はるみ・井上文子・岸江信介・大西拓一郎・半沢　康（小林　隆編）（2007）『シリーズ方言学　第4巻　方言学の技法』岩波書店
小林　隆・木部暢子・高橋顕志・安部清哉・熊谷康雄（小林　隆編）（2008）『シリーズ方言学　第1巻　方言の形成』岩波書店
小林　隆・篠崎晃一・大西拓一郎（1996）『方言の現在』明治書院
迫野虔徳（1998）『文献方言史研究』清文堂
佐々木冠・渋谷勝己・工藤真由美・井上　優・日高水穂（小林　隆編）（2006）『シリーズ方言学　第2巻　方言の文法』岩波書店
佐藤亮一（2002）「共通語化と方言地理学」『方言地理学の課題』明治書院
真田信治・陣内正敬・井上史雄・日高貢一郎・大野眞男（小林　隆編）（2007）『シリーズ方言学　第3巻　方言の機能』岩波書店
真田信治・武田佳子（2002）「社会言語学ー「グロットグラム作成マクロ」の紹介ー」『21世紀の方言学』国書刊行会
柴田　武（1988）『語彙論の方法』三省堂
渋谷勝己（2006）「第2章　自発・可能」『シリーズ方言学第2巻　方言の文法』岩波書店
陣内正敬（1996）『地域語の生態シリーズ九州篇　地方中核都市方言の行方』おうふう
関口　武（1985）『風の辞典』原書房
高橋顕志（1996）『地域語の生態シリーズ中国・四国篇　地域差から年齢差へ、そして…』おうふう
竹田晃子（2007）「可能表現形式の使い分けと分布—能力可能・状況可能、肯定文・否定文—」『日本語学』26-11　明治書院
土井忠生・森田　武・長南実編訳（1980）『邦訳日葡辞書』岩波書店
徳川宗賢（1993）『方言地理学の展開』ひつじ書房
中井精一（2005）『社会言語学のしくみ』研究社
永田高志（1996）『地域語の生態シリーズ琉球篇　琉球で生まれた共通語』おうふう
中山太郎（1933）『日本民俗学辞典』昭和書房
丹羽一彌（2005）『日本語動詞述語の構造』笠間書院
彦坂佳宣（1997）『尾張近辺を主とする近世期方言の研究』和泉書院

彦坂佳宣（2006）『方言文法事象の伝播類型についての地理学的・文献学的研究』科研報告書
広島方言研究所・藤原与一（1974）『瀬戸内海言語図巻 上巻・下巻』東京大学出版会
広島方言研究所・藤原与一（1976）『瀬戸内海域方言の方言地理学的研究』東京大学出版会
藤原与一（1985）『方言文末詞〈文末助詞〉の研究（中）』春陽堂書店
馬瀬良雄（1992）『言語地理学研究』桜楓社
室山敏昭（1998）『生活語彙の構造と地域文化—文化言語学序説—』和泉書院
山口仲美（1989）『ちんちん千鳥の鳴く声は—日本人が聴いた鳥の声—』大修館書店

3．大阪や関西のことばを学ぶための基本図書・論文

楳垣　実（1946）『京言葉』高桐書院〔1949年再版〕
岸江信介（2000a）「大阪語とは何か」『月刊 言語』29-1　大修館書店
郡　史郎（1997）『日本のことばシリーズ27　大阪府のことば』明治書院
佐藤虎男（1983c）『大阪市域言語地図集』大阪教育大学国語学研究室
真田信治（2001a）『関西・ことばの動態』大阪大学出版会
田辺聖子（1978）『大阪弁ちゃらんぽらん』筑摩書房
徳川宗賢（1985）『上方ことばの世界』武蔵野書院
西尾純二（2009）「関西・大阪・堺における地域言語生活」『堺・南大阪地域学シリーズ12』大阪公立大学共同出版会
堀井令以知（1995）『大阪ことば辞典』東京堂出版
前田　勇（1949）『大阪弁の研究』朝日新聞社
前田　勇（1964）『近世上方語辞典』東京堂出版
前田　勇（1965）『上方語源辞典』東京堂出版
前田　勇（1977）『大阪弁』朝日新聞社
牧村史陽編（1979）『大阪ことば事典』講談社
牧村史陽編（1984）『大阪ことば事典』講談社学術文庫
山本俊治（1962）「大阪府方言」『近畿方言の総合的研究』三省堂
山本俊治（1982）「大阪府の方言」『講座方言学７　近畿地方の方言』国書刊行会
NHK 放送文化研究所（2005）『NHK21世紀に残したいふるさとの日本のことば〈4〉

近畿地方』学習研究社

4．大阪や関西のことばをより深く学ぶための基本図書・論文

楳垣　実（1937）「和歌山市方言語法（3）」『国語研究』国語学研究会
楳垣　実（1955）『船場言葉』近畿方言学会
楳垣　実（1962）「近畿方言概説」『近畿方言の総合的研究』三省堂
楳垣　実（1972）「大阪弁と大阪人」『言語生活』254　筑摩書房
大阪保育会編（1902）『をさな言葉』大阪保育会
岡本牧子・氏原庸子・真田信治（2006）『新訂版　聞いておぼえる関西（大阪）弁入門』ひつじ書房
植田敦子（1998）「談話資料に基づく大阪府中河内方言の研究」『方言研究（1）』神戸・方言の会（中井幸比古）
金沢裕之（1986）「大阪弁における助詞の省略の動態—落語を材料として—」『計量国語学』15-4　計量国語学会
金沢裕之・真田信治（1991）『二十世紀初頭大阪口語の実態』科研報告書
金沢裕之（1993）「尊敬の助動詞『ハル』の成立をめぐって　明治大阪語の場合」『阪大日本語研究』5　大阪大学日本語学研究室
金沢裕之（1998）『近代大阪語変遷の研究』和泉書院
鎌田良二（1981）「関西に於ける地方共通語化について」『国語学』126　国語学会
岸江信介（1981）「すりこぎの方言分布をめぐって（1）泉州・紀北境界付近の方言地理学的調査から」『摂河泉文化資料』6-5　摂河泉文庫
岸江信介（1990a）「『昭和』における大阪市方言の動態」『国語学』163　国語学会
岸江信介（1990b）「大阪府泉南地方に残る古音クヮ・シェについて」『新国語研究』34　大阪府高等学校国語研究会
岸江信介・井上文子（1991）『泉南市岡田地区民俗資料調査報告』泉南市教育委員会
岸江信介・中井精一（1994）『地域語資料１　京都～大阪間方言グロットグラム』近畿方言研究会
岸江信介・井上文子（1997）『地域語資料３　京都市方言の動態』近畿方言研究会
岸江信介・中井精一（1999）『大阪～和歌山間方言グロットグラム』摂河泉地域史研究会調査報告（言語社会部会報告１）摂河泉地域史研究会

岸江信介（2000b）「大阪府泉南方言の分布と動態—『大阪府言語地図』と『大阪市〜和歌山市間方言グロットグラム』を通して—」『言語文化研究』7　徳島大学総合科学部
岸江信介（2000c）「京阪方言における親愛表現構造の枠組み」『日本語科学』3　国立国語研究所
岸江信介・中井精一・鳥谷善史（2001）『地域語資料5　大阪府言語地図』近畿方言研究会
後藤利幸（1993）『幻の河内弁』河内方言を回想する河友好会編
堺民俗会（2006）『なつかしい堺のことば』堺泉州出版会
坂梨隆三（1987）『江戸時代の国語　上方語』東京堂出版
坂本清恵（1983）「近松浄瑠璃譜本に反映した十七世紀末大阪アクセント」『国語学』135　国語学会
佐藤虎男（1973a）「大阪船場のあいさつことば」『学大国文』17　大阪教育大学国語教育講座・日本アジア言語文化講座
佐藤虎男（1973b）「対格「〜をば」表現法について—大阪府泉南郡岬町多奈川方言の場合—」『方言研究年報』16　広島方言研究所
佐藤虎男（1976）「大阪府方言の研究（4）泉南郡岬町多奈川方言の表現法」『学大国文』19　大阪教育大学国語教育講座・日本アジア言語文化講座
佐藤虎男（1977）「大阪府方言の研究（5）泉南郡岬町多奈川方言の発音生活」『学大国文』20　大阪教育大学国語教育講座・日本アジア言語文化講座
佐藤虎男（1978）「大阪府方言の研究（6）南河内千早赤阪方言の合拗音」『学大国文』21　大阪教育大学国語教育講座・日本アジア言語文化講座
佐藤虎男（1981）「大阪府方言の研究（7）大阪市域方言の方言地理学的調査（1）」『学大国文』25　大阪教育大学国語教育講座・日本アジア言語文化講座
佐藤虎男（1983a）「大阪府方言の研究（8）大阪市域方言の方言地理学的調査（2）」『学大国文』26　大阪教育大学国語教育講座・日本アジア言語文化講座
佐藤虎男編（1983b）『大阪市域方言地図集』大阪教育大学国語学研究室
佐藤虎男（1984）「淀川流域方言事象分布について」『方言研究年報』26　広島方言研究所
真田信治（1987）「ことばの変化のダイナミズム—関西圏における neo-dialect について—」『言語生活』429　筑摩書房
真田信治（1990）『地域言語の社会言語学的研究』和泉書院

真田信治・岸江信介（1990）『大阪市方言の動向―大阪市方言の動態データ―』科研報告書
真田信治（1996）『地域語の生態シリーズ関西篇　地域語のダイナミズム』おうふう
真田信治（1999）『関西・若年層における談話データ集』科研報告書
真田信治（2006a）「大阪方言の過去・現在・未来」『日本語の現在』勉誠出版
杉藤美代子（1961）「大阪における鼻濁音について」『音声学会会報』107　日本音声学会
杉藤美代子（1982）「大阪方言における強調の音響的特徴」『樟蔭国文学』19　大阪樟蔭女子大学
泉南市教育委員会編（1994）『泉南市山間部言語調査報告』泉南市教育委員会
高木千恵（2000）「大阪方言におけるテ形について―形容詞・名詞熟語・動詞否定形式のテ形（相当）形式」『阪大社会言語学研究ノート』2　大阪大学大学院文学研究科社会言語学研究室
高木千恵（2006）『関西若年層の話しことばにみる言語変化の諸相』『阪大日本語研究』別冊 2　大阪大学大学院文学研究科日本語学講座
竹内　徹（1981）「和泉方言の概観」『摂河泉文化資料』6-5　北村文庫会
田原広史・村中淑子（2002a）『東大阪市における方言の世代差の実態に関する調査研究』2　大阪樟蔭女子大学日本語研究センター
田原広史・村中俊子（2002b）『東大阪市における方言の世代差の実態に関する調査研究 2 ―待遇表現―』東大阪市地域研究助成金研究成果報告書 2
田原広史監修・富田林河内弁研究会（2003）『やぃわれ！河内弁大辞典』リブロ社
辻加代子（2009）『「ハル」敬語考』ひつじ書房
都染直也編（1997）『兵庫県三田市言語地図』甲南大学方言研究会
都染直也編（1998）『兵庫県小野市新言語地図』甲南大学方言研究会
中井精一（1996）「浜と陸の社会言語」『異文化を「知る」方法』古今書院
中井精一（2003）「西日本言語域における畿内型待遇表現法の特質」『社会言語科学』5-1　社会言語科学会
中井幸比古（2002）『京都府方言辞典』和泉書院
中井幸比古（2008）「京都方言の形態・文法・音韻（1）―会話録音を資料として―」『方言・音声研究』第 1 号　方言・音声研究会
中井幸比古（2009）「京都方言の形態・文法・音韻（2）―会話録音を資料として

―」『方言・音声研究』第２号　方言・音声研究会

西尾純二（2005）「大阪府を中心とした関西若年層における卑語形式「ヨル」の表現性」『社会言語科学』7-2　社会言語科学会

堀井令以知（2000）「京ことば大阪ことば」『月刊言語』29-1　大修館書店

彭　飛・ダニエル ロング（1993）『外国人留学生から見た大阪ことばの特徴』和泉書院

牧村史陽（1973）「船場のことば大阪のことば」『言語生活』259　筑摩書房

宮治弘明（1990）「近畿中央部における人を主語とする存在表現の使い分けについて―アンケート調査から見た若年層の実態―」『阪大日本語研究』2　大阪大学文学部日本学科（言語系）

村内英一（1962）「和歌山県方言」『近畿方言の総合的研究』三省堂

村内英一（1996）「和歌山県の方言」『講座方言学７　近畿地方の方言』国書刊行会

やお文化協会（1977）『河内のことば辞典』

矢島正浩（2006）「落語録音資料と速記本―五代目笑福亭松鶴の仮定表現用法から―」『国語国文学報』64　愛知学芸大学国語国文学会

矢島正浩（2007）「近世中期以降上方語・関西語における当為表現の推移」『国語国文』76-4　中央図書出版社

矢島正浩（2008）「近世中期以降上方語・関西語における『評価的複合形式』の推移」『国語と国文学』２月号　至文堂

山本俊治（1975）「女子学生にみられる大阪方言の動態」『方言研究叢書』5　広島方言研究所紀要

山本俊治（1960）「大阪方言　その分布と区画」『武庫川女子大学紀要』8　武庫川女子大学

山本俊治（1962）「大阪府方言」『近畿方言の総合的研究』三省堂

山本俊治（1981）「「ン」「ヘン」をめぐって―大阪方言における否定法」『方言学論叢Ⅰ　方言研究の推進　藤原与一先生古希記念論集』三省堂

山本俊治（1995）「大阪弁のルーツを探る」『大阪弁の世界』経営書院

和田　実（1961）「大阪」『方言学講座』3　東京堂出版

和田　実（1980）「関西弁における母音の音訛」『音声の研究』19　日本音声学会

おわりに

本文でも触れたように、大阪弁ブームは冷めることなく、テレビでの露出度は年々高くなっている。最近では関西圏のみならず、全国どこでも毎日のように大阪弁の話し手がテレビ番組に登場する。大阪弁をテーマにした出版物も増えており、標準語に次ぐことばは、大阪の方言であるといっても過言ではない。

本書の特色は、大阪府内の各地で話される方言を臨地調査にもとづいて言語地図化した点である。言語地図上に現れる方言の分布から大阪府で話されることばのバリエーションの豊富さに驚く方もおられることであろう。

言語地図上にみられる方言形式には、大阪弁の歴史が投影されたものも多々みられる。すでに大阪市内などからは姿を消したことばが府周辺の北摂や河内、泉南などの地域に姿を留めているものもある。同時に、隣県諸方言の影響を受けて大阪府の方言というよりもむしろ隣県の方言に近いものも府周辺部にはみられる。例えば、高槻や枚方などでは京都方言からの影響がみられ、河内の諸方言には奈良方言、泉南方言には和歌山方言との共通性が認められる。今後、本書が大阪弁の成り立ちや歴史を解明する上での資料となれば幸甚である。

和泉書院社主廣橋研三氏には、大阪文化の一端を担う、大阪のことば地図に格段のご理解を賜り、本書を刊行する運びとなった。衷心より御礼申し上げる次第である。

編者代表　岸江信介

索　　引

あ行

か行

さ行

た行

な行

は行

ま行

や行

ら行

わ行

執筆者一覧

（五十音順。執筆者名、生年、現職、執筆担当箇所の順に記載。）

市島佑起子　1979年生　鹿児島大学留学生センター専任講師　4. Ⅶ全て

伊東　奈穂　1985年生　中国　ハルピン師範大学専任講師　4. Ⅵ全て

奥　友里恵　1984年生　徳島大学卒業　4. Ⅰ004

亀山　大輔　1983年生　青森県立八戸東高等学校講師　4. Ⅳ038～041

韓　冬梅　1981年生　徳島大学大学院修了　4. Ⅰ001～003

岸江　信介　（編著者欄参照）　1., 2., 4. Ⅰ005, Ⅷ073～077, Ⅸ089, Ⅹ100, 101, Ⅻ115～117, ⅩⅢ122, 124～126

笹原　佑宜　1986年生　株式会社クツワ社員　4. Ⅰ006～009, Ⅶ071, 072

清水　勇吉　1986年生　徳島大学大学院生　4. Ⅷ082, Ⅸ087, 088

鈴木　寛子　1982年生　徳島県立看護学院非常勤講師　4. Ⅻ113, 114, ⅩⅢ127

玉井紗也香　1986年生　徳島大学卒業生　4. Ⅷ078, 079, 081

津田　智史　1983年生　東北大学大学院生　4. Ⅷ083～086, Ⅺ全て

鳥谷　善史　（編著者欄参照）　4. Ⅱ全て，Ⅲ全て，Ⅳ032～034, Ⅴ全て

中井　精一　（編著者欄参照）　4. Ⅸ090～093, 096～099, Ⅹ102～107, 5.

永森理一郎　1986年生　金沢大学事務局職員　4. Ⅳ035～037, Ⅸ094, 095, Ⅻ118～120

坂東　正康　1984年生　徳島大学大学院修了　4. ⅩⅢ123, 128, 129

村田　真実　1985年生　徳島大学大学院生　4. Ⅷ080, ⅩⅢ121

監修者紹介

真田　信治（さなだ　しんじ）1946年生

現職：奈良大学文学部教授・大阪大学名誉教授
主著：『越境した日本語―話者の「語り」から―』（和泉書院、2009）『県別罵詈雑言辞典』（共編）（東京堂出版、2011）ほか

編著者紹介

岸江　信介（きしえ　しんすけ）1953年生

現職：徳島大学大学院ソシオ・アーツ・アンド・サイエンス研究部教授
主著：今石元久編『音声研究入門』（共著）（和泉書院、2005）小林隆編『シリーズ方言学　第4巻　方言学の技法』（共著）（岩波書店、2007）ほか

中井　精一（なかい　せいいち）1962年生

現職：富山大学人文学部准教授
主著：『奈良県のことば』（共編著）（明治書院、2003）、『社会言語学のしくみ』（研究社、2005）、『都市言語の形成と地域特性』（和泉書院、2012）ほか

鳥谷　善史（とりたに　よしふみ）1964年生

現職：天理大学文学部ほか講師（非常勤）
主著：『日本語教師養成シリーズ6　異文化理解と情報』（共著）（東京法令出版、2004）、『社会言語学の調査と研究の技法』（共著）（おうふう、2005）、『全国方言談話データベース　日本のふるさとことば集成』全20巻（国書刊行会、2001-2008）（CD・CD-ROM編集協力（作製））ほか

大阪のことば地図

上方文庫別巻シリーズ2

2009年9月25日　初版第1刷発行
2012年4月5日　初版第2刷発行

監修者　真田信治
編著者　岸江信介・中井精一・鳥谷善史

発行者　廣橋研三

発行所　和泉書院
〒543-0037　大阪市天王寺区上之宮町7－6
電話06-6771-1467　振替00970-8-15043

印刷・製本　遊文舎

ISBN978-4-7576-0526-8 C1381　定価はカバーに表示